·北京师范大学史学探索丛书·

文献传承与史学研究

周少川　著

北京师范大学出版集团
BEIJING NORMAL UNIVERSITY PUBLISHING GROUP
北京师范大学出版社

图书在版编目(CIP) 数据

文献传承与史学研究／周少川著.—北京：北京师范大学出版社，2011.3
（北京师范大学史学探索丛书）
ISBN 978-7-303-12026-0

Ⅰ．①文… Ⅱ．①周… Ⅲ．①史籍－文献学－中国－文集
②史学史－中国－文集 Ⅳ．① G257.35-53 ② K092-52

中国版本图书馆 CIP 数据核字（2011）第 005760 号

营 销 中 心 电 话	010-58802181 58808006	
北师大出版社高等教育分社网	http://gaojiao.bnup.com.cn	
电 子 信 箱	beishida168@126.com	

出版发行：北京师范大学出版社 www.bnup.com.cn
　　　　　北京新街口外大街 19 号
　　　　　邮政编码：100875
印　　刷：北京联兴盛业印刷股份有限公司
经　　销：全国新华书店
开　　本：170 mm × 230 mm
印　　张：21
字　　数：315 千字
版　　次：2011 年 3 月第 1 版
印　　次：2011 年 3 月第 1 次印刷
定　　价：42.00 元

策划编辑：李雪洁　　责任编辑：郭 瑜 李雪洁
美术编辑：毛 佳　　装帧设计：毛 佳
责任校对：李 菡　　责任印制：李 啸

北京师范大学史学探索丛书
编辑委员会

出版说明

在北京师范大学的百余年发展历程中，历史学科始终占有重要地位。经过几代人的不懈努力，今天的北师大历史学院业已成为史学研究的重要基地，是国家"211"和"985"工程重点建设单位，首批博士学位一级学科授予权单位。拥有国家重点学科、博士后流动站、教育部人文社会科学重点研究基地等一系列学术平台。科研实力颇为雄厚，在学术界声誉卓著。

近年来，北师大历史学院的教师们潜心学术，以探索精神攻关，陆续完成了众多具有原创性的成果，在历史学各分支学科的研究上连创佳绩，始终处于学科前沿。特别是崭露头角的部分中青年学者的作品，已在学术界引起较大反响。为了集中展示北师大历史学院的这些探索性成果，也为了给中青年学者的后续发展创造更好条件，我们组编了这套"北京师范大学史学探索丛书"，希冀在促进北师大历史学科更好发展的同时，为学术界和全社会贡献一批真正立得住的学术力作。这些作品或为专题著作，或为论文结集，但内在的探索精神始终如一。

当然，作为探索丛书，特别是以中青年学者作品为主的学术丛书，不成熟乃至疏漏之处在所难免，还望学界同仁不吝赐教。

北京师范大学历史学院

北京师范大学史学理论与史学史研究中心

北京师范大学史学探索丛书编辑委员会

2010 年 3 月

自　序

　　十几年前，在广西师范大学何林夏兄的鼓励下，我曾将当时的一批论文汇编成册，以《中华典籍与传统文化》为题出版。如今呈现给读者的这本小书，是我在上书出版之后，特别是 2000 年以来所发表论文的选编。

　　近十几年来，我的学术研究集中于三个领域。首先是中国历史文献学研究，而且较多地关注于古代藏书史、藏书文化的研究。1993 年，我所申请的国家社科基金青年项目"古代私家藏书文化研究"成功立项，使我在此领域积累了较多的资料和研究成果。课题顺利结项后，于 1999 年出版《藏书与文化》一书，并陆续发表了一批有关藏书史和藏书文化的文章。当然，除藏书文化外，历史文献学的学科理论、古代历史文献学思想、中国古代出版史等方面也是此期曾关注过的问题。

　　1996 年，我师从吴怀祺先生攻读史学史专业博士。因本单位出于对研究元代文献、元代文化的需要，我以元代史学思想作为选题，并由此开始了中国史学史尤其是史学思想领域的探究。其实，历史文献学和史学史两个领域本就密不可分、互相关联。白寿彝先生在谈到史学史的研究对象时说，"史学史的对象包括历史观点、历史文献学、历史编著的研究和历史文学。"①而反过来，历史文献学研究也包括了史部文献的编纂、注释、考辨、流传的历史。因此，在此之前我也曾涉及史学史领域，发表过文章，但是文献学重考据，史学思想重思辨，它们毕竟是两个不同的学科，这就必然有一个思维定式的转换。怀祺师不弃愚钝，谆谆教诲，引导我开辟了史学思想、文献学思想研究的新领地，发表了一些有关史学思想研究的论

---

　　①　白寿彝：《中国史学史论集》，531 页，北京，中华书局，1999。

文。此外，这一阶段由于本单位科研方向的需要，我以元代史学为阵地，研究触角也涉及了元代文献、元代文化和其他元史的一些内容。

1998 年，我敬爱的业师刘乃和教授不幸逝世。为了继承她的遗志，近十年来，我在陈垣研究这一领域投入了较多的力量。陈垣先生是我国现代著名史学家，研究陈垣的事述和学术是史学史研究的重要课题，也是继承陈垣史学遗产、弘扬他的优良学风，推进新时期史学发展的现实需要。2000 年、2002 年，我和王明泽、邓瑞全两位老师合作，先后撰写、编纂了《陈垣年谱配图长编》(上下册)和《陈垣图传》；整理出版了先师刘乃和先生的遗著《陈垣年谱·陈垣评传》；此后发表了一系列有关陈垣史学的论文，庶几完成了先师的遗愿。不过我知道，这距离老师的高要求还相差很远，在陈垣研究领域仍有许多工作需要去做。

以上三个领域的工作归结起来实际是两个方面，即中国历史文献学和中国史学史的研究。十余年来，我因这两个方面的探索，陆续发表了 80 多篇论文，现从中选出与两大主题相对切合、各专题分布又相对均衡的近 30 篇，汇成本集。分上、下两编，上编即中国历史文献学研究。文章分两组，一组是有关历史文献学理论方面的思考，着眼于新世纪历史文献学学科的建设、研究视野和研究方法的创新以及文献学与其他学科的关系等问题。另一组是关于文献学史的论文，主要是藏书文化方面的研究，也涉及对中国古代出版史的探讨。下编是中国史学史研究，也有两组论文。一是对中国古代史学的讨论，尤其侧重于元代史学，如对许衡、郝经、虞集、苏天爵的历史观和史学思想的分析。二是从史学史的角度论述当代史家陈垣、白寿彝、刘乃和等先生的史学成就。其中关于陈垣先生的民族文化史观、优良学风及晚年史学的阐释，反映了本人近些年来对陈垣史学更为深入的认识。

十几年前我在出版《中华典籍与传统文化》一书之后，就常怀惴惴不安之心。如今编选这本小书，心情依然不显轻松。因为总的看来，还是精品不多，有愧于师友的期盼。时光如梭，可叹书生老去，岁月蹉跎！然而学问之事，未有止境。子曰："学如不及，犹恐失之。"①夫子斯言，今后当如晨钟暮鼓，催我努力。感谢我校历史学院杨共乐教授对我学术研究的关心和支持，感谢学校出版社李雪洁老师对本书的辛苦编校。同时，也要感谢在本书编辑过程中，一批年轻朋友对我的帮助。

不揣谫陋，谨呈学界同行及读者诸君，期望不吝赐教。

---

① 《论语·泰伯》，十三经注疏本，北京，中华书局，1980。

目　录

中国历史文献学学科建设的思考^①

新世纪之初，对新中国史学的成就与未来进行思考和研究，非常必要。目的在于回顾过去，总结经验教训，展望新世纪我们学科的发展，以求开辟新的天地。遵循这样的主题，本文拟就 20 世纪中国历史文献学学科发展的辉煌成就和存在问题以及 21 世纪历史文献学发展的方向作粗略的探讨，以就教于大方之家。

一、20 世纪中国历史文献学的发展与不足

白寿彝先生说：历史文献学是既古老又年轻的学科。按照他的总结，中国历史文献学的实际工作可以追溯到两千多年前的孔子时代，然而真正建立起中国历史文献学学科是在 20 世纪 20 年代，即 1928 年由郑鹤声、郑鹤东兄弟撰写的《中国文献学概要》。与此同时，著名史学家陈垣先生在开展史学研究的同时，集前人及自己文献考据的实践经验，用科学方法系统总结为各门具有法则和范例的、可供传授、便于研习、操作和成长的专学，其中校勘学、避讳学、史源学等最为典范，从而不断扩展了历史文献学的学科内容，为历史文献学不断充实完善奠定了基础。20 世纪 80 年代以后，中国历史文献学迎来了第二次发展完善的高峰。在学科建设方面，张舜徽先生的《中国文献学》、吴枫先生的《中国古典文献学》在 1982 年出版，二书在数十年文献学发展积累的基础上，对有关古文献的源流、部类、数量、考释、注疏、版本、校勘与流通阅读以及类书、四部书、丛书、辑佚、辨伪等作出了较系统的梳理，建立了较为系统完善的文献学学科体系。与此同时，许多专家、学者对文献学学科涉及的对象、目的、内容和方法提出了自己的见解，尤其是白寿彝先生，更是对文献学的基本理论、发展历史和分支学科的建立，在理论上构建了运行系统的框架。他认为历史文献学分为理论、历史、分类及应用四个部分，其中理论部分包

① 本篇与首都师范大学陈晓华合作，谨致谢忱。

括：历史和历史文献的关系、历史学与历史文献的关系、历史文献作为史料的局限性、历史文献的多重性、历史文献和有关学科等问题。[①] 另外，白先生还谈到了研究历史文献学的意义，以及历史文献和历史文献学的发展史等问题，[②] 为历史文献学建构了理论框架。在文献整理实际方面，除整理出版了数千种古籍单行本外，更有一些超级大工程令世人瞩目，50 年代以来的二十四史、《资治通鉴》标点就不用说了。自 80 年代以来，更有号称"十全大补"的古籍整理点校工程，其中包括全宋文、全宋诗、全辽文、全金文、全元文、全元诗、全明文、全明诗、全清词、清文海以及全唐文续补。近些年又出现了以选辑、影印为主的四库系列丛书，如北大的《四库存目丛书》，上海图书馆等单位编辑的《续修四库全书》，王钟翰的《四库禁毁丛书》，还有《四库未收书丛书》等。

总而言之，20 世纪文献学在学科建设和实践工作上所取得的成就都是无愧于先人、无愧于时代的，但是我们也要看到肇始于 80 年代的文献学第一次发展热潮，在 90 年代逐渐没有了后劲，其中原因自然是多方面的，但从文献学本身而言，我们认为存在两个方面的"脱离"，从而局限了文献学的纵深发展和广泛发展。

第一，文献学研究脱离了与其他学科的联系和交叉研究。举与文献学最为切近的史学、考古学为例，20 世纪下半叶，地不爱宝，大批的考古文物和地下文献被发掘，改变了以往人们在文献学中的一些传统看法。比如，辨伪学方面，历来被疑为伪书或以为不存在的《孙膑兵法》《尉缭子》《晏子春秋》，通过 1972 年的山东临沂银雀山出土的汉简，证明确有此三书；比如近些年大量战国简（如较近的郭店楚简）、秦简、汉简、三国简等的出土，竹简的制作体制，即长宽、个简的字数、编连的形式已经非常清楚，然而各种文献学著作或教材，均未对所收各期竹简书的体制作系统清晰的总结。又比如简帛书在中国历史上流行使用的时间与文献学论著中关于简帛书史的论述出入很大，历来文献学叙述文献发展史，总是认为自东汉蔡伦以来，纸的使用逐渐普及，三国时纸写本已较多，可能还有一些帛

---

① 白寿彝：《谈历史文献学》，见《白寿彝史学论集》，558～559 页，北京，北京师范大学，1994。

② 同上书，567 页。

书，竹简的使用应该很少了。然而，前些年长沙走马楼 10 万多枚三国简的发现，向我们展示了一个不争的事实，就是三国时期，竹简的使用量还是很大的。如此等等，20 世纪以来这些重要的发现和新的信息，我们文献学论著或者教材，几乎少有涉及。1993 年发现、1998 年正式公布的"郭店楚简"，使我们知道《老子》书的源头至少有三种，郭店楚简本《老子》、传世本《老子》和马王堆帛书本《老子》，它们在内容和编排上都存在极大差异，然而这只是一些搞思想史的、考古学的以及古文字的学者在进行对比研究，而搞文献学的却涉猎极少，极少利用新发现。

第二，文献学研究与社会实际生活严重脱节，很多经济方面的、科技方面的古代文献等待我们去研究。这些姑且不论，就是与我们学科比较接近的社会文化生活的实际，联系的也甚少。比如，20 世纪 80 年代以来，我国社会生活中的书文化持续升温，买书、读书、藏书、出书，这些都与我们的学科相关，如何总结古人爱书、惜书和治学的精神，如何总结中国古代出版事业的成就和经验，这对于书文化的发展都是至关重大的，但是在这方面，我们历史文献学专业的研究者可能做得比较少，很多是图书馆学专业的去做。此外，20 世纪末以来，我国出版业发展迅猛，目前全国有 600 多家出版社，每年新出版图书 8 万多种，图书市场极大。那么，在出版史方面，我国古代的出版业有什么优良传统，有什么可供借鉴和吸收的遗产和经验，这些都值得总结。最近国家出版总署组织的一个重点项目《中国出版通史》，准备对出版事业作一个全面的清理，其中要讨论什么是出版、中国古代什么时候有了出版、何时有了雕版印刷技术，这些关乎我们出版事业的实际问题，我们文献工作者理应率先关注，但我们似乎做得很少。

二、21 世纪中国历史文献学展望

进入 21 世纪，中国学术在以前发展的基础上，正面临新的开端、新的发展机遇。中国历史文献学如何不负厚望，持续发展。我们认为，应该在抓好学科各方面的基础工作外，克服以往的不足，处理好四个方面的结合。

(一)促进文献学研究与出土文献研究的结合

1. 开展出土文献与传世文献的比较研究，无论从内容、体例，还是产生、流传的时间，甚至关于字体、简帛的形制等，都应该通过有关比较，改变或增添文献学的内容。从银雀山汉墓到马王堆汉墓及郭店楚简，都有大批出土文献能与传世文献相比较，如《孙膑兵法》《尉缭子》《晏子春秋》《周易》，郭店楚简的《老子》《礼记·缁衣》《五行》都可与马王堆的帛书本、传世本，或上海博物馆整理出版的战国竹简本，进行比较或校勘，从而整理出更符合古书原貌的典籍。

2. 历史文献学要开辟新领域，创建新的分支学科，加强对出土文献的研究。自居延、敦煌汉简出土以来，出土的档案文书逐渐增多，前几年出土的长沙走马楼三国竹简10万多枚。最近又传来消息，2002年6月湖南湘西龙山县里耶古城又出土大批秦木简达3万多枚，是秦始皇时期的县府档案，非常珍贵，有专家称，据这些材料可以改写秦史。比如，竹简中有"洞庭郡"的记载，由此可以了解秦始皇设置36郡后，秦郡又逐渐增加的具体情况；另外，竹简中还反映了大量秦代行政、邮传、经济方面的信息，这些都是非常宝贵的。历史文献学学科应该建立古文书学学科，运用古文书学的方法，对简牍的书写格式、内容类别、收发渠道、档案功能、时间地点和简牍形制等做深入、系统的研究。

(二)文献学要与文化史、社会史研究相结合

众所周知，文献的产生、聚散，文献学的发展是与社会发展、社会的历史文化发展密切相连的，因此，文献学史的研究如能与社会史、文化史的研究相结合，会相得益彰，有利于加强文献学史研究的分量。比如，有些学者近些年所做的古代和近代私家藏书文化研究，如黄建国、高跃新主编《中国古代藏书楼研究》(中华书局1999年版)、周少川《藏书与文化——古代私家藏书文化研究》(北京师范大学出版社1999年版)、李雪梅《中国近代藏书文化》(现代出版社1999年版)，就是文献学研究与社会史、文化史研究的结合的典型。他们的成果，"视野开阔，整体关照，都将藏书视作一种重要的社会文化现象，并将其置于一个大的历史文化背景下进行探讨。着眼点虽在藏书，但目光却是整个社会文化风气的深层变迁，这种文化视角的采用是自觉的，比如后两书都在卷首的绪论中对以前的研究工作

进行总结，然后解释采用文化视角的必要性。这种探讨角度的转换无疑对中国藏书文化会有更新更深入的认识"①。其中《藏书与文化——古代私家藏书文化研究》一书更是体现了文献与社会史、文化史相结合的道路，它"将私家藏书视为中国古代一种内蕴极其丰富的文化现象、中国文化史研究的一个重要课题，自觉采用文化的视角"，其研究角度的变化"必然会带来观点的变化，以前司空见惯的现象就此获得新的意义和价值，比如作者对古代私家藏书与社会历史环境相互关系的论述，这一问题以前涉及较少，作者结合丰富的古代藏书史料，详细论述了政治经济条件和学术文化演变对藏书文化的深远影响，探讨了北风南移和私家藏书文化中心的转移……对古代藏书楼、藏书章、藏书习俗、藏书嗜好等问题，以前只是作为典故趣话来谈论，但在作者眼里，它们都是古代藏书家文化心态的生动见证，对于揭示他们的文化心态具有重要的史料价值。如果不是文化视角的采用，是不易发现这些问题的重要价值的"②。由此可见，走文献学史与社会史、文化史相结合的道路，将是有源之水。

(三)文献学研究要与学术史研究紧密结合

以往文献学只顾讲校勘学史和注释学史，学术史只顾讲主观分析，各讲各的，成为两条道上跑的车。李学勤先生对学术史这种状况提出了自己的看法，认为学术史不仅要从思想、义理的角度去写，还要从文献、史实的角度去写，两者不可偏废。③ 这种看法极其重要，从文献学的角度上，就要看各个时代的各种经典的注释、校勘所反映的时代精神，从校勘注释的内容看学术思想和学术观点，看学术史的转变。不同的版本反映了不同的思想和学术，文献学应该在这方面作出学术史的说明。另外，李先生还谈到学术史研究中的史实说明，这就是要对学术史上学术产生时代、发展阶段，尤其是对不同学派形成发展进行说明，《明儒学案》《宋元学案》实际上就是学派史，这方面的研究和陈述不多。李先生主编的《中国学术史》11卷已由江西教育出版社于2001年陆续出版了，我们期待着从中得到文献学

---

① 淮著：《中国藏书文化研究的新收获——评三部新出版的中国藏书文化论著》，载《中国图书评论》，2001(2)。

② 同上。

③ 易丹：《李学勤谈清代学术的几个问题》，载《中华读书报》，2001-08-15。

史和学术史研究结合的启示。

(四)要结合开展深入的专学研究

1. 开展专体文献的研究。这包括纪传、编年、纪事本末以及其他史籍的专体研究，如王锦贵对纪传体文献进行研究的成果《纪传体文献研究》（北京大学出版社 1996 年版），便是典型的范例。

2. 专学研究。中国历史文献学史的专学范围甚广，既可有中国历史文献学本身的专学研究，也可包括历史文献学的相关学科的研究，对这些学科的研究，有的可以从整个学科的研究来进行考察，有的可以从学科发展史的角度来研究，范围更小一点，可以考察某一个断代的专学发展史。专学研究主要包括目录学、校勘学、版本学、辨伪学以及辑佚学等研究。这些专学研究都可以在原有的研究基础上，一方面深化以往的研究内容；另一方面开拓新的生长点。比如，在目录学方面，应考虑如何利用互联网，联合各地图书馆收藏的古籍目录，形成全国现存的古籍全目。在目录学研究，无论是方志目录、书业目录、私家藏书目录，还是未被深入开掘研究的领域，都应该有纵深的研究。另外，在运用方面，如何利用古籍目录来校勘、鉴定、考辨和整理古籍；如何利用古籍目录来进行学术史的研究，目录学也应提出新的设想和导向。在校勘学、辨伪学方面，校勘思想、辨伪理论的系统研究也还很薄弱，这些都是值得重视的问题。

3. 专书研究。专书的流传考订为学术史奠定了基础，因此专书研究需要从学术史的角度对其作整体研究。要从卷帙的分合、内容的变化、书目的不同著录以及注释内容的发展，考察某些重要专书在各个时期的流传过程中所带有的时代特征，考察某些重要专书的传注、笺疏在学术思想上对原有著作的延伸和发展，为人们提供可资借鉴和利用的材料，对学科发展作出应有的贡献；并从学术史的角度总结这些专书在学术史上的地位以及达到的水平，为中国学术史增添新的内容。

4. 专人研究。马克思说："历史不过是追求着自己的目的人的活动而已。"[①] 人既是历史的产物，又是历史的主体，因此在历史研究中，人物研究是非常重要的一部分。我们历史文献学的研究也应重视专人研究，对历

---

① 《马克思恩格斯选集》，第 2 卷，118～119 页，北京，人民出版社，1972。

史人物、专业人物进行专门研究，如对历史文献学作出卓越贡献的刘向、陈垣等人进行专门的研究。专人研究其中又包括历史文献学的学派研究，最近，柯平在《论中国古代文献学的流派》①一文中将文献学派分为：校雠学派，包括版本校勘学、全面校雠学、义例校雠学、考证学、辨伪学；目录学派，包括藏书目录学、史志目录学、佛藏目录学、版本目录学；广义校雠学派，包括正义和文献编纂整理两大类。柯文的分类，且不说按校雠学派、目录学派或广义校雠学派区分是否合理，校雠学和广义校雠学派如何区分，就以所分的史志目录学、版本目录学和校勘学、考证学、辨伪学来看，实际是一些分支学科，并无学派特征。学派的形成，必须有追随者和权威影响人物，有学派称异于其他学派的学术路线和研究方法，还有一个集结在共同学术路线下的队伍。如《宋元学案》中："晦翁学案"即晦翁学派，讲朱子理学的朱熹学派；"象山学案"即象山学派，讲陆氏心学的陆九渊学派。由此观之，柯文的分列，似乎还不能称学派。至于如何区分，留待它文探究，这里想要说明的是，文献学学派的研究是我们今后特别要注意的路径。

回顾过去，展望未来，历史文献学学科的建设任重道远，摆在我们面前的任务是：既要对传统历史文献学史作深入开掘，如对出版史、藏书史、目录学史、断代文献学史做深入挖掘；又要集中力量探讨跨学科研究。只有注意跨学科的交叉研究，才能充分发挥文献学的学术作用，同时也为学科本身的发展注入生机和活力，开拓更为广阔的前景。

---

① 柯平：《论中国古代文献学的流派》，载《郑州大学学报》，2002(2)。

经学与文献学的关系

经学与文献学从来就是一对联系密切、互为依存、发展的学科。可以说,文献学是经学发展的基础,而经学发展的需要又促进带动了文献学的不断进步。周予同先生曾经指出:"经学与中国文化史和学术思想史关系较大,不懂经学而要研究这两门学问,往往会出问题。目前有些著作存在问题,往往因为中国文献学的底子不厚,而经学是文献学中最基本的部分。"①这段话既说明了经学对研究中国文化史、思想史的重要性,也说明了经学与文献学之间的密切关系。

首先,文献学是经学的基础,中国古文献学的训释、考辨、校订之功在经学的产生、发展过程中发挥了重要作用。孔子是儒家的始祖,是中国经学的开创者。司马迁在《史记·孔子世家》中以"太史公曰"的形式说:"自天子王侯,中国言六艺者,折中于夫子,可谓至圣矣。"按照《史记·孔子世家》的记载,六经正是通过孔子删诗书、定礼乐、序易传、修春秋等一系列文献整理、疏通工作而确定下来的。孔子之后,他的弟子、后学在传授经学的过程中,继续运用文献学的方法校订、诠释和整理经典。《吕氏春秋》的《察传》篇就记载了子夏校改"晋师三豕涉河",以"三豕"为"己亥"的故事,这是校勘史上校正因字体形近而误的典型事例。秦火以后,六经有的残缺不全,有的处于自流分散的状况,内容参差不齐。然而在汉初文景二帝的搜集,尤其是汉武帝设立五经博士之后,经过各派经师的整理、诠释、传授,以及官方的石渠阁会议、白虎观会议、熹平石经刊正,五经经典的文字内容得以校订,经学典籍不断丰富,还形成今文经学、古文经学两大学派,经学在汉代繁荣起来。经学从秦火的凋敝到两汉的繁荣,离不开经学家们运用文献学手段,对经典的收集整理、校勘和诠释。

不仅秦汉经学的变化发展是如此,一部中国经学史,也不外是对经学文献不断校订、考辨、诠释的历史。这样的文献整理诠释并不是简单重复的过程,而是一种再创造的过程。比如,曹魏时的何晏、王弼汲取老庄思

---

① 周予同:《中国经学史讲义》序言,上海,上海文艺出版社,1999。

想注释《论语》《周易》，产生了魏晋时期的玄学。唐朝的孔颖达等作《五经正义》、陆德明作《经典释文》，确立了隋唐时期对经学的新注新疏。宋代理学家抛弃传统的注疏，直接从经书原文中阐释义理性命之学，以二程、朱熹思想为代表的程朱理学，影响了元明清三代。清儒提倡朴学，以大量音韵字义、名物训诂的考证，再加辑佚之法，恢复了许多古经旧注的本来面目，其中如阎若璩的《古文尚书疏证》，揭古文《尚书》之伪，使一千多年的经学疑案终成定谳，被誉为开创了"经学新纪元"。到了晚清，从魏源到康有为的新今文经学派，则是通过注经和考释，来宣传他们的革新改制思想。要言之，一部经学的发展史，正是历代学者运用文献考校和辨释，为经学的前进开辟了道路，并赋予新的思想内容，从而完成了各个时代社会思想文化的新陈代谢。因此，文献学是经学发展演进的功臣。

其次，从另一方面讲，又是经学发展的需要推动了文献学的繁荣和进步。从文献学发生发展的历史来看，先秦时期，文献考辨、注释功夫不尽为经学而作，先秦诸子也有许多文献征信的工作；秦汉以降，经、史、子、集各部文献的整理、校订、诠释工作也都各有特色。然而，应该承认，中国古文献学史是以经学文献的研究整理为中心的。以历代儒者奉为经典的"十三经"而言，经学中的正经仅有 13 部，而据《四库全书总目》和《贩书偶记》正续编著录的经部典籍就有 3 900 余部，未见著录的经部典籍仍有许多，约计有万种。由此可知，历代注经解经典籍的数量是正经的上千倍，这样的比例是史部、子部、集部等其他部类的注释典籍所无法比拟的。由于经学在历史上被认为是修身、齐家、治国、平天下的"常道"，在尊经思想的影响下，对经部典籍的整理研究，自然是文献学研究的第一要务。这种现象反映在各个方面，比如，在目录学的典籍分类上，无论是六分法、七分法还是四分法，经部典籍永远是高居首位。而且，从《七略》《汉志》起，各种目录都无一例外地将与诠释经籍密切相关的文字、音韵、训诂之学归于经部，这是因为"小学者，经之始基，故附经也"①。以文献学的注释体例而言，古代解经典籍的体例也最为繁富。按《隋书·经籍志》的记载，传、注、笺、故、说、微、通、音、训、释、撰、章句、条例、解、解说、解诂、通解、疏、讲疏、义疏、集注、集解、集释、集义等注释体例在当时

---

① 王鸣盛：《蛾术编》，北京，商务印书馆，1958。

都已出现，唐以后也基本得以沿袭。不仅注释体例如此，从文献学的目录、校勘、辨伪等各门专学来看，历朝历代也都在经部文献上下的工夫最多。正是历代产生了大量的解经、校经、考经成果，丰富了文献学各门专学的内容，完善了文献学的各种研究方法，才使文献学不断地发展起来。

　　清代经学大师戴震曾在《与是仲明论学书》一文中说明了自己由文字、音韵、训诂、名物、典制入手，而通经明道的治经过程。应该说，历代经学家没有一位是不通晓文献学的。与此相关，不了解经学，也难以做好文献整理工作，取得精湛的文献学成果。早在战国时期，儒家的"亚圣"孟子就提出要在理解经学背景的基础上正确诠释经文的原则。他说："故说《诗》者，不以文害辞，不以辞害志。以意逆志，是为得之。"①文是文字，辞是语句，志是思想。所谓"不以文害辞，不以辞害志"，既强调不能脱离具体的语境对字词作孤立的解释，又强调不能以词句的理解代替对思想的把握。所谓"以意逆志，是为得之"，则指出诠释者要在把握作者思想的基础上更进一步去揣摩其中蕴涵的经学意义，这当然是更高层次的意境了。除此之外，孟子还主张解经要"知人论世"，即将认识对象放在具体的历史情境中，设身处地予以理解。这些无疑都是古文献学重要的观点和原则。清代文字训诂学家段玉裁也是由于他在训诂考证中，善于与经义的理解结合而作明确的取舍，他的校勘考证成就才能超越前贤或高于同时代的学者。比如，他校《春秋左氏古经》时作《春秋经弑杀二字考》，先用古音审定杀、弑二字不能通假；再指出《春秋》义例，凡臣杀君者皆曰弑，用以斥臣子犯上之罪；由此证明《春秋》经文中凡弑君而用"杀"者，皆为讹字，从而解决了左氏《春秋》古文经的错误。从经学与文献学的密切关系中，我们可以看出，由经学而治中国文化史、学术思想史者，不明文献学则易出错，正如周予同先生所言，"目前有些著作存在问题，往往因为中国文献学的底子不厚"。而作文献学研究和整理工作的，尤其是整理经学文献的，不明经学也行不通，目前有些标点或注译《十三经注疏》的成果，出现这样或那样的错误，除了文献学功底不足外，往往也是因为对经学缺乏必要的认识和了解。

　　认识经学与文献学互为依存的密切关系，还有助于为我们今后的学术史研究提供更为宽广的视角和切入的途径，因而具有像李学勤先生所提出

---

　　①　杨伯峻译注：《孟子译注·万章上》，北京，中华书局，1960。

的"重写学术史"的意义。李先生指出："经学史有两种写法，一种是从思想、义理的角度去写，一种是从文献、史实的角度去写，两者不可偏废。"①以往的思想史、经学史从思想、义理角度去写的多，而结合文献的传承分合、考校阐释，结合学派产生演变的史实去写的不多，这是经学史、思想史研究今后要注意的问题。尤其是近些年，大批战国、秦汉简帛文献的出土，更是为经学史、思想史研究提出了结合文献学进行文献考校、阐析，分辨学术源流和学术传承的要求。从文献学史研究的角度而言，也只有结合经学史或者其他学术史的背景，才能真正说明文献学发展的原因和作用。例如，北宋二程、南宋朱熹都曾改易《礼记·大学》的文字，并将《礼记》中的《大学》《中庸》抽出，与《论语》《孟子》组成"四书"。朱熹的《大学章句》不仅改易了文字，将《大学》分为经、传两个部分，还补写了所谓"格物致知"的第五章。这些文献校改上的变易，如果不从宋代理学思想兴起、发展的需要上分析，便难以说明其文献整理、校改工作的原委和意义。

总之，文献学研究只有和经学史或其他学术史相结合，才能清楚地看到历代文献校注、考辨所反映的时代精神，才能深刻说明文献学研究在中国学术史和文化史上的重要地位和影响。

---

① 载《中华读书报》，2001-08-15。

新世纪古文献学研究的交叉与综合

进入 21 世纪以来，我国古籍的整理和古文献学的研究呈现可喜的局面。然而，作为传统学科的历史文献学和古典文献学领域，古代先贤已作出令人叹服、甚至有的是难以超越的成就。虽然，由于当今古文献的集聚、交流和使用要比古代方便得多，时代的要求也在不断变化，我们依然可以运用传统的方法在文献学研究上有所拓展和创获，但毕竟是有所局限的。因此，新世纪文献学要有大的发展，应该注意交叉与综合研究，方能有新视野和新领域。本文拟就新世纪古文献整理研究的新成就加以概括，并就古文献学研究的新趋势略陈浅见，以就教于方家。

一、新世纪古文献整理研究的新成就

自 2000 年以来，古文献的整理、古文献学的研究成就显著。其中，出土文献的研究、数字化技术的运用、域外汉籍的搜求等热点持续升温。总结古籍整理的经验，分析古文献学研究中重点、热点问题的成绩与不足，是展望古文献学发展远景的必要前提。古文献整理研究近十年来有几件大事是值得载入史册的。

一是国家启动了古籍保护计划。2007 年 3 月，国务院办公厅发布了《关于进一步加强古籍保护工作的意见》，要求从国家发展规划的十一五阶段开始，用 10 年时间实施《中华古籍保护计划》；并从 2007 年起，用 3 至 5 年的时间在全国进行古籍普查，搜求古籍善本，调查古籍现存情况和破损情况；建立中华古籍综合信息数据库，开展对古籍的修复和保护工程。至今，已于 2008 年、2009 年分两批公布了 6 870 种"国家珍贵古籍"；同时分两次公布了 117 个"全国古籍重点保护单位"，古籍保护工作正向纵深展开。

二是从 20 世纪末开始编纂的《中国古籍总目》历经几个"五年计划"的辛苦工作，将于 2010 年最后完成。该目是现存中国汉文古籍的综合目录，旨在全面反映目前国内外现存汉文古籍的主要品种、版本及收藏单位。全书分经、史、子、集、丛书5部，著录以古籍品种立目，同时反映入录各书的主要版本，全书收录古籍19万余种之多，这个数量大大超过了以往认为我国现存古籍15万种左右的估计。

三是由国务院批准，开始于1990年的国家重大文化工程《中华大典》，在2006年重新启动。这部汇集1911年以前的古文献资料，运用现代科学分类方法编纂的新型类书，征引古代典籍2万多种，内设《文学典》《史学典》《哲学典》《文献目录典》等24典，总字数达8亿字，规模超过了《四库全书》，字数是我国历史上最大类书《永乐大典》的两倍①。目前，《中华大典》已先后出版了《哲学典》《文学典》，其他各典正加紧编纂，将于2012年最后完成。其中的《文献目录典》更是与文献学研究密切相关，该典的《文献学分典》汇集了古代学者对文献学所属各门专学的概念、方法、功能的论述，收录了各专学考辨文献的实例以及文献学史的大量史料。其《古籍目录分典》则以郑樵"纪百代之有无，广古今而无遗"②的思想为宗旨，采取辑录方式，汇集古代近千种书目的资料，著录一切古代著述。该分典将成为我国第一部古代典籍全目，其不论存亡，一概著录的特点，既可让人们了解我国古代文化典籍的全貌，又可分辨存亡，为亡佚古籍的搜寻提供线索。

四是《清史》编纂的文献整理。21世纪初开始的《清史》编纂工程在撰著的过程中，同时整理了大批清史文献，已出版有关档案、文献、图录、编译等丛刊96种844册③，为推动清史编纂，繁荣学术文化作出了贡献。

五是于2002年由北京大学牵头启动的《儒藏》工程。该工程也是大型古籍整理项目，选择古代有代表性的儒家典籍文献，按四部分类，经校勘标点，以繁体直行排印。《儒藏》先作精华编，再作大全编，目前已完成并出版精华编的部分内容30余册④。

① 我国历史上规模超过500万字的类书约有6部：《皇览》800万字，《太平御览》500万字，《册府元龟》916万字，《永乐大典》1亿7千万字，《古今图书集成》1亿6千万字，《佩文韵府》941万字。

② 郑樵：《通志·校雠略》，《通志二十略》，王树民点校本，北京，中华书局，1995。

③ 《国家清史编纂委员会整理出版图书目录（2003.7～2009.2）》，载《中华读书报》，2009-02-18。

④ 《〈儒藏〉之境》，载《光明日报》，2009-08-31。

六是其他的一些古籍整理、古文献整理和研究项目。如由中华书局组织的《二十四史》新点校本的编纂，由国家图书馆组织的《四库提要著录丛书》的编纂。此外，还有 2007 年湖南大学岳麓书院对一批秦简的购藏、整理和研究，2008 年清华大学对一批战国竹简的收藏、整理和研究，2009 年北京大学对一批汉简的收藏、整理和研究，这都是近年出土文献研究的新发现和新成果。

二、古文献学研究的交叉与综合

关于古文献学研究视野的开拓和研究方法上的创新思考，以前在《中国历史文献学学科建设的思考》一文中已有所涉及①，凡前文已论者，此处不再详述；凡前文未曾展开或未及论者，此处将加以阐明。大概可从以下八个方面，看古文献学研究视野之拓展。

(一)传世文献研究与出土文献研究的结合

20 世纪以来，随着考古学的发展，大批地下文物和文献被发掘出来，珍贵秘籍重见天日。据统计，百年间约有 170 余批、28 万枚不同时期的竹木简出土；另有帛书文献 4 批出土。大批出土文献的发现，大大开阔了学术界研究资料的范围和研究视野，在开展传世文献和出土文献的结合研究上，途径是多方面的。

一是可以利用出土文献的新资料，结合传世文献，开展对古代政治、经济、法律、思想等多方面的研究。比如，近年学者们发现里耶秦简所记载的"苍梧""洞庭"两郡，为以往秦 36 郡或 48 郡之郡名所无，因而补充了对秦朝行政区划的认识。近来，又有学者利用岳麓书院所藏秦简，提出了秦郡还有"江陵""清河"二郡的看法②。此外，如利用郭店楚简对先秦子思学派的研究，利用长沙走马楼吴简对三国田赋、户口制度的研究，利用岳麓书院所藏秦简的奏谳书对秦代法律条令的研究等。二是可以通过出土文献的实物，对古文献载体材料的形制、质地的发展变化有重新认识。三是

① 周少川、陈晓华：《中国历史文献学学科建设的思考》，见《历史文献研究》总第 22 辑，武汉，华中师范大学出版社，2003。

② 陈松长：《岳麓书院藏秦简忠的郡名考略》，载《湖南大学学报》，2009(2)。

可以深入开展传世文献与出土文献的比勘研究，尤其是一些名著名篇，通过传世本、简牍本、帛书本等多种传本的比勘、交异，甚至笺证，可以深入分析文本变异、差异的原因以及学术思想的渊源流变等。1997 年，日本学者服部千村就曾运用竹简本、和刻樱田本、影宋魏武注本、宋武经七书本等《孙子兵法》进行互勘，在校记中做出考证①。2000 年，国内学者彭浩则用郭店竹简本、马王堆帛书、王弼注本、河上公本、龙兴观碑本等合勘《老子》文句，惜未有校记笺证②。这些工作都是值得借鉴的。四是针对出土文献，展开古文书学的研究。这是由于出土文献中有大量古代文书档案，运用古文书学的方法，可以对简牍的书写格式、制作形制、收发渠道、内容类别、档案功能等了解清楚，进一步挖掘其史料价值。五是开展古文字学的研究。汉以前的出土文献皆以古文字书写，为文字学提供了大量古文字的资料，利用传世文献和字书释读古文字，又反过来利用出土文献中的古文字资料考辨以往对古文字训释的疑难，是一个重要的课题。有些学者已经利用出土文献开展对古文字的整理，如李守奎等学者所作的《楚文字编》《上海博物馆藏战国楚竹书 1～5 文字编》等。

（二）文献学研究与社会史、文化史的结合

众所周知，文献的产生、聚散，文献学的发展是与社会发展、社会的历史文化发展密切相连的，因此，文献学史的研究如能与社会史、文化史的研究相结合，会相得益彰，有利于加强文献学史研究的分量。

本人在做《藏书与文化》③课题的研究时就尝试了文献学研究和文化史、社会史结合的方法，从而开阔了视野，拓展了研究的范围。以往的私家藏书研究由于未能有准确的定位，因而往往被局限在藏书家事迹的研究范围里，对个体藏书家的研究、断代藏书家的研究、区域藏书家的研究，其结果仅能反映一朝一地私家藏书的概况，而不能了解其更深层次的内容。然而，如果从多重视角来研究私家藏书，便可将其作为一种文化现象，置于社会历史环境中进行考察，分析社会历史环境中生产技术、经济水平、文

---

① ［日］服部千村：《孙子兵法新校》，沈阳，白山出版社，1997。

② 彭浩：《郭店楚简〈老子〉校读》，武汉，湖北人民出版社，2000。

③ 周少川：《藏书与文化——古代私家藏书文化研究》，北京，北京师范大学出版社，1999。

化风尚、人文地理诸因素，与这一文化现象彼此间的相互关联，作用与反作用。比如，考察其与社会生产经济因素的关系时，可从"造纸术"的发明、"印刷术"的发明，看典籍生产技术的变化对私家藏书的影响，认识私家藏书事业两次飞跃发展的原因。社会经济发展水平同生产技术一样，同属于私家藏书文化的物质基础。社会经济的发展是私家藏书事业繁荣的前提条件，它使藏书家具备更强的经济实力来投入藏书活动；社会商品经济的发达，也促进了图书这种特殊商品的流通，为私家藏书提供大量的收藏来源。反过来，私家藏书所增加的需求，又刺激了刻书业、印刷业、装潢业、图书销售等生产经济领域的繁荣。

把私家藏书作为一种文化现象，还可深入探讨私家藏书在长期活动中逐步形成的文化积淀。并从文化的视角，对藏书、藏书印、图书交易等物态文化；对藏书措理之术、藏书风尚和藏书习俗等行为文化；对藏书楼命名的目的、藏书印文反映的意绪、藏书的心态等心态文化进行分析，从而得出一些新的答案。比如，揭示藏书楼的虚拟与实构；对私家藏书习俗和藏书家嗜好作出有异于前人的、较为合理准确的解释；透过表象，挖掘藏书家深层的文化心态，区分其正面的、积极的心态，或者消极的、变异的心态，由此把握私家藏书不同发展路向的根源；阐释私家藏书在促进不同文化层之交流和保存、传播文化遗产的巨大社会功能等。总之，从多重视角研究私家藏书，具有深远的意义，它不仅为藏书史、书史研究开辟了新道路，而且为文化史、社会史的研究增添了新内容，这是我个人有切身体会的认识。

(三)文献学研究与学术史研究的结合

以往文献学只讲校勘学史和注释学史，学术史只讲主观分析，各讲各的，成为两条道上跑的车。李学勤先生对学术史这种状况提出了自己的看法，认为学术史不仅要从思想、义理的角度去写，还要从文献、史实的角度去写，两者不可偏废。[①] 这种看法极其重要，从经学史的角度看，就要善于从文献的校释成果中分析各个时代对于经典不同的注释、校勘所反映的时代精神，从校勘注释的新内容看学术思想和学术观点发展，看学术史

---

① 《李学勤谈清代学术的几个问题》，载《中华读书报》，2001-08-15。

的转变。不同时代的版本反映了不同时代的思想和学术，一部经学的发展史，正是历代学者运用文献考校和注释，为经学的前进开辟了道路，并赋予新的思想内容，从而完成了各个时代学术的新陈代谢。因此，文献学应该在这方面为学术史作出说明。

从文献学史研究的角度而言，则必须结合经学史或者其他学术史的背景，才能真正说明各个历史时期文献学发展的原因以及对学术史的推动作用。例如，北宋二程、南宋朱熹都曾改易《礼记·大学》的文字，并将《礼记》中的《大学》《中庸》抽出，与《论语》《孟子》组成"四书"。朱熹的《大学章句》不仅改易了文字，将《大学》分为经、传两个部分，还补写了所谓"格物致知"的第五章。这些文献校改上的变易，如果不从宋代理学思想兴起、发展的需要上分析，便难以说明其文献整理、校改工作的原委和意义。文献学研究只有和经学史或其他学术史结合，才能清楚地看到历代文献校注、考辨所反映的时代精神，才能深刻说明文献学研究在中国学术史和文化史上的重要地位和影响。

（四）文献学研究要与社会发展的实际需要结合

以往的文献学研究与社会实际生活严重脱节，很多关涉社会民生、生产生活的古代文献不受重视，有的长期被打入冷宫，得不到应有的发掘整理和研究。从科技方面看，中国古代的科学技术在相当长的一段时间内是领先于世界的，其中的天文历算、数学、医学、农学、建筑等领域尤为突出，并保存着许多珍贵的文献。比如，明清在建筑技术方面就有许多文献资料，其中清代的匠作则例已引起国内外不少专家的注意。清代匠作则例记录了清代园林宫殿、城墙营房、河工海防、军器武备等建筑器物用料的规格尺寸，用工的种类、数量及价格运费等数据，这批文献不仅数量众多，而且内容丰富，是研究清代建筑、经济、军事乃至社会政治的重要资料。早在20世纪30年代，著名学者梁思诚就对《清工部工程做法》这一文献进行深入研究，取得丰硕成果，著成《清式营造则例》和《清工部工程做法则例图解》二书。20世纪末，由王世襄先生领衔，开展对清代匠作则例资料的整理和影印，至今已出版了汇编5卷①。这些材料也引起了德国图

---

① 王世襄主编：《清代匠作则例》，第一卷、第二卷，郑州，河南教育出版社，2000；《清代匠作则例》，第三卷、第四卷、第五卷，郑州，河南教育出版社，2009。

宾根大学汉学研究所的注意，自 2001 年起和清华大学合作开展研究，已取得阶段性成果，并在德国召开了"中国匠作则例：理论与实践"国际研讨会，这表明匠作则例的研究已经在国际上产生了一定的影响。

除匠作则例外，当然还有大量科技文献值得整理和研究，如至今还在服务于现实生活的中医文献。此外，经济方面的、艺术方面的大批古籍文献也都有待文献学界的关注和探究。

（五）文献学研究要注意纸质文献和电子文献的结合

20 世纪下半叶以来，随着现代信息技术的高速发展，计算机作为信息处理工具，其容量越来越大、速度越来越快、功能越来越强。随着古文献数据库和网络的不断建设，大面积实现了传统文献的数字化和网络化，体现出存储量大、管理便易、阅览便捷以及检索功能、统计分析功能、对比校勘功能大大增强等优势。这不仅是载体的转换、检索手段的变化，更是传统文献学方法论的一场革命。

新世纪的文献学研究还要进一步开发文献数字化的各种功能，发挥其超越纸质文献的优势，为文献学研究服务。第一，在研究文献的生产、流通、整理、保护等问题时，要把纸质文献和电子文献结合起来考虑，充分发挥电子文献在古籍保存和流通上的优越性。第二，对于古文献数字化的开发和改进仍有许多问题值得研究和完善。比如，进一步减少古文献数据库的错误，提高可信程度；制定切实可行的数据库分类标准，使同一类的古文献数据库逐步实现标准和格式的统一，以便于传播和利用；进一步开发古文献数据库的检索功能，最大限度地发挥其优势作用。第三，将电子信息技术引入考证过程，发挥"e 考据"的作用①。目前已经有些学者尝到"e 考据"的甜头，概括而言可以有三个层面的利用：一是广泛利用电子文献的检索功能，收集考证所需的各种材料。二是通过广泛检索词语在不同文献、不同语境中的含义，从而准确训释有关字、词、句的意义，以纠正前人的误解，达到疏通文献、释疑解难的目的②。三是利用电子文献的检索功能，全面核对材料，对以往的研究结果进行史源学的论证，发现疑

---

① 黄一农：《两头蛇：明末清初的第一代天主教徒》，64～65 页，上海，上海古籍出版社，2006。

② 黄灵庚：《屈赋"汤禹"小议》，载《光明日报》，2008-12-26。

误，将考证引向深入，最终取得新解。总之，运用之妙，存乎一心，应该说"e 考据"的前景还是非常广阔的。

（六）文献学的实证研究和理论研究的结合

文献学研究不仅要有实证技能，要研究文献、文献学发展史，还要有理论研究。正如刘乃和先生所说的："要把文献工作当作一门学问，只作事务是不行的；要把文献工作当作具有科学性的学问，只凭技术也是不行的。"她从学科方向，以及目录、校勘、辨伪、注释等专学的实际研究，说明"研究历史文献，不可避免地要涉及理论和观点的问题"。并指出："我们研究历史文献必须以马克思主义理论做指导，首先就是要指导研究方向的问题。"①那么，历史文献学理论要包括哪些内容呢？我想至少要包括理论基础、理论遗产、基本理论三大部分。

第一，理论基础是文献学理论体系赖以存在的科学依据，是指导文献学理论不断发展的方针。在当前，马克思主义的世界观、唯物史观、认识论和方法论，就是历史文献学的理论基础。

第二，理论遗产是指我国古代的文献学思想。在文明社会，任何理论都具有继承性，当代历史文献学理论的建设不仅要从实践中总结，还要继承先贤的思想遗产。古代文献学家不仅为我们留下大量文献整理的遗产，而且在文献整理研究中积累了大量经验，总结了有益的方法和理论，形成了丰富的文献学思想。孔子就有不少关于文献整理研究的独到见解，比如"述而不作，信而好古"②"多闻阙疑""多见阙殆"③，以及"毋意、毋必、毋固、毋我"④。孟子也有关于"不以文害辞，不以辞害志，以意逆志，是为得之"的文献阐释思想；以及知人论世、文献疑辨的思想。此外，还有众所周知的，《汉书·艺文志》以降的"辨章学术，考镜源流"思想；郑樵的"求书八法"；胡应麟的"辨伪八法"等。总之，古代的文献搜求与典藏思想、分类叙录思想、校勘思想、辨伪思想、文献阐释理论、金石考史观念，积累是非常丰厚的，值得作深入的发掘和阐发。中国古代文献学思想

---

① 白寿彝主编：《史学概论》，120～122 页，银川，宁夏人民出版社，1983。
② 《论语·述而》，十三经注疏本，北京，中华书局，1980。
③ 《论语·为政》。
④ 《论语·子罕》。

的研究一直是文献学研究的薄弱环节，必须结合文献学史的研究加以总结。古代文献学思想的研究，既可丰富文献学史的内容，又可深化对于古代文献学内涵和价值的认识；此外，还可以为建立当代的文献学理论体系提供思想来源和理论依据，可以为当前的文献整理和研究提供直接的借鉴，因此是具有重大理论价值和实践意义的。

第三，基本理论包括本体论、认识论和方法论三个方面。文献学理论体系的本体论主要在于文献观，要解决文献概念、文献的本质和特征、文献的形态、文献的价值和功能等主要问题。

文献学的认识论，要明确学科的定位及文献学的学科结构；要讨论文献学本身及所属各门专学（目录、版本、校勘等）的研究对象和任务、实践意义和历史发展规律；要思考文献学与传统文化，文献学与当代文化建设等课题。

文献学的方法论，要研究文献学的传统方法，文献学与边缘学科的关系，文献学对当代科技成果和国外文献学研究方法的吸收等问题。要考虑如何利用当代科学技术成果、引进边缘学科和国外文献学学科的理论与知识来更新我国文献学的研究方法，同时也要考虑如何改进和发展文献学研究的传统方法。

（七）域外汉籍研究与域内西书研究的结合

域外汉籍的搜求、整理和研究近些年成为文献学研究的热点，并取得令人瞩目的成就。目前已有多家出版社在进行域外汉籍的收集和出版，影响较大的是 2008 年由西南大学出版社、人民出版社联合出版的《域外汉籍珍本文库》第一辑，本辑收书百余种。据称，这套文库将在此后 5 年内收集出版域外汉籍珍本达 2 000 种。这个数字已达目前所知的域外汉籍珍本总数的 80%。域外汉籍的研究也成就斐然，有不少论著发表，比较突出的如中华书局自 2005 年以来陆续出版的《域外汉籍研究集刊》1～5 辑，此外还于 2007 年出版的《域外汉籍研究丛书》，收入 5 种研究专著。应该说，域外汉籍的研究方兴未艾，前景非常可观。新闻出版总署的柳斌杰署长曾在《域外汉籍珍本文库》的序言中，将域外汉籍传播中华文化的作用称之为"汉籍之路"，以与历史上的"丝绸之路"相比拟，充分说明了整理研究域外汉籍的重要意义①。

然而，在重视域外汉籍的研究时，还不能忘记对域内西书这批重要历史文献的研究，这批文献从另一个角度反映了中外文化交流的丰硕成果。16世纪后期，大量西方传教士陆续来华，掀起中西文化交流的高潮。自1582年利玛窦来华到20世纪上半叶，一方面由于西方传教士输入基督教文化的总体目标；一方面由于中国士人自徐光启的"会通中西"②到梁启超"多译多读西书"③的需求，西学文献在中国输入长达300多年，已经成为中国历史文献的组成部分。根据徐宗泽《明清间耶稣会士译著提要》④、傅兰雅《江南制造总局翻译西书事略》⑤、梁启超《西学书目表》、顾燮元《译书经眼录》⑥、徐惟则《东西学书录》⑦、平心编《全国总书目》⑧记载统计，从明季到20世纪上半叶的300多年间，在华编著、翻译的西书达7 600多种。如果再加上明清两代入华而流散、失传的西书，入华西学文献的数量会更多。除了用汉文著、译的西书，国内还保存有不少原版西文古籍，有的版本价值极高，比如代表西方最早印刷水平的"摇篮版"西籍，就有"西方宋版"之誉。这些文献是明清至20世纪初叶西学东渐的重要资料和历史见证，具有珍贵的文献价值和学术价值。全面考察域内西书的总体面貌，研究西书入华的路径、著译的各种方式、内容和影响，不仅是文献学的重要课题，也必然会推动学术史和中西交通史研究的新进展。

（八）中外文献学研究方法的结合

历史文献学研究，不仅要继承弘扬我国传统的文献学方法，还要注意了解、学习国外的文献学研究理论和方法。西方近代的文献考据早在14世纪文艺复兴时期便初见端倪了，当时有一批学者关于古希腊、罗马经典的

---

① 柳斌杰：《汉籍之路》，载《光明日报》，2009-02-10。

② 王重民辑：《徐光启集》，374～375页，北京，中华书局，1963。明徐光启在《历书总目表》中谈到如何对待西学时说："欲求超胜，必须会通，会通之前，必先翻译。"

③ 梁启超：《西学书目表》，上海，上海时务报馆，1896。梁启超在《西学书目表序例》中说："国家欲自强，以多译西书为本；学子欲自立，以多译西书为功。"

④ 徐宗泽：《明清间耶稣会士译著提要》，上海，上海书店出版社，2006。

⑤ 张静庐辑：《中国近代出版史料初编》，北京，中华书局，1957。

⑥ 张静庐辑：《中国近代出版史料二编》，北京，中华书局，1957。

⑦ 同上。

⑧ 《全国总书目》，上海，上海生活书店，1935。

考证，他们的考辨目的和方法影响了后来欧洲的文献考据学派。随着 18 世纪法国碑铭文献学院成立、19 世纪法国著名的巴黎国家文献学院成立，欧洲的文献考据盛行，而法国的文献考据学则具有一流的水平。19 世纪中后期，文献考据学成为西方史学的主导学派，德国的兰克学派就因高度重视对各类公私档案、文件、契约、信函、证件等史料的考证整理，去伪存真，而以史料学派著称，对西方史学产生了长期的影响。虽然在进入 20 世纪中期以后，各种史学新流派纷纷兴起，西方的文献考据学派逐渐没落，然而文献考据工作作为史学研究的一个基本方法仍发挥着重要作用，比如至今从西方汉学研究的著述中仍可以看到许多文献考据的成果。因此，仅以上述为例，也足以说明国外的文献学研究理论和方法源流有自、积累不凡，需要我们深入了解，进行必要的比较研究，取其精华，以丰富我国的文献学理论。目前，国内已有一些年轻学者关注这一问题，开展了初步的工作，这是本学科值得高度期许的一个发展方向。

古代类书的起源与发展

类书是采摭群书中的各种资料，将它们排比编次，以类相从，为人们提供检阅方便的一种工具书。古代类书博采各种材料以备检查之需，其作用相当于现代百科性的工具书。当然，它与现代意义的百科全书在性质上是不同的，它只是一种分类的"资料汇编"。有些大型的类书由于大量选辑原著的内容，所以后人可以从中辑出亡佚的古书。有的类书又与字典、辞书有相同之处，但它并不单单解字释词，训诂音韵，它所辑录的各类知识和事物，要比字书广博得多。类书在我国古代典籍中已形成独立的文献，具有特殊的价值。

一、类书典籍的起源

类书，是我国古代文化发展到一定阶段的产物。随着各类知识的丰富，社会积累起来的书籍卷帙浩繁，人们苦于搜寻和翻检的困难，迫切需要一种汇集各类知识，开卷即可利用的典籍。这种需求，是类书典籍产生的根本原因。

类书的渊源可以追溯到我国第一部训诂词典《尔雅》。这部书的编撰很早，后经多人增补，最终完成于汉初经学家之手。全书按所释字词分 19 类，其中如释天、释地、释丘、释山、释水、释虫、释鱼、释鸟、释兽等，虽然它并非类书，但它分门别类的体例，却为后来类书典籍所仿效。

东汉至三国曹魏时期，文风嬗变，骈俪之词、排偶之文兴盛，文人撰述，崇尚驰骋华辞，讲究用典使事。于是抄集典故，排列偶句，以补记诵之不足，供临文时寻检，成为一般文士的普遍需要。这种注重辞藻、典故的时代风气，直接促成了类书的产生。三国时魏文帝曹丕喜好文学，使儒臣王象等人搜集经传资料，随类相从，编成我国历史上第一部类书《皇览》。《三国志·魏志·杨俊传》裴注曰："《皇览》合四十部，部有数十篇，合八百余万字。"在印刷术发明之前，依靠传抄，要保存如此规模的全书是很困难的，因此到宋代，它的各种抄本、节录本皆已亡佚。今存有清人孙冯翼从各书引文中辑出的《皇览》佚文一卷，收入《问经堂丛书》。清人黄奭也辑有一卷，收在《汉学堂丛书》中。两本大同小异。

《皇览》对类书的开创意义是重大的，后来学者皆推它为类书之祖。宋代学者王应麟曰："类事之书，始于《皇览》。"[1]清代官修《四库全书提要》也认为："类书始于《皇览》。"[2]

《皇览》以后，古代类书逐渐丰富起来，形成了一批体例特殊的典籍群体，反映在目录书中也由归属它类到独立门类。第一部类书《皇览》出现后，西晋《中经新簿》把它列入收录史书的丙部。到《隋书·经籍志》，因类书兼采群籍，既非经史，也非子集，只好归入以庞杂而称的子部杂家类。《旧唐书·经籍志》编撰时，类书数量已渐增，便独立"类事"一项。北宋《崇文总目》又将"类事"改为"类书"。从此，"类书"之名为人们所习用；而目录书由子部统辖"类书"的传统也沿袭下来。

二、类书典籍的发展

综观类书的发展轨迹，大抵唐以前类书偏重经传，间采子集，取材范围较窄，编排方法也较简单；唐宋两代，类书的内容范围拓宽，作用多样化，编排体例也各有特点，类书典籍的发展具备了一定规模；明清之际，类书的数量猛增，几部具有代表性的类书，无论在规模、体例和功能等方面，都超越前代，达到高峰。

(一)六朝类书的纂集

继《皇览》之后，南北朝时又出现了一批类书。早期类书的编辑，多以便于皇帝读书览古、施政借鉴为目的，故称之为"皇览""御览"。南北朝时编成的几部类书，也多与皇帝有关。一部是南朝梁武帝即位之初诏修的《寿光书苑》，《隋书·经籍志》载："《寿光书苑》二百卷。梁尚书左丞刘沓撰。""寿光"以梁朝文阁寿光殿而得名。梁朝初，还出现了一部私编类书《类苑》，共120卷，刘孝标编纂。这两部类书流传不广，故后人利用不多。

①　王应麟：《玉海》，卷五十四，南京，江苏古籍出版社，上海，上海书店出版社，1990。

②　《四库全书总目》，卷一百三十五，吴淑《事类赋》提要，北京，中华书局1965。

从一些文献记载可知，《类苑》的水平要比《寿光书苑》高。唐人杜宝《大业杂记》说："梁主以隐士刘孝标撰《类苑》一百二十卷，自言天下之事，毕尽此书，无一物遗漏。梁武心不服，即敕华林园学士七百余人，人撰一卷，其事类倍多于《类苑》。"华林园学士所撰的，名叫《华林遍略》，共700卷，由徐勉领修，成书后不仅在南方流行，北方贵族士人也纷纷抄录购求。《华林遍略》对后来类书的修纂影响很大，北齐、隋所编类书，以至唐初的《艺文类聚》，大多以其为蓝本，或利用、吸收了它的内容。

南北朝时另一部重要类书是北齐后主高纬时期官修的《修文殿御览》360卷，由祖珽等人编修。初名《玄洲苑御览》，又改称《圣寿堂御览》，最后才定名为《修文殿御览》。该书体例严谨，一直到北宋编纂《太平御览》时，许多类目仍参照了《修文殿御览》。这部类书与《华林遍略》今已不存。清末在敦煌发现的古书中，清理出一部古类书的残卷，近人罗振玉认为是《修文殿御览》，但也有人认为应是《华林遍略》。总之，隋以前的古类书都已亡佚，现存虽有少量佚文，也较难看出原貌了。

隋代虽然享国不过30年，但却有《长洲玉镜》238卷，《编珠》4卷，《玄门宝海》120卷，《北堂书钞》173卷等类书问世。《长洲玉镜》《玄门宝海》已亡。《编珠》现存一、二两卷，虽是残本，却是现存最早的古类书。该书为杜公瞻奉敕撰写，书前自序（写于隋大业七年）称因隋炀帝"好为杂咏及新体诗"，故命编录。《编珠》的作用既是为作诗提供素材，因此它与以前"徵事"的类书不同，不是在类目下汇辑典故材料，而是将搜集到的典故浓缩为对句，为引用者提供方便，其体例是先列对句，下注出处和引文。如卷一"山川部"曰：

> 暴练河，萦带海。
>
> 刘荟《劭山记》曰："黄河在劭山一百余里，望之如暴练。"《罗浮山记》曰："浮山东岭杳冥，东南望海，有如萦带。"

《编珠》原分14部，现存一、二卷共5部，卷一为"天地部""山川部"，卷二为"居处部""仪卫部""音乐部"。

《北堂书钞》为隋末唐初人虞世南所编，全书分80部。其下分类，共801类。原书经历代流传，已有不少残缺，清末孔广陶得旧本校刻，名为

《影宋北堂书钞》，160 卷，但内容仅存 19 部。从今本内容可以看出《北堂书钞》仍属"微事""叙事"型类书，其体例是在每一类目下，将各书有关材料汇集起来，每一事摘出字句，句子字数多少不同，以大字标列，然后再用双行小字注出书名或列出原文。《北堂书钞》虽已散失不少内容，但仍有重要价值，据孔广陶统计，其引用隋以前古籍 800 多种，材料相当丰富，清代学者许多辑佚、考据工作，都利用了此书。

（二）唐宋类书的编纂

唐宋两代，是我国类书发展的重要时期，产生了一批至今还为人们所利用的重要类书。据现存类书和文献记载，唐代主要有唐高祖时命欧阳询等人编集的《艺文类聚》100 卷，太宗时命高士廉等人编的《文思博要》1 200 卷，高宗时命许敬宗等人编的《三教珠英》（又名《海内珠英》）1 300 卷，玄宗时命徐坚等人编的《初学记》30 卷。此外，还有白居易编的《白氏六帖》30 卷，杜嗣先编的《兔园策府》30 卷，于立政编的《类林》10 卷，陆贽的《备举文言》20 卷，温庭筠的《学海》30 卷，皮日休的《皮氏鹿门家抄》90 卷，刘赓的《稽瑞》1 卷等。唐代类书大部分已亡佚，今存者仅《艺文类聚》《初学记》《白氏六帖》和《稽瑞》4 部，其中又以《艺文类聚》和《初学记》比较有名。《艺文类聚》全书分 47 部，每部又分类目，共 740 余类，其贡献在于扩大了类书辑录内容的范围，改变了唐以前类书偏重类事，不重采文，随意摘句的缺点，辑录材料事文并举。其体例是按类目编次，故事在前，诗文在后。所录故事，皆注书名；所录诗文，都注时代、作者和题目，并按不同文体用"诗""赋""赞""箴""启"等字体标明。如卷二十一《人部》五《交友》一段，先引《周易》《大戴礼》《论语》等书对友谊的论说。再引《孔丛子》、谢承《后汉书》《竹林七贤传》等书所记交友的故事，最后辑录有关交友的诗文。这种援引谨严，典故、诗文并列的体例，为后来许多类书所继承，成为编集类书的一种重要形式。《艺文类聚》征引广博，引用各类书籍达 1 431 种。它所保存的大批汉隋间词章名篇，为后世编辑历代诗文总集所引用；其引用的大批史书、小说多数亡佚，故成为后人考史和小说研究的重要资料。

唐开元年间成书的《初学记》虽不如《艺文类聚》规模大、资料广博，但全书材料的剪裁、组织，却比《艺文类聚》更为精细巧妙。《初学记》全书 30 卷，分 23 部，313 类。所辑录的内容与《艺文类聚》一样，事文并举，每一类目内均分"叙事""事对""诗文"三部分，正文单行大字，注用双行小字。如卷四《岁时部》下，《寒食》第五：

> ［叙事］《荆楚岁时记》曰：去冬节一百五日，即有疾风甚雨，谓之寒食……
>
> ［事对］魏武令，周举书。（魏武帝《明罚令》曰……范晔《后汉书》曰：周举迁并州刺史……）
>
> ［诗文］李崇嗣《寒食诗》（普天皆灭焰，匝地尽藏烟。不知何处火，来就客心燃。）……

这一段的"叙事"，罗列有关寒食节起源及民俗材料；"事对"先概括出对偶，再辑录所概括的有关史事；最后附有关寒食的诗文。括号内文字即类书中的小字注文。它的叙事不像其他类书那样只是资料的汇辑，而是将有关材料进行编排，使之前后连贯如一篇文章，所以《四库提要》说它"叙事虽然杂取群书，而次第若相连属，与他类书独殊"①。另外它的"事对"吸收了以前类书的特点，概括出偶句，以便读者作文时利用。

宋代类书的编纂取材宽泛，内容广博，其数量与种类均超过唐代，至今所存仍有三四十种。其较著名者如官修《太平御览》1 000 卷，《册府元龟》1 000 卷，吴淑《事类赋》30 卷，王应麟《玉海》200 卷、《小学绀珠》10卷，祝穆《事文类聚》170 卷，章俊卿《山堂考索》212 卷，谢维新《古今合璧事类备要》366 卷，林骃《源流至论》40 卷，高承《事物纪原》10 卷，孔传《后六帖》（又名《孔氏六帖》）30 卷，刘应李《翰墨大全》125 卷，刘达可《璧水群英待问会元选要》82 卷，无名氏《锦绣万花谷》前集、后集、续集共 120 卷。

《太平御览》《册府元龟》和《太平广记》《文苑英华》并称宋初"四大书"。由于《太平广记》专收小说，《文苑英华》属诗文总集，故不以类书看待。《太平御览》初名《太平总类》，由李昉等 14 人奉敕修撰，辑《修文殿御览》《艺文类聚》《文思博要》等类书及其他典籍而成，分 55 门，4 558 个子目。此书最大的特点以征引广博而见称，因此后人多据此校勘典籍，辑佚古书、考证名物。例如古代科学家张衡创造浑天仪和地震仪的材料，原书早

---

① 《四库全书总目》，卷一百三十五，徐坚《初学记》提要。

已失传，但却保存于本书卷二"天部·浑仪目"内。本书卷首有《经史图书纲目》，记载书中征引书目 1 690 多种，还不包括所引杂书和诗赋等，但这个纲目编得比较粗疏，有一些错误和重复。《太平御览》的内容也是典故事实与诗文并录，其体例是在类目下按时代先后排列材料，不再区分"叙事"或"诗文"等形式，也不作摘句或概括偶句。在辑录材料时注意保存古书的本来面目，如《艺文类聚》《初学记》等引用它书时正文与注相连，不加分别，而《太平御览》则正文作大字，注文作小字。

由王钦若等人编集的《册府元龟》是奉宋真宗之命完成的，它与唐宋其他类书的内容和体例都不相同，其内容是专辑上古至五代的君臣事迹，按事类和人物分门编次；所取材料以"正史"为主，兼采经书，子书，不取小说和野史杂书。书中内容不仅辑录它书的材料，编者也有撰述。全书分 31 部，1 100 多门，每部之前编者撰有"总序"，每门之前又有"小序"，用以概括议论本部本门的内容。《册府元龟》的卷数虽与《太平御览》相同，但篇幅却超过它一倍，书中几乎概括了"二十四史"中的前十七史，此外还保存了不少实录、诏书、奏议等史料。前人以为《册府元龟》的内容多见于正史，故不太重视，其实，随着正史在流传中已出现不少阙误，利用《册府元龟》的内容，正可以用来补正今存史书的问题。清人刘文淇等即曾以此书校勘《旧唐书》而颇有成效，今人陈垣利用此书卷五百六十七的内容，补《魏书·乐志》整整一页，这些都说明该书在校勘、辑佚上的作用。但是，此书引文不注出处，给读者增加了不少困难，这是在使用时必须注意的。

宋人私编的类书也不少，其中如王应麟的《玉海》，是专为科举考试所作的，所以它的标门分类和辑录内容具有这方面的特点，多采有关典章制度和祥瑞等材料。全书分 21 部，240 余类，书中既录记事，也兼采诗文辞藻，除辑录其他典籍，也收其他类书的内容，凡采自其他类书的材料则只记题目，不抄原文，以免数量增多烦琐。

(三)明清类书的编纂

明清两代，由于印刷业的不断发展，知识积淀越来越厚，典籍流传日益增多，查检事类掌故更为繁难，所以编纂类书更为实际所需要。官修类书以规模宏大见称，私修类书则以形式和用途多样见长，类书典籍的发展，达到最为繁荣的阶段。

《永乐大典》是明代类书编纂最突出的成就。《永乐大典》的编修由翰林学士解缙主持，始于永乐元年（1403）七月，次年十二月完成初稿，名为《文献大成》。但明成祖并不满意，又加派姚广孝等人参加扩大重修工作，永乐六年（1408）十二月，重修告成，全书正文 22 877 卷，凡例与目录 60 卷，装成 11 095 册，共计 3 亿 7 千万字左右。其收编范围由于贯彻明成祖"毋厌浩繁"的方针，所以内容极为广博，曾采集古今典籍七八千种。其体例模仿元代阴幼遇《韵府群玉》的形式，分韵隶事，依明初《洪武正韵》的 76 韵部排列单字，在每一单字下，先注《洪武正韵》对该字的音义解释，次录各韵书、字书的反切和解说，又仿唐代颜真卿《韵海镜源》的做法，并列单字的楷篆各体，单字注解中的书名和作者名用红字写出，非常醒目。单字注解后再将书名、篇名或首字涉及该字的材料引出。这种"用韵以统字，用字以系事"的方法，使该书更接近于百科全书的形式。《永乐大典》辑录材料，常常是将原书整部、整篇或大段地抄录，所以对保存古书发挥了巨大作用。清代纂修《四库全书》，就从《永乐大典》中辑出亡书 500 多种，由此可见这部大类书对中国文化的贡献。《永乐大典》由于部帙庞大，所以未能刻印刊行，明嘉靖、隆庆年间曾摹写了一部副本。副本至清乾隆年间已阙 2 400 多册，清光绪二十六年（1900）八国联军入侵北京，该书遭焚毁、劫掠，损失殆尽。现国内收集残本 730 卷，已由中华书局于 1960 年影印出版，仅存的这些残本中，仍有许多材料可以利用①。

明代私修类书种类繁多，用途各异。举其要者，如俞安期的《唐类函》200 卷，将唐人类书删除重复，汇为一编，是利用唐代类书的方便之作。邹道元的《汇书详注》36 卷，采择唐宋类书，列 37 部，下附细目，排列材料，加以注释。唐顺之的《稗编》仿宋代类书《山堂考索》而成，共 120 卷、52 类，按类辑录前人文章。徐元太的《喻林》120 卷，专收古人的譬喻词句，分 10 门，580 多类目。王志庆的《古俪府》12 卷，专采六朝唐宋骈体文中的辞藻。章潢的《图书编》127 卷，专辑各书之图，附文加以说明。王圻的《三才图会》106 卷，也是一部附图类书。此外如陈耀文《天中记》60 卷，

---

① 1982 年，国内又陆续收得《永乐大典》残卷 67 卷，由中华书局影印为《永乐大典》（残卷）续印本，2 函 20 册。2003 年，又从海外征得残卷 17 卷，由上海辞书出版社出版为《海外新发现永乐大典》。

凌稚隆《五车韵瑞》160卷，彭大翼《山堂肆考》240卷，俞安期《诗隽类函》150卷，冯琦《经济类编》100卷，袁黄《群书备考》20卷等，内容皆各具特色。

清代官修类书数量较多，其中以《古今图书集成》10 000卷成就最为突出。该书本由康熙皇帝敕撰，最初由诚亲王胤祉命陈梦雷编纂，于康熙四十五年(1706)完成，名《汇编》。雍正皇帝即位，又命蒋廷锡等人重新编校，删去胤祉、陈梦雷等人姓名，改称《古今图书集成》，于雍正四年(1726)用铜活字排印64部。全书分为历象、方舆、明伦、博物、理学、经济6编，编下分32典，典下属6 119部。内容极其广博，包罗了封建社会的大部分学问。其体例是每部之下先有"汇考"，以纪大事；次列"总论"，辑录经、史、子、集的有关议论；后有"图表"，或插图、或列表，以达到形象表达的效果；有"列传"，叙述有关人物的生平事迹；有"艺文"，以采择诗文；有"选句"，多摘俪句、对偶；有"纪事"，集录不见于"汇考"的琐细事迹；有"杂录"，收不宜入"总论""艺文"的材料；有"外编"，多载奇异荒诞的内容。以上各项并不是每部都具备，据材料的有无而定。《古今图书集成》吸收了历代类书的优点，在古代类书的编纂体例上达到最为完备的程度。它以编、典、部三层列目，使得分类层次分明、条理清晰；每部又以"汇考"等9项进行编排，则能包罗相关的各种材料，使之巨细无遗。其征引材料一一注明出处，便于校核原书；每部下的"汇考""总论""图表""列传""艺文"等纬目，还在内容前标明该项材料编排的目次，如"汇考"标时代，"列传"标人名，"艺文"标篇目、作者等，有利于检索。《古今图书集成》完整地保存了许多古代文献资料，它在现存类书中规模最大，用处最广，体例最完善，充分反映了我国类书典籍的编纂水平和成就。

清代官修类书除《古今图书集成》外，还有康熙时张英奉敕编纂的《渊鉴类函》450卷，这部书是以明代《唐类函》为基础增补而成的，分43部，2 536小类。书中凡《唐类函》原有内容标"原"字，又补采《太平御览》等宋以后类书17部及其他一些典籍的材料作为续增，凡续增内容则标"增"字。该书卷数虽不及《太平御览》的一半，篇幅却超过一倍。检查唐宋至明嘉靖时的古事典故、诗文辞藻，此书可资利用。清代官修类书中还有一些采录辞藻、诗文的专用类书，如何焯奉敕所撰的《分类字锦》64卷，辑录各种典籍的字词，分40门，618类。吴士玉奉敕撰的《子史精华》106卷，专采子书、史书中的名言隽语，分30部、280类。较为流行的是康熙时编成的《佩文韵府》正集444卷、拾遗120卷，雍正时编成的《骈字类编》240卷。二书专供写诗作文的人采撷辞藻、对句和诗文，但又各有特点：如《佩文韵府》按词的尾字归韵查检，《骈字类编》按首字分类查检；前者征引诗文往往只标作者，不标篇名题目。后者则大都标出；前者单字下注明音义，后者则无；前者兼收三字、四字构成的词语，后者则只收"骈字"，即二字合成的词语。因此《四库全书提要》说二书可"互为经纬，相辅而行"①。

清代私修类书也很多，如陈元龙《格致镜原》100卷，分30门，汇编有关身体、冠服、宫室及日用器具、五谷菜蔬、草木虫鱼等材料，博物溯源，类如宋代的《事物纪原》。魏崧《壹是纪始》22卷，补遗1卷，分22类，也属考证事物起源的类节。此外，还有《宋稗类抄》《清稗类抄》等类书，多从小说、笔记、诗话中取资，汇集人物掌故的材料，有助于对某个朝代人物事迹、社会生活的研究。

明清两代类书，无论从数量到种类，从规模到体例，都远胜于前代，特别到了《古今图书集成》的出现，中国类书的编纂形式可以说到了炉火纯青的地步。清乾嘉以后，由于朴学之风日盛，学者考据喜用原书，而视类书为鄙陋，故类书的纂辑渐稀。清末以后，西方的近代科学在中国逐渐流传，随着知识体系的转换和近代百科全书编撰方法的传入，中国旧式类书典籍的纂辑至此而告终结。

三、类书的种类和利用

我国的类书典籍起自三国曹魏，此后历代迭有编纂，数量累增，据古今一些目录书记载，总量约700余种②。1935年燕京大学图书馆曾将其馆藏类书编入《燕京大学图书馆目录初稿》，著录316种，虽然该目所收范围偏宽，但毕竟所反映的仅为一馆之藏，因此，现存类书总数应不少于300种。

我国类书从内容到形式，都是多种多样，异彩纷呈的。类书种类的区

---

① 《四库全书总目》，卷一百三十六，《骈字类编》提要。
② 张涤华：《类书流别》，北京，商务印书馆，1985。

分不宜过细，否则便杂乱而不可统辖。就其最主要的区别，可从纂辑内容和编录形式来进行划分。从纂辑内容上看，类书可分为类事、采文、综合三大类型。早期类书，如《皇览》《修文殿御览》《华林遍略》直到隋末虞世南的《北堂书钞》皆属于类事型类书，它们的内容主要是分类以徵事，汇集典故，以方便作文时据事用典，援古证今，或从中采撷有用的词句。

采文类指那些专采诗文偶句、骈俪辞藻，以供赋诗时直接利用的类书。现存最早的类书《编珠》，应属这种类型，它的内容编排是先隶事为对，下边再注出处。此后如唐代《白氏六帖》、宋代《事类赋》、明代《骈语雕龙》、清代《佩文韵府》等，皆属此类。

综合类兼具前两种类书的特点，既有叙事，又采诗文，从而扩大了类书内容的范围。这种类书始于唐代《艺文类聚》和《初学记》，如《艺文类聚》各卷以故事居前，诗文在后；而《初学记》每类则分"叙事""事对""诗文"三项。这种并列古事典故、诗文辞藻的综合形式，后来为多数类书所采用，到了清代《古今图书集成》，以"汇考""艺文"等9项囊括各种材料，使中国类书内容的丰富，达到了空前的高度。

从编录形式来区分，大致有分类编排和按韵编排两大类型。分类编排是类书的主要编辑形式，自《皇览》以下，大多数类书是采取这种方式进行编录的。分类编排的特点和长处在于枝干清楚，层次分明，能突出各种材料的上下从属和相关的联系。分类编排形式在各类目下对材料又有不同的排列方法，有的是按时间顺序排列材料而不加己见，如《太平御览》；有的是在材料前有摘句或概括出偶句，如《编珠》《北堂书钞》；有的是在类目下又用一些纬目统辖材料，如《初学记》《古今图书集成》；有的是在各部类之前撰写大序、小序来交代、评述部类的内容，如《册府元龟》；有的是在类目下以数字为纲来聚集材料，如南宋王应麟的《小学绀珠》就很典型，该书分"天道""地理""人伦"等十类，"天道"类下以"两仪"（天、地）"三才"（天、地、人）等数词排列，汇集相关材料，这种方法直观、有趣，适合作启蒙之用。

我国按韵编排的类书也有一定数量，这种方式始于唐代颜真卿的《韵海镜源》，后来如《韵府群玉》《永乐大典》《佩文韵府》等都采用此法。按韵编排较分类更便于寻检到所需的主题材料，如《佩文韵府》，全书按"平水韵"106韵编排，以"霜叶"一词为例，要查寻该词有关的诗文偶句及其出处，应先判断该词尾字"叶"属何声何韵，知"叶"属入声十六叶韵后，即可在叶韵部"韵藻"项找到"霜叶"一词，查得"杜牧诗：霜叶红于二月花"等诗句和出处。按韵编排有简便之处，但也存在割裂主题材料类聚关系的缺点。按韵编排的类书大多在每个单字之后注音释义，有的还列出该字的楷篆各体，使类书也具有字书的功能。在单字下对于材料如何安排，各书也不尽一致，有的是直接将材料作先后排列；有的则又按事月分类或分项，如《佩文韵府》则在单字的"释字"之下又分"韵藻""对语""摘句"三项，以排比相关的辞藻、诗句、对语和文句。

古代类书典籍的编纂，除了一些标榜供皇帝阅览的以外，还有各自不同的用途。有的可作一般查检和综合利用，如《北堂书钞》《艺文类聚》以及《古今图书集成》等；有的是供诗文取材的，如《白氏六帖》《佩文韵府》《骈字类编》等；有的以资科场考试所用，如《群书会元截江网》《玉海》等；有的可作为启蒙教材，如《兔园策府》《小学绀珠》《初学记》等；还有的可备家常日用，如《万用正宗不求人》《文林聚宝百卷星罗》等。

无论古代类书的编纂目的和当时的用途如何，这些典籍都起着保存古代典籍文献，保存古代文化知识的积极作用，至今仍有较高的参考价值。利用现存类书，不仅可以按类求索有关的资料，作为探讨古代历史事实、典制沿革、学术文化以及社会习俗的依据，而且可以利用古代类书的引文，校勘、考证现存古籍的内容。有些大型类书由于整部、整篇地抄录原著，因此还可以从中辑出亡佚古籍的全书或者部分佚文。

魏晋南北朝的图书出版事业

　　魏晋南北朝是我国图书出版事业一个重要的发展时期。随着我国历史上第一次大规模民族融合的出现，边远地区和落后地区的经济得到开发，同时也使汉民族吸收了不少新鲜血液，增强了以汉族为主干的中华民族的活力，推动了社会生产力和经济的发展。造纸技术的提高，纸张利用的普及，为出版事业的进步提供了强大的物质基础和生产、流通的有利条件。这一时期虽然朝代更迭，社会动荡，然而人们的思想意识冲破了两汉时儒学定于一尊的束缚，学术文化得到较大的发展。儒家的伦理济世之学、玄学的宇宙本源思想、佛教的思辨哲学、道教的养生之学、范缜的无神论等学说，纷繁并呈地活跃在历史舞台上。史学、文学、艺术和科技等领域的成就也非常突出。各种新体裁、新内容的作品不断涌现。这些思想文化、科学技术上的创造，都为魏晋南北朝的图书出版提供了精彩和丰富的著作来源。而频繁的中外交流，也为图书出版事业注入新的思想文化内容，提出了更多的需求，从而推进出版事业的发展。

一、魏晋南北朝图书出版事业的发展

　　随着社会生产力和思想文化的进步，此期出版事业的发展呈现出几个不同阶段的发展态势。

　　第一阶段：三国西晋时期（220—316）是魏晋南北朝出版事业的恢复和发展阶段。

　　这个阶段以前，由于东汉末年的战乱，国家收藏的图书"一时焚荡，莫不泯尽焉"①。政府原来建立的图书编纂出版机构瘫痪，士人或家破人亡，或逃避山林。然而随着三国鼎立局面的形成，社会稍趋安定，魏、蜀、吴三国就迅速恢复、开展了对图书的收集、整理和出版工作。在编纂出版机构方面，三国西晋时的秘书监开始脱离了中书机构而成为专门司掌

北京师范大学史学探索丛书

---

① 　范晔：《后汉书》，卷七十九上，《儒林列传序》，北京，中华书局，1965。

典籍、艺文的独立官署。为了加强图书的编纂和出版工作，曹魏时还将附属于东汉的著作东观一职作为专职的著作官员独立出来，形成了著作郎制度。到了西晋，著作郎制度进一步发展，出现了专门的著作机构——著作局，并设有著作郎、佐著作郎、著作令史等一系列官职①。

著作出版机构的加强促进了图书编撰出版工作的进展。曹魏时秘书郎郑默编制国家书目《中经》14 卷，记载了当时国家出版收藏的大批图书。西晋时秘书监荀勖编撰国家书目《中经新簿》著录当时的图书 1 885 部，29 935 卷，这些整理出来的图书被"盛以缥囊，书以缃素"②，即用浅黄色的丝织品来书写再版，成为国家图书的精品。政府还开展了对一些重要典籍的整理和复制活动，如曹魏镌刻正始三体石经，西晋整理出汲冢竹书中的《穆天子传》《竹书纪年》《汲冢琐经》等 15 部我国流传下来的著作，使这些重要典籍广为流传。

此期公家、私家也编纂了大批新著，新体裁、新作品大量涌现。第一部大型类书《皇览》在曹魏时问世。曹丕的《典论·文论》、西晋陆机的《文赋》则是我国最早的文学评论著作。当然，文学著作方面还有在曹操父子"三曹"及"建安七子"影响下的大批诗文作品的产生。史学上，除了当时三国史家新撰的本国史外，最著名的要数西晋史学家司马彪的《续汉书》和陈寿的《三国志》。科技著作方面，较突出的则有曹魏时数学家刘徽的《海岛算经》、西晋名医王叔和的《脉经》、皇甫谧的《针灸甲乙经》等。佛经的翻译在三国西晋时也成就显著。仅据《开元释教录》记载，三国时翻译的佛经就有 201 部，435 卷；西晋时译出的各种经、律、论、集、传则达 333 部。随着道教传播的广泛，此期也出现了《三皇经》《灵宝经》等一批新的道教经书。

三国时期，出版物的材料还处于纸、简、帛并行时期。然而，纸的制造技术和使用相比东汉已得到进一步改进和推广，为图书出版业的发展提供了重要条件。到了西晋，造纸的材料有大的突破，出现了用藤造的纸③，

---

① 房玄龄等：《晋书》，卷二十四，《职官志》，北京，中华书局，1974。

② 魏征等：《隋书》，卷三十二，《经籍志总序》，北京，中华书局，1973。

③ 张华：《博物志》，卷一曰："剡溪古藤甚多，可造纸。"见《佩文韵府》，卷二十五之五，文渊阁《四库全书》本，上海，上海古籍出版社，1987。

纸写本进一步流行。20世纪初以来，在我国新疆地区以及中亚地区不断发掘出西晋时期的纸写本遗物，六七十年代，又发掘出写于西晋泰始九年(273)的、标有确切年代的纸写之书①，说明了纸写本使用范围的广泛。此外，三国西晋时期，我国出版的图书还流传到国外。西晋时，《论语》已经流传到日本。上述情况，都表明出版事业在三国西晋这一阶段由恢复到迅速发展的特点。

第二阶段：东晋十六国时期(317—420)是魏晋南北朝时期出版事业的缓慢发展和过渡阶段。

西晋后期，自发生争夺皇权的"八王之乱"后，中国北部的匈奴族首领刘聪又率兵攻陷了洛阳、长安，西晋灭亡。"京华荡覆，渠阁文籍，靡有孑遗。"②国家藏书与出版机构又一次遭到严重破坏。到东晋初李充整理国家藏书，编制《晋元帝四部书目》时，国家藏书已锐减为3 014卷。东晋时期，由于国家偏处南方，国力削减；后期又有桓玄的起兵割据和篡位，有孙恩、卢循相继而起的农民起义；北方则由于十六国长期征战，政局混乱，受各种原因的影响和限制，因此东晋十六国阶段的出版事业未能在已有基础上保持较快的发展速度，而转入一个缓慢发展的阶段。

在各个割据政权的图书编纂出版机构方面，东晋政权沿袭了西晋的秘书监、著书局等官署的建制，十六国政权也都有了著作官制度。这些机构的设置，保障了出版工作的延续。当然，从各类著作的编纂出版来看，东晋十六国阶段的出版工作仍然保持了进展的态势。比如史书方面，东晋有多部公修私撰《晋书》的出版，也出现了《华阳国志》这部重要的地方史以及谱学著作《姓氏簿状》；而在北方则有十六国多部关于本国史的史著。文学上，以陶渊明为代表的田园诗为当时诗坛带来了新鲜的气息。医学方面，东晋的葛洪著《肘后卒急方》，收集了当时大批切于实用的医方。在艺术方面，则有东晋顾恺之、卫协等画家的人物画，以及王羲之父子书法的流行。佛经的翻译出版和道经的出版，在东晋十六国时期则比前阶段更为兴盛。由于译经的丰富，东晋释道安编纂了第一部佛经目录《综理众经目录》。东晋法显则撰写了著名的佛教游记《佛国记》。道教由于葛洪、杨羲

北京师范大学史学探索丛书

---

① 潘吉星：《新疆出土古纸研究》，载《文物》，1973(10)。

② 魏徵等：《隋书》，卷三十二，《经籍志总序》。

等高道的传播，使《三皇经》《灵宝经》《上清经》等大批道经广泛地流传。

东晋十六国阶段的出版物材料进一步显示了以纸为主，竹帛为辅的特点，特别是在南方的东晋地区，以藤为主要原料的造纸技术不断提高，东晋末年桓玄当政时，已下令要以纸代替竹简作为出版物书写材料了。

第三阶段：南北朝时期(420—589)，是魏晋南北朝出版事业发展的高峰阶段。

南北朝阶段，社会局势逐步趋向稳定，南朝虽然迭经宋、齐、梁、陈四个朝代，但是凭借东晋以来南方经济的持续发展，图书出版事业有了雄厚的经济基础和生产技术的保障。北朝的北魏统一北方近百年，由于统治者受汉文化的影响较深，重视文化事业，又注意向南方搜求图书资源，所以北朝的图书出版水平也有显著的提高。

在出版管理机构方面，南朝基本保持了西晋时期秘书监与著作局的设置，而北朝出版管理机构却更为发达。北魏为了加强图书的收集和国史编撰，新增了集书省，北齐甚至还设立了称为"史阁"的史馆。此外，从北魏开始，还出现了监修史书制度，这种制度为北齐、北周所继承。刘知几说："高齐及周，迄于隋氏，其史官以大臣统领者，谓之监修。"①北朝的史馆与亲贵大臣兼修史书制度，成为官府修史制度之滥觞。

南北朝时期，纸的使用已经非常普及，并逐渐形成了纸写本的特殊装帧方式卷轴装。从敦煌发现的经卷可以反映南北朝纸写本的抄写和制作模式。此期对于纸张的加工工艺技术也迅速提高。北朝贾思勰的《齐民要术》记载关于纸的加工，以及防腐蛀的方法，对于纸写本图书的装裱保护工艺也不断得到改进。唐朝张怀瑾说刘宋孝武帝让人将藏书重新装裱，最长的卷轴达到 20 尺。

纸写书的日益推广，为图书出版流行提供了很多方便。南北朝阶段的图书出版数量剧增，并为后代留下许多名著。史学如《宋书》《南齐书》《魏书》，文学如《世说新语》《文心雕龙》《昭明文选》。科技如贾思勰《齐民要术》、祖冲之《大明历》以及祖冲之计算出来的圆周率，名家名著真是不胜枚举。佛经、道经的流传更为丰富，此期释僧祐的《出三藏记集》和南朝孟法师的《玉纬七部经目录》记载了佛经、道经的繁富。按文献记载，当时社

---

① 　刘知几：《史通》，卷十一，《史官建制》，文渊阁《四库全书》本。

会上出版流行的图书达十多万卷①。

由于图书出版数量的剧增，这一阶段图书流通数量也大大增加。南北方分别出现了建康、洛阳两大图书发行流通中心，南北朝的图书还有许多流传到外国。如当时南北朝的附属国高句丽，就流行着中国的《五经》《三史》《三国志》《晋阳秋》等图书②；百济国则曾向刘宋求得《易林》《式占》《元嘉历》等图书；陈朝天嘉六年(565)，陈文帝派使者到新罗，带去佛经1 700卷。此期的日本则通过百济得到中国的图书，梁武帝时，百济人段杨尔将《诗》《书》《礼》《易》《春秋》传入日本。总之，这一阶段图书的出版数量和流传规模达到了魏晋南北朝时期的高峰。

二、魏晋南北朝图书出版的区域性特征

出版物既是一种精神产品，又是一种物质产品。因而，出版事业的发展，既需要有深厚的文化积累，又需要有足够的生产技术和经济力量的支持。魏晋南北朝时期，由于经济文化水平发展的不平衡，出版事业的进步出现了一些不同的区域性特征。

首先，一些曾经作为国都的城市，由于人文荟萃，又是政治、经济、文化中心，自然而然地成为当时出版业发达的地区。其中最为突出的是南北对峙的建康(今南京)和洛阳两大都市。建康是南方最有代表性的出版中心。从三国时期开始，建康就先后成为东吴、东晋和宋、齐、梁、陈六朝都城，是六朝的政治文化中心，因此无论是图书的编纂，还是抄录、发行都比较发达。建康依傍长江，又有通商之利，平日"贡使商旅，方舟万计"③。都城内有四市，秦淮河两岸更是遍布大市、小市④，商品经济繁荣，书业非常兴盛，大约在城东的朱雀桥边，书肆比较集中。比如，南齐时名儒姚方兴就在朱雀桥书肆购得寻访已久的《尚书·舜典》篇，"列为国

---

① 《隋书·经籍志》总序记载隋朝承继北周藏书共15 000卷；《通鉴》卷一百六十五《梁纪》二十二记梁承圣三年(554)西魏军攻入江陵，"帝(梁元帝)入东阁竹殿，命舍人高宝善焚古今图书十四万卷。"

② 李延寿：《北史》，卷九十四，《高丽传》，北京，中华书局，1974。

③ 沈约：《宋书》，卷三十三，《五行志四》，北京，中华书局，1974。

④ 《太平御览》，卷八百二十七引山谦之《丹阳记》，北京，中华书局，1960。

学必修之书"①。梁朝学者傅昭幼时贫寒，曾"随外祖于朱雀桥卖历日"②，又可见朱雀桥一带书肆贩书品种之丰富。当然，建康也不止朱雀桥一带有书肆，其他市廛也有不少贩卖图书的地方。南齐时江夏王萧锋想要博览群书，于是"遣人于市里街巷买图籍，期月之间，殆收备矣"③。期月之间，就能收集社会上流通的图书，说明当时的建康确实是图书出版业的一个中心。

与建康可以相比的是北方的洛阳。洛阳自魏晋到北朝，也多次被立为国都。文人学者云集于此，许多传世的名著名篇也在此产生。比如陈寿《三国志》、司马彪《续汉书》、左思《三都赋》、曹丕命群臣编纂的《皇览》等。洛阳还是北方政治、经济中心，城市虽不比南方的建康繁华，但当时城内外也有二百多里坊，居民十万九千多户，南来北往，甚至外国的商旅很多。《洛阳伽蓝记》说："自葱岭以西，至于大秦，商胡贩客，日奔塞下。"洛阳的书肆在东汉以来就很兴盛，到北朝时，北魏的崔鸿父子为撰写《十六国春秋》就充分利用洛阳书肆，访购诸国旧史，完成了这部重要的编年体史著④。北魏秘书监常景雅好藏书，尤其"对新异之书，殷勤访求，或复置买，不问价之贵贱，必以得为期"⑤。他依靠洛阳发达的出版业，丰富了自己的藏书。

除了建康、洛阳，曾经作为都城的成都、邺城，当时的出版业相对其他地区也比较进步。南方的成都曾经是三国时蜀汉、十六国时成汉的都城，经济、文化水平较高。梁元帝萧绎的《金楼子·聚书篇》曾经描写他派人在四川成都一带买书、写书的情形，说明成都的图书出版业也有一定的基础，图书流通较多。北方的邺城是北朝的大城市，又是东魏、北齐的都城，图书出版、发行很繁荣。南朝出版的图书经过长途贩运，也在这里流通。《北史·祖珽传》记载有书贩在邺城出售梁朝出版的类书《华林遍略》，东魏的大将军高澄以观书为由，"多集书人，一日一夜写毕"，盗抄了这部类书。

① 魏徵等：《隋书》，卷三十二，《经籍志》，北京，中华书局，1973。
② 姚思廉：《梁书》，卷二十六《傅昭传》，北京，中华书局，1973。
③ 李延寿：《南史》，卷四十三，《江夏王锋传》，北京，中华书局，1974。
④ 魏徵等：《魏书》，卷六十七，《崔鸿传》，北京，中华书局，1974。
⑤ 魏徵等：《魏书》，卷二十八，《常景传》，北京，中华书局，1974。

魏晋南北朝出版事业另一方面的地域性特征还表现在：从总体而言，南方的出版业比北方较为发达。这主要可以从以下几个方面来说明。其一，南方历朝政权收藏的图书数量远比北朝各代政府收藏的图书多。其中最突出的是梁元帝时国家藏书多达14万卷。这其中固然有承继前朝留存的图书，但更多的应是当时依靠图书出版业所生产的新本、复本。然而，按照文献记载，北朝的国家藏书最多也不过万卷。其二，南方图书出版业比较发达，图书流通繁荣的地区也比北方多。除了上述建康、成都两地外，南方书业较为发达的地区还有荆州、江陵、寿春、襄阳等处。其三，南方发达的造纸业为图书出版提供了充足的原料。魏晋南北朝时期，纸张的制造技术不断进步，在原料方面，除了原有的麻、楮皮之外，更多地利用了桑皮、藤皮来造纸。由于原料更为广泛，因此纸的成本大大降低，产量也不断增加。到南北朝时期，纸张的运用已经开始普及。西晋张华在《博物志》里说："剡溪古藤甚多，可造纸，纸名剡藤。"说明在公元3世纪时南方的剡溪（今浙江嵊县）已开始生产藤纸。东晋范宁认为："土纸不可以作文书，皆令用藤角纸。"[1]可见当时藤纸的质量较高，并且已普遍适用于公私之间了。藤纸不仅在剡溪生产，当时浙江的余杭、衢州、婺州亦生产藤纸。此外，南方的荆州、湖州、蜀中也是造纸业比较发达的地区，梁元帝为湘东王时，出为荆州刺史，曾"上武帝纸万幅，又奉简文红笺五千番"[2]；梁朝阮孝绪之父阮彦为湖州从事，孝绪随父之任，"不书南纸，以成父之清"[3]；梁朝陆倕有答谢安成王（梁武帝之弟萧秀）赐西蜀纸之启；这些材料都说明了梁朝时荆州、湖州、蜀中造纸业的情况。总之，南方是魏晋南北朝造纸业的集中地区，高质量和数量丰富的纸张保证了南方出版业有较优于北方的进步。

三、魏晋南北朝图书出版的规模

对魏晋南北朝出版规模和成就的估计，自然要有一个量化的尺度。但

---

① 徐坚等：《初学记》，卷二十一引范宁语，文渊阁《四库全书》本。

② 鲜于枢：《纸笺谱》引，两浙督学周南礼李际期宛委山堂《续说郛》本。

③ 释道宣：《广弘明集》，卷三，文渊阁《四库全书》本。

是由于时代久远、文献散失，又因为当时所有的出版物不可能被世人所熟知和著录下来，因此对以此期出版物数量的评估，虽然是量化的，然而实际上也只能是一个大致接近于事实的数字。目的是为了使人们在认识此期出版事业的发展水平时有一个基本的印象，有一个可供定位的参照值。

魏晋南北朝不断进步的出版事业为当时社会提供大量的出版物，其中主要的出版物是图书。此期流传下来的一些国家藏书目录，除了反映对前朝藏书的一些继承外，在很大程度上著录了当时出版的图书。

比如，西晋荀勖编撰《中经新簿》著录所藏典籍（包括佛经）1 885部，29 945卷。刘宋元嘉八年（431）由谢灵运等撰的《宋元嘉八年四部目录》著录图书1 564部，14 582卷。刘宋元徽元年（473）由王俭编撰的《宋元徽元年秘阁四部书目录》著录图书2 020部，15 074卷。南齐永明元年（483）由王亮等编撰的《齐永明元年秘阁四部目录》著录图书2 332部，18 010卷。萧梁天监四年（505）由刘孝标等编撰的《梁天监四年文德正御四部及术数书目录》著录图书2 968部，23 106卷。当然，还有其他政权所编的一些政府藏书目录，但因文献散佚不能流传下来，或不能了解其记载情况。不过，从以上几种主要书目，可以看到当时图书出版流传的一些情形。比如，南朝几代的书目因只反映南方政权的图书保藏情况，在卷数上自然不如西晋统一政权时编纂的《中经新簿》多，但南朝的几部书目反映了当时图书出版流传逐步增长的一种趋势。

除政府藏书目录反映当时图书流传外，一些史书也记载了图书出版流通的情况。比如，据《续晋阳秋》所记，东晋孝武帝时，曾"诏著作郎徐广校秘阁四部见书，凡三万六千卷"①。这说明东晋时图书的出版发行恢复发展很快，在短时间内，中央图书收藏就从初期《晋元帝四部书目》记载的3 014卷扩充了10倍。又如《北齐书·颜之推传》引用颜之推《观我生赋》自注曰："王司徒表送秘阁旧事八万卷，乃诏比校，各部分为正御、副御、重杂之本。"这段材料反映了南朝萧梁藏书8万卷的数量以及当时图书出版多有复本的情况。然而，按照《通鉴》的记载，梁朝元帝时收藏的图书比8万卷还多得多。《通鉴》卷一六五《梁纪》二十二记梁朝承圣三年（554）西魏军攻入江陵，"（梁元）帝入东阁竹殿，命舍人高宝善焚古今图书十四万

① 王应麟：《玉海》，卷五十引，文渊阁《四库全书》本。

卷。"此外,《隋书·经籍志》的总序中,提到北周整理藏书"方盈万卷",后又说北齐藏书五千,所以以北周藏书至少有 15 000 卷。

又有一些清人或近人编撰的补史目录,通过史传记载,来看某个朝代著述出版的情况。如清代姚振宗撰《三国艺文志》,就著录三国时的著作 1 010 部,5 170 卷。清代文廷式撰《补晋书艺文志》著录两晋著作 2 268 部,14 222 卷。近人徐崇撰《补南北史艺文志》著录南北朝著作 1 268 部,20 543 卷。

上述是以往文献对于魏晋南北朝出版规模的一些记载,通过这些材料可以做出以下大致的归纳:第一,《通鉴》卷一六五所述梁朝图书 14 万卷是反映当时图书出版流通数量最大的一个数字,从梁朝图书出版多制复本的做法而言,这个数字是大致符合实际情况的;然而这个数字还未包括北朝的及当时社会上出版流通的图书,故此期出版的图书至少有 20 万卷。第二,西晋《中经新簿》记西晋初图书 1 885 部,这可以看做是三国末社会上流通图书最基本的种数,如再加文廷式《补晋书艺文志》所记两晋编撰出版的图书 2 268 部,徐崇《补南北史艺文志》所记南北朝编撰出版的图书 1 268 部,则有约 6 000 种。这样,仅以图书而言,魏晋南北朝的出版规模则至少有 6 000 种、20 万卷。这是对这一时期出版事业,及其所取得成就的一个基本的估计。

四、魏晋南北朝图书出版技术对后世的影响

魏晋南北朝出版的大量学术文化作品承继文化传统和精粹,传播了一个时代的创造和思想成果,在中国历史文化长河中具有相当重要的地位。从文化内涵和精神层面来讲,这一点是毫无疑问的。那么,从物质层面上来讲,此期的出版技术对后世又有什么重大影响呢?可以说,至少有三个方面值得重视。

第一,不断改进的造纸技术对后代的影响。魏晋以前,造纸的用料主要是麻。到魏晋时期,江南的浙江、江西一带扩充了造纸的原料,大量运用藤株纤维造纸。西晋张华《博物志》里就专门提到浙江剡溪(今浙江嵊县)有名的"剡藤"纸。魏晋南北朝时期的藤造纸盛产地区一直延续到唐代,藤纸的生产在唐朝依然盛行,产地由剡溪而广及江南许多地区,《元和郡县

志》卷二十六记载浙江的杭州、衢州、剡溪、婺州和江西信州所生产的藤纸，都被列为贡品。藤纸的特点是光滑、细密和耐用。所以在唐代被用于一些较为重要的场合上，如规定白藤纸用于赐予、征召、宣索和处分的诏书；青藤纸用于太清宫道观的荐告词文①等。

除了开发以藤造纸的原料外，这一时期还开发出以海苔为造纸的材料，这种纸成为"苔纸"，因纹路侧斜，又称"侧理纸"。东晋时的王嘉说："(张华)造《博物志》四百卷，奏于武帝……即于殿前赐侧理纸万番，此南越所献。""南人以海苔为纸，其理纵横邪侧，因此为名。"②这是两广一带利用海苔修长、坚韧和有黏性的纤维造成的纸张。

魏晋南北朝时期在造纸术上的另一个巨大改进是对于捞纸工具的改进，即抄纸器的改善。造纸有一道工序，就是要用布或席把沤烂的纤维从水中滤出，成为薄薄的一张，这是造纸过程的重要一步。要使纤维成为纸，关键是要有一种既能留下纤维又能滤去水分的工具，这就是捞纸用的帘模。考古研究表明，汉代古纸的残片上没有明显的帘网印纹。有关专家认为，汉代造纸采用的工具应是浮式布帘，即事先将布制帘模水平置放，把沤解的纤维浆液倾倒在帘上，让布帘把纤维质阻留在模上形成薄页，余水从布的细孔中滤下。由于湿的纸页在布上不易剥离，因此要连模一起晒干才能将纸取下。③ 这种浮式布帘的缺点是一纸就要一模，需要帘模太多，而纸的产量却不高。从晋代到六朝(265—581)生产的纸张，都已可以看到有明显帘网印痕。按照明代宋应星《天工开物》的描述，此时的帘模是由细竹丝编成，每次抄纸时，将帘模浸入浆液中，捞起帘模后滴干余水后，由于竹模表面光洁平滑，只要将帘模反扣，结成薄页的湿纸就会自动落下。这种新工具的优点是同一帘模可以连续使用，抄捞大量纸张，因此大大提高了纸的生产速度。这的确是造纸技术的极大进步，晋代开始发明的抄纸竹制帘模一直成为后世手工造纸的最重要工具，也是现代造纸机械设计的依据和基本原理。

与造纸相关的，是在成纸之后，为了增进纸的美观，更重要的是为了

---

① 李肇：《翰林志》，文渊阁《四库全书》本。

② 王嘉：《拾遗记》，卷九，文渊阁《四库全书》本。

③ 钱存训：《中国纸和印刷文化史》，63页，桂林，广西师范大学出版社，2004。

防蠹蛀腐朽，对纸进行染潢，这样对于纸张的加工，也应属于造纸技术上的进步。染潢之事，魏晋时就已出现。西晋学者陆云在给其兄陆机的信中曾说："前集兄文二十二，适讫一十，当潢之。"①表明西晋时期普通纸染潢已很通行。染潢的技术还一直影响着隋唐五代的纸张保护工艺，现存的敦煌经卷中，经过染潢处理的极多，尤其是七八世纪的手抄本中尤为多见。在残卷中，有 20 部缮写于 671 年至 677 年的佛经，其中还专门注明了染潢匠解善集、王恭、许芝、辅文开等人的姓名；不少装潢纸张的手工匠人，还供职于唐政府的各部门②。这种染潢的工艺一直延续到宋代，因书籍的装帧形式由卷轴改变为折页后，才停止下来。

第二，纸书卷轴装装帧形式对后世的影响。晋代傅咸在《纸赋》中除了赞美纸的洁白方正、便于书写外，还说纸张"揽之则舒，合之则卷"。这既是对纸张性能的夸赞，也是对纸书卷轴装特色的描述。卷轴装的形式虽然出现于魏晋以前的帛书卷子装，然真正完善和形成是在魏晋纸书的出现以后。魏晋时期，纸被大量利用之后，从抄写到制卷，逐渐改进发展，形成了一套完整的卷轴制作制度。纸书卷轴装的形式从敦煌发现的纸卷中可以得到实证，此外，在古代文献和目录中的记载也可了解。从实物和文献记载可以看到，晋代的纸张已有一定规格，一纸高一尺许，长有一尺半。晋代一尺约合今 25 厘米，即纸宽 25 厘米，长约 37 厘米。卷轴的形成过程大致是，先将书籍内容抄写于纸上，一部用多纸张抄写完的书，要按顺序黏结成长卷；卷子的长短视内容的多少而定。短卷有两三张纸，长卷有几十张纸。为了舒卷长卷，要在左边最后一张纸上粘接一木轴；为保护书的内容不受污损，要在右边第一张纸前加一空白纸张，作为包头。长卷由左向右卷成一卷，为了翻阅方便，还可在轴的一端写上书签，标明书名和卷数。

纸书卷轴的制作需经粘接。据文献记载，粘接纸张时，"古法用楮树汁、白面、白芨末三物调和为糊，以粘接纸缝，永不脱解，过如胶漆之坚"③。白芨是一种植物药材，块茎含丰富胶质，可做糊剂。用白芨调制糊

北京师范大学史学探索丛书

---

①　陆云：《陆士龙集》，卷八，文渊阁《四库全书》本。

②　钱存训：《中国纸和印刷文化史》，71 页。

③　陶宗仪：《辍耕录》，卷二十九，文渊阁《四库全书》本。

糊的方法也发明于魏晋，东晋时葛洪《抱朴子》中谈药物时就提到"作糊之白芨"①。古时还注意在糨糊中调入一些香料，也起到防腐防蛀的作用。

魏晋南北朝时期纸书卷轴装的装轴方法影响了隋唐两代书籍的装帧形式。隋唐时的书籍基本上采用的是卷轴装，只不过是在装帧的外观上作了一些改进，使之更为美观。如《隋书·经籍志》总序记载隋朝炀帝丰富的藏书，这些卷轴装的书籍按质量区分为上中下三品，采用不同颜色、原料的卷轴以示区别：上品为红色琉璃轴，中品为绀色琉璃轴，下品为黑色琉璃轴。《唐六典》卷九《集贤殿书院》记载唐代国家卷轴装藏书分类：经库书用钿白牙轴，黄带红牙签；史库书用钿青牙轴，缥带绿牙签；子库书用雕紫檀轴，紫带碧牙签；集库书用绿牙轴，朱带白牙签。卷轴装的装帧方法一直盛行到宋代才被经折装、蝴蝶装、包背装等装裱形式所替代。而一直沿袭至今的传统书画装帧，还是用的卷轴装方式。

第三，捶拓技术与水色印章对于雕版印刷术产生的影响。魏晋南北朝时期，随着纸的推广使用和制墨工艺的进步，复制文献的技术在传统的抄写方法之外，又出现了捶拓技术；水色印章的使用也更为广泛，这些都为唐代雕版印刷术的发明创造了条件。捶拓也称拓印，它是此期所发明的一种把石碑或器物表面的文字、图形复制到纸张上的方法。《隋书·经籍志》著录了魏晋南北朝时期所拓印的东汉《熹平石经》、曹魏《正始石经》，以及"秦皇东巡会稽刻石"的拓本共 12 种；同时附记了 7 种在梁朝时出现、后来亡佚或未见的拓本，一共 19 种。并明确指出"其相承传拓之本，犹在秘府"②。清末民初学者王国维也在他的《观堂集林·魏石经考》四中说："《隋志》著录之二种石经，确为拓本。"这些材料都是此期发明拓印技术的明证。

拓印技术的出现为后来雕版印刷术的发明提供了思路，创造了条件。因为此二者都是用纸从雕刻物上取得复本，不同之处在于，拓印的石刻文字是正写字，雕版版面的字是反写字；拓印是将纸铺到石刻上刷墨以得正写字，印刷是将墨先刷在版面上将反文印到纸上成正文。可见，拓印与印刷在技术上有相通之处。如果将拓印方法反转过来就是雕版印刷，这便是拓印技术对于发明雕版印刷术产生重要影响的原因。

----

① 葛洪：《抱朴子·内篇》，卷十一，《仙药》，文渊阁《四库全书》本。
② 魏徵等：《隋书》，卷三十二，《经籍志》一小学类小序，北京，中华书局，1973。

中国古代用印的历史，可以上溯到商代。秦汉时期使用印章，主要是用于捺印在封泥之上以呈凹凸形文字。自纸通行以后，竹木不再作为书写材料，封泥也失去作用。于是直接盖在纸或缣帛上的水色印章出现了。根据考古发掘，魏晋以前也出现过将印章直接加盖在缣帛上的实例，但很少；只有在魏晋以后，水色印章在纸上盖印形成文字图形的现象逐渐增多。东晋葛洪说："古之入山者，皆佩黄神越章之印，其广二寸，其字一百二十。"①道教中人先是使用木刻印章在泥土上加印，后来用朱墨盖在纸上复制符咒。又有《通典·礼典》记载北齐自天子玉玺至各政府部门官印的使用，其中提到的"督摄万机"之印，木制，长一尺二寸、宽二寸半，常加盖于户部所管户籍的接缝之处，以防被人改动②。水色印章印制文字图形的技法其实与雕版印刷的方法几乎完全相同，唯一的区别只在于文字的多少和篇幅的大小。因此它对发明雕版印刷术的启迪也是显而易见的。

总之，魏晋南北朝有大量优秀图书出版，图书载体材料和装帧方式发生了重大变革，同时还孕育了雕版印刷技术的一些重要因素，这些成就对后世影响是非常深远的。因此，魏晋南北朝是我国出版事业取得跨越式发展的重要时代。

---

① 葛洪：《抱朴子·内篇》，卷十七，《登涉》，文渊阁《四库全书》本。
② 杜佑：《通典》，卷六十三，《礼典二十三》，北京，中华书局，1984。

清代私藏书目知见录^①

清代是我国古典目录学发展的鼎盛时期，其中固然有以《四库全书总目》为代表的国家目录，有以《明史·艺文志》为代表的史志目录以及大批补志目录、地方目录、专科目录等，但是毋庸置疑，清代目录编制的数量以私藏目录为冠，它以著述数量多，记录范围广的优势，为部次群书，著录古籍作出了巨大的贡献。以前学者在论清代目录学成就时，或语焉不详，或出入太多，如认为清代编制目录155种^②，清一代藏书家编制目录"数量殆达数十种之多"^③，其实清代私藏目录的数量要大大超过于这个估计，可达数百种之多。为了充分说明清代私藏目录的成就，以便于今后对这一学术领域的利用和研究，也为了说明清代目录学的鼎盛和发展，兹将已了解的清代私藏目录概况整理开列如下表所示。

所谓清代私人藏书家，以卒年在清为准，个别藏书家卒年在民国时期，但其藏书活动主要是在清朝的也予以酌收。因限于篇幅，只列出书目名和卷册数，不作藏家生平介绍和书目考证。同一书目有多种版本者，仅注较为珍贵或稀见版本的收藏单位；较为通行的、流传普遍的丛书本或常见本则不注明收藏单位。其中台湾藏书部分，承蒙淡江大学中文所研究生蔡琳堂先生提供资料，谨此志谢。本表按著藏者姓名首字字顺排列，以方便查检。资料所据仅系京、津、沪、湘、宁等主要图书馆，著录总计430家，628种。确切统计清代私家藏书目录之总数尚有待来日，但本表收录者已远轶前人和今人目录学论著中的统计，借此已可大致了解清一代私藏书目发展之大略。

---

① 本篇与清华大学刘蔷合作，谨致谢忱。
② 来新夏：《古典目录学浅说》，161页，北京，中华书局，1981。
③ 来新夏：《清代前期的图书事业》，载《社会科学战线》，1986(3)。

著藏者	书 名	卷册数	存 佚	备 注
丁丙	善本书室藏书志	四十卷	存	清光绪二十七年钱塘丁氏刻本，藏北图
	旧青藤馆版本汇查	不分卷	存	稿本，藏湖南
	八千卷楼书目	二十卷	存	丁仁编，民国十二年钱塘丁氏铅印本，藏静嘉堂
	嘉惠堂新得书目	三册	未知	稿本，见郑伟章《文献家通考》页 1037
	善本书室藏书目	一册	未知	稿本，见同上
	善本书室题跋	不分卷	存	抄本，见梁子涵《中国历代书目总录》页 387
丁白	宝书阁著录	一卷	存	民国七年仁和吴氏双照楼刻《松邻丛书》乙编本
丁士涵	济阳丁氏书目	四册	未知	
丁日昌	持静斋藏书目	五卷	存	稿本，存史子集部及续增，藏北大；清同治九年丰顺丁日昌家刻本；清光绪十二年李盛铎抄本，有李盛铎跋，藏北图；清·江标重编，清光绪二十二年唐仪郝抄本，有曹典球题识，藏湖南；清光绪间江氏灵鹣阁刻《江刻书目三种》本
	持静斋藏书纪要	二卷	存	清·莫友芝撰，清光绪间丁氏刻本；民国十三年苏州文学山房木活字《江氏聚珍版丛书》初集本
	丰顺丁氏持静斋书目	不分卷	存	抄本，藏台师大
	百兰山馆藏书目录		未知	林泉达编，见郑伟章《文献家通考》页 944
	持静斋藏书简目	二卷	未知	莫友芝编，见同上
	持静斋宋元版抄本书目	四卷	未知	江标编，见同上
丁菊甦	还读盦读书题记	一册	存	稿本，藏山东博物馆
丁福保	无锡丁氏藏书志	四十卷	未知	见梁子涵《中国历代书目总录》
	丁氏图书馆目录稿	二册	存	油印写刻本

著藏者	书 名	卷册数	存 佚	备 注
孔广陶	三十有三万卷堂书目略	四卷	存	清抄本,藏科图
文廷式	知过轩目录	一册	未知	
方功惠	碧琳琅馆藏书记	一册	存	民国傅增湘抄本,藏北图分馆
	碧琳琅馆书目	不分卷	存	绿格精抄本,藏"央图"
	碧琳琅馆珍藏书目录	四卷	存	清同治巴陵方氏抄本,藏北大;清陈毅阙慎室抄本,藏湖南
	碧琳琅馆集部书目	不分卷	未知	抄本,见郑伟章《文献家通考》页993
	明人集目	一册	未知	见同上
毛 扆	汲古阁珍藏秘本书目	一卷	存	清嘉庆五年黄氏士礼居刻本,北图收藏有周星诒、傅增湘、刘履芬批注的各三种
王 昶	塾南书库目录	八卷	存	清抄本,藏南京
王 修	诒庄楼书目	八卷	存	民国十九年排印本,藏"中研院"、台分
	诒庄楼书目	八卷	存	民国十九年长兴王氏铅印本
王 韬	弢园藏书目	二卷	存	稿本,藏北图
	弢园藏书目	一卷	存	稿本,藏北图
	弢园藏书续目		未知	见郑伟章《文献家通考》页989
	弢园藏书志	二册	未知	王氏手稿本,见同上
王 灏	王灏家藏书目	一册	存	抄本,一名《括斋藏书目》,藏北大
王士禛	池北书库藏书目	一卷	存	清道光十二年味经书屋刘如海抄本,有清刘喜海跋,藏北图
	渔洋书籍跋尾	二卷	存	《啸园丛书》本
王仁俊	籀鄦簃书目	一册	未知	
王以宽	静怡山房书目	一卷	存	清咸丰抄本,藏湖南
王立承	鸣晦庐藏书目录	一册	存	民国间石印本,藏北图分馆

著藏者	书 名	卷册数	存佚	备 注
王兆杏	知悔斋藏书总目		未知	《图书展望》杂志复刊第七期,载其《〈知悔斋藏书总目〉序》
王同愈	栩园藏书目录		未知	稿本
王存善	知悔斋存书总目		存	载《图书展望》杂志复刊第七期
	知悔斋检书续目		存	同上
	知悔斋检书目录		存	同上
王价藩	泰山王氏仅好书斋藏书志	不分卷	存	稿本,藏泰山文管会
王克昌	宝翰堂藏书考	十四卷	存	清抄本,有清·李文田校注,藏北图
王宗炎	十万卷楼书目	四卷	存	清宣统元年朱丝栏抄本,藏北图分馆
王定安	宝宋阁书籍法帖字画目录	不分卷	存	清稿本,藏清华
王彦威	秋灯课诗书屋书目		未知	抄本,见梁子涵《中国历代书目总录》
王巽庵	王巽庵家藏书目	一卷	未知	抄本,见《述古堂书目》
王寿鹏	定县王氏藏书草目	一册	存	抄本,藏北大
王闻远	孝慈堂书目	不分卷	存	清龙池山房抄本,有清刘喜海跋,藏北图;民国八年汉阳周复亮书种楼朱丝栏抄本,有徐恕批校,藏北图分馆;《观古堂书目丛刊》本
	孝慈堂书目	六卷	存	清抄本,有蒋凤藻跋,藏北图
王礼培	复壁藏书目	一册	存	稿本,藏湖南
王体仁	九峰旧庐方志目录	二册	存	民国间抄本,题"西谛藏书",郑振铎藏本。
史宝安	枣花阁图书题跋记	一册	存	稿本,藏北图
弘晓	静寄轩书目、续编	一卷、四卷	存	清抄本,藏北图
	怡府书目	四册	存	稿本,藏北图

著藏者	书 名	卷册数	存 佚	备 注
甘 福	津逮楼书目	十六卷	未知	见清同治《上江两县志》卷十二
	津逮楼书目	十八卷	未知	见《藏书纪事诗》卷6引《江宁府志》
甘鹏云	崇雅堂书录	十五卷	存	刊本,藏北图
	潜庐检书记	十二卷	未知	稿本
石韫玉	凌波阁藏书目录		未知	见石韫玉《独学庐四稿》卷二《〈凌波阁藏书目录〉序》
伍崇曜	远爱楼书目		未知	见徐绍棨《广东藏书纪事诗》"伍崇曜"条
	南海伍氏所刻书跋总目	十卷	存	谭莹撰、王大隆辑,藏复旦
全祖望	双韭山房书目		未知	见《鄞县志·文献志》
朱 珔	培风阁藏书目录		未知	见朱珔《小万卷斋文稿》卷9
朱 筠	椒花吟舫书目	不分卷	存	清抄本,有清翁心存跋,藏北图
朱文藻	葆醇堂藏书录	二册	存	清道光十年刘氏味经书屋抄本,藏北图
朱昌燕	朱衍庐旧藏抄本书目	一册	存	费寅编,清抄本,藏北图分馆
	峡川朱氏收藏书目	一卷	未知	见《海昌艺文志》卷十八
朱祖琪	兰笑楼藏书目录	四十册		稿本
朱彭寿	寿鑫斋书目	一册	存	抄本,藏北大
朱绪曾	开有益斋读书志、续志	六卷、一卷	存	清光绪六年金陵翁氏茹古阁刻本,有周星诒、蒋凤藻批注,藏北图
朱学勤	结一庐书目	十卷	存	其子朱澂撰,清抄本,藏北图分馆;清宣统元年番禺沈氏刻《晨风阁丛书》本
	复庐书目	三卷	未知	朱澂原稿本,见刘声木《苌楚斋目录书目》
	别本结一庐书目	一卷	存	《观古堂书目丛刻》本
	结一庐书目四卷	四卷	存	《观古堂书目丛刻》本

著藏者	书 名	卷册数	存 佚	备 注
朱锡庚	古籍经眼录		未知	见郑伟章《文献家通考》页559
朱彝尊	曝书亭藏书目录	二卷	存	清道光六年刘氏味经书屋抄本，有刘喜海跋，藏北图；清抄本，藏天津
	竹垞行笈书目	一卷	存	清宣统元年番禺沈氏刻《晨风阁丛书》本
	潜采堂宋辽金元人集目录	二卷	存	民国二十四年长沙民治书局《郋园先生全书》本
江 标	江氏灵鹣阁藏书残目	一卷	存	清末香影庵抄本，藏复旦
江 藩	半毡斋题跋	二卷	存	清刻本
牟 庭	雪泥书屋志		未知	其子牟房编，见牟房《雪泥书屋志》题识
	雪泥书屋遗书目录补遗	一卷、一卷	存	道光三十二年自刻本，藏南图；抄本，藏"中研院"
米钟琪	兰笑楼藏书目录	三十九册	存	清抄本，藏上海
何绍基	东洲草堂藏书目	一册	存	稿本，藏北图、湖南
	道洲何氏藏书画目录稿	不分卷	存	稿本，有何绍基、何绍业批校，藏湖南
吴 煦	清来堂书目	一册	未知	见张钧衡《适园藏书志》卷五《清来堂书目》
吴 铨	璜川吴氏书目		未知	见黄丕烈《荛圃藏书题识》卷一
吴 峤	瓶醿楼藏书目录	一卷	存	清光绪间刻本，藏华师
吴 焯	绣谷亭薰习录经部、集部	一卷、二卷	存	其子吴玉墀编，《松邻丛书》乙编本
	瓶花斋书目		未知	见汪士骧《〈鉴止水斋藏书目〉题记》
吴 墀	南窗藏书目录	不分卷	存	清咸丰八年抄本，藏北图分馆

著藏者	书　名	卷册数	存　佚	备　注
吴骞	拜经楼藏书记	一册	存	清抄本，藏北图
	兔床山人藏书目录	一册	存	清抄本，藏北大
吴之振	延陵吴氏家藏书目	一册	未知	见《传是楼书目》
吴之澄	拜经楼书目	一卷	存	清末乌程张氏适园抄本，有张钧衡题识，藏天津
吴引孙	扬州吴氏测海楼藏书目录	十二卷	存	清宣统二年扬州吴氏家刻本
	测海楼旧本书目、附录	四卷、一卷	存	陈乃乾编，民国二十一年北平富晋书社铅印本
	有福读书堂书目	不分卷	存	清光绪十九年仪征吴氏有福读书堂写本，藏科图
吴文晖	灯庵藏书跋尾	一卷	未知	见陈祖望《向山阁书目》
吴成佐	乐意轩书目	四卷	未知	见《藏书纪事诗》卷4
吴重熹	海丰吴氏藏书目	一册	存	清抄本，藏北图
	石莲暗藏书目	十二册	存	紫格稿本，藏陕师大
吴翌凤	古欢堂经籍略第一集	一册	存	稿本，藏北图
	古欢堂经籍举要	一册	存	民国二十九年排印本，藏"央图"
吴慈培	慈培书目	七册	存	稿本
吴焕章	养浩轩书目初编	一册	存	民国二十六年打印本，藏北图分馆
吴寿旸	拜经楼藏书题跋记	六卷	存	清道光二十七年蒋氏宜年堂刻本，有叶启勋题识，藏湖南；清光绪章氏刻式训堂丛书本，有王国维校注，藏北图
吕月沧	藏书目录		未知	见吴德旋《初月楼文续抄》卷4
宋氏	宋氏宜秋馆书目	不分卷	存	抄本，见梁子涵《中国历代书目总录》页404
宋至	青纶阁藏宋元人集目	一册	未知	王氏息尘盦抄本，见潘承弼《著砚楼书跋》

著藏者	书 名	卷册数	存 佚	备 注
宋筠	青纶馆藏书目录	一卷	未知	见《清朝续文献通考》卷268
宋荦	商邱宋氏西陂藏书目	一卷	存	清刘氏味经书屋抄本,有刘喜海跋,藏北图
李桓	海粟楼藏书目		未知	
李诚	敦说楼书目	四卷	未知	
李绂	穆堂书目	二卷	未知	见《江西通志》
李士棻	忠州李氏藏书目		未知	稿本,见吴则虞《续藏书纪事·李士棻》
李化楠	西川李氏藏书簿	十卷	未知	其子李调元编,见李调元《童山文集》卷二十《〈万卷楼藏书目录〉序》
李文昊	听嘤堂书目		未知	见《湖南通志》
李文藻	李南涧所藏书目所见书目所闻书目		未知	见《藏书纪事诗》引《李南涧墓表》
李佐贤	石泉书屋书目		未知	见李佐贤《石泉书屋类稿》卷一《石泉书屋藏书记》
李宏信	小李山房书目	四卷	未知	见《绍兴县志资料》第一辑《柯山小志》
李希圣	雁影斋读书记	一册	存	又名《雁影斋题跋》,民·罗振常编,1936年上海蟫隐庐石印本
李芝绶	静补斋书目			
李祖年	圣译楼书目	一卷	未知	见彭国栋《重修清史艺文志》
李盛铎	木樨轩书目	十二册	存	民国间油印本
	木樨轩收藏旧本书目	一卷	存	稿本,藏北大
	德化李氏行笈书目	一册	存	稿本,藏北大
	李盛铎藏书书目提要	二十册	存	稿本,藏北大
	木樨轩元版书目	一册	存	稿本,藏北大
	木樨轩宋本书目	一册	存	稿本,藏北大

北京师范大学史学探索丛书

著藏者	书　名	卷册数	存佚	备　注
李富孙	校经颐题跋	二卷	存	民国间西泠印社聚珍版印本
李慈铭	会稽李氏越缦堂书目录	二册	存	师石居士抄本，藏北大
	越缦堂书目		未知	民国二十四年杭州朱祺森抄本，见梁子涵《中国历代书目总录》页 402
李毓恒	惜阴书屋书目	六卷	未知	
李筼嘉	慈云楼藏书志	六十五册	存	周中孚撰，清抄本，藏上海。此书目王大隆(欣夫)谓"周氏《郑堂读书记》即(李筼嘉)《慈云楼藏书志》之别题。"
	慈云楼藏书目	八卷	未知	见清同治《上海县志》本传
	古香阁藏书志	二十九卷	存	此书为残本，藏南图
	慈云楼目录	一册	存	此书系摘抄《慈云楼藏书志》。民国十二年海宁陈乃乾慎初堂刻本，藏北图分馆
李嘉绩	五万卷阁书目记	四卷	存	清光绪三十年华清官舍刻本；《代耕堂全集》本
李调元	万卷楼藏书目录		未知	见李调元《童山文集》卷二十《〈万卷楼藏书目录〉序》
杜　煦	知圣教斋书目提要	八卷	未知	其弟杜丙杰编，见叶昌炽《藏书纪事诗》卷六
沈　潮	斫砚山房书目	四卷	存	清周鸣鹤撰，稿本，藏上海
	存吾寿室书目	一册	存	清抄本，藏上海
沈秉成	鲽砚斋书目	四卷	未知	原稿本，见刘声木《苌楚斋目录书目》
沈复灿	鸣野山房书目	一册	存	稿本，藏清华；1957 年上海古典文学出版社铅印本
沈曾植	海日楼书目	一册	存	稿本，藏上海
	海日楼行笈书目		未知	见宋抱慈《两浙著述考》下
	寐叟题跋	不分卷	存	民国十五年上海商务印书馆影印本，藏"央图"

著藏者	书　名	卷册数	存　佚	备　注
沈嗣选	法宋楼书目	四卷	未知	见《藏书纪事诗》引《浙江通志》
沈德寿	抱经楼藏书志	六十四卷	存	清光绪三十二年铅印本，民国十三年慈溪沈氏美天印书局铅印本
汪沆	小眠斋读书日札	一册	存	清一箫一剑馆抄本，清·劳格校并跋，藏北图
汪森	裘杼楼藏书目、续目	四卷、一卷	存	清道光十年味经书屋刘如海抄本，有刘喜海跋，藏北图
汪诚	振绮堂书目	不分卷	存	清无锡顾氏玉笥山房抄本，藏南开；四卷本，民国十六年排印本，藏"央图"
汪璐	藏书题识	五卷	存	仅存二卷：卷一及卷二。清一箫一剑馆抄本，藏北图；民国二十七年排印本，藏"央图"；《戊寅丛编》本
汪士钟	艺芸书舍宋元本书目	一卷	存	清抄本，藏北图；《滂喜斋丛书》本，《丛书集成初编》本
	艺芸书舍宋元本书目	二卷	存	《晨风阁丛书》本
汪日桂	欣托斋书目		未知	见杭世骏《欣托斋藏书记》
汪启淑	开万楼藏书目		未知	其子汪庚编，见宋抱慈《两浙著述考》
汪远孙	借闲小筑藏书目录		未知	见宋抱慈《两浙著述考》
汪鸣銮	万宜楼善本书目	不分卷	存	见《西谛书目》，抄本，藏北图分馆
汪辉祖	环碧山房藏书录	不分卷	存	抄本，附在《环碧山房书目》后，藏南图
汪适孙	蚕豆华馆璇笈小录	二册	存	稿本，有清洪煨莲跋，藏清华
	振绮堂简明书目	四卷	存	民国十七年刊行。另称《振绮堂藏书总目》，见缪荃孙《艺风堂文续集》卷五
邢端	贵阳邢氏思适斋存书目	一卷	存	稿本，藏清华

著藏者	书　名	卷册数	存　佚	备　注
阮　元	文选楼藏书记	六卷	存	清·李慈铭校订，清越缦堂抄本，藏南图
忻宝华	澹庵书目	五卷	存	清宣统中不暇懒斋抄本，藏日本静嘉堂文库
周　郇	墨海楼书目补提要	一册	存	民国二十二年南京中国图书大辞典编辑馆据稿本影印本
周中孚	郑堂读书记	七十一卷	存	清广雅书局抄本，藏天津；民国十年刻《吴兴丛书本》。此书目王大隆（欣夫）谓"周氏《郑堂读书记》即（李筠嘉）《慈云楼藏书志》之别题。"
周永年	借书园书目	五卷	存	清道光六年刘氏味经书屋抄本，有刘喜海跋，藏北图
	水西书屋藏书目录		未知	见沈起元《湖海文传》卷70
周亮工	栎园书目	一卷	未知	见曹寅《楝亭书目》卷一
	赖古堂书目	不分卷	未知	民李筠嘉《古香阁藏书志》卷十四
	天宝藏书目录	一卷	未知	写本，见陈世溶《问源楼书目》卷二
周厚垍	来雨楼书目	二卷	未知	见周中孚《郑堂读书记》
周星诒	传忠堂书目附录一卷	四卷	存	民国二十五年上海蝉隐庐刻《逸园丛书》本
	书抄阁行箧书目	一卷	存	稿本，藏北图
周达甫	善化周氏守训堂藏书目	二册	存	清光绪稿本，藏北大
周广业	四部寓眼录	二卷	存	民国二十二年蝉隐庐排印本，藏"央图"
周庆云	晨风庐书目	六卷	未知	
	琴书存目	六卷	存	民国三年陶葆廉、顾广熙重校本，藏台分
周学熙	周氏师古堂书目提要	四卷	未知	

著藏者	书　名	卷册数	存　佚	备　注
周锡瓒	琴清阁书目	一册	存	清常熟瞿氏铁琴铜剑楼抄本，藏北大
	漱六楼书目	不分卷	存	稿本，藏上海。《中国古籍善本书目》题为袁芳瑛藏并撰，然漱六楼为周锡瓒之藏书处，故据以暂定之
季振宜	季沧苇藏书目	一卷	存	一名《延令宋版书目》，有清同治八年刘履芬抄本，藏北大；清嘉庆十年黄氏士礼居刻本，《粤雅堂丛书》本，《丛书集成初编》本
	季沧苇书目偶存	一卷	未知	抄本，见《八千卷楼书目》
宗舜年	咫园藏书目		未知	
	宗氏咫园藏书残目		存	抄本，见潘景郑《著砚楼书跋》，页137
屈映光	临海屈氏精一堂家藏书目	四卷	存	项士元编，抄本，藏北师大
易兰池	有是楼藏书目		未知	阮宽然编
林则徐	云左山房书籍目录	二册	未知	见萨嘉榘《积积室抄本目》
法式善	存素堂书目	四卷	存	稿本，藏北图
	诗龛藏书目录续编	一卷	未知	
祁奕庆	奕庆藏书楼书目	四卷	存	清抄本，藏北图
祁理孙	山阴祁氏藏书楼书目	一卷	未知	见梁子涵《中国历代书目总录》页366
初彭龄	遂初堂书目	一卷	存	抄本，见郑伟章《文献家通考》页560
金檀	文瑞楼书目	十二卷	存	稿本，有莫棠跋，藏南图；清嘉庆十六年金锡鬯抄本，藏湖南；清嘉庆四年桐川顾氏刻《读画斋丛书》庚集本；《丛书集成初编》本
	文瑞楼藏书志	不分卷	存	清抄本，藏北图
金元功	金元功藏书目		未知	抄本，见《持静斋书目》

著藏者	书　名	卷册数	存　佚	备　注
金承朴	杭州金氏攲华堂珍藏善本图书目录	一册	未知	
金嗣献	鸿远楼所藏台州书目附录	四卷、一卷	存	民国三年铅印本
金广泳	金氏面城楼书目附补遗	四卷	存	民国七年文明书局铅印本
	金氏面城楼书目	四卷	存	民国七年长兴金氏铅印本
侯长松	西园藏书志	四卷	存	抄本，藏北大
俞恪士	俞氏藏书楼目录		未知	
姜巉	怡园藏书续目录	四卷	未知	稿本，见盛宣怀《愚园图书馆藏书目录》
姚椿	姚氏家藏书目		未知	见清光绪《松江府续志》卷三十七
姚鼐	惜抱轩书录	四卷	未知	刻本，见《书目长编》卷上
姚燮	大梅山馆藏书目	十二卷	存	民国鄞县马氏平妖堂抄本，藏清华
姚仰云	师石山房书目	三十卷	存	其子姚振宗编，稿本，南图
姚际恒	好古堂书目	四卷	存	清抄本，藏北图
	宋元收书目	一卷	存	民国十八年南京中社据抄本影印本
姚觐元	咫进斋书目	四卷	存	一名《咫进斋善本书目》，清末抄本，藏北图、清华
封文权	簑进斋书目	七十一册	存	稿本，藏上海
施再盛	世德堂书目	一册	存	抄本，藏清华
洪颐煊	倦舫书目补遗	九卷、三卷	未知	见郑伟章《文献家通考》页 610
胡文楷	昆山胡氏怀琴室藏闺秀书目	一册	存	民国间稿本，藏北图分馆
胡宗懋	梦选楼所藏金华书目	一册	未知	
胡思敬	新昌胡氏问影楼藏书目录初编、续编	各二卷	存	胡思义编，民国十七年上海铅印本

著藏者	书 名	卷册数	存佚	备 注
胡惠孚	小重山馆书目	六册	未知	见《书目长编》卷上；王大隆补叶昌炽《藏书纪事诗》"胡惠孚"条
胡尔荣	华鄂堂书目	四卷	未知	见《海昌艺文志》卷十五
胡凤丹	退补斋书目	四卷	未知	吴乃应编，抄本
范迪襄	廉让闲居书录附录	四卷、一卷	存	清光绪十五年朱丝栏抄本，藏北图分馆
范懋柱	天一阁藏书总目	十卷	存	清·阮元撰，清嘉庆十三年扬州阮氏文选楼刻本
英 和	恩福堂书目	四卷	存	附拾遗，民国二十八年郑博之抄本，藏北大
郁松年	宜稼堂书目	一册	存	清双鉴楼抄本，藏北图
倔道人	四槐堂藏书录	四册	存	抄本，藏北大
倪 模	江上云林阁藏书目	四卷	存	清道光二十三年刻本
凌 霞	癖好堂收藏金石书目	不分卷	存	民国间瑞安陈氏刻本
唐 翰	安雅楼藏书目录	四卷	存	抄稿本，藏北大；清满洲国英共读楼抄本，藏北图分馆
	唯自勉斋书目	不分卷	存	南通冯雄景岫楼抄本，藏南大
孙 儆	经畬楼收藏南通文献目录		未知	
孙仰曾	寿松堂书目	一册	未知	见丁申《武林藏书录》
孙衣言	晒书目录		未知	
	逊学斋书目	四册	未知	杨仲渔、何子浚登录
孙星衍	平津馆鉴藏书记、补遗、续编	三卷、各一卷	存	清道光二十年陈宗彝独抱庐刻，藏北图；《木樨轩丛书》本，清光绪六年会稽章氏《式训堂丛书》本，《独抱庐丛刻》本，《丛书集成初编》本
	廉石居藏书记	二卷	未知	
	孙氏祠堂书目	内编四卷、外编三卷	存	清嘉庆十五年孙氏金陵祠屋刻本，有周星诒批注并跋，藏北图；《岱南阁丛书》本，《木樨轩丛书》本，《丛书集成初编》本

著藏者	书　名	卷册数	存　佚	备　注
孙从添	上善堂书目	一卷	存	1929 年瑞安陈氏刻本，藏"央图"；一名《上善堂宋元版精抄旧抄书目》，《潵潒斋丛书》本
孙冯翼	问经堂书目	二册	存	稿本，藏科图、"中研院"
孙诒让	瑞安孙氏玉海楼书目	二册	存	抄本，藏北大
	玉海楼善本书目	二卷	存	藏玉海楼原址
	经微室书目	一册	存	蓝格抄本，藏温州
孙毓修	小绿天孙氏鉴藏善本书目		未知	铅印小本
	小绿天善本书辑录		存	载《无锡图书馆协会会报》1993 年第三期
徐坊	徐氏书目	不分卷	存	抄本，藏静嘉堂
	徐司业遗书目		未知	
	临清徐氏归朴堂善本书目		存	稿本，藏山大
徐釚	菊庄藏书目录		未知	见同上，页 103
徐乃昌	积学斋目	一卷	存	稿本，藏华师
	积学斋书目	一卷	存	抄本
	随庵徐氏藏书志		存	抄本
徐士芬	漱芳阁书目	六册	未知	
徐元中	东海藏书楼书目附补遗		存	民国十三年刻本，藏台分
徐元文	含经堂藏书目	四册	存	清常熟瞿氏铁琴铜剑楼抄本，藏北大
徐友兰	述史楼书目	四卷	存	清抄本，有清李盛铎跋，藏北图
	述史楼书目	一册	未知	抄本
	述史楼藏书别录	一册	未知	抄本

著藏者	书 名	卷册数	存 佚	备 注
徐世昌	书髓楼藏书目	八卷	存	民国刻本，藏"央图"
	晚晴簃所藏清人别集目录	四册	未知	抄本
徐玉麟	灵芬阁目睹书目	四卷	存	抄本，藏"央图"
徐秉义	培林堂书目	三册	存	民国四年排印《二徐书目合刻》本
		不分卷	存	清抄本，有清周星诒、蒋凤藻跋，藏北图
徐时栋	烟屿楼书跋	一册	存	抄本，藏北大
徐乾学	传是楼目	六卷	存	清康熙抄本；清道光八年刘氏味经书屋抄本，有刘喜海跋，藏北图；民国三年刻《二徐书目合刻》本
	传是楼书目	不分卷	存	清鲍氏知不足斋抄本，藏北图
	传是楼书目	四卷	存	清道光七年刘氏味经书屋抄本，有刘喜海跋，藏北图
	传是楼宋元版书目	一卷	存	清道光六年刘氏味经书屋抄本，藏北图；清光绪十一年吴丙湘刻《传砚斋丛书》本；清宣统元年罗振玉刻《玉简斋丛书》本
徐维则	铸学斋书目	一卷	存	清铸学斋抄本，藏天津
恭亲王奕䜣	多福轩书目	二册	未知	
	乐道堂书目	一册	未知	
浦祺	留与轩书目	一册	未知	见钱大昕《浦君玉田墓志铭》
秦恩复	石研斋书目	二卷	未知	见《续扬州府志》
秦嘉谟	思补精舍书目	二册	存	费氏复斋抄本，藏北图，清抄本，藏北图分馆
纳兰揆叙	谦牧堂藏书总目	二卷	存	清道光十年刘氏味经书屋抄本，藏北图
翁同和	东堂书目		未知	
耿氏	河南耿氏富寿轩藏书目录		未知	见陈用光《太乙舟文集》

著藏者	书 名	卷册数	存佚	备 注
耿文光	万卷精华楼藏书记	一百四十六卷	存	民国山西文献委员会《山右丛书初编》排印本
	万卷精华楼藏书记	二十卷	存	稿本，藏北图
	耿氏藏书目	一卷	存	稿本，藏天津
袁 昶	永慕堂藏书目录碑版目	六卷	存	清光绪中桐庐袁氏刻《浙西村舍丛书》本
袁守德	时和园珍藏书籍总目	十二卷	存	见郑伟章《文献家通考》页 460
袁克文	寒云手写所藏宋本提要二十九种	不分卷	存	民国二十年建德周氏影印手稿本，藏央图
袁廷梼	五砚楼书目		未知	见《藏书纪事诗》卷 5 引《苏州府志》
袁芳瑛	卧雪楼藏书目	四册	存	见《藏书纪事诗》卷 6，稿本曾藏叶氏观古堂
	蠹园书目	二十卷	未知	见《湖南通志》
马 瀛	吟香仙馆藏书目	四卷	存	稿本，费氏复斋抄本，均藏北图
马曰璐	丛书楼书目	一册	存	清抄本，藏北图
马玉堂	马氏抄藏书目	不分卷	存	附《传是楼书目》后；《读书敏求续记》
马思赞	道古楼藏书目	一卷	存	清吴氏拜经楼抄本，藏北图
马国翰	玉函山房藏书簿录、续编	二十五卷、一卷	存	见马国翰《玉函山房续集》卷 4，清光绪十年刻本
马叙伦	天马山房书目		存	民国间油印本
马征麔	素行居藏书目摘要	二卷	未知	载《马氏宗谱》
高鸿裁	辨蟫居藏书目	一卷	未知	
国 英	共读楼书目	十卷	存	清光绪六年索绰络氏家塾刻巾箱本

著藏者	书 名	卷册数	存 佚	备 注
康有为	康南海所藏宋元明版书目	一卷	存	钱安定编,铅印本,见郑振铎《西谛书目》
	康氏藏善本书目	不分卷	存	见郑振铎《西谛书目》
	万木草堂藏书目	不分卷	存	民国七年刊本,见《广东省中山图书馆书目》
张 氏	拾园张氏书目	四册	存	海盐人氏,抄本,藏科图
	张氏稿本目录	一册	存	抄本,藏北大
	钱塘张氏原稿书目	一册	存	抄本,藏北大
张 贞	宝墨楼书目		未知	见《山东通志》
张 穆	张石洲所藏书籍总目	一册	存	门人吴少君编,稿本,藏北图。
张乃熊	芷圃善本书目	六卷	未知	
张大镛	自怡悦斋藏书目	一册	存	民·罗振常订,《邈园丛书》本
张仁美	宝闲斋藏书目	一册	未知	手稿本,见郑伟章《文献家通考》页248
张元济	涵芬楼藏书目录	五卷	存	清宣统活字刊本,藏静嘉堂
	涵芬楼烬余书录	四卷	未知	
	涵芬楼原存善本草目		未知	
	海盐张氏涉园藏书目录	一册	未知	潘景郑编
	涉园序跋集		未知	
张佑楠	翠微山房书目	五卷	未知	见《金华县志》
张廷济	清仪阁题跋	四册	存	清光绪十九年刊本,藏台师大
张佩纶	管斋书目		未知	
	丰润张氏书目	一册	存	徐氏积学斋蓝格抄本
张宗松	清绮斋书目	一卷	存	清道光二十三年管廷芬抄本,有管廷芬等人跋,藏北图;《豫恕堂丛书》本

著藏者	书 名	卷册数	存 佚	备 注
张金吾	爱日精庐藏书志	三十六卷	存	清光绪十三年吴县灵芬阁徐氏木活字本，藏北师大
	爱日精庐藏书志	四卷	存	清嘉庆二十五年张氏爱日精庐活字印本，藏北图
	张月霄书目		未知	见《藏书纪事诗》
张彦士	文康张氏藏书目录		未知	见《山东通志》
张唯赤	书目	四册	未知	见洪有丰《清代藏书家考》，载《图书馆学季刊》第二卷第一期
张祥云	鞠园藏书目	二卷	存	民国间抄本，藏北图分馆
张渭渔	张渭渔遗书目录	一册	未知	
张钧衡	适园藏书志	十六卷	存	缪荃孙撰，民国五年南林张氏家塾刻本，藏"央图"
张蓉镜	小琅嬛仙馆书目	二册	未知	见蒋凤藻《所藏善本书目》
张鸣坷	寒松阁书目	一册	未知	稿本
	寒松阁行箧书目		未知	稿本
强溱	佩雅堂书目		未知	见强汝询《求益斋文集》卷4
强汝询	佩雅堂书目		未知	
曹辛	蕉雨书屋书目		未知	
曹寅	曹氏楝亭书目	不分卷	存	清道光六年刘氏味经书屋抄本，有刘喜海跋，藏北图；清万宝斋抄本，藏北图分馆
		四卷	存	《辽海丛书》第八集本
曹溶	古林书目		未知	见《南宋杂事诗》卷首
	静惕堂书目	二卷	存	清抄本，藏科图；清光绪二十八年叶德辉刻《观古堂书目丛刊》本
	静惕堂宋元人集书目	一卷	存	清刘氏味经书屋抄本，藏北图；《古学汇刊第二集·目录卷》本，另《观古堂书目丛刊》中有《静惕堂宋人集书目》、《静惕堂元人集书目》各一卷
曹元忠	笺经室藏书目录	四册	存	稿本，苏州潘景郑藏

著藏者	书　名	卷册数	存　佚	备　注
曹金籀	石屋书目	一卷	存	清咸丰间武林曹金氏灵兰室刻本
梁清标	蕉林书目		未知	见《藏书纪事诗》卷4引《复初斋集》
梁鼎芬	丰湖书藏书目	八卷	未知	
梅文鼎	勿庵算学书目	一卷	存	清抄本，藏湖南；《知不足斋丛书》本，《丛书集成初编》本
梅郁文	志学斋储书目	一卷	存	关中书院刻本
梅益徵	得一阁藏书志	四十二卷	未知	见《上海县续志》卷三十
毕　沅	经训堂书目		未知	见耿文光《苏溪渔隐读书谱》
毕忠吉	慎贻堂书目	一卷	存	清刘氏味经书屋抄本，藏北图
盛　昱	意园藏书目	一册	未知	抄本
盛宣怀	愚斋图书馆藏书目录	十八卷	存	抄本，藏北图分馆
	盛氏图书馆善本书目	四卷	未知	抄本，见郑伟章《文献家通考》页1133
莫　棠	文渊楼藏书目录	一册	存	抄本，藏科图
	铜井文房书目后编	一卷	未知	见郑伟章《文献家通考》页1098
莫友芝	影山草堂书目	二册	存	稿本，藏北图
	莫友芝书目	二册	存	稿本，又题《旧本未见书经眼录近刻丛书目》，藏北大
	宋元旧本书经眼录、续录	三卷、二卷	存	清同治十二年独山莫氏刻《影山草堂六种》本
	邵亭行箧书目	二册	存	稿本，藏北图
莫伯骥	五十万卷楼藏书目录初编	二十二卷	存	民国二十五年东莞莫氏铅印本
	五十万卷楼群书跋文	十五卷	存	民国三十六年铅印本
庄仲芳	映雪楼书目	十卷	存	又名《映雪楼藏书目考》，稿本，藏上海
庄肇麟	醉竹轩书目	一册	存	稿本，藏科图

著藏者	书　名	卷册数	存　佚	备　注
许　焞	学稼轩书目	三册	未知	写本，见《海宁州志稿》卷十
许　翰	攀古小庐书目		未知	见袁行云《许翰年谱》
	丙申南行添带书目		未知	
许　槤	许氏古韵阁书目	二卷	存	清古韵阁抄本，藏北图分馆
许乃普	许文恪书目	一卷	未知	李滂辑，稿本，见《书目长编》卷上
许宗彦	鉴止水斋书目	一册	存	清抄本，有顾沅跋，藏北图
	鉴止水斋藏书目	不分卷	存	抄本，有顾沅跋，藏北图
郭协寅	八砖书库目录	四卷	未知	见项士元《中国书目考》卷五
郭宗熙	绠古楼行箧书目	三册	存	抄本，藏北大
郭柏苍	书目	二册	未知	
郭传璞	书目便查	一册	存	清同治五年郭传璞金蛾仙馆蓝格抄本，藏北图分馆
	书目便查	一册	未知	蓝格抄本，书目后有《癸酉增置书目》《甲戌选存书目》《丙子置书目》《丁丑置书目》《戊寅增置书目》等
陈　田	贵阳陈氏书目		存	载《国立北平图书馆月刊》第三卷第五号
陈　春	胡海楼鉴藏目	六册	未知	
陈　玤	芸香精舍书目	二册	未知	抄本
陈　毅	阙慎室藏书目录	二册	存	见刘志盛《清代湖南藏书家纪略·陈毅》
陈　墫	西畇寓目编	十一册	未知	稿本，见缪荃孙《艺风藏书续记》
陈　揆	稽瑞楼书目	四卷	存	稿本，藏北图；清光绪三年吴县潘祖荫刻《滂喜斋丛书》本，《丛书集成初编》本
陈　善	怡云仙馆藏书简明目录	十六卷	存	稿本，藏北图分馆、科图
	怡云仙馆藏书目录三编	二十七卷	存	稿本，藏北图分馆

著藏者	书　名	卷册数	存　佚	备　注
陈世溶	问源楼书目初编	四卷	存	清抄本，藏天津
陈宏绪	酉阳山房书目、续目	四卷、二卷	未知	见《藏书记事诗》卷 4 引《石庄集》
陈廷献	简香斋书目	四册	未知	
陈邦彦	春晖堂书目	一卷	存	清道光十一年味经书屋刘如海抄本，藏北图
陈祖望	向山阁书目	四卷	存	抄本，藏北大
陈敬简	枕经楼藏书目	四卷	未知	见项士元《浙江藏书家考》
陈寿祺	小琅嬛馆书目		未知	见《带经堂书目》卷一
陈徵芝	带经堂书目	四卷	存	清·陈树杓撰，稿本，有清陆心源、周星诒批注，藏北图；清宣统三年上海神州国光社铅印《风雨楼丛书》本
陈夔龙	贵阳陈氏听诗斋所藏明人集目录	不分卷	存	抄本，藏北大
陆㵆	佳趣堂书目	不分卷	存	《观古堂书目丛刊》本
陆心源	十万卷楼藏书目	不分卷	未知	见郑伟章《文献家通考》页 1051
	皕宋楼藏书志、续志	一百二十卷、四卷	存	清光绪八年刻本；《潜园总集》本
	归安陆氏旧藏宋元本书目	一册	存	费氏复斋抄本，藏北图
	仪顾堂题跋、续跋	各十六卷	存	清光绪十六年、十八年归安陆氏刻本
	吴郡陆氏藏书目录	一册	存	清陆氏皕宋楼抄本，藏北图
	仪顾堂书目	一册	存	稿本，藏山西省文物局
	皕宋楼捐进书目	四册	存	清抄本，藏北大
	皕宋楼藏书志目	四卷	存	清·李盛铎辑并校注，稿本，藏科图
陆陇其	三鱼堂书目	一卷	存	清抄本，有刘喜海跋，藏北图

著藏者	书　名	卷册数	存　佚	备　注
陶　湘	武进涉园陶氏鉴藏明版书目	一册	未知	
	涉园殿版目录	不分卷	未知	
陶无垢	浔阳书目	一卷	存	清抄本，藏北图
章　诏	赖古堂藏书	二册	存	藏台师大
章　珏	章氏四当斋藏书目	三卷	存	顾廷龙编，民国二十七年燕京大学图书馆排印本，藏北图、"央图"
章寿康	式训堂续藏书目	一册	存	抄本，藏北大
章学诚	瀫云楼书目		未知	见《章学诚文集》卷七
傅以礼	长恩阁书目	四卷	存	抄本，藏北大
	华延年室题跋	三卷	存	清宣统元年余杭俞氏铅印本
	长恩阁书目	三册	存	抄本，藏北大
	华延年室题跋	三卷	存	藏北图
傅增湘	双鉴楼善本书目	四卷	存	民国十八年刊本，藏"央图"
	藏园续收善本书目	四卷	未知	
	双鉴楼珍藏宋金元秘本目录		未知	
	藏园群书题记初集续集三集	八卷、六卷、八卷	存	1989年上海古籍出版社出版合订本
	双鉴楼藏书续记	二卷	存	民国十九年江安傅氏藏园刊本，藏"央图"
劳　格	丹铅精舍书目	不分卷	未知	见郑振铎《西谛书目》
劳　权	劳氏碎金	三卷	存	吴昌绶辑，清宣统元年吴氏双照楼铅印本，藏北图；《丛书集成》三编
乔载緐	吾园书目	一册	存	清嘉庆二十一年朱丝栏抄本，藏北图分馆

著藏者	书 名	卷册数	存 佚	备 注
彭元瑞	知圣道斋书目	四卷	存	清宣统元年罗振玉刻《玉简斋丛书》本
	知圣道斋读书跋尾	二卷	存	清抄本,有清·梁章钜等人跋,藏北图;《式训堂丛书》本,《丛书集成初编》本
彭庆长	此静坐斋书目	四册	未知	见《藏书纪事诗》卷 6 引《听莺居文抄》
惠 栋	惠氏岁堂书目	三卷	未知	见《藏书纪事诗》卷 4 引《苏州府志·艺文志》
曾 钊	曾诂训堂藏书总目	一卷	存	清广雅书局绿格抄本,藏北图分馆
	古输廖山馆藏书目录		未知	抄本,见《书目长编》
曾 朴	群玉楼四部书总目	一册	存	抄本,藏北大
曾习经	揭阳曾氏湖楼藏书目		未知	曾综撰,梁氏慕真轩藏曾氏稿本,见梁子涵《中国历代书目总录》
程晋芳	桂宧书目		未知	见《藏书纪事诗》卷 5 引翁方纲《程先生墓志铭》
	桂宧书目		未知	见汪諴《振绮堂书目》
程云翔	敦和堂书目		未知	其孙程锡书编,见《黟县三志》卷十五
舒 焘	绿猗轩书目		未知	见《绿猗轩文集》
贺 涛	武强贺氏寿真堂藏书目	一册	存	抄本,藏北大
钮石溪	世学楼书目		未知	见黄宗羲《天一阁藏书记》
雅川居士	绿棠吟馆书目	八册	存	作者不详,抄本,藏北师大
冯 溥	佳山堂书目	一卷	存	清道光十二年味经书屋刘如海抄本,有刘喜海跋,藏北图
冯登府	石经阁藏书目录	一册	存	清抄本,藏北图分馆
	勺园书目	一卷	未知	梁氏慕真轩藏抄本,见梁子涵《中国历代书目总录》页 382

著藏者	书　　名	卷册数	存佚	备　　注
冯云濠	醉经阁书目	一册	未知	梁氏慕真轩藏抄本，梁子涵《中国历代书目总录》题为《慈溪冯氏醉经楼书目》
黄　瑞	秋籁阁书目	一卷	未知	
黄之隽	前后书目		未知	见郑伟章《文献家通考》页181
黄丕烈	求古居宋本书	一卷	存	清嘉庆十七年黄氏求古居抄本，黄丕烈校并跋，藏北图；附考证一卷，民·雷恺撰，民国七年长沙叶氏观古堂刻本
	吴郡黄氏所藏宋椠本书目	一卷	存	清刘氏味经书屋抄本，藏北图
	百宋一廛书录	一卷	存	民国二年乌程张钧衡朱印《适园丛书》本，有章钰校注，藏北图分馆
	百宋一廛赋	一卷	存	清嘉庆十年黄氏士礼居刻本，周星诒校并跋，藏北图
	百宋一廛赋注	一卷	存	清·顾广圻撰，黄丕烈注，清嘉庆十年黄氏士礼居刻本、《思适斋集》本、《丛书集成初编》本
	士礼居藏书题跋记	六卷	存	清·潘祖荫辑，清光绪十年吴县潘氏滂喜斋刻本
	士礼居藏书题跋记续	二卷	存	民·缪荃孙辑，民国八年江阴缪氏刻《灵鹣阁丛书》本
	士礼居藏书题跋再续记	二卷	存	民·缪荃孙辑，《古学汇刻》第一集
	士礼居藏书题跋补录	一卷	存	民·李文禘编，民国十八年冷学庵铅印本
	荛圃藏书题识	十卷	存	清·缪荃孙辑，民国八年江阴缪氏刻本
	荛圃藏书题识续录、再续录	四卷、一卷	存	民·王大隆辑，民国二十二年刻《黄顾遗书》本
黄叔琳	养素堂藏书目录、续目	各一卷	存	清道光六年味经书屋刘如海抄本，有刘喜海跋，藏北图

著藏者	书　名	卷册数	存佚	备　注
黄宗羲	续抄堂书目		未知	见《藏书纪事诗》卷四引《曝书杂记》
黄培芳	岭海楼书目		未知	见徐绍棨《广东藏书纪事诗》"黄培芳"条
黄绍昌	秋琴馆书目		未知	见徐绍棨《广东藏书纪事诗》"黄绍昌"条
黄绍箕	瑞安黄氏蓼绥阁藏书目、旧本书目、补遗	各一卷	存	民·杨嘉编,《墨香簃丛编》本
黄彭年	贵筑黄氏书目	一册	存	稿本,藏北大
黄澄量	五桂楼书目	四卷	存	清光绪二十一年姚江黄氏刻本,藏"央图"
黄遵宪	嘉应人境庐藏书目录	一册	存	清·黄有则撰,广东梅县铅印本
黄锡蕃	醉经阁书目	一卷	存	民国二十四年杭州朱祺森抄本,藏"央图"
黄襄成	传麰堂家塾藏书目录	一册	存	抄本,藏北师大
杨　复	丰华堂旧藏浙江地方志目录		未知	
	丰华堂藏书目录		存	清华大学图书馆编
杨　鼎	山阴杨氏鼎重远楼书目	二册	未知	抄本,见《鄞县通志》
杨以增	宋存书室宋元秘本书目	四卷	存	清杨氏海源阁抄本,藏北图
杨仕进	杨氏书目		未知	见《山东通志》
杨正复	之五堂书目		未知	见《湖南文征》

著藏者	书　名	卷册数	存　佚	备　注
杨守敬	观海堂书目	六册	存	红格抄本，藏北大、"中研院"
	邻苏老人手书题跋	二册	存	民国五年宜都杨氏观海堂石印手稿本，藏"央图"
	邻苏园藏书目	一卷	存	杨氏邻苏园抄本，藏北图
	邻苏园书目残稿	一卷	存	稿本，藏北大
杨绍和	楹书隅录续编	五卷、四卷	存	抄本，藏科图
	宋存书室宋元秘本书目	四卷	存	清·杨氏海源阁抄本，藏北图
	海源阁书目	六册	存	其子杨保彝编，藏山东
	海源阁藏书目	一卷	存	江标辑，清光绪间江氏灵鹣阁刻《江刻书目三种》本
温树梁	漱绿楼书目		未知	见伦明《辛亥以来藏书纪事诗》
叶志诜	平安馆书目	一卷	未知	厂肆传抄本，据邵瑞彭《书目长编》记载陆氏仪顾堂有藏，见《续考古图》陆心源序；又梁子涵《中国历代书目总录》载此书有江安傅氏双鉴楼藏抄本、梁氏慕真轩藏传抄本
叶昌炽	五百经幢馆藏书目录	一册	存	抄本，藏北大
	治腐室书目		未知	见潘承弼《著砚楼书跋》
叶起勋	拾经楼书目	十册	存	抄本
	拾经楼绅书录	三卷	存	民国二十六年刻本，藏台分
	拾经楼群籍题识		未知	见梁子涵《中国历代书目总录》页 415
叶景葵	杭州叶氏卷盦藏书目录	一册	存	1953 年上海合众图书馆编
	卷盦书跋		未知	

著藏者	书 名	卷册数	存 佚	备 注
叶德辉	观古堂藏书目	四卷	存	民国五年观古堂铅印本，藏"央图"
	郋园读书志	十六卷	存	民国十七年上海淡园铅印本
	观古堂藏书目	四卷	存	铅印本，藏北图
葛香士	澄波皓月楼藏书目		未知	见《藏书纪事诗》卷6
葛嗣浵	传朴堂书目	二十卷	未知	见缪荃孙《艺风堂文别集·辛壬稿》卷二
董康	西吴韩氏书目	二册	存	清抄本，有袁克文题记，藏清华
董蠡舟	梦好楼藏书目		未知	见《藏书纪事诗》引《梦好楼记》
路慎庄	蒲编堂路氏藏书目录	一册	存	抄本，藏北大
邹存淦	乙丑曝书记	四卷	存	清光绪十五年稿本，藏"央图"
梦蝶生	追来堂偶存书目	一册	存	稿本，藏清华；抄本，藏北图
熙元	艮轩藏书目录	一册	存	稿本，藏清华
熊赐履	下学堂书目	六册	未知	见郑伟章《文献家通考》页90
玛尔温	敦和堂文集书目		未知	见龙启瑞《经德堂文集》卷2
管庭芬	清绮斋藏书目	一卷	存	抄本，藏北大
	一瓻笔存书目	一卷	存	稿本，存南京
赵氏	徒河赵氏藏书目录	八册	存	清拙嫩生编，北图藏原抄本，见梁子涵《中国历代书目总录》页399
赵魏	竹崦盦传抄书目	不分卷	存	清道光十一年味经书屋刘如海抄本，藏北图；晚清蔡濒抄校本，藏清华；《观古堂书目丛刊》本
赵元益	赵氏峭帆楼藏书目录	二册	存	清抄本，藏无锡
	峭帆楼善本书目		未知	见郑伟章《文献家通考》页1383
赵少云	味道轩书目	一册	存	清光绪三年稿本，藏北大

著藏者	书　名	卷册数	存　佚	备　注
赵宗建	旧山楼书目	一册	存	1957 年古典文学出版社排印本，藏"央图"
赵应壬	小山堂藏书目录备览书目	一册	存	清抄本，藏北图
	小山堂藏书目录	一卷	存	清光绪间巴陵方氏碧琳琅馆绿格精抄本，藏"央图"
刘氏	刘氏来宾阁清查书目	一册	存	清蓝格抄本，藏哈佛大学图书馆
刘桐	眠琴山馆藏书目	四卷	未知	见洪有丰《清代藏书家考》，载《图书馆学季刊》第二卷第一期；又《南浔镇志》卷三十注为"写本，存"
刘康	红豆山房藏书目		未知	见《藏书纪事诗》卷 6 引《东洲草堂集》
刘青莲	藕船题跋	二卷	存	《刘氏传家集》本
刘喜海	刘燕庭藏书目		存	张鉴祥编，藏山大
刘诂农	三山刘氏书目	一卷	存	清抄本，有清蒋凤藻跋，藏北图。此书原为佚名，今据郑伟章《文献家通考》页 998 中所言暂定之
刘传莹	通麋生所藏书目		未知	见龙启瑞《经德堂文集》卷二
刘履芬	红梅阁书目	一册	存	民国间吴梅抄本，藏北图
刘声木	苌楚斋书目	二十二卷	存	民国十五年庐江刘声木铅印直介堂丛刻本
潘宗周	宝礼堂宋本书录附录	四卷、一卷	存	张元济纂辑，1939 年刻本
潘奕隽	三松堂书目		未知	见潘承弼《著砚楼书籍题跋》
潘祖荫	滂喜斋藏书记	三卷	存	清·叶昌炽，稿本，藏北图；1923 年杭郡邵章抄本，有邵章题记，藏北大
	滂喜斋宋元本书目	一卷	存	民国十四年海宁陈氏慎初堂铅印本，《晨风阁丛书》本

著藏者	书 名	卷册数	存佚	备 注
潘遵祁	香雪草堂书目	二册	存	见郑伟章《书林丛考》
	西圃藏书目	二册	存	稿本，藏南开
蒋氏	常熟蒋氏书目	一册	存	抄本，藏北大。此书梁子涵《中国历代书目总录》题为蒋凤藻编，然蒋凤藻籍非常熟，故阙疑之
蒋 光	衍芬草堂藏书目录	二册	存	清抄本，藏南京
	亦秀阁藏书目录	一册	存	清抄本，藏南京
蒋光煦	别下斋书存	一卷	存	清抄本，藏上海
	寅舫藏书目	不分卷	存	抄本，藏南图
蒋 楷	来青阁书目	一册	未知	见郑伟章《文献家通考》页562
蒋汝藻	传书堂善本书目、补遗	十二卷、四卷	存	抄本，藏南京
蒋维基	南浔蒋氏俪籝馆藏书目	一册	未知	抄本
蒋凤藻	铁华馆藏书目录	一册	存	清心矩斋抄本，藏上海
	秦汉十印斋藏书目	四卷	存	稿本，藏北大
	铁华馆藏集部善本书目	一卷	存	《湫漻斋丛书》本
蒋学坚	平仲园书目		未知	
蔡鸿鉴	墨海楼书目	四卷	存	周郇撰，稿本，藏复旦
	墨海楼善本书目	一卷	未知	
郑 杰	注韩居藏书目		未知	手抄未刻稿，见郑伟章《文献家通考》页325
郑 性	二老阁书目		未知	据《藏书纪事诗》引《二老阁藏书记》
郑献甫	家藏书目解题	四卷	未知	见《清朝续文献通考》卷268
邓汝城	晚翠轩书目		未知	
邓邦述	双沤居藏书目初编	一册	未知	稿本
黎庶昌	拙尊园存书目	一册	存	清朱丝栏抄本，藏北图分馆
	拙尊园存书目	一册	存	稿本

著藏者	书 名	卷册数	存 佚	备 注
卢 椿	敬遗轩书目	一卷	未知	抄本,见冯贞群《伏趾室群书题记》
萧 穆	敬止斋所存书目	三册	未知	
萧名湖	如园架上书抄目	五卷	存	清·萧士恒增补,清光绪二十四年益阳萧氏如园刻本
萧开泰	求实济斋书目提要	一卷	存	清光绪十二年刻本
钱 曾	读书敏求记	四卷	存	清雍正四年赵氏松雪斋刻本,藏人大;清雍正六年延古堂刻本,藏北图
	述古堂书目	四卷	存	清抄本,藏北师大
		不分卷	存	附宋版目一卷,清乾隆三十八年朱邦衡家抄本,藏北图
		二卷	存	清刘氏嘉荫簃抄本,藏北图
	钱遵王述古堂藏书目录	十卷	存	清初钱氏述古堂抄本,钱曾校,藏北图
	虞山钱遵王述古堂藏书目录题词	不分卷	存	稿本,清·莫友芝跋,丁日昌批注并跋,藏北图
	也是园书目	十卷	存	稿本,藏北图;北图还收藏有丁敬、鲍廷博、周星诒等批校的不同清抄本;《粤雅堂丛书》本;《丛书集成初编》本。《读书敏求记》《也是园书目》《述古堂书目》三种有《虞山钱遵王藏书目录订编》,瞿凤起整理,上海古典文学出版社 1958 年出版
	也是园藏书目	九卷	存	清抄本,清·陈揆校并跋,藏北图
钱大昕	竹汀先生日记抄	三卷	存	见《钱大昕全集》
钱兆鹏	读书楼藏书目录		未知	见钱兆鹏《述古堂文集》卷四《读书楼藏书目录序》
钱泰吉	曝书杂记	三卷	存	清同治七年重刊本,藏台分
钱仪吉	庐江钱氏艺文略	二卷	存	抄本,藏北大

著藏者	书　名	卷册数	存　佚	备　注
钱谦益	绛云楼书目	四卷	存	清抄本，藏科图；《粤雅堂丛书》本，《丛书集成初编》本，《观古堂书目丛刊》本
		二卷	存	北图收藏有清周星诒、翁同龢等人批校过的不同清抄本五种
		五卷	存	清嘉庆二十五年刘氏嘉荫簃抄本，藏北图
	绛云楼书目补遗	一卷	存	清光绪二十八年长沙叶氏刻《观古堂书目丛刊》本
	牧斋书目	一册	存	清乾隆间抄本，有清·李文藻题记并校，藏科图
鲍廷博	知不足斋宋元文集书目	不分卷	存	清志学斋抄本，藏复旦
龙　璋	式古堂目录	十七卷	存	清光绪十九年石印本
龙启瑞	经德堂藏书录		未知	见龙启瑞《经德堂文集》卷2
戴勖屏	情余书屋目	一卷	未知	
缪佑孙	江阴缪氏藏书目	一卷	未知	手稿本
缪荃孙	艺风堂藏书记	八卷	存	稿本，藏北大；清光绪二十六年刻本
	艺风堂藏书记续记	八卷	存	民国二年刻本
	艺风堂藏书记再续记	二卷	存	1962年中华书局排印本
缪朝荃	东仓书库目录		未知	
谢　氏	北平谢氏藏书总目	一卷	存	绿格抄本，梁子涵《中国历代书目总录》页403，载中央研究院藏，未见、待查
谢慎修	学山堂书录	八册	存	抄本，藏北大，此书不著撰者，仅书后有谢慎修题跋，疑非其作
谢兰生	常惺惺斋书目	一册	存	清抄本，藏北师大。此书原为佚名，今据冼玉清《广东之鉴藏家》一文定之，见《冼玉清文集》页10

著藏者	书　名	卷册数	存　佚	备　注
韩应陛	读有用书斋书目表	一卷	存	稿本，藏北图
	读有用书斋书目	一卷	存	民·封文权编，民国二十三年间瑞安陈氏袍殷堂仿宋聚珍版铅印本
	松江韩氏藏宋元明本书目	二册	存	民国十九年朱格抄本，藏北图分馆
	云间韩氏藏书目、书影	各一卷	存	民国十九年影印本
	读有用书斋书目	一卷	存	铅印本，藏北图
	读有用书斋书目表	一册	存	稿本，藏北图
	云间韩氏藏书目	一册	存	刊本，藏台分
	读有用书斋古籍目录		未知	陈乃乾校
	松江韩氏宋元明本书目	一卷	存	藏北图
	云间韩氏藏书题识汇录	四卷	存	吴县邹百耐辑，稿本，藏上海
瞿镛	铁琴铜剑楼书目	二十四卷	存	清光绪二十三年武进董康诵芬室校刻本；清光绪二十四年常熟瞿氏家塾刻《铁琴铜剑楼丛书》本
	铁琴铜剑楼宋元本书目	四卷	存	清光绪二十三年江氏灵鹣阁刻《江刻书目三种》本
	铁琴铜剑楼藏书目录注	四卷	存	清·李盛铎撰，稿本，藏科图
瞿中溶	古泉山馆藏书题跋	不分卷	存	清抄本，藏南图
	木居士书跋	二卷	未知	见《清朝续文献通考》卷268
瞿世瑛	清吟阁书目	四卷	存	民国三年华兴石印局石印本；《松邻丛书》乙编本
瞿绍基	恬裕斋藏书记	四卷	存	清抄本，劳季言校，藏南图
魏维新	本立堂藏书目	八卷	存	抄稿本，藏北大；清康熙二十年抄本，藏北图分馆

著藏者	书　名	卷册数	存　佚	备　注
魏锡曾	绩语堂题跋	一卷	存	清光绪九年羊城刻本，藏南图
庞　泓	步云楼书目		未知	见《常昭合志稿》卷三十二
庞元澂	百柜楼书目		存	藏于钱存训处，见王謇《续补藏书纪事诗》"庞青城"条
庐　址	四明庐氏藏书目录	一册	存	清抄本，藏北图
	抱经楼书目	四卷	存	清常熟周氏鸽峰草堂抄本，藏北图
罗以智	吉祥室藏书目		未知	
罗振玉	唐风楼书目	一册	存	抄本，藏清华
	大云书库目录	二册	佚	王国维编，已佚
	雪堂藏宋元旧刊善本书目		未知	罗氏原稿本，梁氏慕真轩藏民国二十七年传抄本，见梁子涵《中国历代书目总录》页415
罗振常	蝉隐庐书目	一册	存	民国八年影印本，藏台分
谭　莹	乐志堂藏书目		未知	见徐绍棨《广东藏书纪事诗》"谭莹"条
谭宗浚	希古堂书目	二册	存	藏山大、浙江
顾葆龢	顾氏小石山房佚存书录	三卷	存	清抄本，藏北图，仅存三卷
顾广圻	思适斋书跋、思适斋书跋补遗	四卷、一卷	存	民·王大隆辑，民国二十四年秀水王氏学礼斋刻《黄顾遗书》本
	思适斋集外书跋辑存	一卷	存	民·蒋祖诒辑，民国二十四年吴县邹百耐百拥楼书仓铅印本，藏天津
顾麟士	顾鹤逸藏书目	一卷	存	抄本，藏中研院；一名《旧椠书目》，民国间抄本，藏北图。据梁子涵《中国历代书目总录》
龚　橙	仁和龚氏旧藏书目	一册	存	稿本，藏北图
龚易图	大通楼藏书目录簿	四卷	存	抄本，藏福建
	乌石山房藏书楼书目	一册	存	民国油印本，见梁子涵《中国历代书目总录》页373

著藏者	书 名	卷册数	存 佚	备 注
龚樵生	亦园所藏书目		存	见梁子涵《中国历代书目总录》页 405
显亲王蕴	阅清楼书目	一册	存	清道光六年味经书屋刘氏抄本，有刘喜海跋，藏北图
麟 庆	琅嬛妙境藏书目录	四卷	存	稿本，藏北大
佚 名	湘水校经堂书目	五卷	存	清光绪十七年刻本，藏静嘉堂
佚 名	当归草堂书目	不分卷	存	抄本，藏静嘉堂
佚 名	古越藏书楼书目	二十卷	存	清光绪三十年崇实书局石印本，藏台分
佚 名	道在是斋书目	一册	未知	抄本，见《传是楼书目》
佚 名	葩经室藏诗经目录	一册	存	抄本，藏科图
佚 名	草抄本书目	一册	未知	见《书目长编》卷上
佚 名	存寸堂书目	一册	存	清抄本，有清·黄丕烈校并跋，藏北图
佚 名	铜鞮吴氏藏书甲乙丙丁编	二册	存	抄本，藏北师大
佚 名	茂卿堂经史子集目录	六十八卷	存	抄本，藏北师大
佚 名	未学斋藏书目录	一册	存	清抄本，藏北图分馆
佚 名	周氏书目	一册	存	清抄本，藏北图分馆
佚 名	潜庐藏书志	一册	存	清光绪十八年稿本，藏北图分馆
佚 名	颐葭草堂书目	一册	存	清抄本，藏北图分馆
佚 名	书瘾楼书目录	一册	存	清光绪八年蓝丝栏抄本，藏北图分馆
佚 名	苹花阁藏书目录	八卷	存	清抄本，藏北图
佚 名	木兰舫书目	一册	存	清抄本，藏北图分馆
佚 名	丛桂堂书目	四册	存	清朱格抄本，藏北图分馆，本书目收书最晚至清光绪年间
佚 名	书目	四册	存	清抄本，藏北图分馆

著藏者	书　名	卷册数	存　佚	备　注
佚　名	百登斋所藏丛书目录	十一册	存	抄本，藏北大
佚　名	笠泽堂书目	六册	存	抄本，藏北大
佚　名	荫福堂收藏书目	不分卷	存	抄本，藏南京
佚　名	稊米楼书目	二册	存	民国间抄本，藏北图分馆

注：表中各图书馆之简称

国家图书馆：即原北京图书馆，仍简称为北图

国家图书馆分馆：即原北京图书馆分馆，仍简称为北图分馆

中国科学院文献情报中心：科图

上海图书馆：上海

天津图书馆：天津

南京图书馆：南图

山东省图书馆：山东

浙江省图书馆：浙江

湖南图书馆：湖南

安徽省图书馆：安徽

福建省图书馆：福建

北京大学图书馆：北大

清华大学图书馆：清华

北京师范大学图书馆：北师大

山东大学图书馆：山大

复旦大学图书馆：复旦

华东师范大学图书馆：华师

南开大学图书馆：南开

南京大学图书馆：南京

陕西师范大学：陕师大

无锡市图书馆：无锡

温州市图书馆：温州

台湾"中央"图书馆："央图"

台湾"中央"图书馆台湾分馆：台分

台湾"中央"研究院傅斯年图书馆："中研院"

台湾师范大学：台师大

日本静嘉堂文库：静嘉堂

古代私家藏书的类型

中国古代私家藏书历史悠久，在私家藏书文化漫长的发展进程中，藏书功能逐渐由单一演变为多元，由于藏书家各自藏书目的和情趣的不同，从而形成了一些相对可以区分的类型。说他们相对可以区分，是为了表明，某一类型的藏书家虽然以某种藏书情趣为主要目的，但是他们仍然或多或少地保存其他一些藏书情趣。各类型藏书家的藏书情趣不是单一的，但却有主次之分。分析不同的私家藏书类型，有助于把握不同藏书家在藏书文化中的定位，准确认识各类型藏书家的贡献。

宋以前私家藏书人数不多，因而人们尚未考虑到对藏书家的类型加以分别。宋代私家藏书勃兴，至明代有持续的发展，宋人已有将书画收藏家分为鉴赏和好事家二类的，明代学者胡应麟把这个概念推而广之，引入藏书家的分类中，他说："画家有鉴赏、有好事，藏书亦有二家。列架连窗，牙标锦轴，务为美观，触手如新，好事家类也。枕席经史，沉缅青湘，却扫闭关，蠹鱼岁月，鉴赏家类也。至搜罗宋刻，一卷数金，列于图绘者，雅尚可耳，岂所谓藏书哉？"①胡应麟将藏书类型仅分为专事收藏的好事家和专事甄别的鉴赏家，虽然也提到了一种附庸风雅的"雅尚者"，但还是很不全面。

清代中期学者洪亮吉对这个问题有更为详细的论述，他说：

> 藏书有数等，得一书必推求本源，是正缺失，是谓考订家，如钱少詹大昕，戴吉士震诸人是也；次则辨其版片，注其错讹，是谓校雠家，如卢学士文弨，翁阁学方纲诸人是也；次则搜采异本，上则补石室金匮之遗亡，下可备通人博士之浏览，是谓收藏家，如鄞县范氏天一阁，钱塘吴氏之瓶花斋，昆山徐氏之传是楼诸家是也；次则第求精本，独嗜宋刻，作者之旨意纵未尽窥，而刻书之年月日最所深悉，是

---

① 胡应麟：《少室山房笔丛·经籍会通》，文渊阁《四库全书》本，上海，上海古籍出版社，1987。

谓赏鉴家，如吴门黄主事丕烈，邹镇鲍处士廷博诸人是也；又次则于旧家中落者，贱售其所藏，富室嗜书者，要求其善价，眼别真赝，心知古今，闽本、蜀本一不得欺，宋椠、元椠见而即识，是谓掠贩家，如吴门之钱景开、陶五柳，湖州之施汉英诸书估是也。①

洪氏在这段论述中以当时的一些藏书家为例，分私家藏书为高下数等，且不论有些等级其实有难分轩轾之处，就其各等列举人物的归属，怕也不尽确切。但是洪亮吉对私家藏书的分类，确实比胡应麟大大前进了一步，不仅区分更为细密，而且相对来说是比较准确合理的。

清末学者叶德辉对洪亮吉的分类有不尽同意之处，他把考订家和校雠家合称为著述家，如王士禛、朱彝尊等；他又把以刻书为事的藏书家称为校勘家，如毛晋等；最后又将钱曾、季振宜等只注意收藏、赏识的藏书家称赏鉴家。

以上三位学者对私家藏书的区分，表明当时人们已经认识到，私家藏书收藏的目的和对藏书的利用是不尽相同的。他们不仅有所觉察而且就此作了不同的解释和分类。应该说，在这三种分类体系中，洪亮吉分考订、校雠、收藏、鉴赏、掠贩五类较为周详，但也有值得修正之处。如其所言考订终需通过著述表达出来，且应该看到，早期藏书家就是利用藏书著书立说的，故认为这一类藏书家收藏为著述比较合理。至于他所说的校雠，实际上指的就是校勘。而收藏、赏鉴类其实指的是同一种类型的藏书家，他们广采异本，以备鉴赏浏览，为收藏而收藏，故可统称之为博采家。据此，以古代私家藏书对图书的利用而论，可分为著述、校勘、博采、贩贾等数种类型。

一、收藏为著述的藏书类型

追溯私家藏书的渊源，其实最早的私人藏书家都是为了著述才进行收藏的。所谓"拥书百城，学问自成"；濡染既深，腹储渐富。因而宏通博学的学者，家中实多缥缃之储。先秦诸子自不待言，汉唐鸿儒大师，也多是

---

① 洪亮吉：《北江诗话》，卷三，清光绪间刻本。

饱学之士，往往富有藏书。宋代书籍增多，藏书功能向多元化发展，但仍有不少藏书家以著述为目的进行收藏。仅以史学界为例，大史学家司马光的"读书堂"藏文史书万余卷，"一室萧然，图书盈几……又以圆木为警枕，小睡则枕转而觉，复起读书"①。他一生读书治史，孜孜不倦，老而不厌，成就了史学巨著《资治通鉴》。与司马光一起修史的刘恕为了协助司马光编撰《资治通鉴》，不仅充分利用自己的藏书，还经常到别的藏书家家中查书、抄书，史载"遇史事纷错难治，辄以诿恕求书，不远数百里，身就之读且钞，殆忘寝食"②。宋敏求家多书，刘恕专程前往抄阅，留旬日，昼夜口诵手抄，直至"目为之臀"。南宋史学家李焘仿司马光《资治通鉴》之例，采北宋九朝事迹，网罗收拾垂四十年，成《续资治通鉴长编》1063 卷。周必大在《李焘神道碑》中说他"性无嗜好，惟潜心经史"，"所至求奥篇隐帙，传录雠校，虽阴阳小说亦无遗者，家藏积数万卷"。③

明代收藏为著述的藏书家数量也不少，如前期的杨士奇、叶盛、朱存理、文徵明；中期的唐顺之，堪称文学一大宗，王世贞则为倡导文学复古运动的领袖，学者胡应麟是著名文献学家、文学家；后期则有如焦竑、祁承爜、徐燉、曹学佺等。胡应麟本人注意藏书为著述服务，而且对此大为提倡，他说："夫书好而弗力，犹亡好也；夫书聚而弗读，犹亡聚也；夫书好而聚，聚而必散，势也。""益愈见聚者之弗可亡，读也。"④他认为藏书不读不用，就跟不藏书一样；藏书容易散佚，但如果藏书能读，能化为自己的思想和著作，那么藏书就是亡而犹存。所以他身体力行，"穷四部之籍，以勤成乎一家之启""间以余力游刃，发之乎诗若文"。⑤

就清代而言，清初江南文坛盟主钱谦益，学术宗师黄宗羲，及至戴震、朱彝尊、王士祯、翁方纲等学者，都属于著述型的藏书家。这类藏书家虽然也注重书籍善本，但并不刻意追求，收罗比较杂，藏书为著述考订而用。因此他们的藏书常常会随着研究兴趣的变换而更替，藏书的数量不会

---

① 顾栋高：《司马温公年谱》，民国六年(1917)刻本。

② 脱脱：《宋史》，卷四百四十四，《文苑传六》，北京，中华书局，1977。

③ 残本《永乐大典》，卷一〇四二一，国家图书馆藏摄影本。

④ 胡应麟：《少室山房笔丛·经籍会通》，文渊阁《四库全书》本，上海，上海古籍出版社，1987。

⑤ 王世贞：《二酉山房记》，清刻本。

特别多，当然，钱谦益的绛云楼是个例外。乾嘉时期的学者严可均，曾作文介绍自己的藏书，这段话颇能说明著述类藏书的目的。他说：

> 余家贫，不能多聚书。顾自周秦汉，以逮北宋，苟为撰述之所必需，亦略皆有之，南宋以下，寥寥焉。非不欲也，力不足也。四十年来，南游岭海，北出塞垣，遇稀有之本，必请缮写，或肯售，即典衣不吝。今插架仅二万卷，不全不备。以检近代诸家书目，如世善堂、天一阁、万卷楼、世学楼、传是楼、曝书亭及同时同好如鲁孔氏、闽张氏、汉阳叶氏、阳湖孙氏、绩溪方氏，以至石刻之本，异国之本，道释之藏，彼有而余无者多矣；彼无而余有者亦不少也。黄氏丕烈聚书多宋本，余与之交，不敢效之。书非古董，未得宋本，得校宋本，足供撰述可耳。①

严氏一生著述甚丰，主要著作有《说文声类》《说文校议》《铁桥漫稿》《唐石经注文》等，而影响最大的是他费27年时间辑成的《全上古三代秦汉三国六朝文》，这部总集共746卷，收上古至六朝的文学作品，作者达3497人，每人均附有小传，是一项巨大的工程，严氏数量不多的藏书之所以"自周秦汉，以逮北宋，苟为撰述之所必需，亦略皆有之，南宋以下，寥寥焉"，正是为撰述所需而收藏的。这种"足供撰述可耳"之意向，便是著述类藏书家的藏书目的。严氏不敢仿效黄丕烈聚宋版书的做法，未得宋本，得校宋本足矣。正反映了这类藏书家不重书籍外部形式，重书籍内容的显著特点。

著述类藏书家以藏书供读、藏书为用的方法，不仅表现在他们利用藏书，撰写各种专著，而且表现在他们的读书笔记和题跋上，例如清代周中孚的《郑堂读书记》、李慈铭的《越漫堂读书记》、钱大昕的《十驾斋养新录》及大批题跋，都是针对书籍内容和各种学术问题进行考订和研究的著述，对学术界影响甚大，这也是他们利用藏书区别于其他藏书家的重要方面。

---

① 严可均：《铁桥漫稿·书葛香士林书屋藏书图后》，清光绪十一年刻本。

二、收藏为校勘的藏书类型

校勘是藏书的必行之道，近代史学大师陈垣先生说："校勘为读史先务，日读误书而不知，未为善学也。"①大凡私家藏书，都是注意校勘的，但是这些校勘又有两种情况：一种是把校勘作为藏书整理的一个重要环节，大多数藏书家为了提高自己藏书的质量，就要勤勉校书。在有关藏书家的材料中，经常有"藏书万卷，朝夕雠校"，或"喜藏异书，手自校雠"的记载，这反映的就是藏书家的校勘。古代藏书家很早就注意通过校勘提高藏书质量，如《梁书·南平王伟传》说宗室萧静博学好文，"散书满席，手自雠校"；《南史·孔休源传》说梁朝孔休源"聚书盈七千余卷，手自校练"。清初藏书家孙庆增著《藏书纪要》，清末藏书家叶德辉作《藏书十约》，都对藏书的校勘作了专门的论述，可见他们都把校勘古书的工作，看成藏书的必要条件。另一种是校勘家兼藏书家的校勘，他们以藏书服务于校勘，这就是此处将要分析的收藏为校勘的藏书类型。

古代校勘学家利用自己的藏书进行校勘之事例，有很早的记载。如《别录》佚文就有多处提到刘向利用自己的藏书校中秘书。古代校勘学和私家藏书到宋代同步进入了兴盛时期，宋代大藏书家中以藏书用于校勘的如宋绶、宋敏求父子，郑樵、晁公武、陈振孙等人。宋氏父子的校勘提供了大批善本，通过校勘编选了《刘梦得外集》《孟东野集》《李卫公别集》等唐人诗文集，还总结了一些校勘理论。郑、晁、陈三人分别通过校勘编撰了重要目录，郑樵写成了第一部文献学理论专著《通志·校雠略》。司马光和刘恕等人则通过校勘考史，《通鉴考异》三十卷中保留了他们许多校书的成果；南宋史学家李焘也是"传录雠校"，在藏书的基础上写出了《续资治通鉴长编》。元代藏书家岳浚更是运用家藏书校刻了《九经三传》，并以《刊正九经三传沿革例》总结了这次校勘的经验。② 清人钱吉泰说：

---

① 陈垣：《通鉴胡注表微·校勘篇》，沈阳，辽宁教育出版社，1997。
② 校刻《九经三传》及编印《刊正九经三传沿革例》，历来皆误认为是南宋岳珂所为。张政烺、赵万里先生曾在《中国版刻图录·元版春秋经传集解提要》中考证上述二事非岳珂所作，乃岳飞九世孙、元代岳浚之作。李致忠先生在《宋版书叙录》第172页至第181页中有更深入的考证，支持张、赵二先生的说法，故此案可成定论。

宋岳倦翁刊《九经》《三传》，以家塾所藏诸刻，并兴国于氏、建安余仁仲本凡二十本。又以越中旧本注疏，建本有音释注疏、蜀注疏，合二十三本。专属本经名士，反复校订，始命良工入梓。其所撰《刊正九经三传沿革例》，于书本、字画、注文、音释、句读、脱简、考异，皆罗列条目，详审精确。①

钱氏所论，除将元代岳浚误认为南宋岳珂外，其余论述皆允当。可见岳浚不仅利用自己家藏，还利用他本；不仅自己校，还延请老儒同校，故能使《九经》《三传》保证较高的校勘水平。以上例举多为藏书名家，而仍有许多以校勘为务的藏书家不为人知，如文天祥之父文仪，嗜书如饴，蓄书如山，"经史子集，皆手自标序无一紊；朱黄勘点，纤屑促密无不到"，因而文史、经子，乃至天文、地理、医卜等知识无所不晓，"间质难疑，剖析响应"，能准确指引某事出某书某卷②，这是经过校勘，标识图书，增长记问。还有如北宋藏书家杨景略，藏书万余卷，为官公务之余，"无他爱好，常以雠校得失为乐事"③，这是以校书为修身养性之乐。当然，最应提倡的是，藏书校勘不仅使个人受益，而且能将校勘成果贡献学界。比如北宋藏书家方崧卿，"聚书四万卷，手自雠校。尤喜韩昌黎文，为举正十卷，附录五卷，别成笺校十卷。"④

明代向来被认为是疏于考证，校勘事业不甚发达的时代，特别是明代后期，王学流传，游谈无根，典籍校勘有被忽视的倾向。但明代也有一批利用藏书认真校勘的藏书家，如前期的叶盛、陆容、吴宽，他们细心校订、抄录的手抄本流传至清代，多为学者、藏书家珍重。另外如前期的宋濂、中期的胡应麟，运用藏书作校勘辨伪。中后期的焦竑、陈第，校勘成果也很突出，焦竑的校勘主要体现在他的《焦氏笔乘》正续集中；陈第则利用校勘考证古音，特别是所撰《毛诗古音考》成就最大。

---

① 钱泰吉：《曝书杂记》，清同治七年刻本。

② 文天祥：《先君子革斋先生事实》，《文山先生全集》，卷十一，清道光二十八年刻本。

③ 苏颂：《杨公墓志铭》，《苏魏公集》，卷五十六，清道光二十二年刻本。

④ 周必大：《方君墓志铭》，《平园续稿》，卷三十一，清光绪二十五年刻本。

清代校勘家针对明人妄改古籍的弊病，特别讲求校勘，纠正俗本的讹谬。举凡群经、诸史、子书及各代文集，都尽力遍找宋元旧椠，精心校对，订正讹误，他们在这方面投入了大量的时间和精力，取得了很大的成就，形成了一种风尚。清代学者张之洞在《书目答问》之后附录《国朝著述诸家姓名略》，列有校勘学家 36 人，许多是家藏万卷以上的藏书家，例如卢文弨、顾广圻、黄丕烈、孙星衍、鲍廷博、秦恩复、陈鳝、汪士钟等藏书家，都利用了自己的藏书，为古籍的校勘作出了巨大的贡献。

利用藏书进行校勘工作的藏书家，在收藏上颇重宋元旧本，这并不是因为宋元旧刻物稀而贵，而在于宋元旧本较能保存古书的原貌，可以校正今本、俗本的讹误和擅改之处，近代学者陈乃乾在阐述这个道理时指出："尝谓古书多一次翻刻，必多一误，出于无心者，'鲁'变为'鱼'，'亥'变为'豕'，其误尚可寻绎；若出于通人臆改，则原本尽失。宋、元、明初诸刻，不能无误字。然藏书家争购之。非爱古董也，以其误字皆出于无心，或可寻绎而辨之，且为后世所刻之祖本也。"①这类藏书家的收藏还注意多种版本，即所谓"重本"，利用不同版本间的差异，去伪存真，择善而从。乾嘉时期著名藏书家黄丕烈在校《归潜志》一书时就说："且书必备诸本，凡一本即有一本佳处。即如此，固多讹舛矣，而亦有一二处为他本所不及，顾购者必置重沓之本也。"②

利用藏书进行校勘，是清代一批藏书家的乐趣所在。清末藏书家叶德辉在《藏书十约》中说：

> 书不校勘，不如不读，校勘之功，厥善有八：习静养心，除烦断欲，独居无俚，万虑俱消，一善也；有功古人，津逮后学，奇文独赏，疑窦忽开，二善也；日日翻检，不生潮霉，蠹鱼蛀虫，应手拂去，三善也；校成一书，传之后世，我之名字，附骥以行，四善也；中年善忘，恒苦搜索，一经手校，可阅数年，五善也；典制名物，记问日增，类事撰文，俯拾皆是，六善也；长夏破睡，严冬御寒，废寝忘餐，难境易过，七善也；校书日多，源流益习，出门采访，如马识途，八善也。

---

① 陈乃乾：《国学汇编》，第一集，《与胡朴安书》，民国间铅印本。
② 黄丕烈：《士礼居藏书题跋记》，卷四，周少川点校，北京，书目文献出版社，1989。

叶氏津津乐道的校书八善，包括去讹存真，津逮后学，修心养身，增长知识，甚至保护书籍等诸多方面，其中不乏封建士大夫闲情逸致，却也反映了这一类藏书家的真实心态，他们借藏书校勘，而达人生修养之目的。

利用藏书进行校勘不仅给予这类藏书家修养身心的乐趣，他们中的许多人还将校书的成果刻书流传，推广到社会上，为学术文化界服务，这样的做法则具有更大的实际意义。例如清代藏书家黄丕烈精校精刻的《士礼居丛书》，鲍廷博的《知不足斋丛书》，卢文弨的《抱经堂汇刻书》，孙星衍所刻的宋本《说文》《古文苑》《唐律疏议》，张敦仁所刻的抚州本《礼记》、严州单疏本《仪礼》《盐铁论》都是校勘精当，给予士林极大方便的。清代藏书家大批精校本的刻印，对古籍的校正、保存、流传，有很大的功劳。叶德辉尤其推崇黄丕烈、孙星衍、顾广圻、张敦仁、汪士钟等人的校书、刻书，他说："乾嘉以来，黄荛圃、孙伯渊、顾涧薲、张古馀、汪阆源诸先生影刊宋、元、明三朝善本书，模印精工，校勘谨慎，遂使古来秘书旧椠，化身千亿，流布人间。其裨益艺林，津逮来学之盛心，千载以下，不可得而磨灭也。"①此论可谓精当。

三、收藏为博采的藏书类型

在私家藏书中，有一些藏书家出自对书籍保有的强烈兴趣，以博采广储为藏书目的，他们或由于时间、精力的关系，或由于学识的局限，未能对收藏的书籍作其他途径的利用，但是却嗜书如命，广收博采，以补石室金匮之亡缺，以备闲来浏览和鉴赏，从而成为藏量极其丰富的藏书家。他们有的也刻印过一些书籍，但并未作过校勘考订；他们有时也赏鉴图书，但不是为了著述和校勘，而是在休闲中欣赏。他们为收藏而收藏，所以可称为博采类型藏书家。

宋以前由于图书生产主要靠抄录，流传数量受到限制，因而藏书实用性较高，博采类藏书家不多，但也可以找出个别例子来。比如唐代"插架三万卷"的李泌，大概就是这类藏书家。明代胡应麟说他是"富于青湘而贫于

① 叶德辉：《书林余话》，卷下，长沙，岳麓书社，1999。

问学，勤于访辑而怠于钻研。"①宋代雕版印刷的推广，为以博采广储为目的的藏书家提供了条件。如北宋大观间藏书家方略，莆田人，"宦达后，所至专访文籍，民间有奇书必捐金帛求之。家藏书至一千二百箧，作万卷楼储之。"②又如南宋时丹徒藏书家杨樗年，"好古书名画及他雅玩，愿售者争归之，酬之必过其值。家居建宝经堂，储书万卷，择良师友与二子居"③。这两人都是好收古书奇书，而且不计售价，但不见有其他用处，主要目的是博采居奇。两宋期间朝廷为补藏书之缺，曾多次征书，这时以博采广储为特征的藏书家发挥了作用，他们为朝廷献了不少图书，而朝廷的回报是授予他们一官半职。如北宋郭友直，藏书甚丰，"治平间诏求遗书，所上凡千余卷，尽秘府之未有者。熙宁四年，恩授将仕郎"④。而据《宋会要辑稿·崇儒》所载，南宋初会稽布衣诸葛行仁一次就献书 11 515 卷，足见其藏书之盛。

明代诸藩亲王多属于收藏类藏书，他们常得赏赐，又以财势大肆收购，故以量多质精称雄。成化间藏书家杨循吉，家本商贾，饶于资财，但无一简编。杨氏入仕后，发愤购书二十载，藏书达十余万卷，他嗜书如命，以收藏为乐，有"岂待开卷看，抚弄也欣然"的诗句。明中期的项元汴更是这类藏书家的典型，他善治生产，家境富裕，收书不吝高价。他的藏书近十万卷，为了表达图书所有的乐趣，他常常在收藏的图书、字画上盖满图章，甚至标注购进的价格。有人讽刺曰：

> 墨林(元汴)每得名迹，以印钤之，累累满幅，譬如石卫尉以明珠精鎏聘得丽人，而虞其人适，则黥面记之，抑且遍黥其体无完肤。较谋不洁之西子，更为酷烈矣。⑤

意思是说他得到好的图书字画，在上面乱打图章，就如娶到一个漂亮

---

① 胡应麟：《少室山房笔丛·经籍会通》，文渊阁《四库全书》本，上海，上海古籍出版社，1987。

② 李俊甫：《莆阳比事》，卷六，明万历三十三年刻本。

③ 刘宰：《刘宰杨提举行述》，《漫塘文集》，卷三十三，嘉业堂丛书本。

④ 文同：《郭君墓志铭》，《丹渊集》，卷三十九，台北，台湾世界书局，1986。

⑤ 姜绍书：《韵石斋笔谈》，清道光年间刻本。

女子，怕她跑了，便在她身上脸上刺满花纹字迹，实在是太残酷了。明代收藏类藏书家还有一些，如范钦、丰坊、李如一等。

清代这类藏书家则如钱曾也是园，五代相传的范氏天一阁，四代相传的瞿氏铁琴铜剑楼，此外如静惕堂曹溶、瓶花斋吴焯、宜稼堂郁松年、卧雪庐袁芳瑛、海源阁杨绍和、八千卷楼丁丙、持静斋丁日昌，以及季振宜、刘桐等。以收藏为目的的藏书家一般有较好的经济条件，为购书、采书提供了方便，他们收藏的数量也比较多，动辄十万、数十万。由于购采的范围广，藏量丰富，所以多有世间罕见珍秘之本，如洪亮吉所说的，可"补石室金匮之遗亡"。由于藏书多，且以此为专门目的，他们大都构筑名副其实的藏书楼，这些藏书楼设计精心，大屋宽檐，颇具规模，如范氏天一阁、瞿氏铁琴铜剑楼、杨氏海源阁、丁氏八千卷楼，皆为上下两层之砖木结构楼房，前后皆有窗户，通风防潮。

收藏类藏书家，对藏书有严格的管理措施及一整套防火、防潮、防蛀的方法，例如范氏天一阁就立有"代不分书，书不出阁"的祖训，阁门和书橱门的钥匙分房掌管，以此来互相牵制，保证藏书不得外流，瞿氏铁琴铜剑楼平日也有专人看管，书一概不许借出，有嗜书之人，欲观秘籍者，也只能入阁参阅。这些防范措施虽然大大地限制了书籍的流通，甚至有些秘籍举世不曾寓目，但对于避免图书的散失，确实起到一定的保护作用。至于这类藏书家对书籍防火、防潮、防蛀的具体方法，更是为后人积累了一套藏书的宝贵经验。因此，黄宗羲曾赞叹曰："尝叹读书难，藏书尤难，藏之久而不散，则难之难矣。"①据此而论，收藏类藏书家为保存文化遗产倾家产置业，苦心经营，乐此不疲，也自有其独出的功力和令人钦佩之处。

四、收藏为贩贾的藏书类型

书肆、书估的存在与藏书事业发展紧密联系，而私家藏书又常常依靠着书估、书肆搜罗异本，购采图书，因此论私家藏书不可不言贩书也。古代的藏书界中有一批人物，一身而藏书家与书估两兼之。他们以藏书为基

①　黄宗羲：《天一阁藏书记》，《南雷文定》，卷二，《四部备要》本，北京，中华书局，1936。

础，以贩书为营生，由于他们精于藏书之道，在鉴别古籍上，有独到的功夫，因此洪亮吉和叶昌炽的《藏书纪事诗》也将他们归于藏书家之属。

古代书肆起源很早，西汉时就已经出现了，扬雄在《法言·吾子》中说："好书而不要诸仲尼，书肆也。"意思是说爱书而不学孔子之道，那就不是念书人而是书贾了。西汉的长安还有槐市，朔望有市，买卖书籍货物。东汉时，京城洛阳有专门的书肆，王充"常游洛阳书肆，阅所卖书"[①]；荀悦也是"每之市间，所见篇牍，一览多能诵记"[②]。魏晋南北朝时书肆继续发展，西晋左思《三都赋》出，"洛阳为之纸贵"。东晋、南朝立都建康，城里就有许多书籍铺，据《南齐书·江夏王锋传》记载，南齐武帝时，"藩邸严急，诸王不得读异书，五经之外，唯得看《孝子图》而已"。江夏王萧锋为了多读书"乃密遣人于市里街巷买图籍，期月之间，殆将备矣"。期月间能将所需图书备齐，说明书坊图书种类很多。隋唐间书肆又更发达，但详细的书坊堂号、业主姓名则不得流传。

入宋之后，一些著名的书坊、书贾开始为后人所知，贩贾类藏书家的事迹至此也有可追寻。如南宋藏书家、书商陈起，曾高中乡试第一，人称陈解元。他藏书颇丰，藏书楼称"芸居楼"。他也刻书、售书，在临安棚北大街睦亲坊开陈解元书籍铺，非常著名。南宋诗人危稹赠诗曰："兀坐书林自切磋，阅人应自阅书多；未知买得君书去，不负君书人几何。"[③]他刻售的典籍以唐宋诗文集为主，有的保存至今，有的经明代翻刻流传下来。南宋的另一著名书贾陈思，号续芸，也在棚北大街开书坊，故有人认为陈思是陈起之子。陈思也好藏书，且精于鉴赏，宋人陈伯玉在《宝刻丛编序》中说他"卖书于都市，士之好古博雅，搜遗猎忘以足其所藏，与夫故家之沦坠不振，出其所藏以求售者，往往交于市肆，且售且卖，久之所阅滋多，望之则能别其真赝"。他刻售的典籍如《宝刻丛编》《两宋名贤小集》《书苑精华》《海棠谱》《书小史》等，流传至今，其中的《两宋名贤小集》共 380 卷，收两宋诗人 157 家，对于保留宋诗有杰出的贡献。明代贩贾类藏书家较有名的是童佩，字子鸣，浙江龙游人。胡应麟在《少室山房笔丛·经籍会通》里说童佩

---

① 范晔：《后汉书》，卷四十九，《王充传》，北京，中华书局，1965。

② 范晔：《后汉书》，卷六十二，《荀悦传》，北京，中华书局，1965。

③ 危稹：《巽斋小集》，民国十年影印本。

藏书二万五千卷，胡应麟曾看到童家的藏书目，颇多秘帙。童氏"以鬻书为业，往来吴越间，买一舫，不能直项，帆樯下皆贮书，读之穷日夜不休"①。他既藏书、卖书，也能读书，能作诗，王士祯为他的诗集作跋，称他"以贾书有诗名"。

贩贾类藏书家收藏的目的，在于贩卖，随着商品经济的发展，清代这一类藏家的人数越来越多，他们的活动和收藏可见于其他藏书家的书目、题跋记载。除叶昌炽的《藏书纪事诗》外，黄丕烈《士礼居藏书题跋记》对江南书估有一些记述，李文藻《琉璃厂书肆记》、缪荃孙《琉璃厂书肆后记》对北方书估的记述颇多。湖州老韦、钱听默、施沛章，苏州陶廷学、陶蕴辉、顾八愚、顾五痴、沈斐云、平湖王征麟、京都丝苍屋、韩心源、李雨亭，山西李衷山，湖南丁子园等，皆可称为贩贾类藏书家。这类藏书家的收藏随意性大，不分刻本优劣，散本全帙，以经济利益为准，多数是低价而入，善价而沽；他们的收藏流通性大，但非常注意书籍的装潢。由于这类藏家藏书的旨趣较低，所以洪亮吉论藏书家数等，将其归为末流，但他们中间确有一些人是鉴别古书的高手，所谓"眼别真赝，心知古今，闽本、蜀本一不得欺，宋椠、元椠见而即识"是也。因此，不少藏书家在碰到版本鉴别上的难题时，也常常去找他们请教，如苏州黄丕烈，以版本鉴别而著称，但对钱听默则非常钦佩，称其为"书估中之巨擘"，识书"老眼"，他说："白堤钱听默开萃古斋，此老素称识古，所见书多益本，顾数年前常一再访之。"②他有一些识断不了的古书，就去请教钱氏。其实，书贾中有不少人善于鉴识，熟知典籍的本事已著称于世，就连乾隆皇帝在《四库全书》的编纂过程中，也曾下谕，要求利用书贾搜访典籍。他在乾隆三十八年的诏谕中说："湖州向多贾客书船，平时在各处州县兑卖书籍，与藏书家往来最熟。其于某处旧有某书，曾购某本，问之无不深知。如能向此等人善为咨询，详加物色，因而四处借抄，仍将原书迅速发还，量无不踊跃从事。"③此事被清季文人俞秘视为书林佳话，他在《武林藏书录》题词中赋诗咏事，诗曰：

---

① 钱谦益：《列朝诗集小传》，清康熙三十七年刻本。
② 黄丕烈：《士礼居藏书题跋记》，卷二。
③ 陈垣：《办理四库全书档案》，民国二十三年铅印本。

吾湖书客各乘舟，一棹烟波贩图史。

不知何路达宸聪，都在朝廷清问中。

星火文书下疆吏，江湖物色到书佣。

诚然，书估中也不乏唯利是图之人，他们或刻改目录，以残充全，或染纸造蛀、以新充旧，或篡改卷数、杂拼版本，或伪改书名、假冒年款，总之赝书伪刻之事不断。明清以来，常有学者、藏书家对此屡作批评和揭露。如明代藏书家高濂在《遵生八笺》中的《燕闲清赏笺》就对当时伪造宋刻的方法详加披露，他说：

近日作假宋版书者，神妙莫测。将新刻摹宋版书，特抄微黄厚实竹纸，或用糊褙方帘绵纸，或用孩儿白鹿纸，筒卷用棰细细敲过，名之曰刮。以墨浸去臭味，印成。或将新刻版中残缺一二要处。或湿霉三五张，破碎重补。或改刻开卷一二年号。或贴过今人注刻名氏，留空另刻小印，将宋人姓氏扣填。两头角处，或用沙石磨去一角，或作一二缺痕，以灯火燎去纸毛，仍用草烟熏黄，俨然古人伤残旧迹。或置蛀米柜中，令虫蚀作透漏蛀孔。或以铁线烧红，锤书本子委曲成眼，一二转折，种种与新不同。用纸装衬绫锦套壳，入手重实，光腻可观，初非今书仿佛，以惑售者。或札夥囤，令人先声，指为故家某姓所遗。百计鼓人，莫可窥测，收藏家当具真眼辨证。

以上罗列各种伪造术，真可谓机关算尽，诡计多端。明人屠赤水《考槃遗事》中有论宋版一则，内容与此大致相同。清道光中藏书家蒋光煦在提到书贾好利欺诈，伪造旧刻，弊更百出的情况时归纳说："割首尾，易序目，剔划以就讳，剜字以易名，染色以伪旧，卷有缺，割它版以杂之；本既亡，录别种以代之。反复变幻，殆不可以枚举。"①而清末缪荃孙的《琉璃厂书肆后记》则记述了书贾以黄丕烈《士礼居丛书》本《国语》伪造宋刻本，以假乱真，将他蒙蔽的事例。

---

① 吴寿旸：《拜经楼藏书题跋记·跋式训堂丛书》，北京，中华书局，1995。

文献传承与史学研究

95

古代私家藏书的类型

某些书贾重利寡义，造假行为之卑劣，固不待言。但平心而论，贩贾类藏书家的多数人还是讲求信誉，属意书林而不见利忘义的。且不论贩贾类藏书家在鉴别古书上，对藏书界有所帮助，就是他们以谋利为动机的贩书活动，对于加强古书的流通，便利藏家的购求也是具有实际意义的，他们是沟通有无，活跃典籍吐纳交流的使者。除此之外，还应看到许多书贾利用自己的藏书，刻印刊行，为一些珍秘图书的保存流传发挥了作用，这些刊本的流传，被藏书界称为"坊刊本"。至于谋利，只要是正当的商业利润，自然是合理的。比如清代苏州五柳居陶廷学，他"与人贸易书，不沾沾计利，所得书若值百金者，自以十金得之，止售十余金。自得之若干金者，售亦取余。其存之久者则多取余。曰，吾求赢余，以糊口耳。"[1]由于书籍流通交换需要，贩贾类藏书家常常是其他类型藏书家的"书友"，甚至是至交，他们大多为士林所尊重。清末有学人专门作诗颂扬书贾，赞曰：

> 考订校雠多绩学，收藏赏鉴各名家。
> 典坟总汇供搜讨，吐纳流通亦可佳。[2]

诗下又有小注曰："洪北江（亮吉）别藏书家为考订、校雠、收藏、赏鉴、贩卖五类，而鄙薄贩卖。其实若无厂肆之宏大供应，亦无以满足文苑儒林之需要也。"这为贩卖类藏书家抱不平，情真理直，可以说是反映了大多数藏书家和学者的心声。

书籍是一种既普通又特殊的文化产品，除了它蕴涵的无穷无尽的文化内核外，它的外部表象也是丰富多彩的，如书籍的版式、纸张、字体、油墨、彩色、套印、装帧等，这些都是藏书家所共同赏识的，因为书籍本身就是一件艺术品。大凡藏书家，皆性好嗜书，这是他们的共同特点，尽管他们对藏书的利用各不相同，因此，赏鉴图书可以说是各类藏书家藏书的同一目的。不仅如此，各类藏书家对图书的利用也是多向的，如著述家免不

---

① 孙星衍：《陶君墓志铭》，《孙渊如诗文集》，民国年间铅印本。

② 器伯：《琉璃厂杂诗》，转引自孙殿起《琉璃厂小志》，344页，北京，北京古籍出版社，1982。

了对书籍的校勘考订，校勘家也并非从不利用书籍进行著述，博采家为了广收异本，常常将收藏的重本与人流通交换，贩贾者也特别注意对书籍的藏弄管理。综而论之，对私家藏书这个群体的分类，既要从总观的视角把握他们对书籍利用的主要意向，又不可忽视从微观的视角上看他们使用藏书的多面性，因而对私家藏书进行大致的分类是必要的，而根据这种分类论其高低数等，看来是不可取的。

古代私家藏书楼的构建与命名^①

中国古代的私家藏书楼是一种内蕴极其复杂的文化现象，从文化形态学的角度来看，它既有汗牛充栋的藏书、岿然屹立的书楼等物态文化，又有在长期藏书活动中形成的风尚、习俗等行为文化及心态文化。本文拟从藏书楼的构建与命名角度作一考察，希冀可有裨于古代藏书史的全面研究。

私人藏书在有了相当的数量以后，就应该有便于庋藏和保管图书的处所，于是出现了藏书楼的营建。藏书楼的出现是私家藏书发展到一定阶段的产物。文献中对私人构建藏书楼的记载最早见于东晋，王嘉在《拾遗记》卷六中曰：

> 曹曾，鲁人也。家产巨亿，学徒有贫者皆给食。天下名书，上古以来文篆讹落者，皆刊正，垂万余卷……及世乱，家家焚庐，曾虑先文湮没，乃积石为仓以藏书。

这就是历代相传的东汉曹曾"石仓藏书"的故事。入晋以后，图书流传量渐渐增多，有关藏书楼的记载也多起来。如北魏平恒"别构精庐，并置经籍于其中"^②，这已是一种比较正式的藏书建筑。据史载唐代藏书家构建藏书楼者有三，田弘正"于府舍起书楼，藏书万余卷"；张建章"聚书至万卷，所有书楼，但以披阅清净为事"。以上记载大致反映了这样的事实，即当时的藏书楼已独立于居室，具有"披阅清净"的功能。五代十国时，拥有藏书楼的藏书家人数更多，据《五代史》和《十国春秋》等书的记载，后周张昭、前蜀孙长儒、吴越高澧、暨齐物等人都建有藏书楼。

古代私人藏书是随着雕版印刷业的出现而兴盛的。宋代以后，私人藏书的数量剧增，于是专门的藏书楼不断出现，并且大多有了藏书楼的专

---

① 本篇与清华大学刘蔷合作，谨致谢忱。
② 魏收：《魏书》，卷八十四，《儒林传》，北京，中华书局，1974。

名。据统计，两宋拥有书楼约 40 家，其中著名者如司马光的读书堂、欧阳修的六一堂，以及刘式的墨庄，田伟的博古堂，徐鹿卿的味书阁，周密的书种堂，志雅堂等。但是宋代藏书楼制度还未完全发展成熟，许多藏书丰富的藏书家，像宋绶父子、王洙父子、晁公武、陈振孙等，并未见有关构建藏书楼的记载。另外，有些构建了书楼的藏书家，却没有藏书楼名流传下来，如北宋初的江正、南宋初的叶梦得，尤其是叶氏，藏书十余万卷，于雪川弁山建书楼贮之，但楼名为何则不得而知。发展到明清两代，由于私家藏书文化的深入发展，藏书楼必称楼号的习俗蔚然成风，于是书楼林立，有不胜计数之感。

一、藏书楼的实构与虚拟

古代私人藏书楼为数众多，深入考察，其中却有"实构"与"虚拟"两种情况。所谓"虚拟"，即虽有藏书楼的专号，而实际上并未专构楼堂以庋藏书籍。有的藏书家是在自己的居所辟一专室藏书，有的是将书籍藏于书主读书治学的书斋，有的甚至是随居室放置。如果留意一下有关藏书家藏书活动的记载，不难看出虚拟书楼的蛛丝马迹。可以说，早在藏书楼仍未完全成熟的宋代，藏书楼便有了实构与虚拟之分。择其较有代表者而言，陆游的书巢可谓流芳古今的书楼，不仅楼名蕴意隽永，更有其《书巢记》脍炙人口，堪称美文。不过仔细品味文中所言："吾室之内，或栖于椟，或陈于前，或枕籍于床，俯仰四顾，无非书者。吾饮食起居，疾病呻吟，悲忧愤叹，未尝不与书俱。"可知放翁的藏书是随居室放置，并无专构的书楼。而且构建一座独立的藏书楼一直是放翁的愿望，直到临终之前他始终没有忘情。除放翁外，宋代仍有不少书楼虚拟的例子，如孔元忠"所至辟一室，环以图书，退食即覃思其间"①，这是在自己居所辟室藏书的情况。但是应该指出，在见于记载的宋代 40 家藏书楼阁中，实构的楼阁堂室还是占多数的。

明清两代的情况则有不同，此期绝大多数藏书家都有藏书楼号，如以藏书楼号认定虚拟或实构，可以说其中实构的藏书楼不可能占据多数。这里可就清代的藏书楼略作分析，例如，清初藏书焚于大火的大藏书家钱谦

---

① 刘宰:《孔公行述》,《漫塘文集》,卷三十五,民国十五年吴兴刘氏嘉业堂刻本。

益，他的藏书处就是与居室在一起的。据曹溶《绛云楼书目·题辞》记载："宗伯（谦益）出所藏书，重加缮治，区分类聚，栖绛云楼上，大楼七十有三。顾之自喜，曰：我晚而贫，书则可云富矣。甫时余日，其幼女中夜与乳媪嬉楼上，剪烛炮，误落纸堆中，遂燃。宗伯楼下惊起，焰已弥天，不及救，仓皇走出，俄顷，楼与书俱尽。"①由此可见，绛云楼藏书虽驰名天下，但实际上并非一专构的书楼。

又如清代中期著名的藏书家黄丕烈，藏书楼号可谓多矣，有百宋一廛、士礼居、读未见书斋、学山海居、陶陶室、红椒山馆、学耕堂等。其时，这些楼号，只是根据自己各个时期藏书的情况，为自己斋室所起的名号。黄氏斋号，最初叫"读未见书斋"，是因他好求异本，追寻未读之书而得名。后得北宋本及南宋本两种《陶渊明诗》，又称楼号为"陶陶室"。再后，宋本书所得日多，逾百部以上，又号藏书楼为"百宋一廛"。黄丕烈的藏书处，在其家居的一楼西厢房，他的题跋中，常有"下楼西厢，检点群籍"之语。此处又与居室相连，所以"枯坐内书房，日听家人妇子料理岁事，虽非亲手治之，耳闻能毋心动乎？"②

以上所述说明，尽管是海内闻名的藏书家，其藏书楼尚有虚拟的情况，那么小藏书家或者一般的藏家，由于他们的藏量本就不多，再加上经济状况的限制，虽有堂而皇之的藏书楼号，但仍不能以为他们都有实构的、专用的书楼。应该说在清代私家藏书中，"虚拟"书楼的情况还是较多的。虚拟书楼的出现，一方面是由于室名斋号发展到明清时代已经必较普遍，为文人骚客，书家画家，无论大小，都有自己的斋号；那么藏书家有藏书楼号，这自然也是当时的一种风尚了。另一方面，也不能排除部分藏书家借藏书楼夸大自己藏书规模的心理。当然，藏书家中也有特例，比如清中期编撰《全上古三代秦汉三国六朝文》的学者严可均，四十年来，南游岭海，北出塞垣，遇稀有之本，必请人精写，即使典衣不吝，藏书插架二万。但他却从不以藏书家自称，也没有堂皇的书楼，而是利用自己的藏书，默默专研，在学术领域中作出了成就。

---

① 曹溶：《绛云楼书目·题辞》，《观古堂书目丛刻》本。
② 黄丕烈：《士礼居藏书题跋记》，卷四，《穆天子传》题跋，周少川点校，北京，书目文献出版社，1989。

明清藏书楼的另一种情况为"实构"，即辟地建楼，构筑名副其实的楼、堂、馆、阁。闻名者都是高屋大楹，独占一隅，其构造对防火、防潮、防虫、防盗等功能都有一定的讲究，藏书楼的管理也有相应的措施。这些楼阁是明清藏书楼最具代表意义的实体。目前保存下来的明清藏书楼仍有六座，还有几座著名藏书楼的遗址也已查明，它们是反映古代私家藏书文化的重要人文景观。其大致情况如下表所示。

藏书楼	楼主	构建时代	现存地址
天一阁	范钦、范懋柱	明代，历经清代	浙江省宁波市
铁琴铜剑楼	瞿绍基	清道光年间	江苏省常熟市古里镇
海源阁	杨以增	清道光年间	山东省聊城县城
五桂楼	黄澄量	清嘉庆年间	浙江省余姚县梁弄村
西涧草堂	蒋光堉	清道光年间	浙江省海盐县澉浦村
玉海楼	孙衣言、孙诒让	清光绪年间	浙江省瑞安县城
汲古阁遗址	毛晋、毛扆	明代，历经清代	江苏省常熟市
传是楼遗址	徐乾学	清康熙年间	江苏省常熟市
爱日精庐遗址	张金吾	清嘉庆年间	江苏省常熟市
皕宋楼遗址	陆心源	清光绪年间	浙江省湖州市月河街
古越藏书楼遗址	徐树兰	清光绪年间	浙江省绍兴市城西

藏书家构筑的藏书楼使用方式也不尽相同，有的是一楼一号，如范氏天一阁，杨氏海源阁等；有的是一楼多号，如袁廷梼的五砚楼，又称红蕙山房；有的是一楼之内各室又有专号，如丁丙筑嘉惠堂分八千卷楼与后八千卷楼两楼，后八千卷楼又辟有善本书室与小八千卷楼二处，各有所藏；刘承干的嘉业堂中还专辟有宋四史斋等等。以上所述约略可见古代藏书家设置藏书楼的大致风尚。

二、藏书楼的命名

藏书楼名的命名取义，包含着丰富的文化内蕴，它反映出藏书家不同的志向、情趣、修养、操行以致收藏的状况，现将古代一些藏书楼号的命名分类列举，缕析如下，略窥中国古代藏书楼号取义之由来。

1. 借典故佳义。

借用古书典故的含义为书楼命名，往往反映了藏书家的个人修养，有的也自然表达了他们的好尚和情愫。明代叶盛箓竹堂名来自《诗经·卫风·淇澳》："瞻彼淇澳，绿竹猗猗。"取其"学问自修"的含义。王世贞的小酉馆、胡应麟的二酉山房取义皆来自有关二酉山的典故，"二酉"指大酉和小酉二山，在湖南沅陵县西北，《太平御览》卷二九《荆州记》曰："小酉山上石穴中有书千卷，相传秦人于此而学，因留之。"故后世以"二酉"或"小酉"喻藏书。

清代钱曾的述古堂，典出《论语》："述而不作，信而好古，窃比我于老彭。"钱谦益作《述古堂记》认为老彭即彭祖，姓钱，是他们钱氏的祖宗，于是钱曾以"述古"号书楼，标榜他尊先祖之故行。张燮的小嫏嬛福地典出元代伊世珍所作的《嫏嬛记》。"嫏嬛福地"是传说中神仙藏书的地方，张氏取其义自喻。鲍廷博的知不足斋取自《礼记·学记》："学而后知不足"一句。张金吾的爱日精庐取自《大戴礼记·曾子立事》："君子爱日以学，及时行义"，"爱日"即爱惜光阴，张氏取其命书楼号，当有惜时好学之意。钱大昕的潜研堂之名出自《后汉书·班固传》"父彪卒，归乡里，固以彪续前世未详，乃潜精研思，欲就其业。"钱大昕擅长治史，取"潜研"二字有比学班固的意思。甘福的津逮楼之名出自《水经注·河水二》："河北有层山，悬岩之中多石室焉。室内若有积卷矣，而世士罕有津逮者。""津逮"意为渡河抵达而求书，后世以此比喻治学门径。

其他如钱泰吉的冷斋、可读书斋之名，是由仇山村的诗句"官冷身闲可读书"拆句而成。钱氏曾官至刑部给事中，因不徇私情受到排挤，书斋名的取义表明他决意官场的心情。章钰的四当斋，取自宋朝尤袤爱书"饥读之以当肉，寒读之以当裘，孤寂而读之以当友朋，出游而读之以当金石琴瑟也"的典故。叶昌炽的缘督庐，典出《庄子·养生》："为善无近名，为恶无近邢缘督以为经"，取其不为善恶，顺应自己的含义作为自己处世的哲学。

2. 表藏书志向。

藏书家借书楼的名号表达自己的藏书目地，由此可反映他们的藏书观。明代祁承爜的澹生堂取义于《文子·上仁》中"老子曰：非淡泊无以明德，非宁静无以致远"，表达了淡泊明志的藏书志向。清代徐乾学有传是楼，徐氏认为以书传子孙，胜于传土地货财。黄丕烈有读未见书斋，他藏书以"佞宋"自居，好追求古本、异本，自言"余性喜读未见书，故以名其斋"。他的另一个藏书楼号曰求古居也表明了这种志向。韩应陛的读有用书斋，据张文虎《读有用书斋杂著序》说："读书有得，援古证今，笔之于纸，不为浮籍华藻之语，观其所以名斋者可知也。"朱昌燕的朝经暮史昼子夜集楼，名号甚长，楼主以此自励，借楼名对自己勤奋治学加以鞭策。

周永年有借书园，内有藏书十万卷，周氏提倡公共儒藏学说，并身体力行地把自己的藏书公诸于众，让附近的学子到自己的藏书楼中借书阅读，增长知识。国英的共读楼也是一座嘉惠学人的藏书楼，颜曰共读，所谓不以自秘也。借书园与共读楼的设立，反映了古代部分藏书家较为进步的藏书观念。

此外还有一些藏书家以尊经崇儒自封，在藏书楼的命名上也表达了这种态度，如卢文弨的抱经堂、徐元文的含经堂、陈徵之的带经堂、张绍仁的执经堂、李心怡的味经堂、陈敬简的枕经楼、吴骞的拜经楼等等，不胜枚举。毫无疑义，这些楼号的取义，打上了以往儒家正统思想的鲜明烙印。

3. 夸收藏之富。

用藏书楼号表明自己的收藏状况，这也是藏书楼号命名的一种方式。古代有些藏书家喜好夸示自己藏书之富与藏书之精，就如曹操用兵，号称百万一样。比如以万卷楼命名者甚多，由宋至清不下 30 家，宋代有方略、陈铋、石待旦、张用道等；元代有陈杰；明代有项笃寿、丰坊、杨仪等；清代如翁方纲的三万卷楼、陆心源的十万卷楼、莫伯骥的五十万卷楼等。当然，有些书楼的命名也不一定是有意炫耀自己的藏书数量，只是为了取整数表示而已。这种数量上的不确切性是古代行文的惯例。

夸藏书之富又涉及藏书质量的，如清人黄丕烈的百宋一廛，因收购宋本图书百余种而得名。和黄丕烈同时的藏书家吴骞，见黄氏以百宋著称东南，遂命名自家书楼为千元十驾与之相对。千元指拥有元刻千部，"十驾"出自《荀子·劝学》"骐骥一跃，不能十步，驽马十驾，功在不舍"。他取"千元十驾"之意，不仅有以千部元刻比对百部宋本之意思，而且有锲而不舍，努力赶超之意。对此黄丕烈并不生气，而且还对吴骞十分推崇并作诗相赠，二老风流为世人称绝。黄丕烈以百宋称著，清末的陆心源更以自己收藏宋本 200 种，号书楼为皕宋楼，"皕"为双百之意。

4. 念先世遗泽。

有些藏书楼的命名，是藏书家从纪念先人的角度取义的。清代郑性的二老阁是为纪念祖父和与郑家深交的黄宗羲而称"二老"。袁廷梼的五砚楼因得先世所藏五砚而得名。黄澄量的五桂楼，为慕先祖兄弟五人，在宋时号五桂者。丁丙的八千卷楼因承先世藏书有八千卷遂得名。全祖望的双韭山房亦是沿用祖先原有藏书楼双韭山房之名。杨以增为纪念祖先，在藏书楼一层设家祠他在藏书楼海源阁楼匾上书跋文曰："先大夫欲主家庙未果，今于寝东先建此阁，以承祀事。取《学记》'先河后海'语颜曰'海源'，益寓追远之思。"

此外，还有的藏书家是以皇帝赐诗赐联命名书楼，其目的则在于追念皇恩，仰慕圣德。如陈梦雷的松鹤山房是用康熙皇帝的赐联"松高枝叶茂，鹤老羽毛新"，约取"松鹤"两字命名的；周厚堉的来雨楼是由于他向四库馆献书有功，乾隆皇帝赐御笔诗，于是取诗中"来雨"两字以名其楼。刘承干曾以巨资接济蛰居故里的小朝廷，溥仪赐御书匾额"钦若嘉业"，刘氏因以名藏书楼为嘉业堂。

5. 取字号地居。

有些藏书家干脆就以自己的字号或者居处的特点来为自己藏书楼取名。北宋欧阳修号六一居士，自称家中有藏书一万卷，金石遗文一千卷，琴一张，棋一局，酒一壶，一老翁，并以此名藏书楼为六一堂。南宋藏书家许棐隐居于浙江海盐秦溪，他在屋前屋后遍种梅花，故号书楼为梅屋。元末明初，宋濂避战乱于浦江青萝山中，于山中藏书读书，即名书楼为青萝山房。清初藏书家惠周惕因自号红豆主人，书楼也称红豆书屋。清末的盛宣怀、徐润皆号愚斋，书楼也都称愚斋。

王士禛家宅西有圃，圃中有池，在池北建藏书屋，故称池北书屋。孙星衍有平津馆，因他任山东督粮道时，治所在汉丞相平津侯公孙弘的故地而得名。阮元有文选楼，因其家居扬州旧城文楼巷为隋曹宪故里，李贤由之传《文选》，阮元遂构文选楼于家庙旁以藏书。吴铨有潢川书屋，因其出生于新安潢沅，以故题藏书楼。徐树兰家居绍兴，地属古越，故书楼号古越藏书楼。

6. 标珍本宝物。

以自己收藏的善本书或珍贵文物作藏书楼号，这种情况也较多，反映出藏书家对名贵文物的珍惜，同时也能表现其收藏的水平。清代周春因得北宋刻《陶渊明诗》而名书楼为宝陶斋。黄丕烈有士礼居，是因购得宋本《仪礼》两种，《仪礼》又称《士礼》，故名书楼为士礼居。翁方纲因得宋本《施注苏东坡诗》，又得苏东坡手迹《嵩阳帖》，而以宝苏斋名其书楼。铁琴铜剑楼主人瞿绍基不仅喜藏书，且好金石文物，因收得古铁琴，古铜剑各一，因以冠书楼之称。陈揆的稽瑞楼由得秘本书《稽瑞》而命名。冯文昌的快雪堂以得王羲之的真迹《快雪时晴帖》而命名。蒋汝藻曾用高价购得宋刻孤本周密撰《草窗韵语》，因此取"密""韵"二字名其楼为密韵楼。

以上所举，是古代藏书楼号取义的各种方式。藏书楼号最后一个字的使用，一般是建筑物的名词，统观藏书家的用字，以称楼为最多，其次是堂、斋、室、阁，再次之是用馆、轩、舍、屋、房、庄、园、庐、庵、亭、居、仓、院、处、厂、库，个别的还有用廛、廎、囷、巢、居、家（金石录十卷人家）、墅（梅花墅）、庑（枞庑）、窝（小安乐窝）、顾（奇觚顾）、龛（云自在龛）、移（嘉荫移）、城（书城）等。还有别出心裁者，不以建筑物命名，而采用其他名称，如海、波、天、地等。有的以舟舫取名，如杜若舟、倦舫，有的干脆以庋藏相称，如卅册庋、无尽藏等，不一而足。

古代藏书家对藏书楼的称谓，反映了丰富的文化意蕴，同时也体现出藏书家的才学和睿智。藏书楼号，尽管只有那么寥寥几字，却是字字费匠心，去取有来由的。诚然，藏书楼号中也不乏落入俗套，或故作艰深，令人晦涩费解者，但是许多楼号的命取还是精妙雅致的，因此，我们今天在赏析这些古楼号时，是否还会常常为其文字的巧构拍案叫绝，或对其深邃的含义品味无穷，并由衷感受到汉字的巨大魅力呢？然而问题不仅于此，我们不能简单地将藏书楼号的命取视为一种文字游戏，而是要从中透视藏书家们的心曲，索求书史的轶文旧事，追寻传统文化的踪迹，并从中得到某些有益的启迪，这才是探究问题的根本意义。

古代私家藏书揩理之术管窥

古代私家藏书自春秋战国之际产生，发展到清代，积累了丰富的藏书经验。早在汉代就有关于河间献王私人征书的记载，魏晋南北朝时则有许多文献记载反映藏书家抄书、聚书、校勘藏书的事迹。到了唐宋时期，藏书家收书保管的意识越来越强，比如已注意到收藏正副本的作用，唐人柳仲郢所藏必三本，上本色彩华丽用作镇库本，副本作为经常阅读之用，次本则是子弟课业的读本；北宋的王钦臣也是采用这种办法来确保图书的留存。

随着图书事业的发展，宋代出现了郑樵的文献学理论《通志·校雠略》，他分析了历代典籍散亡的原因，说明搜访典籍的必要性，并系统地提出了"求书八法"，藏书的实践经验开始得到理论性的总结，并被后代藏书家奉为圭臬。明代这一类理论性的总结越来越多，如邱浚的《大学衍义补·图书之储》、高濂的《遵生八笺·燕闲清赏笺》、张萱的《西园闻见录·藏书》等。然而最重要的是藏书家祁承爜在他的晚年所作的《庚申整书小记》和《澹生堂藏书训约》两部作品，前者整理私人藏书的"八法"，后者则分"购书"和"鉴书"两部分，分别探讨了收书和鉴别的方法。如果说郑樵等人的著述还是将公私藏书的方法放在一起讨论的话，祁承爜的著作则是第一次专门对私家藏书揩理之术的系统研究，因此他的著作是清代对于私家藏书方法全面总结的滥觞。

清代由于藏书日兴，许多藏书家在寒暑不辍的长期实践中，又形成了大量行之有效的收藏方法，更有一些有心之士，将这些经验寻绎归纳，著述传世，如清初孙从添的《藏书纪要》、清末叶德辉的《藏书十约》就是两部较有影响的藏书方法专著。它们的篇幅都很短，但都对古书的收藏作了精辟的阐述。《藏书纪要》共列八项，曰购求、鉴别、抄录、校雠、装订、编目、收藏、曝书。《藏书十约》归为十条，曰购置、鉴别、装潢、陈列、抄补、传录、校勘、题跋、收藏、印记。二书所论皆为古人藏书揩理要旨，归结而言，不外收聚、保藏、管理三端，因篇幅所限，本文不能尽述，试先略析古代私家藏书保藏之术，其余两个方面，将另撰专文阐释。

一、水、火、虫害对古代私家藏书的破坏

图书保护是藏书措理的中心环节。古来藏书，既有由于政治的原因而遭禁毁，又有由于兵燹的原因而致散佚，所以隋代牛弘痛陈书籍"五厄"，明代胡应麟又列"十厄"。但是除了人为的破坏之外，书籍毁于自然因素的情况亦不少，要言之，自然因素的破坏有水、火、虫三大害。尽管历代藏书慎而又慎，但水祸、火灾、虫蛀依然吞噬了大量的古籍，就以古代私家藏书而论，受损失的情况就很严重。下面仅举数端以作说明。

其一，水祸之害　水祸对于私家藏书的毁坏可称"灭顶之灾"，因册页一旦浸水，或泡烂成糊，或粘连板结，无法揭示。宋代私人藏书毁于水祸的如富弼，藏书万卷，神宗元丰七年（1084）因洛阳大水，"率漂没放失"①。又如陆游记刘仪凤载书三船归蜀，行至秭归，一舟为滩石所破，书被淹没。②明代被水害破坏的私家藏书也有几例，最严重的是周藩朱睦㮮在开封的万卷堂藏书4万余卷，于崇祯十五年（1642）因黄河决堤，全部被河水漂没，荡然无存。清代私家藏书因水害也损失不少。如乾嘉时孙星衍的藏书，就曾在运输的途中浸水受损。叶昌炽《藏书纪事诗》卷五引孙星衍跋云："过南阳湖舟覆，书数十簏，尽沉湿。顾千里告予，何义门家亦皆沉水，此有义门跋，盖两经水厄矣。"孙氏所跋的《颜氏家训》一书，就是经过水厄之后遭破损的。清初大学者黄宗羲的藏书则由于藏书楼遭水灾而多损。全祖望《二老阁藏书记》追述曰："太冲（宗羲）先生最喜收书，其搜罗大江以南，诸家殆遍。所得最多者，前则澹生堂祁氏、后则传是楼徐氏，然未及编次为目也。垂老遭大水，卷轴尽坏。"据以上所举数例，可知水厄对书籍的破坏，既可能发生在运输途中，也可能由于藏书处近于江河湖畔，为大水泛滥所浸泡。值得注意的是，水祸还可能由于藏书之处潮湿，水汽蒸滋，而使书籍黏糊板结，最终受损。

其二，火灾之害　火灾对藏书威胁最大。宋代私家藏书中如宋绶、晁说之、李淑、叶梦得、尤袤等藏书大家的收藏都毁于大火。明代藏书家

---

① 黄伯思：《东观余论》，卷下，《跋元和姓纂》，清光绪间重刻本。

② 陆游：《老学庵笔记》，卷二，上海，上海商务印书馆，1919。

中，则以山东藏书家边贡的损失最为惨烈。边贡号华泉，藏书数万卷，据钱谦益所载："华泉弱冠举进士，雅负才名，美丰姿，谙吏事，好交天下豪杰。久游留司，悠闲无所事。浏览六代江山，挥毫浮白，夜以继日。""华泉癖于求书，搜访金石古文甚富。一夕毁于火，仰天大哭曰'嗟呼，甚于丧我也'。"①而清代私藏遭火劫者，又莫过于钱谦益绛云楼。钱谦益为清初藏书家之巨擘。晚年构绛云楼藏书，楼上大楝七十有三，"顾之自喜曰：我晚而贫，书则可云富矣"②。殊不料，绛云楼筑成后不久，其幼女和保姆在楼上嬉戏，烛火落于纸堆，引燃烈焰冲天，将书楼与藏书烧毁殆尽。绛云楼藏书的焚毁，是清代私家藏书的一大损失。连钱谦益也自叹曰："甲申之乱，天下书史图籍之大劫也；吾家庚申之火，江左书史图籍一小劫也。"③除绛云楼外，另有数家藏书惨遭火劫的，如黄宗羲藏书，已遭一水祸，黄氏去世后十八年，又受火灾，藏书只存五分之一。郑性《南雷文约》序："康熙癸巳，先生家火，遗书仅存五分之一。"郑性继承黄宗羲部分藏书，贮藏书楼"二老阁"。郑性藏书传至其孙郑勋，字简香，藏书所剩无几。其散佚，除进呈"四库馆"部分书籍未归之外，主要是由于遭受了火灾。谢振定云："其所藏书，半帙于四库采辑，写本还真之日，后又不戒于火，虽有存也者，仅矣。"④火灾对书籍的损害，除火烛失戒外，还有书籍自燃的情况。康熙中，王士禛《居易录》记载："杭州孝廉高式清，说其乡张氏，藏书甚富……一日，忽有烟气出楼窗，大惊，往视之，则门户如故，比登楼，烟亦不见。如是者再，为细检视，烟自书橱中出。开橱，则凡天文奇遁之书，悉为灰烬。惟空函存焉，余无恙。"古人不明积物自燃的科学道理，往往附以鬼怪神弄之说。如今看来，书籍自燃，有可能由于曝书后未经透凉。随即上架叠积，温热不散，书页干脆，遂煴成暗火。也可能由于藏书处灰尘太多，通风不好，而造成静电起火。

其三，虫蛀之害　虫蛀之害是一种慢性的破坏。虽然古代对于防治虫蠹早有方法和措施，再加上虫害毕竟不比水火来势凶猛，毁灭性强，因此

①　钱谦益：《列朝诗集小传》，丙集卷十一，清康熙三十七年(1698)刻本。

②　曹溶：《绛云楼书目·题词》，《观古堂书目丛刻》本。

③　于敏中：《天禄琳琅书目》，卷二，宋本《汉书》条引，北京，中华书局，1995。

④　谢振定：《知耻斋文集·赠郑简香徵序》，清道光十八年(1838)刻本。

古代藏书受虫害彻底破坏的记载较少。但是如果掉以轻心，则损失也是惨重的。如明代刘若愚曾记明经厂库内藏书长期无人管理，"屋漏邑损，鼠啮虫巢，有蛀如玲珑板者，有尘霉如泥板者，放缺亏失，日甚一日。"①由此可见，虫蛀亦是书籍的大敌，稍不注意，则为所害。就以"天一阁"这种以防蠹蛀著称的藏书楼，传至后代，稍至疏忽，就有虫害出现。光绪三十四年（1908）缪荃孙与其内兄夏闰枝登"天一阁"，著《天一阁始末记》曰："但见书帙乱迭，水湿破烂，另篇散佚，鼠啮虫穿……闰枝归，谓余曰：再阅百年，遗书尽入虫腹，天一阁其泯灭乎？"②可以肯定，在古代私家藏书中，虫害的破坏也不可等闲视之。

二、古代私家藏书对图书的保护

以上列举水、火、虫对私家藏书之害，乃以名家为例，除不能一一列举之外，更有不见文献记载的中小藏书家的损失，不胜计数。古代藏书家在自然损害之后，吸取教训，总结出一些防水、防火、防虫的收藏经验和方法。除了一些散见的记载外，清代孙从添的《藏书纪要》与叶德辉的《藏书十约》则有较为详细的论述。如论藏书楼的防水，孙从添认为要避"卑湿之地"③。叶德辉则曰："藏书之所，宜高楼。宜宽敞之净室。宜高墙别院，与居宅相远。室则宜近池水，引湿就下，潮不入书楼，宜四方开窗通风兼引朝阳入室。""窗橱俱宜常开，楼居尤贵高敞，盖天雨瓦湿，其潮气更甚于室中也。""春夏之交，宜时时清理，以防潮湿。四五月黄霉，或四时久雨不晴，则宜封闭。六七月以后至冬尽春初，又宜敞开。"④叶德辉防水防潮的方法较为详尽，概括而言，有几个方面：一是藏书宜在高楼，则可避洪水泛滥浸泡之祸，也可隔离开地面，免潮湿水汽；二是筑高墙，远宅居，目的在于隔绝水源，同时也可以隔绝火源；三是如无高楼的条件，座地之室则宜有蓄水之池，以便"引湿就下"，这一点与孙从添消极地避卑湿之地有所不

---

① 刘若愚：《酌中志》，卷十八，《内板经书记略》，《正觉楼丛书》本。
② 缪荃孙：《艺风堂文漫存》，卷三，民国二年（1913）刻本。
③ 孙从添：《藏书纪要·收藏》，上海，古典文学出版社，1957。
④ 叶德辉：《藏书十约·收藏》，民国八年（1919）刻本。

同，具有主动导流防潮的功效；四是主张经常开窗通风，目的在于驱潮气，免霉烂生虫，当然开窗通风也因时因地而不同。

至于防火，东晋时就有关于汉代曹曾"石仓藏书"之说，王嘉《拾遗记》卷六说曹曾藏书万余卷，"及世乱，家家焚庐，曾虑先文湮没，乃积石为仓以藏书"。这可以说是最早见于记载的私人藏书防火措施。除石仓防火外，有的藏书家干脆就把书楼建在水中，以水断火，如明代金华藏书家虞守愚"藏书数万卷，贮之一楼，在池中央，以小木为构，夜则去之。"①水中楼阁固然可防火，但是又难免有水汽潮湿的威胁。因而孙从添还是对石仓藏书最为赞赏，他说："古有石仓藏书，最好，可无火患，而且坚久，今亦鲜能为之。惟造书楼藏书，四围石砌风墙，照徽州库楼式乃善。不能如此，须另置一宅，将书分新旧抄刻，各置一室封锁，钥匙归一经管。每一书室，一人经理，小心火烛。"②石仓藏书虽好，但后世要照此办理却也很难，因此孙氏借用了徽州库房砌石墙、断火源的办法来保护藏书；他还提出书室专人专管，小心火烛的办法。在小心火烛这方面，叶德辉进一步提出了"灯烛字篓，引火之物，不可相近"的主张③，这实际上是天一阁"约不携烟火"严格的避火措施的翻版。总之，各种防火之法归结起来不外两方面，一是用石、用水隔断外来蔓延的火源；二是严禁或严格控制书楼内的用火。

至于防霉防虫之法，我国的防蠹技术应该说是比较发达的。早在公元前1世纪，西汉刘向在整理图书时，就运用"杀青"的方法来进行典籍防蠹了，《后汉书》卷六四《吴祐传》的一段注文说："新竹有汁，善朽蠹。凡作简者，皆于火上炙干之。以火炙简，令汗去其青，易书复不蠹，谓之杀青。"此后三国鱼豢的《典略》、北魏贾思勰的《齐民要术》等，论述典籍防蠹的技术和方法越来越多，归结起来，藏书防蛀防霉可有如下四则：

其一，染纸避蠹。这是一种将具有驱虫效力的植物汁液或矿物质染在纸上，以防止虫害蛀蚀的办法。染过的纸可以直接用来抄书、印书，也可作为书的附页。在东汉末年刘熙的《释名》中提到了"潢纸"，他把"潢"解释为"染纸"，"潢"字作为染纸意义的出现，说明当时人们知道了纸书防蠹的

---

① 谢肇淛：《五杂俎》，卷十三，明刻本。

② 孙从添：《藏书纪要·收藏》。

③ 同上。

方法。到了魏晋南北朝，染纸避蠹的方法被更广泛地运用，制作技术也更为娴熟。北魏贾思勰在《齐民要术》第三十《杂说》中指出："黄蘗浸汁染书，用以辟蠹。"他又进一步详述染纸的技术：

> 凡打纸欲生，生则坚厚，特宜入潢。凡潢纸灭白便是，不宜太深，深则年久色暗也。入浸蘗熟即弃渣，直用纯汁，费而无益；蘗熟后漉渣，捣而煮之，布囊压讫，复捣煮之，三捣二煮，添和纯汁者，其省功四倍，又弥明净。

染纸后来也有用黄柏捣碎，加水煎熬，取汁染制的。宋人赵希鹄在《洞天清禄集》中曾说："染以黄柏，取其避蠹。"明人高濂在《遵生八笺·燕闲清赏笺》中曾详述黄柏染纸之法。唐代多用硬黄纸写经，如敦煌经卷，故能保持千余年依然完好。唐代还有用"碧纸"写经的，碧纸也是一种染纸，染汁的主要成分是蓝紫色的结晶体"靛蓝"，如写于 10 世纪中的《法华经》就是碧纸写本。宋代使用的染纸还有"椒纸"，是一种用胡椒、花椒或辣椒的浸渍液渗透纸中的防蠹纸，在叶德辉的《书林清话》卷六《宋印书用椒纸》一文中对宋代椒纸有所记述。而到了明清时期，广东南海一带，则发明了另一种防蠹纸"万年红"，其特点是将红丹涂在纸上，红丹的主要成分是四氧化三铅，它的毒性可以毒死蛀虫，而在空气中则性能比较稳定，故防蠹作用可以耐久。当时广东的线装书多在扉页和封底衬上一页"万年红"作附页，起防蠹作用。①

其二，药物避蠹。这是直接将植物性、矿物性或动物性药物放置于藏书处，以起到驱逐虫鼠作用的方法。药物防蠹最先使用的是药草防蠹，三国时鱼豢在《典略》中说："芸香避纸鱼蠹，故藏书台亦称芸台。"②他所说的芸香即芸草。宋代沈括在《梦溪笔谈》卷三中对芸草有较详细的记载，他说："古人藏书避蠹，用芸。芸，香草也。今人谓之七里香者是也。叶类豌豆，作小丛生。其叶极芬香，秋后叶间微白如粉汁，避蠹殊验。余判昭文阁时，

---

① 中国历史博物馆防蠹纸研究小组：《对明清时期防蠹纸的研究》，载《文物》，1977(1)。

② 徐坚：《初学记》，卷十二引，民国十七年(1927)铅印本。

曾得数株于潞公家，移植秘阁。"这段记述说明，宋代的公私藏书都用过芸草防蛀。明清时期，著名藏书楼天一阁也喜欢用药草避蠹。至于用其他药物防蛀，孙氏《藏书纪要》、叶氏《藏书十约》二书也有所阐述。孙从添认为"柜顶用皂角炒为末，研细，铺一层"，可以防鼠。楼内"用炭屑、石灰、锅锈铺地"则可防白蚁。叶德辉又曰："橱下多置雄黄、石灰，可辟虫蚁。"橱内多放香烈杀虫之药品，如芸香、肉桂、麝香，乃至"西洋药水、药粉"，都能起到驱虫的作用。

其三，制糊防蠹。书籍传递或久藏必有破损，有破损则必修补，修补则需用糊，由于浆糊中含有许多淀粉故极易招惹虫蚁鼠害或霉变。因此，古代藏书家、书画收藏家以及装裱工，都很注意用糊防蠹的问题。治糊防蠹是指在面粉中加入一些天然药物，如椒汁、藜芦、藿香和楮树叶等，使之具有防蠹作用。最早关于防蠹糊的制作配方可见于元代，在王士点等人编写的《秘书监志·秘书库》中，记载了面糊物料："黄蜡一钱，明胶一钱，白矾一钱，白芨一钱，藜芦一钱，皂角一钱，茅香一钱，藿香半钱，白面五钱。"可以看出，在制糊的物料中，已加入了各种驱虫药料。至于具体的制糊方法，明代周嘉胄的《装潢志·制糊》和高濂的《遵生八笺·燕闲清赏笺》都有详细记载，高氏所言更为简明：

> 白面一斤，浸三五日，候发臭作过，入白芨面五钱，黄蘗三钱，白芸香三钱，石灰末一钱，宫粉一钱，明矾三钱。用花椒一二两，煎汤去椒，先投蘗、矾、芸香、石灰、宫粉熬化入面，作糊粘蜡不脱。又法，灰面一斤，入白芨末四两，楮树汁调亦妙。

可以说，以上这些制糊、用糊的方法，明清两代都有所承袭和运用，如孙从添在介绍毛晋汲古阁制糊的方法时说："糊用小粉、川椒、白矾、百部草细末，庶可免蛀。"[1]

其四，曝书去虫防霉。曝书的故事从文献记载上追溯，竟可直抵西周。《穆天子传》曰："天子东游，次于雀梁，曝蠹书于羽陵。"到了南北朝时期，古人曝书已积累了一定的经验，北魏贾思勰曾有所总结：

---

[1] 孙从添：《藏书纪要·装订》。

五月十五日以后，七月二十日以前，必须三度舒而卷之。须要晴
时，于大屋下风凉处，不见日处曝书。令书色褐，热卷，生虫弥速。阴
雨润气，尤须避之。慎书如此，则数百年矣。①

唐宋之际，公家藏书每年在适当的天气时曝书，已成制度，故当时有"曝书
会"之称。宋人钱穆父有《和人曝书会诗》曰："天禄图书府，芸签岁曝频。
幡经穷藏室，赐会集儒绅。"②私人藏书曝书应该也是不乏其人，宋人费衮
《梁溪漫志》卷三记司马光读书堂藏文史万余卷，"每岁以上伏及重阳间，视
天气晴明日，即设几案于当日所，侧群书其上，以曝其脑。是以年月虽深，
终不损动。"这是司马光的曝书之法。总之，防霉防虫，及时曝书是非常重
要的。曝书也很有讲究，应该特别注意的是曝书后必须凉透才能入藏，否
则反而会损坏图书或容易生虫，这一点北魏贾思勰已有觉察。清人孙从添
进一步阐述说："曝书须在伏天照柜数挨次晒，一柜一日。晒书用板四块，
二尺阔，一丈五六尺长，高凳搁起放日中，将书脑放在上面，两面翻晒，不
用收起，连板抬风以凉透，方可上楼。"摊书、收书时，还要注意不能"汗手
拿书，沾有痕迹。"③由于南北气候的差异，所以晒书季节的选择又各不相
同，对此叶德辉又有高见，他说："古人七夕曝书，其法亦未尽善。南方七
月正值炎熏，烈日曝书，一嫌过于枯燥，一恐暴雨时至，骤不及防，且朝曝
夕收，其热非隔宿不退，若竟收放橱内，数日热力不消。不如八九月秋高气
清，时正收敛。且有西风应节，藉可杀虫。南北地气不同，是不可不辨者
也。"④这种因时因地而变通的方法，又高孙氏一筹。

古代藏书家收藏的实践经验是很丰富的，许多经验虽未形成书面的总
结，却体现在藏书楼平日的实际工作中，以明清宁波天一阁为例，颇能说
明问题。天一阁建阁四百多年，从未遭受火灾，清初外界对天一阁的建筑
猜测很多，以为此阁全用砖石构造。其实它是砖木结构建筑，为一座六开

① 贾思勰：《齐民要术》，第三十，《杂说》，北京，中华书局，1985。
② 厉鹗：《宋诗纪事》，卷二十四，万有文库本，上海，上海商务印书馆，1937。
③ 孙从添：《藏书纪要·曝书》。
④ 叶德辉：《藏书十约·收藏》。

间的双层楼房，坐北朝南，前后均有窗户通风防潮。楼上为一大间，用书橱隔为六部分，楼下为六小间，如此上一下六，隐含"天一生水，地六成之"，"以水制火"之意。其实天一阁不受火焚，并非"天一生水"起了神效，主要还是防火制度的严密。阮元说："阁前略有池石，与阛阓相远，宽闲静必。不使持烟火者入其中，其能久一也。"①不持烟火入楼中，是天一阁一贯坚持的制度，就是在清末较为衰败的情况下，缪荃孙随宁波知府登阁阅书，也是"约不携星火"②，可见书楼远离住宅区和严密的防火制度，是它不受火灾的根本原因。天一阁的防潮、防蛀也有妙法，楼上藏书通风条件好，书橱下又搁置英石吸潮，每年定期翻晒图书，以防书籍霉变。天一阁用芸草驱虫，保护书籍不受虫蛀。近年曾对所谓的"芸草"进行了科学考察，证明这种草药是广西出产的一种中药材，名叫"灵香草"。天一阁主人范钦在广西为官时，曾用这种能挥发较强芳香气味的草药防虫护书，并作为天一阁防蛀的主要方法流传了下来。此法在 20 世纪六十年代后天一阁重新启用，发现"效果很好"③。

---

① 阮元：《宁波范氏天一阁书目序》，清嘉庆十三年(1833)刻本。

② 缪荃孙：《天一阁始末记》，《艺风堂文漫存》，卷三。

③ 《文汇报》，1982-08-08。

论社会政治环境与藏书盛衰

文献典籍的盛衰与社会历史环境密切相关。从根本的意义上讲，图书与藏书活动，都是人类社会的产物，在人类发展的历史长河中，只有进入文明社会时期，才能产生典籍；只有文明社会发展到一定阶段，生产力水平有了提高，典籍生产有所积累之后，才有可能出现藏书。而公私藏书事业出现后，社会历史环境的诸因素，依然决定着藏书活动和藏书文化的兴衰和变化。当然，藏书事业也会对社会历史环境产生一定的反作用。

在社会历史环境中，物质的、经济的条件是左右藏书事业发展的最重要的因素，而社会政治环境对于藏书事业的影响则最迅速、最突出，反映时代的特点也最明显。安定、昌盛的政治局面，自然为藏书事业提供良好的环境；反之，动荡和战乱，则必然给公私藏书带来极大的破坏和损失，历史上学者们对典籍灾难所归纳的"五厄""十厄"，大多是战乱造成的损害。政治形势的制约还来自统治者对于某种文化体系的鼓励或者摧残，由于国家决定着文化产品的价值取向，在它推行一种文化风尚时，这种类型的文化典籍就易于收集和收藏；相反，在它反对某种思想文化时，则采取禁书、焚书的手段，来禁止某类典籍的流传或干脆进行彻底的销毁，这必然大大限制了图书的收藏。

一

明代学者胡应麟在总结历代藏书的消长时，提出了"八盛""八厄"的理论，他说："等而论之，则古今典籍盛聚之时、大厄之时则各有八焉。春秋也，西汉也，萧梁也，隋文也，开元也，大和也，庆历也，淳熙也，皆盛聚之时也；祖龙也，新莽也，萧绎也，隋炀也，安史也，黄巢也，女真也，蒙古也，皆大厄之会也。"①这里所论"八盛""八厄"，指的都是公家藏

---

① 胡应麟：《少室山房笔丛》，卷四，《经籍会通》，文渊阁《四库全书》本，上海，上海古籍出版社，1987。

书的盛衰，但是引起公家藏书变化的政治条件对于私家藏书的作用也是相同的，从胡氏所拟"八盛"而言，大致也都能为私家藏书提供一个相对安定的社会环境，或没有太多的政治钳制，使思想文化能在自由宽松的局面下得以发展。春秋时期，虽有列国纷争，各国政治家在追求"富国强兵"之策时，允许百家争鸣，因此诸子蜂起，著述群出，私家藏书由此导源。西汉至武帝时，天下承平七十余载，为私家藏书提供了休养生息、再生恢复的机会；虽然武帝"独尊儒术，罢黜百家"，但没有禁毁百家之书，而儒家典籍则因此大大发展起来。当时不仅有河间献王刘德、淮南王刘安等诸王宗室的私人藏书，以家学相传的经学大师必然也有私人的藏书。南北朝的梁朝武帝时期，"梁武敦悦诗书，下化其上，四境之内，家有文史。"①江左典籍文献，于此为极盛，私人藏书成就也较突出，如安成王萧秀、王僧孺、沈约、任昉、张缅等，藏书皆在万卷之上。隋文帝括平海内，为公私藏书创造了安定的社会环境，隋立国时间虽短，但也有一批著名藏书家，仅据《隋书》所记，便可知有许善心、张琚、明克让、柳彧、陆爽、孔绍安、尹崇等人。唐朝统一时间长，以安史之乱为界，前后有两段较长时期的社会安定局面，胡应麟所说的"开元之盛"和"大和之盛"正是分别代表了前后两期的图书繁荣阶段。"开元之盛"指唐玄宗命马怀素等人校书编目，在《群书总目》中著录国家藏书 48 169 卷；"大和之盛"指唐文宗在安史之乱后访求遗文，使国家藏书恢复到 56 476 卷。唐代因天下承平日久而涌现出许多藏书家，个人私藏数量也迅速增加，从文献记载上看，藏书超过万卷以上的藏书家至少有十五六人，前期如李袭誉、李元裕、李元嘉、杜暹、吴兢、韦述，后期如李泌、苏弁、柳公绰父子、李泌、田弘正等，皆特出卓著。韦述"家藏书二万卷，虽秘府不逮"②，李泌是"邺侯家多书，插架三万轴"③，他们堪称盛世藏书的写照和缩影。宋代是公私藏书发展的新高峰，胡应麟以庆历、淳熙分别代表北宋和南宋藏书的繁盛，北宋公藏以庆历年编成的《崇文总目》为代表，著录典籍 30 669 卷；南宋公藏以淳熙年间的《中兴馆阁书目》为依据，收书 44 486 卷。至于两宋期间利用社会安定的局

北京师范大学史学探索丛书

---

① 魏徵等：《隋书》，卷三十二，《经籍志序》，北京，中华书局，1973。

② 欧阳修：《新唐书》，卷一百三十二，《韦述传》，北京，中华书局，1975。

③ 韩愈：《送诸葛觉往随州读书》，《全唐文》，卷三百四十二，北京，中华书局，1960。

面发展起来的藏书家，则不胜缕述，宋元之际学者周密在《齐东野语》卷十二中曾有扼要的概述，其中为私家藏书之佼佼者，北宋如李淑23 180卷，田镐3万卷，王钦臣43 000余卷，贺铸10万卷；南宋如叶梦得10万卷，晁公武24 500卷，陈振孙51 180卷，周密家旧藏也有42 000余卷。许多藏书家的收藏之富"与秘阁等"，或大大超过了公藏。

明清两代公私藏书也无不在社会稳定、政治清明的时局中不断积累、繁荣，乃至古代藏书事业的顶峰。要言之，历代藏书事业的发展需要生产力的进步，经济的繁荣，政治的安定，文化的昌达，从以上几个方面看，政治因素还不是决定因素；但是如果从破坏藏书事业的角度看，政治环境的影响则是最显而易见的。因此，谈到政治环境对藏书盛衰的影响时，我准备着重从这一角度入手，作进一步的展开和深入的分析。

二

因政治环境造成对私家藏书的破坏有两大因素，一是政权更迭，兵戈相争，私人藏书在战乱中焚毁散亡。历史上出现的大规模社会动乱，直接销毁了不胜其数的典籍文献。隋朝牛弘在《请开献书之路表》中曾最早总结典籍散亡，提出书有"五厄"：秦始皇焚书，西汉末王莽之乱，东汉末董卓之乱，西晋八王之乱，南朝梁末之乱。[①] 明朝胡应麟在《少室山房笔丛·经籍会通》中不仅总结了"八盛""八厄"，还续牛弘"五厄"为"十厄"，他所续为：隋末之乱，唐安史之乱，唐末之乱，北宋靖康之乱，南宋绍定之乱。以上"十厄"，除秦始皇焚书之外，其余皆因战乱所致，虽然这里指的战火燔荡，都是国家藏书，但私藏自也难逃厄运。历代私藏在动乱中坟籍扫地的事例不胜枚举，北宋末年赵明诚、李清照夫妇书坠狼烟的遭遇，大概可以比较清楚地说明这一问题。赵明诚、李清照同为宋代名人，一为学者，一为诗人，酷爱藏书，意气相投。据《金石录后序》所载，他们收藏有大量抄本、刻本，还有赵明诚据以作《金石录》的大批金石拓本，以及书帖绘画。就在赵明诚病逝，藏书遭受重大损失后，李清照"犹有书二万卷，金石刻二千卷"。赵氏夫妇藏书的文化品位是很高的，不仅"每获一书，即同

文献传承与史学研究
117
论社会政治环境与藏书盛衰

① 魏徵等：《隋书》，卷四十九，《牛弘传》。

共校勘、整集、签题。得书画、彝鼎，亦摩玩舒卷，指摘疵病，夜尽一烛为率。故能纸札精致，字画完整，冠诸收书家"。而且还能"簿甲乙，置书册"，有自己的藏书目录。赵氏夫妇的藏书又是富有情趣的，每日饭后，在"归来堂"烹茶，竞猜书史中内容角胜负，其乐融融，遂"甘心老是乡矣"。正当他们沉醉在收藏的快乐中时，金兵的铁蹄已踏破了京城，颠沛流离，数万卷图书和大批字画，仅存"一二残零不成部帙书册，三数种平平书帖"①。赵、李藏书在战乱中的命运是很有代表性的，它说明了社会动荡对私家藏书所造成的种种威胁和来自各个方面的破坏。

　　明清时期，战乱对私家藏书的危害相比此前的"五厄"或"十厄"，有过之而无不及。明清之际，鼎革易代的变乱，对藏书破坏甚烈。明末清初的钱谦益谈到私家藏书在这一巨变中的遭遇时，以"兵火焚掠，弥亘四方""奇书秘籍，灰飞烟灭"来做形容。他说："海内藏书之富，莫先于诸藩，今皆无寸蹄片纸矣。汶洛齐楚之间，士大夫之所藏，又可知也。"②清初不少藏书家回忆起藏书在世变中的失落，仍有切肤之痛。江右藏书家陈士业在他的《酉阳山房藏书记》中说："乙酉（1645）入山，辇载所藏书，不下数万卷。铁骑一来，屯扎于敝居石河，一勺一粒一丝一缕俱尽，而所藏书悉被割剥挦裂，作纸甲数千。煤痕丹点，离离骈骥之背，余以支枕藉地。数万缥缃，沦于一旦。"面对强暴，藏书家无可奈何，只能作扼腕仰天长叹。据黄宗羲所知，兵火之后，陈氏故书所存者，仅《熊勿轩集》一书而已③，实在令人沉痛。清前期学者全祖望也在《双韭山房藏书记》中追忆其先世阿育山房藏书的遭遇，他说："国难作，尽室避之山中。藏书多，难携以行，留贮里第，则为营将所踞。方突入时，见有巨库，以为货也。发视则皆古书，大怒，付之一炬，于是余家遂无书。"④乱兵逐利而又无知，何其甚也。而在明末动荡中，因乱兵的无知使典籍惨遭蹂躏的事例，又何止全氏先祖一家。《湖录》记载明末乌程潘曾纮家富藏书，编有书目，曰："中丞公曾

---

　　① 以上所引，皆自李清照：《金石录后序》，见《金石录校证》所附，上海，上海书画出版社，1985。

　　② 钱谦益：《有学集》，卷二十六，《千顷斋藏书记》，上海，上海古籍出版社，1996。

　　③ 黄宗羲：《天一阁藏书记》，《南雷文定》，卷二，《四部备要》本，北京，中华书局，1936。

　　④ 全祖望：《鲒埼亭集外编》，卷十七，《四部丛刊》本，上海，上海书店出版社，1989。

纮有意汲古，广储缥缃。视学中州，罗致更夥。鼎革时遭劫，士兵至以书于溪中叠桥为渡，以搬运什物。书之受厄至此，书目已不复存。"①明末丧乱，对私家藏书的荡灭是很严重的，像茅坤、项元汴、钮石溪等著名藏书家的收藏，都毁于这次焚掠。明末诗人吴伟业，曾以收藏金元典籍著称，烽烟所及，也不能幸免，故有诗叹曰："金元图籍到如今，半自宣和出禁林。封记中山玉印在，一般烽火竟销沉！"②

　　清代则以中后期阶级矛盾激烈冲突，不断发生的农民起义与清军的战斗，以及其他骚乱对私家藏书的影响较大，其中又以咸丰、同治（1861、1862）之际江南太平军、北方捻军与清军的作战对典籍收藏的危害更为突出。清代文人在记载这些破坏时，通常将罪名归咎于起义军，即所谓"粤匪""皖匪"之乱，这是不公平的。且不说战乱源于清廷的政治腐败和黑暗统治，至少应该看到战争的破坏，责任在于作战的双方。另外，地痞、流寇在混乱中趁火打劫，也对私家藏书造成损失。因此，当我们重新审视咸同之际的书厄时，应有清醒和公正的认识。咸同间内乱对私家藏书破坏的波及面很广，这里仅以数例略窥全豹。首先是著名藏书楼天一阁、海源阁的藏书严重流散。宁波天一阁创建于明代，藏书7万卷，历经明末清初战火而岿然独存。嘉庆间，阮元编撰《天一阁书目》，曾盛赞"海内藏书之家最久者，今惟宁波范氏天一阁"。同治元年（1862），太平军与清军交战宁波，天一阁主人仓皇避难，阁中无人看管，藏书零落，许多藏书竟被人以故纸之价，议斤论两，售予纸厂化浆。③ 故光绪十五年（1889）薛福成编《天一阁见存书目》时称，"阁书经兵燹后，完善者鲜"，对照阮氏旧目，当时见存完书竟不及十分之四。山东海源阁藏书则厄于清军与捻军之战，杨绍和在《跋宋本毛诗》文中曰："辛酉（1861）皖寇扰及，齐鲁之交，烽火亘千里，所过之处，悉成焦土。二月初，犯肥城西境，据余华跗庄陶南山馆一昼夜。自分珍藏图籍，必已尽付劫灰。及寇退，收拾烬余，幸犹十存五六。而宋元旧椠，所焚独多，且经部尤甚。"④华跗庄附近田地多为杨氏私

　① 　范声山：《吴兴藏书录》，引《湖录》，上海，上海古典文学出版社，1957。
　② 　吴伟业：《梅村家藏稿》，卷十九，清宣统三年刻本。
　③ 　缪荃荪：《天一阁始末记》，《艺风堂文漫存》，卷三，民国刻本。
　④ 　杨绍和：《楹书隅录》，卷一，南京，江苏广陵古籍刻印社，1987。

产，海源阁书籍当时大部分移藏于陶南山馆，故有此惨痛的焚毁。

相对北方而言，咸同年间战乱的重灾区在南方江浙二省，苏、松、常、镇、扬、宁、杭、嘉、湖、绍等府私人藏书多有散失。杭州素称东南私藏重镇，咸丰辛酉纷扰，则以汪氏振绮堂、孙氏寿松堂遭劫最烈。振绮堂由乾嘉时汪宪所创，传书四代，人称"四世藏书，甲于浙右"。杭州兵乱，振绮堂藏书难逃厄运。光绪八年（1882），崔国榜在《汪南士〈七家后汉书〉序》中说："钱塘汪氏振绮堂，辛酉乱后，藏书尽散。"孙氏寿松堂同建于乾嘉时期，堂主孙宗濂"藏书数万卷，以枕葄为乐"，据其后人孙峻《八千卷楼藏书志序》追忆，寿松堂图籍也同样在咸丰辛酉时"尽付云烟"。南京为太平军天都，自咸丰三年（1853）建都后，屡遭清兵围攻，直到城陷，私家藏书同归兵燹。如当时著名学者朱绪曾的开有益斋藏书十数万卷，连同他的著述《开有益斋集》十余万言佚于兵火①。其余各府州县的私人藏书皆有不同程度的损失，其例不胜枚举，不过，同治间江苏学政鲍源琛的一段奏折大致能反映当时图书受损的情景。鲍氏奏曰：

> 近年各省因经兵燹，书多散佚。臣试学江苏，按试所经，留心访察。如江苏松、常、镇、扬诸府，向称人文极盛之地。学校旧藏书籍，荡然无存。藩署旧有恭刻经史诸书版片，亦均毁失。民间藏书之家，卷帙悉成灰烬。乱后偶有书肆所刻经书，但系删节之本，简陋不堪。士子有志读书，无从购觅。苏者如此，皖、浙、江右诸省情形，原亦相同。②

这就是战后江南典籍凋零的总世相，其中民间藏书的损失要比所言学校、藩署的损失更为惨痛，因为藩署、学校所藏皆为习见之书，而民间私藏则多有珍本。如以上所举对天一阁、海源阁、振绮堂等著名藏家的破坏，则往往是对数百年典籍相传及文化积累的摧残。数百年传藏毁于一旦，仅此足见政治动乱对文化遗产危害的剧烈。咸同间战乱中有民谚形容

---

① 刘寿曾：《开有益斋读书志序》，见《开有益斋读书志》卷首，清光绪六年茹古阁刻本。

② 鲍源琛：《请购刊经书疏》，陈弢：《同治中兴京外奏议约编》，卷四，清刻本。

藏书的劫难曰："搜得藏书论担挑，行过厕溷随手抛。抛之不及以火烧，烧之不及以水浇。读者斩，收者斩，买者卖者一同斩。"①设身其间，想见当时藏书之家的痛苦遭遇，不禁令人心惊肉跳，慨为浩叹。

至于清朝后期，由于清廷的腐败，外国侵略者多次入侵，对公私藏书造成的破坏，也是让人切齿拊心，永世难忘的。咸丰十年(1860)，英法联军入侵北京，就焚毁了圆明园中公藏的《四库全书》；这次入侵以及光绪二十六年(1900)八国联军在北京的掳掠，也使私家藏书惨遭损害，各种珍贵典籍散佚甚多。

三

政治因素对私家藏书的危害，一端是战争的销劫，另一端是和平时期对图书的禁毁。禁书之难由来已久，古来书厄，一开始就是秦始皇焚书坑儒，对于民间收藏的《诗》《书》《礼》《乐》尽行销毁。这种对文化的蔑视和残暴，引来后世不尽的訾骂和嘲笑，如唐代诗人章碣有《焚书坑》一诗，曰："竹帛烟消帝业虚，关河空锁祖龙居。坑灰未冷山东乱，刘项原来不读书。"便是对始皇焚书的辛辣讽刺。其实，秦始皇之后，为了加强政治统治，历代图书的禁毁是屡见不鲜的，不过是程度各不相同而已。比如，东汉曾禁私修史书，而隋炀帝时则大禁纬书。所谓纬书是相对经书而言的，是汉代混合神学和儒家经义的一些典籍，西汉末王莽崇信符命，东汉光武帝以图谶兴起，并宣布"图谶于天下"，于是自东汉始，谶纬书盛行起来。这些纬书内容充满了神学迷信的思想，因此常常被改朝换代的帝王利用为"王权神授"的印证，以说明他们夺权即位的合理性。东汉以后，六朝禅篡，此风愈演愈烈。如刘裕、萧道成、隋文帝窃国篡位，无不用纬书预言以惑天下，隋文帝就曾在开皇元年(581)的诏书中宣称："自古帝王受终革代，封侯赐爵，多兴运迁。朕应箓受图，君临海内。"②但是他们上台后，为了巩固政权，防止他人"以其人之道还治其人之身"，宋、梁、隋代，相

①《太平天国》，第 4 册，735 页，《中国近代史料丛刊》，上海，上海人民出版社，1956。

② 魏徵：《隋书》，卷一，《文帝纪》。

继禁毁纬书，至隋炀帝时，"乃发使四出，搜天下书籍，与谶纬相涉者皆焚之。为吏所纠者至死，至是无复其学。"①纬书虽然是迷信神异的说教，但其中也有不少天文、历法、地理方面的知识，因此纬书的消亡，同样是一种损失。明清两代，为加强政治专制而禁书的行动越来越频繁，规模越来越大。如明初"靖难之役"后，永乐帝登基，即开始焚烧建文朝档案记事，明人赵善政《宾退录》曰："永乐中，出建文朝封事数千通，命解缙等择有关于农桑礼乐者，存之。其有干犯'靖难'事者，焚之。"明清时期因文字狱而禁焚的书也很多。清代更利用编修《四库全书》的机会，"寓禁于征"，实行全国范围的大清查，禁毁典籍的数量和种类，远胜前代。其销毁范围甚广，凡明末史书，因有抵触清朝言语，故需"尽行销毁，杜遏邪言"②；凡明末清初具有抗清思想的文人作品，如钱谦益、屈大钧、吕留良等人文集皆应销毁，有"明季恶习""轻浮悖妄"内容的典籍，也要禁毁；凡宋明人著作有称辽、金、元为敌国或"夷狄""贼虏""犬羊"者，也要撤毁、抽毁或改正。据《办理四库全书档案》记载，从乾隆三十八年(1773)到乾隆四十七年(1782)间，先后下令销书达 24 次，焚书 13 862 卷，收缴应毁书板68 339 块。又据姚觐元《禁书总目》、孙殿起《清代禁书知见录》、雷梦辰《清代各省禁书汇考》等书统计，清廷利用编纂《四库全书》的机会，全毁、抽毁典籍达三千余种，禁毁典籍在十万部以上，制造了古代禁书的极端。

除了朝廷为加强统治而进行的禁书外，在某些不良政治环境下，奸臣专政，铲除异己，也往往导致对典籍的禁毁。如北宋末蔡京专权，便利用权势，禁毁那些他认为于己不利的著作。靖康元年(1126)，右正言崔鸥就曾奏曰："自崇宁以来，京贼(蔡京)用事……至于苏颂、黄庭坚之文，范镇、沈括之《杂说》，畏其或记祖宗之事，或记名臣之说，于己不便。故一切禁之，购以重赏，不得收藏。则禁士之异论，其法亦已密矣！"③南宋初秦桧当国，在宋金之战中，不仅投降卖国，而且对主战派大加迫害，因而引起朝野的不满和谴责。为了堵塞众议，文饰奸伪，他在第二次当丞相

---

① 魏徵：《隋书》，卷三十二，《经籍志》。

② 乾隆三十九年(1774)八月初五日谕，见《纂修四库全书档案》，上海，上海古籍出版社，1997。

③ 佚名：《靖康要录》，卷七，台北，台北文海出版社，1967。

后，就对"前罢相以来，诏书章奏，稍及桧者，率更易焚弃"，造成"日历时政，亡失已多"①。他还严禁在民间流传私史、野史，对私家藏书大肆查禁和破坏。如主战派、参知政事李光不仅被降职，藏书万卷也被认为是"家藏野史，以谤时政"而全部焚毁②。藏书家王明清则因老母恐惧，将家中收藏"前人所记本朝典故，与夫先人所撰史稿，悉付之回禄"③。

由政治原因而禁书，在宋朝则有另一个特点，是为了保证军事机密不被泄露。这一禁书特点是由北南两宋自开国始，便处于和辽、金紧张对立的军事局面所决定的。查《宋会要辑稿》"刑法二·禁约一"至"禁约四"，可见在北宋的仁宗、英宗、徽宗，南宋的光宗、宁宗等朝，都有禁令，严禁刊印、传录、收藏有关军机国政的会要、实录、文集、日录、小报，以防"流入四夷"。最早的禁令见于北宋仁宗，当时北方辽、夏更迭南下侵扰，边事日益紧张，为了防止军事机密泄露，仁宗于康定元年（1040）五月下诏曰："访闻在京无图之辈及书肆之家，多将诸色人所讲边机文字，镂版鬻卖，流布于外。委开封府密切根掘，许人陈告，勘鞫闻奏。"④开始了对有关边机的典籍和文献的查禁。徽宗朝，随着金兵对中原的不断袭扰，边警日繁，于是先后发布四道禁令，以加紧查禁有关典籍文献，确保严守国家机密。如大观二年（1108）颁布的命令说："访闻房中多收蓄本朝见行印卖文集书册之类，其间不无夹带论议边防兵机夷狄之事，深属未便。其雕印书铺，昨降指挥，令所属看验，无违碍然后印行，可检举行下。不经看验校定文书，擅行印卖，告捕条例颁降，其沿边州军仍严行禁止。凡贩卖、藏匿出界者，并照铜钱出界法罪赏施行。"⑤可以看出这道命令已比前此有关规定更为具体详细，查禁的范围也已注意到文集书册等一般的典籍。到南宋宁宗颁布《庆元条法事类》时，则规定的处罚更为严厉，如刻印御书、会要及言时政、边机文书者，"杖八十"；刻印举人程文者，"杖八十"；刻印文书而不送交检查者，"杖一百"；刊印事关敌情的文件者，要流放三千里。宋代因为"积贫积弱"的政治背景，为了保护边防军机而不得不采取了

① 脱脱等：《宋史》，卷四百七十三，《秦桧传》，北京，中华书局，1977。
② 《建炎以来系年要录》，卷一百五十六，北京，中华书局，1988。
③ 王明清：《挥麈后录》，卷七，上海，上海博古斋，1922。
④ 徐松：《宋会要辑稿·刑法二·禁约一》，北京，中华书局，1957。
⑤ 同上。

一些消极的禁书行动，这些行动虽然没有对私家藏书造成大规模的破坏，但是在控制典籍的刊刻、传录、流通方面，仍然限制了私家藏书的自由发展。

综上所述，政治环境对古代藏书事业的影响是非常突出的，积极的影响是对公私藏书的扶持和促进，消极的影响是对公私藏书的钳制和扼杀。纵观古代藏书事业的进程，虽然在许多政治清明、社会承平的环境中，公私藏书得到长足发展；但是由于封建社会频繁出现的改朝换代和割据战争的洗劫，封建专制主义对文化事业的高压控制，以及因封建王朝腐败而导致外敌的入侵毁掠，古代藏书事业遭受的破坏是非常严重的。可以说，封建社会的政治环境，对古代藏书事业的负面影响相对要大一些，它在一定程度上制约了公私藏书事业前进的速度。

北京师范大学史学探索丛书

学术文化风尚与典籍传藏

一个时代学术文化风气的演变，对当时典籍的流布和收藏有重要影响。就某一时代具体而言，一个时代学术思潮和文化风尚，必然影响这一时代典籍收藏的内容、范围和取向。然而许多材料也说明，随着典籍收藏的积累和丰富，也会反过来推动当时学术文化风气的不断发展。一个时代的学术文化风气与典籍传藏是如何互相作用、互为因果的呢？本文拟从春秋战国的百家争鸣、明代市民意识的兴起以及清代朴学的鼎盛等具有显著时代特点的几个阶段进行考察，以求对此问题有所认识。

一、春秋战国百家争鸣与藏书初兴

春秋战国是我国历史上伟大的变革时期。在历史变革的过程中，学术文化从王室的禁锢中解放出来，获得自由发展和大踏步前进。春秋以前，我国学术处在一个"学在官府""官守其书"的特殊阶段，私人无著述，私家无藏书。进入春秋时期以后，"周室既卑，诸侯失礼于天子"[①]。随着政治中心和经济中心的下移，学术中心也开始由周王室分散至诸侯公室，学术下移进入第一个阶段。这时周王室虽然还掌握着一些典籍和礼乐，但是一些大的诸侯国已经有了自己的典籍，有了自己的学术和教育。"天子失官，学在四夷"[②]，说明学术文化已由一个中心分散为若干中心。

春秋后期到战国时期，学术迁移进入突破性的第二阶段，"礼下于庶人"，学术文化从王室公侯彻底解放出来，为士阶层所掌握、推广和发展。孔子是这批人物中的杰出代表，他在编订教材和整理六经时，积累了一些藏书，成为我国历史上第一代私人藏书家。进入战国时期以后，随着社会生产关系的变革，士阶层获得了新的发展，他们或参政议政，或聚众讲学。于是"处士横议"，学派蜂起，诸子之学骤兴。这种风气不仅大大推进

---

① 《国语》，卷十九，《吴语》，上海，上海古籍出版社，1998。
② 《左传》，昭公十七年，北京，中华书局，1983。

了战国时期学术文化的发展，同时也使我国古代典籍进入了一个崭新的历史阶段。首先是《易》《诗》《书》《礼》《乐》《春秋》儒家六经经过春秋末期和战国时代学者的整理加工而基本定型。其他诸子百家在学术争鸣中，也撰写了许多代表各种学派的著作，从《汉书·艺文志》记载上看，先秦诸子流传至汉代的典籍就有110多种，而当时出现的诸子著作则必然多于此数。除诸子著作外，战国时期还有大批史书、楚辞和科技著作得以创作和流行。

春秋战国时期百家争鸣的文化运动，一方面，为典籍发展提供了充沛的知识源泉；活跃的学术气氛，诱发了士人学子著书立说的巨大热情。另一方面，诸子士人为了著述宣传，或为了教育私门子弟，也迫切需要收集利用已有的典籍文献，这种生产和需求，撰述和流通的相互促进，终于带来了我国古代私家藏书活动的初兴。虽然时代久远，但我们仍然可以从先秦文献中看到一些私家藏书的记载。如《庄子·天道》篇说孔子欲西藏书于周室，"而老聃不许"。墨子南游，车中"载书甚多"①。庄子称赞惠施博学，富于藏书，曰："惠施多方，其书五车。"②纵横家苏秦的藏书也不少，他"夜发书，陈箧数十"，悬梁苦读，练就了游说诸侯的本事③。可以说，战国时期，私人藏书并不仅限于诸子各家，一些士人学子也有所收藏。《史记·六国年表》曰："秦既得意，烧天下诗书……诗书所以复见者，多藏人家。"孔子后人藏书夹壁，到汉代重被发现，就是一例。秦统一后九年，即行焚书之事，故"多藏人家"应指秦以前的私藏。从这个角度看司马迁的记载，可以说明先秦私人藏书已经具备一定数量的情况。

分析春秋战国学术文化演变的过程，必然看到，没有学术迁移的解放运动，就没有流布四方的文化典籍；没有百家争鸣的学术繁荣，就没有典籍的不断丰富和传播。因此，我国古代私家藏书的出现，无疑是春秋战国时期学术迁移、百家争鸣的产物。

北京师范大学史学探索丛书

---

① 《墨子》，卷十二，《贵义》，北京，中华书局，1986。

② 《庄子》，卷十下，《天下篇》，北京，中华书局，1987。

③ 《战国策》，卷三，《秦一》，北京，中华书局，1985。

二、明代市民文化影响下的藏书倾向

明代市民意识、市民文化对典籍的流传和收藏也产生了很大的影响。明代城市商品经济的发展，为市民阶层的产生准备了土壤和温床。这个特殊的阶层不同于足不出户、埋头圣贤书的儒生士大夫，也不同于"日出而作，日落而息"的农民。他们有一定的文化需求，但不是那种专讲心性义理、修身齐家治国平天下的高深文化；而是生动活泼、易于接受，富有生活情趣又可消遣娱乐的通俗文化，这就是明代市民文化的特性。应该指出的是，由于市民文化富于生活情趣，特具消遣性、娱乐性功能，对许多官僚士大夫来说，也是深受他们欢迎的。因此明代市民文化对于当时各阶层的藏书倾向，都有十分深刻的影响。

从明代私人藏书书目和明代书坊刻书的情况来看，经部和史部类典籍的通俗读物大量增加。经部典籍或以白文刊印《四书》《五经》，或以图解、语录、蒙书的形式出现。史部典籍则产生许多节本、选本、摘抄本、类编本，如马维铭的《史书纂略》220卷，撮取二十一史纪传汇成一书；茅国缙的《晋史删》、王思义的《宋史纂要》、张九韶的《元史节要》等，则按原史缩写而成。杨以任的《读史四集》，凌迪知的《太史华句》《两汉隽言》，是着眼于诸史事迹或字句词藻的史钞。唐顺之的《史纂类编》，是按类书的形式对旧史进行改编。子部典籍则有大批算书、农书、医书、法律书及家庭日用书被刻印和收藏，如《明解算法》《指明算法》《农桑撮要》《田家历》《牛经》《读律琐言》《详刑要览》《尺牍》《鲁班经》《居家必用》以及各种内外科、小儿科、妇科、针灸、方书、本草等医书。

市民文化对私家藏书影响最明显之处，反映在大批小说、戏曲被刊印、收藏和流传。小说、戏曲这些表现市井风情的艺术，历来为封建正统观念所鄙视，然而随着明代城市商品经济的发展，随着市民阶层的出现及其地位的逐步提高，反映这个阶层生活情趣和要求的文艺作品，却越来越受人欢迎而风行起来。早在明代前期，藏书家叶盛就在《水东日记》中描写了当时小说、戏曲的盛行，他说：

今书坊相传，射利之徒伪为小说杂书，南人喜读如汉小王光武、蔡伯喈、杨六使文广，北人喜读如继母大贤等事甚多。农工商贩，钞写绘画，家畜而人有之。痴呆女妇，尤所酷好，好事者因目为《女通鉴》有以也。甚则晋王休征、宋吕文穆、王龟龄诸名贤，至百态诬饰，作为戏剧，以为佐酒乐客之具。有官者不以禁杜，士大夫不以为非，或者以警世之为而忍为推波逐浪者，亦有之矣。①

正如叶盛所言，由于社会需求和社会风尚所驱动，明代书坊刻书的主要内容是小说、话本、戏曲等通俗读物。以首都北京的民间刻书而言，现有资料可知当时北京的印书作坊有十几家，其中的永顺堂是明代北京较早的一家书坊。1967 年在上海嘉定发现了成化七年至十四年(1471—1478)永顺堂用竹纸刊印的说唱词话 11 种和南戏《白兔记》1 种。这些说唱词话分讲史、公案、传奇等几类，如《新编全相说唱足本花关索传》《包龙图断乌盆传》《新刊全相莺歌孝义传》等，这说明永顺堂曾以刻印说唱词话及小说为事。

明代的私人刻书业以南京最为昌盛，据张秀民先生按有关记载统计，明代南京书坊达 90 多家，为全国之首。根据书目记载和现存古籍的情况，可以看到，当时南京书坊刻书的品种，多为民间所需的小说、平话、戏曲、传奇等。比如，刻书较多的富春堂就刊印戏曲数十种，富春堂主人唐对溪还把《青楼记》《虎符记》《白袍记》《鹦鹉记》《紫箫记》《玉环记》《千金记》《灌园记》《还带记》《白蛇记》10 种戏曲合刻在一起，名曰《编刻演剧十本》。其他书坊所刻小说戏曲也不少，如唐绣谷的世德堂刻印过《裴度香山还带记》《赵氏孤儿记》《五伦全备忠孝记》《双凤齐鸣记》等。唐锦池、唐惠畴的文林阁刻过《易鞋记》《燕脂记》《袁文正还魂记》《汉刘秀云台记》《古城记》等，不胜枚举。郑振铎先生曾经统计过，明代南京书坊所刻的戏剧类图书有三百种之多。而小说方面，南京书坊则曾先后刻印过不同版本的《三国志传》《西游记》《警世通言》《唐书志传通俗演义》《西晋志传题评》《东晋志传题评》等。

福建是明代重要的刻书中心之一，集中于建阳的书坊数量仅次于南京。宋元两代，福建刻书以正经正史为多，到明代以后有了极大的变化，

---

① 叶盛：《水东日记》，卷二十一，"小说戏文"条，北京，中华书局，1980。

以刊刻启蒙读物、日常用书，尤以小说戏曲类通俗读物为多。大量小说、故事、平话、在建阳书坊刊刻印刷，这类图书如《皇明英烈传》《吕洞宾得道飞剑记》《西汉志传》《三国演义》《水浒传》《西游记》《岳飞传演义》《西厢记》《琵琶记》等，这些书常常配有大量的插图，并在书名之前冠以"全像""绣像""绘像""图像"等字样加以说明。不少书商还自己动手编写小说、公案，如书林文台余象斗就编过《两汉志传》《南游记》《北游记》《皇明诸司廉明奇判公案》等，忠正堂熊大木编过《全汉志传》《唐书志传通俗演义》等。

明代图书市场为私家藏书提供了如此丰富的小说戏曲书籍，不难想见，当时的读书和藏书风尚是怎样的一种倾向了。不过，我们仍然希望从明代私人藏书目录中得到进一步的印证。明代私藏书目现存不多，但是在大多数书目中，可以看到小说戏剧这些以前很少被书目著录的"街谈巷议""市井俚曲"，已经登上了书目的大雅之堂。比如，明中期著名藏书家晁瑮便很注意小说戏曲的收藏，他的私藏书目《宝文堂书目》分 33 类著录藏书 7 829 种，其中"子杂类"收录小说话本 2 244 种，"乐府类"收录杂剧戏曲 354 种，仅此两类图书便占总藏书量的 1/3，其小说戏曲的藏量在当时是很突出的。与晁氏同时的高儒是一位军人出身的藏书家，他的藏书目《百川书志》收书两千余种，一万多卷。其特点是将大批小说戏曲归于史部的传记、野史、外史、小史各类，例如他的传记类收录《赵飞燕外传》《开元天宝遗事》《莺莺传》等许多唐人传奇；野史类收录《三国志通俗演义》《忠义水浒传》等小说；外史类收录大批戏曲，有元代关汉卿、李直夫、郑德辉、乔梦符、宫大用等剧作家作品，有明代《诚斋传奇》31 种；小史类则收录了《剪灯新话》《效颦集》等十几种明代短篇小说集。稍后于晁、高二人的福建藏书家徐𤊹也对小说戏曲类图书广为搜罗，他的《红雨楼藏书目》著录文艺类图书甚多，子部小说类收书 559 种，传奇类收元明杂剧传奇 140 种。

与徐氏同时的著名藏书家祁承㸁三代相传，收藏了大量戏曲、传奇、小说。祁氏于明中期首创澹生堂，闻名遐迩的《澹生堂书目》著录藏书九千多种，十万余卷，其中的子部小说类分说汇、说丛、佳话、杂笔、闲适、清玩、异记、戏剧八个子目，已收集了不少小说戏剧。长子祁彪佳继承父业，并于戏曲类图书情有独钟，大加发展。他汇集自己收藏的戏曲图书，总结平生戏曲创作活动和欣赏经验，写成《远山堂曲品》和《远山堂剧品》两部戏曲目录专著。《远山堂曲目》收录曲作 466 种，内容极其丰富，南曲北曲尽收；《远山堂剧品》专收明人杂剧，共 242 种。祁彪佳之子祁理孙，生活于明末清初，当时祁氏藏书已有大批流散，但祁理孙收拾残余，重新汇集，他的《奕庆藏书楼书目》说明他仍藏有不少戏曲小说。这部书目将小说戏曲集中著录于子部稗乘类和乐府类，稗乘类收有《古今说海》《唐人百家小说》《宋人百家小说》《皇明百家小说》等大型小说丛书；乐府类则收有《传奇全本》556 种及《元剧百种》《古今名剧选》《名剧汇》等大型戏剧丛书。明中后期非常值得一提的藏书家还有赵定宇、赵琦美父子，赵琦美的《脉望馆书目》中，不仅著录他手校的《古今杂剧》242 种，还收录了小说 186 种。尤为可贵的是他这套被称为"国之瑰宝"的脉望馆抄校本《古今杂剧》，历经数代藏书家的授受传递，至今仍被完整地保存下来，它的流传不仅反映明代戏曲文学的发达，也体现了明代藏书家对戏曲小说倾心爱好的风尚。

除了祁彪佳、赵琦美外，还有许多藏书家在收藏过程中对小说和戏曲进行了整理和研究，成为这一方面的专家学者。比如，杭州藏书家洪楩选编刊刻了《六十家小说》（即《清平山堂话本》），成为今存宋元小说的重要来源。苏州藏书家顾元庆辑刻《顾氏文房小说》丛书，收古小说一百多种，在清代广为流传。又有浙江长兴的臧懋循刊印的《元曲选》，几百年来成为人们认识元曲的一个重要窗口。

概言之，明代市民文化的兴起，通俗文学的繁荣，影响了私家藏书内容的变化。而明代私家藏书对于通俗文学作品的收藏整理、刊刻传播，则为保存文学遗产，推动通俗文学的持续发展发挥了重要作用。

三、清代朴学考据与藏书风气

明末清初，以顾炎武为代表的一批学者，针对晚明士林空疏不学、习谀踵陋的风气，提出"经世致用""博学于文"的主张，提倡搜集资料、归纳研究、细致考订的治学方法，开清代考据学之先河。这种朴实简洁、引证考据的"朴学"学风，影响了有清一代。

由于朴学考证研究的对象和范围十分广阔，因此，只要学者拥有典籍，坚持"实事求是"，下工夫考辨，就能有所发现，所谓"贤者识大，不贤识小，皆可勉焉"。再加上清朝康熙以后愈演愈烈的文字狱迫害，学者为了避免触及时政，只能把聪明才智转移到"与世无争，与人无争"的辨字、审音、训诂、名物方面来，于是"此研究法一开，学者既感其有味，又感其必要，遂靡然向风焉。"①

由于他们的考据工作是以古代典籍为对象，举凡与考据学相关的经学、史学、目录、校勘、版本、音韵、训诂等各门专学，无不需要博览典籍，大量而广泛地占有各种资料。在书籍流通和知识交流还很不方便的清代，为了工作的便利，学者们自然十分注重藏书，并在可能的条件下，尽量丰富自己的收藏。如清初朴学大师黄宗羲，既是思想家、史学家，又是藏书家，他的藏书楼"续钞堂"收集了明代许多大家的藏书。清中期学者全祖望在谈到黄氏的治学和藏书时说：

> 公愤科举之学，思所以变之。既尽发家藏书读之，不足则抄之同里世学楼钮氏、澹生堂祁氏，南中则千顷斋黄氏，吴中则绛云楼钱氏。穷年搜讨，游屐所至，遍历通衢委巷。薄暮，一童肩负而返，乘夜丹铅，次日复出，率以为常。②

黄氏一生著述甚多，有《明夷待访录》《明儒学案》等五十种，这些著作正是他利用丰富的藏书写成的。回过头来看看在学术上私淑黄宗羲的全祖望，也是嗜书如命的学者。他家中藏书五万卷，日不离书，即使在外任职或舟车旅途，也必捆载大量图书随行。他曾自况曰：

> 余生平性地枯槁，泊然寡营，其穿穴颠倒不厌者，不过故纸陈函而已。年来陆走软尘，水浮断梗，故园积书之岩偶津逮焉，而不能暖席。特蓬窗驿使，不能一日无此君。家书五万卷中，尝捆载二万卷，以为芒屩油衣之伴。③

全祖望就是利用了这些典籍资料，完成了三十余种著作，其中如思想

---

① 梁启超：《清代学术概论》，31 页，天津，天津古籍出版社，2003。

② 全祖望：《鲒埼亭集》，前编卷十一，《梨洲先生神道碑》，《四部丛刊》本，上海，上海书店出版社，1989。

③ 全祖望：《鲒埼亭集》，外编卷十七，《春明行箧当书记》，《四部丛刊》本。

史巨著，续补黄宗羲的《宋元学案》100 卷外，尚有《七校水经注》《汉书地理志稽疑》等精彩的考证著述。总之，清代那些学有成就的学者，如朱彝尊、徐乾学、惠栋、戴震、段玉裁、杭世骏、翁方纲、严可均、莫友芝等，无不专心收集典籍或与友朋互相借阅，以资治学。而当人们在评述这些学者的学术成就时，也常常忘不了要提到他们的藏书。例如，记载清初著名校勘学者何焯的事迹时，他的门生沈彤说："先生蓄书数万卷，凡经传、子史、诗文集、杂说、小学，多参稽互证，以得指归。"①

又如，乾嘉间考据学家钱大昕介绍另一学者卢文弨时说："抱经先生精研经训，自通籍以至归田，铅椠未尝一日去手。奉廪修补之余，悉以购书。遇有秘钞精校之本，辄宛转借录。家藏图籍数万卷。"②

这些记述，反映了学者藏书治学之风尚。其实不独学界是这种状况，当时整个社会，上自清室帝王、达官贵人，下至一般的富商大贾，乡绅地主也都从风而靡、搜罗书籍。清廷帝王的"从风而靡"自然不是被动的，而是要引导这种"朴学"的学风，进一步向有利于清朝统治的方向转化。康、雍、乾三朝君主，皆极为重视典籍的编纂，据统计，三朝间内府刊刻抄行的钦定诸书数量很多，计有经部 27 种、953 卷；史部 79 种、5 738 卷；子部 34 种、111 718 卷；集部 19 种、3 410 卷；共 159 种，121 819 卷。其中规模较大的是康熙皇帝组织编纂刊刻的大型类书《古今图书集成》10 000 卷；乾隆皇帝时纂修的大型丛书《四库全书》79 309 卷。

在清政府的鼓励下，一些达官贵人也身体力行，倡导考据之学，如毕沅、阮元等人。以阮元而言，他曾历官学政、总督、体仁阁大学士、太子太傅等职，一生宦迹显要，但所到之处，皆以提倡朴学考据为己任。他在杭州设立诂经精舍书院，在广州设立学海堂书院，自己亲自讲课，让诸生研习汉学。他主编《经籍纂诂》，撰写《十三经注疏校勘记》《积古斋钟鼎款识》等训诂、校勘、金石著作。为了推行朴学，他收藏有大量典籍，私藏就有扬州文选楼、杭州灵隐、镇江焦山等几处。他亲自订立藏书条例，规定藏书、借阅、编目、保管等方法，将藏书提供给书院诸生及有关士人借阅。阮元不仅藏书多，刻书也多。他利用当时的地位和财力，组织一批文

---

① 沈彤：《果堂集》，卷十，《义门先生行状》，清光绪十七年(1891)刻本。
② 钱大昕：《群书拾补序》，见卢文弨：《群书拾补》，北京，中华书局，1985。

人，校勘群书，刊刻了《十三经注疏》《皇清经解》等一批重要典籍。

有皇帝和达官的提倡，于是上行下效，一般的官商乡绅们也要"附庸风雅"。他们藏书列架，竞言考订。不少商人因货值渔利，于是便购藏书籍，醉心鉴赏，有的甚至成为闻名海内的大藏书家。知不足斋主人鲍廷博就淡泊科举仕途，善于经营货业，饶资财，好藏书刻书，他以家藏书刊刻的《知不足斋丛书》收书数百种，风行士林，为人称道。两淮商人马裕继承先辈大量藏书，他在乾隆间四库馆征集图书时，献书 685 种，名居榜首，献书数量超过了"天一阁""知不足斋"等著名藏书楼；从四库馆臣的角度来看，他捐献的图书质量也不错，其中被著录的有 144 种，被存目的有 226 种，被著录和存目的种数仅次于"知不足斋"，名列第二。有些商人则因当时流行的藏书风气有利可图，而转向经营书业。当时的书坊、书肆非常繁荣，清人方朔在《金台游学草厂肆》里形容北京琉璃厂的场面，他说："都门当岁首，街衢多寂静。惟琉璃厂外二里长，终朝车马常驰骋。厂东门，秦碑汉帖如云屯；厂西门，书籍笺素家家新。"①由此可略见当时书业兴盛之一斑。在清代朴学学风的影响下，身处封建文化总结期的文人学者，为朴学考订、爬梳整理历代文化遗传的风气所鼓舞，他们自然倾心于典籍，于是购书、藏书、校书、考订、刻印、流传，藏书考订蔚为风气。由于朴学的提倡，藏书事业得以发展；而藏书供研究之需，朴学才发扬光大。陈登原先生曾说："吾人敢为一言，即吾人欲明清学之所以盛者，虽知其由多端，要不能与藏书之盛，莫无所关。"②此言清楚揭示了学术文化风尚与典籍传藏之间互相促进、互为因果的密切关系。

---

① 孙殿起：《琉璃厂小志》，8 页，北京，北京古籍出版社，1982。

② 陈登原：《古今典籍聚散考》，319 页，上海，上海书店出版社，1983。

文化情结：中国古代私家藏书心态探微

　　中国古代私家藏书历史悠久，它和公家藏书一起，为保存古代文化遗产，传承和发展民族文化，作出了巨大的贡献。相对公家藏书而言，私家藏书的主体自觉自愿，废寝忘食，甚至抛家舍业的藏书活动，在中国藏书史上留下了更为动人的篇章。人们在了解古代藏书家许多矢志藏书的事迹后，往往会产生这样的疑问，是什么力量促使藏书家如此苦心孤诣，投入大量的财力、精力，蓄书保藏、毕生经营甚至数代相继呢？以往的藏书史研究尚未充分阐释这个问题，大多将其归结于藏书家对文化遗产的热爱。这固然是古代藏书家文化情结的主流方面，但又并不是全部。其实，促使藏书家致力于藏书的潜层心理因素是多方面的，既有积极的、正面的因素，又有消极的、甚至是变异的因素。本文拟从文化心态研究的角度，透视藏书家不同的精神寄托和追求，在文化心理的深层把握私家藏书这种文化现象的多样性和复杂性，以便人们能对藏书活动的不同行为表象做出更为合理的解释和准确的评价。

一、文化认同的心理

　　古代私家藏书的文化心态多种多样，但其根本的思想基础，是中华民族历久弥坚的文化认同心理。文化认同的心理促使人们高度重视历史文化遗产，而注重保藏、传承文化典籍便是这种文化心态突出的行为表象。从古代藏书史来看，尽管历代藏书家藏书的目的和情趣各不相同，但他们却对文化典籍怀有一样的敬意和热爱。这种敬爱的根源，就是人们对于世代相传的文化传统的认同。我们中华民族的文化传统，以历史悠久、源远流长而闻名于世，绵延五千年的历史从未间断，表现了这一伟大文化所具有的罕见的传承力量。同世界其他文化比较，可以看到，这一伟大文化始终保持着清醒的理智和人文精神，从未陷入宗教神学的迷狂；这一伟大文化的每一代传人总是从以往的历史中追寻先人的足迹，探求真理和智慧。在中华民族的文化观念中，"历史"既是知识的渊薮，又是社会价值标准的来

北京师范大学史学探索丛书

源。它不是僵死的过去，而是富有生命力，并对现实仍有巨大影响的事实。因此殷周时期的先贤们就教育人们要"古训是式"①，"多识前言往行，以畜其德"②。文字产生以后，书籍作为记载"前言往行"等传统文化的主要载体，自然受到人们的重视和热爱。

春秋时期，孔子"信而好古"③，为了"追迹三代之礼"，他删《诗》《书》，定《礼》《乐》，修《春秋》，序《易传》，传之七十弟子。于是书籍的产生和发展，便与人们对传统的承继意识建立了最密切的关系。人们通过书籍追寻文化传统，继承和发扬文化传统。唐朝《隋书·经籍志》著录四部典籍，在纵论书籍传承文化的重要性时说："夫经籍也者，机神之妙旨，圣哲之能事。所以经天地、纬阴阳、正纪纲、弘道德，显仁足以利物，藏用足以独善，学者将殖焉，不学者将堕焉。"这段话，概括地说明了书籍作为凝聚传统文化的结晶，是千千万万学子承袭人文精神，修身、齐家以至治国、平天下的根本依据。因此，保藏书籍就是保存文化、保存传统。这种文化心理被不断强化而固定了下来，它成为私家藏书最基本，也是最崇高的文化心态。古代许多学者、藏书家正是基于对民族传统文化的坚定信仰，以及对弘扬传统文化的巨大热情和责任感，收书、藏书、校书、刻书，把古代的藏书事业不断推向了高潮。

二、以读书为乐的意识

中华民族传统中历来有以读书为乐的强烈意识。那么，读书乐，乐在何处呢？首先，人们把书籍看做是做人的依据，把读书看做是人生路程的起步。早在南北朝时，颜之推就在他的家训中用浅显的例子告诫子弟，说明了"不读书，难为人"的道理。他形容那些不念书的"白丁"，"及有凶吉大事，议论得失，蒙然开口，如坐云雾；公私宴集，谈古赋诗，塞默低头，欠伸而已。"他说，旁边看到的人，都为之羞愧，恨不能"代其入地"。与其这样

① 《诗经·大雅·烝民》，北京，中华书局，1991。
② 《周易·大畜》，贵阳，贵州人民出版社，1994。
③ 朱熹：《论语集注》，卷四，《述而》，北京，中华书局，1985。

长受一生愧辱，何不勤学数年，享用读书之乐呢？① 到了唐朝，诗人韩愈已把知书看成是做人的根本，他在《符读书城南》诗中说："人之能为人，由腹有诗书。"宋代文学家苏轼则说："自孔子圣人，其学必始于观书。"②他将读书向学看做圣人和学子必经的共同路径。到了明代藏书家祁承㸁，更是搜罗汉宋之间以读书为乐的人事 23 则，辑为《读书训》，用以教诫子弟。读书乐，还由于书中凝聚了古往今来人文精神的瑰宝，爱书人可以通过读书品味个中情趣，怡心悦目，陶冶情感。明代藏书家高濂把读书比作跨越千古，与古圣贤哲对面交谈。他说："尝耽书，每见新异之典，不议价之贵贱，以必得为期，其好亦专矣。故积书充栋，类聚门分，时乎开函摊几，俾长日更深，沉潜玩索，恍对圣贤，面谈千古，悦心快目，何乐可胜？古云开卷有益，岂欺我哉。"③这种在读书中超越时空局限，使主体达到升华的境界，确实不是一般乐事所能比拟的。明代藏书家徐㶿也曾自述读书之乐，曰："余尝谓人生之乐，莫过闭门读书。得一僻书，识一奇字，遇一异事，见一佳句，不觉踊跃。虽丝竹满前，绣罗盈目，不足喻其快也。余友陈覆吉云：居常无事，饱暖读古人书，即人间仙岛。旨哉言也。"④徐㶿的读书乐，是一种增长见闻的快乐，是一顿精神的饱餐。"虽丝竹满前，绣罗盈目，不足喻其快也"，照他说来，这种快乐同样也是其他境遇无法相比的。蕴涵在文化传统中的这种读书意识，是一种不含功利观念的、自然的"天欲"，它不计较任何物质利益和功名利禄的得失，故能淡泊俗欲，一往无前地追求高尚的精神情趣。南宋藏书家许棐隐居"梅屋"，安贫爱书，以藏书读书为乐，他的《梅屋书目自序》颇能说明这种淡泊名利、以读书为乐的传统精神。序曰：

> 余贫喜书，旧积千余卷，今倍之，未足也。肆有新刊，知无不市；人有奇编，见无不录，故环室皆书也。或曰："嗜书好货均为一贪，食书而饥，不若食货而饱；食书而劳，不若食货而逸。人生不百年，何自苦如此？"答曰："今人予不知之，自古不义而富贵者，书中略可考也，

① 颜之推：《颜氏家训·勉学》，郑州，中州古籍出版社，2008。
② 苏轼：《苏轼文集》，卷十一，《李氏山房藏书记》，1986。
③ 高濂：《遵生八笺校注》，之五，《燕闲清赏笺》，北京，人民卫生出版社，1994。
④ 徐㶿：《笔精》，卷六，《读书乐》，福州，福建人民出版社，1997。

竟何如哉？予少安于贫，壮乐于贫，老忘于贫，人不鄙夷予之贫，鬼不揶揄予之贫，书之赐也。如彼百年，何乐之有哉！"

由此见得许斐真知读书乐趣。在"贪"书和贪钱之间，弃钱而择书，在物质生活贫乏和精神生活贫乏之间，宁可承受物质生活的贫乏，而以精神生活的丰富为自豪。他认为正是因为藏书读书，有了丰富的知识和高尚的情趣，所以世俗的人们不会因其贫穷而轻视他，阴间的鬼神也不会因其贫穷而讥笑他。我们说，正是这种追求图书的"天欲"，这种以读书为乐的传统精神，造就了中国古代的藏书事业一代胜似一代，不断繁荣发展的局面。文化的认同心理和以读书为乐的意识是古代私家藏书的基本心态，是推进私家藏书事业不断繁荣发展的根本驱动力，也是古代藏书家可贵精神之所在。

三、"遗金满籯，不如一经"的心态

"遗金满籯，不如一经"的思想，是一些藏书家藏书的出发点。他们认为，与其传给子孙大批钱财，不如传给子孙求知长进的书籍。清代藏书家徐乾学有一方藏书印就叫"黄金满籯，不如一经"。徐氏的印文反映了自唐宋以来逐步发展的一种藏书心态。这种心态的产生，既有中国封建社会孝慈伦理观的烙印，又有"读书做官""望子成龙"心理因素的影响。首先，在封建的宗法制度下，"臣事君，子事父，妻事夫"是天下之常道，但反过来君、父、夫也对臣、子、妇负有伦理道德上的义务。在父子这对关系上，子对父孝，父对子慈，慈不仅体现在有所养，而且还要有所传。在封建社会里，父子相传的事例比比皆是，大自父死子继的皇位相传，小至父子授受的家学相传、田地财产的家业相传。随着"万般皆下品，唯有读书高"价值观念的形成，家业相传增加了新的内容，不仅要传钱财，而且要传书，甚至认为传书胜于传钱财，因为读书有望当官。唐初李袭誉在江南为官时，常以俸禄雇人抄书，蓄书数车，他对子孙说："吾近京城有赐田十顷，耕之可以充食；河内有赐桑千树，蚕之可以充衣；江苏所写之书，读之可以求官。吾没之后，尔曹但能勤此三事，亦何羡于人?"①江苏所写之书即指江南抄书，因唐初尚未有雕版印刷，藏书皆为写本、抄本。这段话明白交代了藏书作为衣食之外的第三份家产，是传与子孙读书做官的。李袭誉传书时还是和田产等相提并论的，宋代以后，轻财重书，"遗金满籯，不如一经"的观念越来越强烈。北宋藏书家李畸实承先人遗业，扩充藏书至万余卷，他说："遗子孙黄金满籯，不如一经。亲既以是遗我，我复以是遗子，子子孙孙用之不竭，况万卷之多乎？庶几我之富在此而不在彼也。"②他自豪的是"我之富在此不在彼也"，而且很明显，在他看来藏书之富要远胜于钱财田产之富。清代有些藏书家也是这样看问题的，例如，丘晋昕在他的《九十九峰草堂文钞·藏书记》中说："今世士大夫好积财帛，以厚子孙，心醉目营，甘为牛马，未几华屋山丘。以不义之金，供不资之挥霍，家破名裂，卒为世笑……转不如油素缥缃，方愚益智，后人能读，可为保世滋大之基。即不能读焉，无所于恶。"他认为传书优于传财，过多的钱财会使子孙沉湎于享乐之中，反生祸害，而书籍却能使之益智，进而"保世滋大"，建立功名，是有益无弊的。丘晋昕的话详细阐明了为何"遗金"不如"遗经"的道理。又如广东藏书家梁廷枏，平日食用俭朴，不敢多有所耗，而买书却不计费用，他以为藏书"可长守勿失，以是贻子孙，俾获耳目濡染于博雅之林，胜于奢靡服食者远甚"③。梁氏以书籍相传，希望子孙耳濡目染，虽不能为官，或可跻身于"博雅之林"的想法，也是这类藏书心态的愿望。"遗金满籯，不如一经"的藏书心态进则可望子孙读书做官、保世滋大；退则可防子孙因财产而奢靡衣食、家破名裂。因此，这类藏书家把藏书看做是有百利而无一弊的遗产。

四、藏书私秘、祈求永保的心态

历代藏书家都渴望自己的藏书"子子孙孙，世代永保"，这种渴望自然是缘于绝大多数藏书家得书之不易与藏书之艰辛。于是许多藏书家都有告诫子孙继承先志、保存藏书的家训、族训。唐开元时藏书家杜暹藏书万

① 刘昫等：《旧唐书》，卷五十九，《李袭誉传》，北京，中华书局，1975。

② 邹浩：《道乡先生文集》，卷三十六，《李季侔墓志铭》，清道光刻本。

③ 何多源：《广东藏书家考》，载《广州大学图书馆季刊》，第1～2卷，1935。

卷，为了教育子孙保护典籍，他在每一部书上都题有"家训"："清俸买来手自校，子孙读之知圣道，鬻及借人皆不孝。"①这是最早可考的藏书家所立的训诫。

宋代以来，藏书家关于保护藏书的禁约渐次增多，立禁目的是善保图书，世代永传，主要内容不外是杜暹提到的"鬻及借人"两个方面：一是禁将图书售换财物，二是禁将图书借与外人。元代学者赵孟頫就曾在藏书卷末题辞曰："吾家业儒，辛勤置书。以遗子孙，其志何如。后人不读，将至于鬻。颓其家声，不如禽犊。若归他室，当念斯言。取非其有，勿宁舍旃。"②赵氏虽贵为文人雅士，显名当世及后代，但因爱书心切，出言亦不顾温文尔雅了。他不仅严戒子孙，不能卖书作禽兽行；而且还警告他人，"取非其有，勿宁舍旃"，不要对赵家藏书有非分之想。这种严禁子孙鬻书的戒约在传世的明清藏书印文中还可以找出许多。告诫子孙不得售卖图书是私家藏书祈求藏书永保心态的反映。又有一些藏书家不仅禁戒图书出售，还禁戒藏书出借。为保藏书永存，他们甚至椟藏典守，扃其楼钥，使举世不得寓目。此时，他们祈求藏书永保的心态已经发展为藏书私秘的心态。明代范氏"天一阁"一开始就立下了"代不分书，书不出阁"的族训。这些禁戒确实为避免图书流失发挥了作用，但往往也禁锢了图书的传布。清代私家藏书关于"藏书不出户"的规定也很多，"海源阁"杨以增就训示子孙，要让藏书"变世相传，珍秘逾恒"；"石笋馆"主人杨继振也在他的长篇印文里告诫子孙"勿以鬻钱，勿以借人，勿以贻不肖子孙"。总之，明清之际，私家藏书以深藏为旨的风气有愈演愈烈之势，他们对待图书"以独得为可矜，以公诸世为失策也"。"故人常人手犹有传观之望，一归藏书家无不绨锦为衣，旃檀作室，扃钥以为常。有问焉，则答无有。举世曾不得寓目，虽使人致疑于散佚，不足怪矣。"③从直接原因上看，藏书私秘心态是出于藏书家保守图书的目的。从根本上看，藏书私秘的心态是封建私有制经济形态的产物，特别是受封建小农经济一家一户、封闭的生产模式的影响，私家藏书极易形

---

① 周辉：《清波杂志》之《借书》，上海：上海古籍出版社，1991。

② 叶德辉：《书林清话》，卷十，《藏书家印记之语》，沈阳，辽宁教育出版社，1998。

③ 曹溶：《流通古书约》，上海，上海古典文学出版社，1957。

成藏书珍秘、家业世守的心态。古代藏书家总是希望图书"久传后世，津逮子孙"，甚至企图通过藏书私秘来确保图书的安全。但是由于封建社会生产力的落后，以及封建王朝改朝换代不断发生的政治动乱，因此藏书家永保藏书的愿望最终都难以实现。正如清末叶德辉所说的："诸人皆眷眷于子孙，究之藏书家鲜有传及三世者。"①以历代藏书家观之，子孙不克永保者比比皆是，而宋明以来，大藏书家所蓄书在身前身后由于各种原因的湮没和流散，尤昭昭在人耳目。这就使藏书家们产生一种莫名的恐惧，这种恐惧随着收藏的逐渐丰富、珍贵而与日俱增，甚至认为对某些珍本善本的收藏，是冲撞了鬼神，所谓"一聚是物者，必然取去，岂非物之美者，人心所在，鬼神临之，小有小异，大有大异。"②清代藏书家黄丕烈在他的题跋中也说："俗人以余好收古书，动以泄天地奇秘为戒。忆春初遭大儿之变，亲友劝余勿再收藏，然余反藉此消遣，故校此书时，犹在大儿七中。夏秋以来，心绪略定，不谓九月下旬，又值伯兄去世，伦常间多不如意事，造物之忌，其果然耶?"③于是，明清不少藏书家在痛感人力不济之余，祈求冥冥之中的神灵保佑，迷信鬼神造物对于书籍事故的主宰。如明末清初藏书家毛晋就在藏书印上刻写"在在处处有神物护持"的祈语，清代藏书家张蓉镜则在藏书中血书"佛"字，希望藏书无水火蠹食之灾。这些思想反映了藏书活动中祈求鬼神保佑图书的心态，折射出私家藏书聚书难，藏书、守书更难的客观情况，这是藏书家们一种无可奈何的精神寄托。

五、藏书公开的心态

私人藏书是应深秘封闭还是公开借阅，历来是藏书史上两种不同的藏书态度和价值观。在藏书史上，私人藏书公开借阅的现象最早出现于魏晋南北朝时期，如三国西蜀的向朗藏书丰富，他"开门接宾，诱纳后进"，藏书供人阅览。《晋书·儒林传》记载："范平，家世好学，有书七千卷，远近来

---

① 叶德辉:《书林清话》，卷十，《藏书家印记之语》，沈阳，辽宁教育出版社，1998。

② 郎瑛:《七修类稿》，卷十八，北京，中华书局，1959。

③ 黄丕烈:《士礼居藏书题跋记》，卷四，《茅亭客话》题跋，周少川点校，北京，书目文献出版社，1989。

读者，恒有百余人。"他的孙子范蔚还为来读书者筹办衣食。《南齐书·文学传》也记崔慰祖"聚书万卷。邻里年少好事者来从假借，日数十帙，慰祖亲自取与，未尝有辞"。宋代以后，藏书私秘的情况渐多，甚至还出现了所谓"借书一痴，还书一痴"的恶习，为书林中有识之士所不齿。金元之际学者刘祁，曾指斥借书不归的荒谬，他说："昔人云：'借书一痴，还书亦一痴。'故世之士大夫，有书多秘之；亦有假而不归者，必援此。余尝鄙之，以为君子惟欲淑诸人，有奇书当与朋友共之，何至靳藏，独广己之见闻？果如是，亦狭矣。如蔡伯喈之秘《论衡》，亦通人之一蔽，非君子所尚，不可法也。其假而不归者，尤可笑。君子不夺人所好，己所不欲，勿施于人。岂有假人物不归之者耶？①"刘祁不仅针砭借书不还的做法，同时也鄙夷藏书私秘的狭隘心态，他主张"有奇书当与朋友共之"，表达了学界书林中要求流通藏书、公开私秘的呼声。明清两代，虽然私秘的风气不减，但藏书公开的观念也在不断深入人心，成为不少藏书家积极的藏书心态。

其一，藏书家意识到图书是天下公器，把私秘图书、禁锢学术看做一种罪过。比如明季江阴李如一就以传播遗书秘册为己任，以慷慨借书为美德，钱谦益说他"好古嗜书"，"每得一遗书秘册，必赆书相闻，有所求假，则朝发而夕至"。李如一认为："天下好书，当与天下读书人共之！古人以匹夫怀璧为有罪，况书之为宝，尤重于尺璧，敢怀之以贾罪乎？"钱谦益将此称为"达言美谈"，并为之赞叹不已。② 与李如一同时的福建藏书家徐𤊹在批评"斗奇炫博，乐于我知人不知，宝秘自好而不肯传"的私秘心态时，则提出了"以传布为藏"③的观念，同样主张藏书家以传播图书、传播文化为己任。

其二，藏书家认识到藏书私秘的结果只能使典籍悄然湮没，互相封锁的结果于人于己都不利。明末清初的曹溶就十分反对封锁图书的做法。他认为，虽然书不借人"无可尽非"，但"我不借人，人亦决不借我，封己守株，纵累岁月，无所增益，收藏者何取焉？"他有鉴于深秘藏书易使图书形踪永绝的危险，在《流通古书约》中提出了一套互通有无、抄录相易的方法，并呼吁有财力的藏书家刊刻典籍，为古书"续命"，以广流传。这种互利互惠、

① 刘祁：《归潜志》，卷十三，北京，中华书局，1986。
② 钱谦益：《绛云楼题跋·〈草莽私乘〉跋》，北京，中华书局，1995。
③ 徐𤊹：《笔精》，卷六，《藏书》，福州，福建人民出版社，1997。

促进古书流通的思想在当时有很大影响。清乾嘉时藏书家张金吾、宋咸熙提倡藏书公开，无偿提供图书借阅，甚至赠书的行为和思想，又比曹溶更为先进。张氏指出深秘藏书害书害己，他说："若不公诸同好，广为传布，则虽宝如球璧，什袭而藏，于是书何裨？于予又何裨？"因此他抱着"乐与人共，叩必应"的态度，对外从不吝借图书。① 仁和藏书家宋咸熙则继承先父宋大樽传布藏书的遗风，他的《借书诗序》曰："藏书家每得秘册，不轻示人，传之子孙，未尽能守，或守而鼠伤虫蚀，往往残缺，无怪古本之日就湮没也。先君子藏书甚富，生时借抄不吝。熙遵先志，愿借于人，有博雅好古者，竟赠之，作此以示同志。"② 宋咸熙认为，藏书私秘加速了古书的湮没，因此他要以公开藏书，使图书得到更好的传布和保存。《借书诗》中有"能抄副本亟流播，劫火来时庶不湮"的诗句，表达了他的心志。

其三，藏书家还认识到，图书深椟珍秘，只是藏而不读；相反，只有流通藏书、传布藏书，才能有利于自己读书，达到"散于人转以聚于己"的效果。对于这一点，清代著名诗人袁枚有深切的体会。袁枚号简斋、随园老人，有"所好轩"藏书楼，藏书达 40 万卷。在乾隆时四库馆征书期间，袁枚将藏书散出，"传抄稍稀者，皆献大府；或假宾朋，散去十之六七"。他在《所好轩记》《散书记》《散书后记》《黄生借书说》等文章中多次谈到他的藏书，表达了传布藏书的思想。他认为深秘藏书，图书得不到利用，最终反易亡失。他从自己的藏书经验中总结出"散于人而聚于己"的奥妙。他说："凡物特为吾有，往往庋置焉，而不甚研读。一旦漓然欲别，则郑重慎谛之情生。予每散一帙，不忍决舍，必穷日夜之力，取其宏纲巨旨，与其新奇可喜者，腹存而手集之。是散于人，转以聚于己也。良田千畦，食者几何耶？广厦万区，居者几何耶？从来用物宏，不如取精，多删其繁芜，然后迫之以不得不精之势，此余散书之本志也。"③ 袁枚藏书善用，以公开藏书、传布藏书而利己利人利书，这是达观向上的藏书心态。

其四，以公开藏书嘉惠学子，真正造福后人，是许多藏书家开放藏书的心愿。比如，清道光间学者孙衣言，与其子、专治《周礼》的经学家孙诒让

① 缪荃孙：《艺风堂藏书续记》，通津草堂本。
② 宋咸熙：《思茗斋集·借书诗》，清道光刻本。
③ 袁枚：《小仓山房文集·散书记》，上海，上海古籍出版社，1995。

辛勤聚书，其家"玉海楼"藏书八九万卷。孙衣言主张藏书致用，他不仅督促子孙读书，还鼓励乡里学子到他的藏书楼念书。他在开放玉海楼藏书时，专门通告曰："乡里后生，有读书之才、读书之志，而能无谬我约，皆可以就我庐，读我书。天下之宝，我固不欲为一家之储也。"①

清光绪年间藏书家国英藏书二万余卷，为表明不私秘图书的态度，将藏书楼命名为"共读楼"。国英开放藏书的愿望也是为了嘉惠学子，培养人才。他说："愿嗜古者，暇辄往观。果就夫性之所近，谙练其才，扩充其识，将可以济时局，挽颓俗，储经邦济世、安民正俗之学，为异日报国资，是则余之厚幸而切望也夫。"②他寄厚望于开放藏书，培育学人，为国家储备济世安邦人才，其观念又具有更深一层的意义。藏书公开的心态和观念经过一批藏书家的倡行推广，逐步形成了一种思想倾向。这里要特别提出的是，乾隆时期山东藏书家周永年，更把这种藏书观念发展为完整的公共儒藏理论。周永年认为古来藏书"不为不多，然未有久而不散者"，究其散失的原因，在于私秘而不能公开。因而在明人曹学佺"儒藏"之议的基础上，借鉴释藏、道藏的藏经传播方法，著述《儒藏说》十八篇。《儒藏说》以"俾古人著述之可传者自今日永无散失，以与天下万世共读之"为目的，批驳了一些孤陋庸妄的说法，提出了组织公开阅览的藏书室，为天下好学之士提供方便的公共儒藏思想。他具体地规划了公共儒藏的建设方案，拟成"儒藏条约三则"：一是选择地点，建义学设义田，有书者出书，有钱者捐钱，形成一个公共藏书点，然后编定《儒藏未定目录》，依目求书，由少而多，逐步积累；二是"千里之内，有儒藏数处"，而藏书之处则宜择"山林间旷之地"，以避水火之灾；三是利用义田田租的收入作为公共藏书阅览点的费用，并推举"一方老成三五人，经理其事"。其经费可以适当接济前来求学的贫寒之士，"免其内顾之忧"，余款"仍贮存之，以为置书增田之费"。在公共儒藏思想的指导下，他身体力行地为实现这一目标而努力。首先，他相约同乡好友桂馥，一起出资买田地，设立公共儒藏"借书园"，并将自己辛苦收集的五万卷图书藏在"借书园"中，供四方学人阅览传抄。其次，他四处奔走，给师友写信，宣传儒藏乃"艺林中第一要事"，是"万世之利"，呼吁全社会都来关心公

---

① 孙衣言：《逊学斋文续钞》，卷三，《玉海楼藏书记》，清同治十二年刊本。
② 国英：《共读楼书目》序，清光绪五年刻本。

共儒藏的建设。

当然，由于社会生产力与观念形态的制约，周永年这种接近于近代公共图书馆的藏书设想，在当时是行不通的，但是，他创立的公共儒藏理论，以及开放藏书的可贵实践，在中国古代私家藏书楼向近代公共图书馆的过渡性进程中，具有筚路蓝缕之功。他的《儒藏说》是中国藏书史上的重要文献。他提倡的公共儒藏学说，反映出中国古代藏书家自我反省和自我意识的增强，说明他们已经具备利用藏书为社会文化事业和学术研究服务的自觉意识和使命感。中国古代的私家藏书至此已经进入了一个自觉向着公共藏书发展的新阶段。

六、其他一些藏书心态

在古代私家藏书文化中，还有一些藏书心态虽然也可以找到其相应的行为事象，但这些藏书心态在藏书家的主体意识中，往往处于附属的位置；或者说，完全以这种心态作为藏书动机的人很少。以下例举的就是这些代表性不甚广泛的藏书心态。

第一例，附庸风雅的藏书心态。这种心态可以看做是读书乐心态的变异。书籍既然是知识学问的象征，藏书自然就形成了儒雅的一种外观表象。在历史上，儒雅作为传统人文精神的化身，是内在美和外在美的巧妙组合。因此，儒雅被封建社会许许多多有身份、有地位的人物所追求和模仿，一些达官贵人，乡绅富贾，尽管他们并不真正以读书为乐，但是他们在社会和潮流面前，不愿意充当无知者与落伍者，于是要附庸"书香门第"这种风雅。附庸风雅的藏书心态，是文化上的顺从心理，这种心理往往伴随一种社会思潮或文化现象的流行而在一些呼应者的身上形成。特别是清代，由于朴学学风云兴霞蔚，不仅士人言必称考据，对书籍的收藏考订极感兴趣，就是官方也动员了巨大的财力、物力编纂规模巨大的丛书、类书以及其他"钦定"的书籍。藏书习尚蔚然成风，吸引了各阶层人物的投入和参与，其中自然有一些是随波逐流的人物。应该说，藏书文化在潜移默化中确曾将一些原本并不真正爱书的人造就成真正意义的藏书家；但也应指出，有些人的藏书永远只是附庸风雅、装点门面而已。例如清人陈其元在《席闲斋笔记》中嘲笑的昆山县令王安定，蓄宋本而深椟秘藏，只为炫奇夸珍，并不知所用，就是突出的代表。

第二例，藏书消闲的心态。这种心态或多或少地存在于古代藏书家的收藏活动中，有些藏书家在治学之余，观赏书籍，品味楮墨，在清雅之中，寻找一种美的享受，这不仅是无可非议的，其雅致也令人思慕。但有些藏书家则专以藏书作为无聊消遣的对象，这样的心态无疑是消极颓丧的心理状态，是不可取的。以清代藏书家而言，其消闲心态的成因是多方面的，有的是为了躲避清廷"文字狱"的祸害，寻求一个与世无争的"避风港"；有的是领教了官场的倾轧而绝意仕宦，无所事事之际，以藏书观赏作为消遣的良法；有的则是由于科举失意，仕途无望，转而以藏书校书排遣胸中郁闷。这种藏书心态，在一些藏书家的题跋、诗文乃至藏书印章中都可以反映出来。清末藏书家叶德辉在他的"校书八善"中所反映的无聊消遣的意味，就很有代表性。如第一善曰："习静养心，除烦断欲，独居无俚，万虑俱消，一善也"。第七善曰："长夏破睡，严冬御寒，废寝忘餐，难境易过，七善也。"① 可以看出，八善中的这两善，就是将藏书和校书作为解闷消遣的方法，借藏书打发无所事事、寂寞无聊的时光。

第三例，藏书养老的心态。叶德辉在《后买书行》中曰："斋斧倘有余，罄作收书费。问汝欲何为，老至谋生计。刻书复鬻书，较胜食租税。远法荛圃穷，近贪玉简利。"② 他在这段诗句里，表达了藏书目的中的一项，就是"老至谋生计"；并且还举了两个例子，一例是黄丕烈荛圃，在年老拮据时，以卖书维持生活；另一例是罗振玉玉简在日本买书卖书，颇获其利。应该说，有些藏书家为生活所迫，在穷困潦倒之际，出卖自己的藏书来维持生计，是无可非议的。但如果收书伊始，就打着奇货可居、买卖获利的主意，就未免有些市侩的俗气了。清代藏书家中有些人虽不是书贾，但也颇有这种市侩气，这自然是私有制社会的产物，今天看来也就不足为奇了。

第四例，为封建文化"卫道"的心态。封建社会的藏书家，思想无不打上当时社会意识形态的烙印，只是或多或少，程度不同而已。许多藏书家在收聚图书，或者清理前人遗藏时，总是自觉、不自觉地把那些"离经叛道""不登大雅之堂"的图书排除在收藏范围之外。最为可笑的是清代有位

---

① 叶德辉：《藏书十约·校勘》，沈阳，辽宁教育出版社，1998。
② 叶德辉：《书林清话》，卷九，沈阳，辽宁教育出版社，1998。

藏书家石韫玉，自觉成为封建文化的卫道士，为铲除异质文化图书不遗余力。他曾对人说："吾辈著书，不能扶翼名教，而凡遇淫词小说及一切得罪名教之书，须拉杂摧烧之。"据记载：

> （石韫玉）家置一书库，名曰"尊海"，盖投诸浊海，冀弗扬其波也。一日阅《四朝闻见录》，有劾朱文公疏，拍案大怒。急谋诸妇，脱臂上金跳脱，质钱五十千，遍搜坊肆，得三百四十余部，投诸火。①

此公迂腐可笑，人建书楼为藏书，他建书楼为焚书。想见他那为销毁典籍急不可耐、必斩草除根而后快的样子，不仅可笑，而且可恶。

古代私家藏书的文化心态，是与传统文化的积淀、社会物质生产力及社会经济环境紧密相关的。对不同藏书文化心态的剖析，是藏书文化研究不断深化的需要。其意义在于通过对藏书家不同文化追求的考察，认识中国古代私家藏书文化的主流和支流，确认其应予继承或扬弃的对象，以利于当代藏书文化及图书文化的发展。

北京师范大学史学探索丛书

---

① 法式善：《槐厅载笔》，卷十四，《续修四库全书》，第 1 178 册，上海，上海古籍出版社，2002。

中国古代私家藏书文化研究论纲

中国古代私家藏书是一种内蕴极其丰富的文化现象。从文化形态学的角度来看，它既有汗牛充栋的图书、巍然矗立的藏书楼等物态文化，又有在长期藏书活动中形成的措理之术和风尚、习俗等行为文化，还有藏书家主体因素潜层的心态文化。如此丰富的内容，决定了古代私家藏书必然成为中国文化史研究的一个重要课题。

以往对于古代私家藏书多专注于藏书家的个案研究，或一朝一地藏书家事迹的考述，未能综合地将古代私家藏书作为一种文化现象，置于社会历史环境的总相中进行考察，深入探讨私家藏书在长期活动中所形成的基本模式和文化积淀，从而揭示其文化内涵和社会功能。本文拟从古代私家藏书的发展线索与特征，对私家藏书文化研究的对象、内容和意义等方面略作阐述，探讨从文化视角展开古代私家藏书研究的基本思路和技术路线，以就教于方家。

一、中国古代私家藏书的发展及特征

古代私家藏书可以追溯到春秋时期的孔夫子。孔子身后，弟子在其所居堂室"庙藏孔子衣冠、琴、诗、书"[1]。战国时期，诸子蜂起，为私家藏书的发展准备了适宜的土壤，从此，私家藏书逐步形成一个藏书系统，与公家藏书并行不悖，互为补益，绵延数千年至清末。古代私家藏书在两千年的进程中，经历了几个不同的发展阶段。

第一阶段是古代私家藏书的成长期，相当于春秋末年到东汉结束。在这个阶段，我国古代学术思想经历了百家争鸣的文化运动，产生了六艺、诸子、史学、兵家、医学、天文、地理等大批典籍。虽经秦火之劫，私家藏书仍保留下一批图书种子，汉代借此恢复百家之学。武帝之后，经学大为发展，经书典籍数量剧增，史学著作在两汉也有明显增加。此期典籍的

---

[1]　司马迁：《史记》，卷四十七，《孔子世家》，北京，中华书局，1982。

形制主要为简帛书。由于竹木简比较笨重，书写和携带、保藏都很不方便，因此在一定程度上限制了私家藏书活动的发展速度。虽然出现了像西汉河间献王、东汉蔡邕那样收藏颇丰的藏书家，但私人藏书还是主要局限在少数学者、士大夫中间，未能形成较为广泛的现象。

第二阶段是古代私家藏书的发展期，相当于魏晋南北朝至隋唐期间。此期我国学术文化得到了迅速发展，特别到了隋唐时期，出现了高峰。经、史、子、集四部典籍，包括佛道经典，比汉代大大增加。由于东汉末年蔡伦在造纸技术上有新的突破，纸的产量大增，纸相对竹木简来说，轻便而易于收藏携带，成本较低。因此，到南北朝时，纸的运用已十分普遍，简帛书为写本书所代替。写本书简便易作的特点，引起了图书生产的革命，图书流通量的增加激发了藏书家们收藏的积极性。到了唐代，藏书家数量逐渐增多，私家藏书在士大夫中间成为一种普遍的文化现象。从文献记载上看，唐代个人藏书达万卷的藏书家有十五六人。由于私家藏书得到较为充分的发展，私家藏书的措理手段和意识如藏书楼、校书、编目、传录等，大多发轫于此期，而图书价值和藏书观点在此期也开始有了分化。

第三阶段是古代私家藏书的兴盛期，相当于宋代至清末。此期我国古代学术文化发展至高峰并进入总结阶段，为典籍撰作提供了丰富的思想认识源泉；雕版印刷的普及带来了图书生产上的又一次革命，印本书代替了写本书。由于印刷术的使用，书籍复本量大大增加。此时期私家藏书这种文化现象冲出士大夫阶层，波及乡绅、豪门、商贾乃至一般读书人家，藏书人数大增。到鼎盛的清代，有明确史实记载的藏书家已超过千人。在私家藏书的措理技术方面，藏书家不仅积累了大量实践经验，而且出现了有关专著。私家藏书的藏书习俗和风尚蔚为大观，藏书楼、藏书印和其他藏书嗜好的流行，藏书家藏书观点的多元化发展，以及私家藏书文化对社会的反作用和影响，都反映出私家藏书文化的丰厚和成熟。

与公家藏书相比，私家藏书具有自觉性特征。因为每个藏书家的收藏都是自觉自愿地进行的，他们"一生精力，耽耽简编，肘敝目昏，虑衡心困，艰险不避，讥诃不辞。节缩饔餐，变易寒暑。时复典衣销带，犹所不顾"①。他们用情于书，几成痴迷，即所谓"淫嗜生应不休，痴癖死而后已"②。毋庸讳言，有些藏书家的藏书动机也并不是很纯洁的。但是他们藏书的自觉性却是惊人的一致，这种自觉性是推动私家藏书事业不断发展的动力，客观上促进了私家藏书事业的繁荣，为保存民族传统文化遗产建树了业绩。

私家藏书又有多样性特征。从藏书阶层看，有士大夫，有官僚豪门，有乡绅富贾，也有一般的布衣学子。从藏书家类型看，有著述型、校勘型、收藏型、贩贾型等。不同类型的藏书家从不同途径发展了私家藏书，有的将藏书内容转化为新的知识体系，有的校订了图书中的讹误，有的搜采异本，精于措理，有的储存吐纳，促进了图书的流通。私家藏书的多样性特点从各个渠道丰富了藏书文化。

私家藏书还具有鲜明的情趣性特征。私家藏书与公家藏书最大的差异，就在于私家藏书除了实现藏书、读书等基本目标外，还注重在藏书的过程和形式中，追求精神上的享受和内心的平静、悠逸。"饥读之以当肉，寒读之以当裘，孤寂读之以当友朋，幽忧而读之以当金石琴瑟"③，这是宋代藏书家尤袤的藏书情结。"读未曾见之书，历未曾到之山水，如获至宝，尝异味，一段奇快，难以语人"④，则是明代藏书家谢肇淛的藏书情趣。由此可见藏书家怡情于书之一斑。如果再深入研究一下私家藏书对藏书楼号的命取，藏书印文的内容，以及各种充满情调的藏书习俗，则可充分了解私家藏书中丰富的思想感情与文化内涵。

私家藏书的互补性特征，是私家藏书发挥其社会功能的重要机制。私家藏书的互补性功能是多方面的，首先是私家藏书从公藏中接纳流散图书，或得以抄录，或得以赐授。其次是私家藏书之间互相传录，以达到"有功于古人也，己所藏日以富也，楚南燕北皆可行也"⑤的流通目的。此外还有私家藏书间从一家散出，到另一家继承的授受关系。然而最值得注

---

① 祁承爜：《澹生堂藏书约》，《丛书集成初编》本，上海，上海商务印书馆，1936。
② 徐煟：《藏书屋铭》，叶昌炽：《藏书纪事诗》，卷三，北京，北京古典文学出版社，1958。
③ 杨万里：《遂初堂书目序》，尤袤：《遂初堂书目》，《丛书集成初编》本。
④ 谢肇淛：《五杂俎·事部》，文渊阁《四库全书》本，上海，上海古籍出版社，1987。
⑤ 曹溶：《流通古书约》，《丛书集成初编》本。

意的是私家藏书对于国家藏书的补给，每当改朝换代，新朝甫立之时，朝廷总是要向民间"征书"，这几乎成为历代国家藏书建立或恢复的一条规律。私家藏书通过对国家藏书的补充，保存传递前代文化典籍，使原有典籍在更高层次和更大的范围内得到认可、保存、整理和传播。私家藏书对国家藏书的补充，是私家藏书保存、传播文化遗产的重要形式。

二、中国古代私家藏书文化研究的途径

私家藏书文化即指在私家藏书活动中所呈现的物质与精神两方面内容的总和。

古代私家藏书文化研究以古代私家藏书的史实为基础和根本依据，因此，首先要研究藏书的主体即藏书家们在历代藏书事业中的实践活动。正是历代藏书家不辞辛苦，废寝忘食地忘我工作，才使得私家藏书为保存和传承祖国传统文化作出了卓越的贡献，同时也为私家藏书文化本身创造和积累了宝贵的财富。吴晗先生曾概括和总结藏书家辛勤藏书的业绩说：

> 藏书之风气盛，读书之风气亦因之而兴。好学敏求之士往往跋涉千里，登门借读，或则辗转请托，录副本，甚或节衣缩食，恣意置书。每有室有悬磬而书充栋者；亦有毕生以抄诵秘籍为事，蔚成藏家者。假本既多，校雠之学因盛，绩学方闻之士多能扫去鱼豕，一意补残正缺，古书因之可读，而自来所不能通释之典籍，亦因之而复显于人间。甚或比勘异文，发现前人误失，造成学术上之疑古求真风气。藏家之有力者复举以剞劂，辑为丛书，公诸天下。数百年来踵接武继，化秘籍为亿万千身，其嘉惠来学者甚多。①

在这段话里，吴晗先生从藏书家的访书、藏书、校勘、刊刻流传等一系列环节，总结了私家藏书的文化成就及藏书家的牺牲精神。考察历代私家藏书发展进程，不仅要发现历代私家藏书事业的进步和发展特征，揭示历代私家藏书主要的授受源流，而且要展示各代藏书家弘扬中华民族惜

---

① 吴晗：《江苏藏书家史略·序言》，《江浙藏书家史略》，北京，中华书局，1981。

书、读书、治学的可贵精神。

私家藏书文化研究必须坚持社会存在决定社会意识的唯物观点，用人们生产、经济、政治的社会存在来揭示藏书文化发展或停滞，甚至倒退的根本原因。在社会存在诸因素中，哪些因素最能促进或制约私家藏书的发展呢？马克思主义认为，物质生产的发展是社会发展的"决定性力量"①，而生产技术这种"直接生产力"则是物质生产方式中最活跃的因素，"是历史的有力杠杆"②。因此，藏书文化研究应从典籍生产技术的变化入手，从"造纸术"的发明，到"印刷术"的发明，认识私家藏书事业发展的两次飞跃。社会经济发展水平同生产技术一样，同属于私家藏书文化的物质基础，它使藏书家具备更强的经济实力来投入藏书活动。另外，社会商品经济的发达，也必将促进图书这种特殊商品的流通，为私家藏书提供大量的收藏来源。

社会环境中的政治形势和学术风气，则分别通过外在的因素和内在的因素影响私家藏书文化。安定、昌盛的政治局面，自然为私家藏书带来了良好的政治环境。反之，战乱兵燹，或者统治者的高压政策，则必然给私家藏书带来破坏。一个时代的学术风尚是影响藏书活动的重要内因，如春秋战国百家争鸣的思想解放运动、清代博学于文的朴学学风，无不对私家藏书的兴起或兴盛有着直接的影响。

一定的文化活动，总要在一定的地域上展开。因此，考察私家藏书文化时，不仅要注意到不同地域藏书家分布的不平衡，而且要注意到这种不平衡状态是随着地域人文条件的变化而变化的。宋以前，北方黄河流域的地理环境相对优越，得到较早的开发，全国的经济、政治、文化重心集中于黄河流域，因而北方私家藏书相对南方来说比较发达，而宋以后，随着全国经济重心向江南的迁移，私家藏书文化的中心也随着转移。这里的因果关系和私家藏书分布的前后变化，是需要私家藏书文化的研究加以考察和说明的。此外，还应注意历代京都在私家藏书活动中的特殊地位。京都历来是全国政治文化中心，正如明代藏书家胡应麟所说："海内舟车辐辏，

---

① 《马克思恩格斯选集》，第 4 卷，192 页，北京，人民出版社，1972。

② 《马克思恩格斯选集》，第 19 卷，372 页，北京，人民出版社，1972。

筐篚走趋，巨贾所携故家之蓄错其间，故特盛他处。"①所以，历代京都往往是私家藏书繁华之地。

古代私家藏书经过两千多年的发展，逐渐形成了藏书风格和藏书情趣各不相同的模式、类型，积累了一系列丰富而又切实可行的藏书经验。古代学者和藏书界对于藏书类型曾有各种归纳和解释，私家藏书文化的研究应该根据客观的事实总结藏书类型，并考察他们通过各自不同的方式为藏书事业及社会文化作出的贡献。中国古代对于藏书的整治和保护很早就出现了，晋齐王司马攸"好学不倦，借人书，皆治护"②。南北朝隋唐之际，关于典籍的保藏设施，典籍的修补、保护技术已有一些记载。两宋雕版印刷盛行以后，随着收藏数量愈富，藏书家的措理之术愈精。历代藏书家以兵燹、水火、虫蠹等惨痛教训换回的收藏经验，既有付诸实践的实际事例，又有散见于文集、笔记的零星记载，更有汇为专著的《澹生堂藏书约》《藏书纪要》《藏书十约》等著述。这些"甘苦之言"和"益人见识"的措理之术，堪称"收藏之指南而汲古之修绠"③，是私家藏书文化研究应该认真总结的宝贵财富。

黑格尔说："内容非他，即形式之转化为内容；形式非他，即内容之转化为形式。"④私家藏书文化是通过其收藏过程和被称为藏书习俗的一些形式来体现他们的精神追求和内心感受的。所谓的文化，实际上在许多情况下，常体现在一系列复杂的过程和近乎仪式的习俗中。藏书家保藏图书、体现措理之术的种种环节是一个复杂的过程，藏书家往往通过藏书楼的设置和命名、藏书印的使用和印文内容的含义，以及绘画、征诗、赛书、祭书等形式来表达他们对典籍的敬意和惜书之癖。对于古代藏书家一些或痴或迷的藏书习俗，不能简单地看做是无病呻吟或玩物丧志，而应该看到正是藏书家们对民族文化精粹视为神圣的精神，对于藏书活动一丝不苟的态度，才能通过各种形式将私家藏书文化演为极致。换言之，研究私家藏书文化不能轻视那些演绎文化内容的形式，要通过考察私家藏书活动

① 胡应麟：《少室山房笔丛·经籍会通》，文渊阁《四库全书》本。
② 《太平御览》，卷一百六十九，文渊阁《四库全书》本。
③ 叶德辉：《藏书十约·序》，《郎园先生全书》本。
④ 黑格尔著，贺麟译：《小逻辑》，北京，商务印书馆，1980。

的各种风尚和习俗，透视藏书家的精神寄托和追求。并进而总结私家藏书不同的文化心态，把握私家藏书文化的主流和支流，及应予继承或者扬弃的不同对象。

私家藏书文化的社会功能体现于它保存和传播文化遗产的巨大成就。如果我们把古代私家藏书活动，放到几千年文化典籍聚散分合的长河去考察，便可以确切体会到分散自流、数量庞大的私家藏书在客观上起着存传文化遗产的作用。这种作用至少可以从两方面来认识：一方面，私家藏书作为公家藏书的补给库，尤其是在遭受战争破坏之后，政府往往向民间征书，依靠私家藏书来恢复或者重建公藏。另一方面，宋代以后，许多藏书家自行刻书印书，大大增加了典籍复本，为防止许多珍稀古籍的亡佚，提供了有力保障。私家藏书文化研究应该总结藏书家刊印传布图书的成就，揭示历代藏书家保存传递文化典籍的贡献。私家藏书不仅对文化典籍有保存传递之功，藏书家在保藏的过程中还对典籍进行整理和研究，编撰了大量藏书目录和题跋，记载了典籍的流传状况和各门学术的演变发展。"辨章学术，考镜源流"；"积书而读，丹铅治学"是私家藏书的优良传统，这种优良传统和学术上的成就，自然也是私家藏书文化研讨的内容。

三、从文化视角研究中国古代私家藏书的意义

由于私家藏书事业在中国文化史上的重要地位和显著贡献，自清代以来，便引起学者们的广泛注意和研究兴趣。先后出现的《吴兴藏书录》和《武林藏书录》，记载了江浙私家藏书的史实。清代研究私家藏书的专著，则以清末叶昌炽的《藏书纪事诗》最为重要，它收集"正史以逮稗乘方志、官私簿录、古今文集"中史料[1]，为近 800 名藏书家立传。其著述体例为后来不少学者所仿效。

近代以来，对私家藏书和藏书家研究的撰著大量涌现，其成果大致有以下几个方面。

第一是对藏书家传记的撰述，如洪有丰的《清代藏书家考》系列论文，袁同礼的宋明清《私家藏书概略》系列论文，杨立诚、金步瀛合编的《中国

---

[1] 叶昌炽：《藏书纪事诗·自序》，上海，古典文学出版社，1958。

藏书家考略》，潘美月的《宋代藏书家考》，郑伟章、李万健的《中国著名藏书家传略》等。

第二是对某地或某人藏书的专题研究，如聂光甫的《山西藏书考》，陈登原的《天一阁藏书考》，吴晗的《江浙藏书家史略》，何多源的《广东藏书家考》，顾志兴的《浙江藏书家藏书楼》等。

第三是有关于藏书史料的文献汇编，其中最突出的有李希泌、张淑华合编的《中国古代藏书与近代图书馆史料》，以及由徐雁、王燕均合编的《中国历史藏书论著读本》。

第四是在藏书史中包括了对私家藏书的研究，近年出版的由任继愈、肖东发等主编的《中国藏书楼》和由傅璇琮、谢灼华主编的《中国藏书通史》，就包括了许多私家藏书史的内容。

20世纪80年代以来，随着图书馆学、目录学、藏书史研究的深入开展，有关于私家藏书研究的成果更如雨后春笋，层出不穷。然而，总的看来，以往的研究虽然发掘整理了有关私家藏书的丰富史料，记载了古代藏书家矢志藏书、保存祖国文化遗产的大量史实，却还未将古代私家藏书作为一种文化现象展开全面总结和综合研究，进而从文化视角发掘古代私家藏书深层的文化内涵。

把私家藏书作为一种文化现象，将它放到社会历史环境的总相中进行考察，可以分析社会历史环境与这一文化现象相关的诸因素，彼此间的互相关联、作用与反作用。作为一种文化现象，我们可以研究私家藏书的长期活动究竟形成了什么文化积淀，并从文化的视角，对私家藏书过程中形成的种种仪式、习俗作出合理的、准确的解释。古代私家藏书完全依靠藏书家个人自觉自愿的行动，那么，是什么力量促使藏书家作出种种艰苦卓绝的不懈努力呢？私家藏书文化研究可以透过许多文化表象，挖掘藏书家深层的文化心态，从而把握私家藏书不同发展路向的根源。概言之，从文化视角来研究私家藏书，不仅可以为古代私家藏书研究增添新的内容，把这项研究不断推向深入，而且可以切实地总结中华民族爱书、读书、治学的精神，继承和弘扬这种优秀的文化传统。

将文化史、社会史的研究方法引进藏书史研究领域，国外同行学者已经作过一些探索。我们注意到，自20世纪60年代以来，法国年鉴学派在研究书籍史的过程中，就综合使用了文化史和社会史研究的方法。这种

"打破间隔"的综合研究前后经历了两个阶段：第一阶段始自费布尔（L. Febvre）倡导的大众文化研究。1965 年，由 F·福雷（F. Furel）领导的集体出版了他们的研究成果《18 世纪法国社会的图书与文化》，他们以一个世纪的图书总体为问题，收集私人藏书书目，统计法国大革命前后巴黎民众保有图书数量变化的情况，分析图书的类别构成，以测度传统与革新的进退消长。这种研究图书史的新方法到 20 世纪 80 年代进入第二阶段，以沙尔杰（R. Chartier）为首的学者们在 1985 年出版了《读书行为》。他们希望从考察人们如何消化、利用图书的"读书行为"，去发现读法相同的人们——"读书共同体"，从而识别社会差异，了解人们对世界认知方式的不同。

以上这些研究方法和思路是可以被我们的藏书文化研究所借鉴的。我国私家藏书有大量私藏书目留存，采用不同时期或不同地域的私藏书目进行计量上的描述和分析，可以较为直观而准确地说明某种思潮或者文化风气的流变。比如，运用这一模式便可以尝试说明清末西学东渐的具体过程；又如，我国古代学者、藏书家历来有许多不同的读书方式和方法，孔子讲究"博学慎思"，陶渊明却"好读书不求甚解"。有时在同一个人身上，读书也有不同场合的不同方法，陆游好藏书，而且讲究读书因场合而异趣，他的《闭门诗》曰："研朱点《周易》，饮酒读《离骚》。"《六言杂兴诗》也曰："病里正须《周易》，醉中却要《离骚》。"①这些现象与内涵，都值得做深入研究。

---

① 陆游：《剑南诗稿》，文渊阁《四库全书》本。

古代史学的丰富遗产

我国的史学源远流长，经过几千年的积累和发展，为我们留下了丰富而瑰丽的遗产，成为中华传统文化非常重要的组成部分。早在文字产生以前，古代先民就有不少口耳相传的神话和故事。利用文字记载历史，始于古代的史家。《吕氏春秋·先识》说夏桀无道，太史令终古劝谏无效，弃而奔商。终古就是夏朝的史官。商代的史官，在甲骨文中称为"史""作册""尹"。周代的史官，沿用商的称号，金文里也有"作册""内史""内史尹"等称呼。周代的史官人数大大增加，《周礼·春官·宗伯》记有大史、小史、内史、外史、御史等不同职掌的史官。春秋时期，不仅王室有史官，各诸侯国也有史官的设置。《左传》里就记载了许多史官的活动和言论。鲁国有太史固、太史克，晋国有史苏、董狐、史龟，卫国有华龙滑、礼孔，齐国有南史氏，楚国有倚相、史皇，赵国有史墨，就连小小的虢国也有史嚚。

夏、商、周三代的史官负有双重使命，一方面，掌管天文历法、祭祷、贞卜等活动；另一方面，负责记录时事、起草文书、保管典籍等工作。西汉司马迁撰写《史记》以后，史学的地位得到提高，才逐步有了专任史学的别职。三国时曹魏开始设著作郎为撰史专职。南北朝时的北齐始置史馆。到了唐代，史馆制度得到进一步完善。唐贞观三年(629 年)，唐太宗设史馆于禁中，专修国史，由宰相任监修，又以他官兼任纂修，下设修撰或直馆等专职史官。唐以后史馆的设置虽有变化，但国家设立史馆的制度一直延续到明清。中国史学不仅有史官修史的古老传统，更有私人修史的传统。自孔子修《春秋》以降，历朝历代都有一批自觉自愿肩负述史资鉴重任的史家。因此，德国哲学家黑格尔感慨地说："中国历史作家的层出不穷，继续不断，实在是任何民族所比不上的。"[1]

关于中国古代的史学遗产，著名史学家白寿彝先生曾就历史观点、历史文献学、历史编纂学、历史文学等几个方面论述了中国史学遗产的成

---

[1] ［德］黑格尔：《历史哲学》(中译本)，16 页，北京，生活·读书·新知三联书店，1956。

就，并深入地分析了如何继承史学遗产的若干问题①。白先生的论述为这一问题的研究奠定了雄厚坚实的基础。本文拟在此基础上，从更为概括的角度，将古代史学遗产归纳为史学典籍、史学思想、史学传统三个方面进行阐述，以期有助于对我国史学遗产的了解和认识。

一、浩瀚的史学典籍

中国有文字可考的历史记载，至少可以从距今 3 500 多年的殷代甲骨文和殷、周时期的青铜器铭文算起。它们是当时王室和贵族占卜、庆赏活动的记录。这些文献，是中国历史记载的萌芽形式。中国最早的史学典籍，有产生于商、周时期的《尚书》，产生于西周时期的《逸周书》，以及西周、东周时期王室与诸侯的国史，还有产生于春秋战国时期的《春秋》《左传》《国语》《战国策》等。其中尤其是《春秋》《左传》，创立了史籍的编年体体裁。孔子因鲁史而作《春秋》，在内容上参考了周王室和诸侯国的国史。体裁上按年、月、日的时间顺序编排，这是孔子在继承国史形式上的发展。《左传》在编撰形式上略同于《春秋》，但在内容上却更为丰富，描写了具体生动的历史人物，记述了历史事件的始末，扩大了编年体史书记叙的容量，为后世大量编年体史书的出现奠定了基础。

西汉的司马迁著《史记》，记载了上自黄帝，下至汉武帝时期长达3 000年左右的历史，创立了以本纪、表、书、世家、列传五种结构组合而成的纪传体体裁，这种综合性的史书体裁以多种结构和体例囊括纷繁的史事，覆盖面广，历史内容丰富，符合了封建帝王"大一统"的思想，因此得到提倡。以这种体裁记载历代史事的"二十四史"被称为"正史"，在各类史籍中处于主导地位。

此外，典志体和纪事本末体史书也是数量众多、自成体系的重要史籍。典志体史书专记一代或数代典章制度，创始于唐代杜佑的《通典》。此书分食货、选举、职官、礼、乐、兵、刑、州郡、边防九门，每门又分若

---

① 参见《白寿彝史学论集》上册：《谈史学遗产》以及《关于〈谈史学遗产〉》《谈历史文献学》《谈史书的编纂》《谈历史文学》（即《谈史学遗产》答客问之一、二、三、四）等，北京，北京师范大学出版社，1994。

干目，目下以朝代为序，依次记述上起黄帝、尧、舜，下迄唐玄宗天宝末年各种典章制度的沿革兴废和历代的评价。纪事本末体史书以南宋袁枢的《通鉴纪事本末》为开端，《通鉴纪事本末》据《通鉴》而剪裁改编成书，将《通鉴》所记1 000多年的历史归纳为239个题目，每题一事，每事一篇，详记始末，故称为"纪事本末"。

清代《四库全书总目》将中国古代史书分为15类，除了上述编年、纪传、典志、纪事本末四种重要史籍外，还有传记、载记、诏令奏议、史抄、时令、地理、目录、史评等多种类型的史书。仅《四库全书总目》记载的史书就有2 126部，38 293卷，而在它记载之外的史书数量则更有数倍之多。历来称中国古代史书浩如烟海、汗牛充栋，这是毫不夸张的。古代史书以多种多样的表现形式，蕴涵丰富的内容，全方位地反映了中国历史的各个方面。因此，多样性是中国史籍的一大特征。

中国古代史籍还有连续性特征。中国是世界上几个文明古国中唯一一个文明不曾中断的国家。历代史家自觉保持了总结前代历史、察古知今的传统和史学的创作热情，因此自《春秋》以下，各类史籍往往连续性累积，形成了上下贯通的宏伟系列。以编年、纪传、典志、纪事本末四类重要史书而言，编年体史书自《春秋》《左传》以后，历史上又有许多续写之作，先后出现了两次编纂高潮。一次是东汉末荀悦将《汉书》改写为编年体《汉纪》，因其"辞约事详"而大行于世，引起史家对编年史的兴趣，于是魏晋南北朝时期涌现出一大批编年体史著。另一次是北宋司马光编纂《通鉴》，记载由战国时期的周威烈王至五代时周世宗前后一千年的历史。《通鉴》以编年为主，兼取纪传体的本纪、列传、书志诸体之长，发展了编年体裁，重新掀起了撰写编年史的高潮，南宋时期就有大量编年史书问世。司马光以后，著史者群起效法《通鉴》体例，补作续作，形成了"通鉴学"系列。直至清代夏燮的《明通鉴》为止，"通鉴学"著作接续地记载了由先秦至明代的中国历史。纪传体史书也是如此，一部"二十四史"再加《清史稿》，前后相续地记载了黄帝至清朝宣统年间的历史。典志体史书在杜佑《通典》、南宋郑樵《通志》、元代马端临《文献通考》"三通"之后，又有"续三通"和"清三通"，再加上刘锦藻的《清朝续文献通考》，典志体史书的"十通"连续记载了整个中国古代的制度史。纪事本末体史书也是如此，继《通鉴纪事本末》之后出现的十几部朝代性纪事本末，从记载上古先秦史事的《绎史》，到

《清史纪事本末》，也是上下连贯，自成一大流派。

创新性特征在中国古代史籍的内容和形式上也有突出的表现。从形式上看，中国古代史书形式多样的体裁，正是史家不断创新的结果。重要的史书体裁除上述提到的编年、纪传、典志、纪事本末之外，又有唐朝刘知几撰写的《史通》开史学评论专著之先河；晚唐苏冕撰写《会要》，专记唐朝典志沿革，创立断代典志史体裁；南宋朱熹作《通鉴纲目》，以纲提要，以目纪事，使纲目体成为编年史的新形式；明清之际的黄宗羲作《明儒学案》，倡导了学术史的写作。从内容上看，相同体裁的史书不仅在史实的记叙上前后相续，而且不断拓展了记载范围。比如，司马迁创立纪传体体裁之后，后代纪传体史书在志书、列传、史表上都有或多或少的变化。《汉书》就在《史记》书、表的基础上增设了艺文志、地理志和古今人表。编年史也在不断的创新中发展，东汉荀悦的《汉纪》已对编年史的纪事内容有了拓宽。到了司马光的《通鉴》，更是在编年之中融合各种史体，将记载人物、典制的内容纳入相应之年，又充分运用追叙、插叙、附叙、带叙等方法交代事件之始末，使之成为一部体大思精、网罗宏富的名著。史书内容的创新，还包括史学思想的不断丰富。历代史家根据自身所处时代的特点，在各自撰写的史著中反映了对于历史的分析评论、总结与思考。

二、独到的史学思想

古代史学遗产还包含了史家、思想家对于历史和史学的种种认识。外国学者常常服膺于中国古代浩瀚的史籍，而对中国古代有无深刻的史学思想却持怀疑态度。其实，随着历史的延伸，中国古代学者对历史和史学的认识也在不断地丰富和发展。古代学者的史学思想包括对历史的认识和对史学工作的认识两个方面，这些思想内容不仅反映在史学著作中，也反映在史学家和思想家的各种著述之中。

（一）对客观历史的认识

在中国史学的发展过程中，史家对客观历史的认识，主要是考察历史是怎样变动的，历史变动的动因是什么。对这些问题的不同解答，表现出史学家、思想家不同的思想观点。这里主要介绍古代学者有关历史认识的若干重要命题。

一是"天命"与"人事"的关系。这是关于社会历史现象是由"天命"决定，还是由"人事"造成的思考。"天命论"是中国古代的一种历史观念，人们认为社会治乱、王朝兴衰甚至人的祸福吉凶都是"天命"决定的。比如《尚书》的《洛诰》《多士》等篇章在谈到商朝灭亡时，就说是上天的决定，"天降丧于殷"；周朝灭商是"将天明威"，奉了上天的旨意。然而，早在西汉司马迁作《史记》时，在许多篇章中便已认识到"人事"在历史过程中的作用。他在《项羽本纪》中批评项羽所谓"此天之亡我，非战之罪也"，将失败归于天意的说法，认为项羽之败，应从他自身的所作所为去找原因，用"天之亡我"来解释是十分荒谬的。在司马迁之后又有许多史学家、思想家批评了"天命"史观，比如唐代刘知几反对在史书的《五行志》中，以灾异祥瑞说明天道；柳宗元阐明"天命"的虚妄，指出所谓"天诛""天罚"的毫无根据。以司马迁为代表的古代学者在"天""人"关系的探索上，不断地从"天命论"的束缚中挣脱出来，对于人事的历史作用取得了丰富的认识。

二是"人事"与"时势"的关系。这是关于在社会历史变动中，人的主观思想和客观情势各有什么作用的认识。也就是说，人在社会历史过程中是可以随心所欲呢，还是要顺应社会历史发展的趋势而动？这个问题与上述"天命"与"人事"关系的问题同属于历史变化动因的认识范畴。早在先秦时，思想家就讨论过"时势"的问题，《韩非子·难势》说："抱法处势则治，背法去势则乱。"指出有治国之法还要处势、顺势，方能得治。司马迁在《史记》中也多处提到"势"的作用。比如，他在谈到周朝末年无可奈何的衰败时，认为"非德不纯，形势弱也"[①]。在分析秦王朝快速灭亡的原因时，他认为是秦始皇和二世不明建国与守业"攻守之势异"[②]，只用严刑酷法而不施仁义所致。自司马迁以下，不少史家和思想家都讨论过"人事"与"时势"的关系。但赋予"势"以史学之明确含义的，是柳宗元的《封建论》。他以历史事实反复论证了殷周时的"封建制"、秦朝的"郡县制"，都是社会发展趋势所决定的，从而明确了"人事"要顺应"时势"发展的思想。

三是"时势"与"事理"的关系。这是关于社会历史变动的外在表现是否存在"理"的内在支配的讨论。中国古代史家很早就注意探究历史变化中

---

① 司马迁：《史记》，卷十七，《汉兴以来诸侯王年表》，北京，中华书局，1982。

② 司马迁：《史记》，卷六，《秦始皇本纪》，北京，中华书局，1982。

"事理"。司马迁作《史记》时就提出了"究天人之际，通古今之变，成一家之言"的宏伟目标。到了宋元时期，由于理学的发展，思想家和史学家注意对历史过程作理性的思辨，论史而求理。比如，元代学者许衡就探讨过事物的"所以然"和"所当然"的关系。明末清初的王夫之作《读通鉴论》注重"求顺于理"，他还探讨"势"与"理"的关系，认为"只在势之必然处见理"①，"势"之所以成为必然的历史现象，是"理"在起作用；作为历史发展趋势的"势"是"理"的外在形式，而历史发展内在法则的"理"则是"势"的本质。

四是历史的进化与退化问题。这是关于历史运动方向的讨论。中国古代对于历史运动究竟是向前、倒退，还是循环往复，有不同的认识。《周易·系辞下》说远古先民"穴居而野处""结绳而治"，而到了黄帝、尧、舜时代，开始制作衣裳、舟车，"易之以宫室，上栋下宇"，说明社会历史是进步的。这种历史进化的思想，在《韩非子·五蠹》《礼记·礼运》等篇章中都有所反映。后来，柳宗元的《贞符》《封建论》，以及元代马端临在《文献通考》中对典章制度沿革发展的记叙，也都体现了历史进化的观念。古代也有认为历史在倒退的观点，比如《老子》说："民多利器，国家滋昏；人多技巧，奇物滋起。"把智慧技巧的出现看做祸害和退步的现象。也有人对历史运动看做一种循环往复的现象，比如司马迁的《史记·高祖本纪》论夏商周三代治国之道说："三王之道若循环，终而复始。"认为三王治道应在后代循环往复。

五是通变思想与历史盛衰论。这是关于强调历史过程运动变化的观点。通变思想首先体现在《周易》之中。《周易·系辞下》说："穷则变，变则通，通则久。"认为事物发展到尽头就要进行变革，变革之后才会畅通无阻，才会有长久的发展。历代史学家如司马迁、司马光、王夫之、章学诚在分析历史盛衰过程时，都自觉运用和发展了这种历史通变思想，提出要注意历史的盛衰之变，见盛观衰，及时变革。

（二）对史学工作的认识

史家对史学工作的认识，包括诚信著史、史学功用论、历史编纂论、史家修养等多方面的史学思想。这些思想许多已积淀成为中国史学的优良传统。这里主要谈谈古代史家在历史编纂学方面的思想认识。

① 王夫之：《读四书大全说》，卷九，《孟子·离娄上》，北京，中华书局，1975。

一是重视对文献资料的收集和考订。文献资料是历史研究和编纂史书的基础。孔子整理讲授"六经"时，就很注意文献资料的作用。他在讲授古礼时，曾慨叹"文献不足"①，认为只有文献充足才能表述。司马迁作《史记》，利用多种途径搜集史料，"网罗天下放失旧闻。"②他还注意对史料的鉴别和考订，如"考信于六艺""择其言尤雅者"③等。梁朝时刘勰《文心雕龙·史传》篇、唐朝刘知几《史通·采撰》篇都涉及对史料的选择处理问题。司马光修《通鉴》时广稽文献，专做《通鉴考异》，以考辨史料。到了清代，对文献资料的考证、辨伪，取得了空前的成就，钱大昕等学者提出了著史考史要"广收博采""言之有据"的文献征实思想。

二是重视史书义例。史家著史多注意体例，《春秋》一书记事虽简，但在叙述时讲究"属辞比事"，记载不同的人物行事有不同的说法。如记攻战，有称"伐"、称"侵"、称"袭"等，这些就是体例，后世将此称为"春秋笔法"。《史记》《汉书》的体例也很严谨，如传记就有专传、合传、类传等多种写法。刘知几作《史通·序例》，专门讨论史书的体例，他说："史之有例，犹国之有法。国之无法，则上下靡定；史无例，则是非莫准。"这充分强调了体例的重要性。清代章学诚的《文史通义》也有大量讨论史书体例的内容。古代史书体例的思想包括记载史事的起讫、内容编次、详记或略记、寓论于史，以及如何记时、记地、记人。比如，使用哪个王朝的年号纪年，往往表达对王朝正统地位的看法；把人物放在哪种传记中记载，也表达了史家的褒贬态度。这些都属于史书体例的重要观点。

三是重视史书的文采。史书记事，不仅要求材料真实可靠，而且要求叙述生动，文辞优美。班固在《汉书·司马迁传》中评论《史记》，就推崇司马迁"善序事理，辨而不华，质而不俚。"刘知几在《史通·叙事》篇中，深入分析了史书文采的重要性，强调"史之为务，必借于文"，"史之不文，行之不远"；"夫史之称美者，以叙事为先"。他把文字表述的优劣作为评价史书高下的一项重要标准。章学诚继承发挥了刘知几关于史书文采的观

---

① 孔子：《论语·八佾》，杨伯峻译注本，北京，中华书局，1980。
② 班固：《汉书》，卷六十二，《司马迁传》，北京，中华书局，1962。
③ 司马迁：《史记》，卷六十一，《伯夷列传》，卷一，《五帝本纪》，北京，中华书局，1982。

点，在《文史通义》中有多处的论述。比如他说："夫史所以载者事也，事必借文而传，故良史莫不工文。"认为历史记载必须依靠有文采的叙述才能广泛传播。中国史书的文学性具有很高的成就，其中如《左传》记语言、《史记》写人物、《通鉴》述战争尤其精彩。历代史家对这些史书文采的评论，留下了丰富的思想。

此外，史家的历史编纂学思想还有关于各种史书体裁优劣的评论，以及史书体裁如何创新的讨论；关于著史是贯通历代，还是断代为史的讨论；关于在史书中如何写好史学评论的讨论等。总之，关于历史编纂工作的史学思想是古代史家对史学认识的重要内容。

三、优良的史学传统

优良的史学传统也是史学遗产的一部分，是史学家精神品质和学风素养的集中表现，中国史学的优良传统可以从以下几个方面来理解。

1. 忠于史实，直书实录。

将真实的历史传之后世，是古代史家的优良传统。早在先秦时期，晋太史董狐就开创了"书法不隐"的传统，不畏权贵，直书"赵盾弑其君"①；齐太史兄弟三人前赴后继，冒死记载"崔杼弑其君"②，这种秉笔直书的精神被世人广为传颂。

司马迁的《史记》素以"其文直，其事核，不虚美，不隐恶"的"实录"而著称③，《史记》不因刘邦是开国之君而不书其无赖行径；也不因吕后"女主称制"而讳言当时"天下晏然""民务稼穑，衣食滋殖"的繁荣；不因"文景之治"而不言其内乱；也不因武帝好大喜功、封禅迷信而不记其文治武功。范晔的《后汉书》则大胆揭露豪强掠夺财富，奢侈享乐的行为，批评东汉的专制政治，对太学生领袖李膺、陈蕃寄予同情。东晋孙盛写《晋阳秋》，冒着百口之家受株连的风险，将东晋大将桓温败于后燕慕容垂的真相记于史书。

到了唐朝，刘知几作《史通》，在《直书》《曲笔》两篇中指出了史学上

---

① 《左传·宣公二年》，杨伯峻注本，北京，中华书局，1981。
② 《左传·襄公二十五年》，杨伯峻注本，北京，中华书局，1981。
③ 班固：《汉书》，卷六十二，《司马迁传》，北京，中华书局，1962。

"直书"与"曲笔"的对立，认为"直书""直词"是实录的前提，而"曲笔""诬书"则会造成真相难求，从而集中阐述了中国古代史学的求实精神。此后，司马光的《通鉴》以"资治"为目的，直书东汉灵帝的贪婪、东晋元帝偏安自娱、刘宋孝武帝的荒淫、五代石敬瑭的卖国。明朝谈迁著《国榷》，也记录了《明实录》避而不谈的史事，如朱元璋诛杀功臣、建文帝一朝的变故。古代史家直书实录的传统为后世留下了信史，他们"仗气直书，不避强御""无所阿容"的气概激发了史学的良知。

2. 以史为鉴。

研究、总结历史上的得失成败，以为做人、处世、治国的借鉴，这是古老的史学传统。早在商周两代，就有从前代历史中吸取经验教训的传统。商初以夏朝兴亡作为镜子，《诗经·大雅·荡》说"殷鉴不远，在夏后之世"；周朝也从殷商的成败中吸取教训，《尚书·大诰》说"不可不鉴于有殷"。《周易·大畜》中也说"君子多识前言往行，以畜其德"，指出从历史中借鉴，也是个人修养的要务。

自司马迁《史记》之后，史学的资鉴传统日益突出。司马迁把"通古今之变"；"原始察终，见盛观衰"；"稽其成败兴坏之理"①作为撰写《史记》的中心任务，意在总结先秦至汉兴亡更替的历史经验。从贯穿《史记》的"太史公曰"中，不难看出司马迁对世人及来者的忠告与启示。唐朝李渊登基不久便诏修前代各史，希望由此"惩恶劝善，多识前古，贻鉴将来。"②北宋司马光修《通鉴》，明确提出修史的目的是"鉴前世之兴衰，考当今之得失，嘉善矜恶，取是无非"③，探索修身治国的历史经验。明清之际，社会动荡与鼎革，史家的忧国忧民，使史学的"经世致用"传统得以进一步的推扬。顾炎武作《天下郡国利病书》，是为解决社会矛盾寻找出路；王夫之作《读通鉴论》《宋论》，也是读古人之史，有鉴于今的代表作。

3. 史家重视自身修养的传统。

我国古代优秀史家，一般都有多方面的素养。从司马迁的《报任少卿书》、班固的《汉书·司马迁传》、范晔的《后汉书·班固传》及《狱中与诸甥侄书》中，可以看到他们对史家修养这个问题的重视，以及司马迁、班固、

① 司马迁：《史记》，卷一百三十，《太史公自序》，北京，中华书局，1982。
② 宋敏求：《唐大诏令集·命萧王禹等修六代史诏》，北京，中华书局，2008。
③ 司马光：《资治通鉴》，卷首，《进资治通鉴表》，北京，中华书局，1956。

范晔等良史之才在史家修养上所达到的高度。首先对良史标准提出明确要求的是刘知几，他将才、学、识定为史家三长①。所谓史才，是指文才，即史家对史文的表达能力；史学是指史家要有渊博的知识，掌握丰富的资料；史识是对历史过程的分析判断能力，三者缺一不可。此后，有不少史学家对良史之才作过补充，元代揭傒斯就提出史家要以公心著史，认为还要从"心术"上品评良史的修养。到了清代，章学诚将此归纳为"史德"的标准。他说："德者何？谓著书者之心术也。"②即要求史家除才、学、识外，还要有正直的立场、高尚的品格。良史的传统成为历代史家为之奋斗的规范，这对于促进史学研究、提高史著质量发挥了积极的作用。

4. 对史学充满敬意的优良传统。

中国古代史家历来有对史学充满敬意，把修史著史作为不朽事业的宝贵传统。许多史家为完成一部史书，往往倾其毕生精力，历经坎坷而不悔转。宋末元初的史家胡三省作《通鉴音注》，不料在兵荒马乱的逃难路途中将书稿遗失，悲痛之余，他发奋重著，前后历经 30 年毫无悔意，自言"吾成此书，死而无憾"③，直到去世前还在修订书稿。明末清初的谈迁写作《国榷》，用时二十多年，六易其稿，书成却被盗贼窃走，他不甘作罢，重新撰著，直到病逝前还在为初稿补充材料。还有许多史家著史经父子相继而成的，如司马谈、司马迁父子之完成《史记》；班彪、班固父子及班固之妹班昭之完成《汉书》；姚察、姚思廉父子之作《梁书》《陈书》。古代史家以著史为不朽事业的精神来自于史家崇高的社会责任感。孔子作《春秋》，在记事中褒贬善恶，所以《孟子·滕文公下》说："孔子成《春秋》而乱臣贼子惧。"司马谈临终时依依不舍的只是他的著史事业，《史记·太史公自序》记司马谈临终的托付和司马迁对父亲遗言的保证，父子二人对史学的忠诚，动人心魄。司马光《进资治通鉴表》中也希望人君能以他的史书"鉴前世之兴衰，考当今之得失"，自谓倘能如此，"虽委骨九泉，志愿永毕矣"。拳拳之心，跃然纸上。正是由于历代史家对史学的敬意和著史的崇高志向，才为后世留下了如此丰厚的遗产。因此，在我们继承弘扬这些宝贵的史学遗产时，对中国古代史家的高尚品德和敬业精神，也是不能忘怀的。

---

① 刘昫：《旧唐书》，卷一〇二，《刘子玄传》，北京，中华书局，1975。
② 章学诚：《文史通义》，卷三，《史德》，叶瑛校注本，北京，中华书局，1985。
③ 《宁海县志》，卷二十二，《胡身之墓碑》，清光绪刊本。

评《左传》解《易》

——看易学对先秦史学的影响

《周易》起源于卜筮，朱熹曰："《易》本卜筮之书。"①在长期的形成过程中，《周易》凝聚了人们对于自然和社会的见解，形成了一套完整的思想体系。它对古代的哲学、史学、文学的发展和国家的政治生活、社会生活产生过深远的影响。从史学上讲，早在先秦时期，《周易》的思想观点及其内容，就对当时的史官产生了重要的影响。这一点可以从《左传》记载的解《易》内容得到证明。

《左传》与《周易》同为"十三经"之一，称《春秋左氏传》。《左传》作者依据当时的史料，如实记载了先秦史官以及一些大夫、家臣解《易》释史的内容，共计19处（见庄公二十二年，闵公元年、十二年，僖公十五年两处、二十五年，宣公六年、十二年，成公十六年，襄公九年、二十五年、二十八年，昭公元年、五年、七年、二十年、二十九年、三十二年，哀公九年）。这些内容，以往常常被等同于卜龟、星占、望气、圆梦等预言，看做是对神意史观的宣传，其实并不尽然。这是因为：一方面，先秦史官解《易》，并非单一地利用《周易》占筮凶吉，而是广泛地运用《周易》的思想方法和内容判断事物的发展方向，或解释历史；另一方面，《周易》是一部实实在在的、保存至今的中国传统文化经典，不像望气、圆梦等荒诞不稽。我们通过对《周易》的研究，可以看到它"于事物中看出矛盾，于矛盾中看出变化，于变化中看出整个世界"②的辩证观点，看出它对古代史事的真实记录。它的"合理内核"对于先秦史学的影响是有益的，值得作一番探讨。以下拟就《左传》中解《易》释史的几个方面，略析《周易》对于先秦史学的积极作用。

---

① 黎靖德编：《朱子语类》，卷六十六，北京，中华书局，2007。

② 郭沫若：《郭沫若全集》，历史编第一卷，176 页，北京，人民出版社，1982。

一

《周易》在历史认识上最有特色的观点是变通的史学思想，这对于先秦史官认识历史在不断变革中发展的普遍法则，意义十分重要。《周易》善于总结自然与社会的变化，它认为自然界各种事物都是存在于变化之中的，所谓"日往则月来，月往则日来，日月相推则明生焉；寒往则暑来，暑往则寒来，寒暑相推则岁生焉"①，而这种变化又是一种盛衰交替的变动发展，所以《泰·九三》说："无平不陂，无往不复。"《丰·彖》又说："日中则昃，月盈则食，与时消息，况于人乎？况于鬼乎？"它认为这种盛衰变化的发展，在人类社会也是一种必然。因此《系辞下》说："刚柔相推，变在其中矣。系辞焉而命之，动在其中矣。"又说："爻象动乎内，吉凶见乎外，功业见乎变。"指出变化是事物的普遍性，只有依据变革、变化思想去行事，才能收到成效。

《周易》不仅讲变，还讲通。《系辞上》说："阖户谓之坤，辟户谓之乾，一阖一辟谓之变，往来无穷谓之通。"什么是通呢？由此及彼就是通。《周易》的通表示了对立事物的相互联系，相互转化，变化过程的连续不断。它运用史实，来说明这种变通的思想。如曰："神农氏没，黄帝、尧、舜氏作，通其变，使民不倦。"②又曰："天地革而四时成，汤武革命，顺乎天而应乎人。"③这些史实从不同的角度，反映出社会变动是历史发展的必然。先秦史官在观察社会历史发展时，利用了易学变通的观点，《左传·昭公三十二年》就记载了史墨运用《周易》，说明历史变动的精彩议论：

> 赵简子问于史墨曰："季氏出其君，而民服焉，诸侯与之，君死于外，而莫之或罪也。"对曰：物生有两，有三，有五，有陪贰。故天有三辰，地有五行，体有左右，各有妃耦。王有公，诸侯有卿，皆有贰也。天生季氏，以贰鲁侯，为日久矣。民之服焉，不亦宜乎？鲁君世从其

---

① 《周易·系辞下》，《十三经注疏》影印本，北京，中华书局，1980。

② 《周易·系辞下》。

③ 《周易·革·彖》。

失，季氏世修其勤，民忘君矣。虽死于外，其谁矜之？社稷无常奉，君臣无常位，自古以然。故《诗》曰："高岸为谷，深谷为陵。"三后之姓，于今为庶，主所知也。在《易》卦，雷乘《乾》曰《大壮》☳☰，天之道也。

史墨议论的时候，正是春秋时期历史大变动的时代，礼崩乐坏，周室衰微，卿大夫专权。在鲁国，也是鲁君失国，政在季氏。"三后之姓，于今为庶，主所知也"，史墨指出了大变动时代的历史事实；他总结了鲁君失国的历史教训，是由于文公之后政治"世从其失"，"民忘君矣"，而季氏却"世修其勤"，所以季氏专权是他善修人事的必然结果。在客观分析的基础上，史墨运用《易》卦《大壮》的卦象来形象地说明事实。《大壮》由乾☰和震☳组成，乾代表君，震代表臣，震在乾上，君臣易位，表明卿大夫势力的强壮。《大壮·彖》曰："《大壮》，大者壮也，刚以动，故壮。《大壮》'利贞'，大者，正也。正大，而天地之情可见矣。"史墨据此指出雷（震）在天（乾）上是符合规律的，"天之道也"。为什么是"天地之情"，"天之道也"？因为他看到了变化的普遍法则，就像自然界"高岸为谷，深谷为陵"的对立转换，相互变化一样，社会也要不断变化，"社稷无常奉，君臣无常位，自古以然"，他把历史变动时期的君臣易位看做是天经地义的事情，这是《周易》变通思想的体现和运用。

二

由于"《易》本为卜筮而书"[1]，因此，《左传》解《易》的内容，较多地反映在史官通过占筮说卦，利用《周易》内在联系、运动发展的辩证因素，分析战争胜负、国家吉凶，预断历史的前途。这里可以举僖公十五年，史官卜徒父占秦晋交战一事来做说明。史载：

秦伯伐晋。
卜徒父筮之，吉。涉河，侯车败。诘之，对曰："乃大吉也。三败必获晋君。其卦遇《蛊》☶☴曰：'千乘三去，三去之余，获其雄狐。'夫狐

———————————
① 《朱子语类》，卷六十六。

'蛊'，必其君也，《蛊》之贞，风也；其悔，山也。岁云秋矣，我落其实而取其材，所以克也。实落材亡，不败何待?"三败及韩。

（此处《周易》引文与今传本《周易》有异，今本作："先甲三日，后甲三日。"无"获其雄狐"数字。）

卜徒父先用讲解卦辞的办法，分析战事，决断吉凶。其占得《蛊》，卦辞一开始就是："元亨，利涉大川。"所以他判断秦军渡河得胜，晋军失败。接着，他又把卦辞和卦名联系起来，认为狐和蛊虫都具有那种害人害物的品格，而晋惠公不守信用，奸猾似狐。因此，"千乘三去"即喻晋军三败，"获其雄狐"即喻俘虏晋君。在《周易》中，六十四卦是由上下两经卦重叠组成的，异卦相重的卦象分上下卦位，下卦又称内卦，上卦又称外卦。于是，卜徒父又运用《周易》这一体例，从卦象中上下卦不同的象征意义，及不同卦位间相互影响、运动发展的特征，作进一步的发挥。说明"《蛊》之贞"即《蛊》之内卦代表己方，为巽，象风；"其悔"即《蛊》之外卦代表敌方，为艮，象山。时值秋天，风扫落叶，山木凋零，故秦军必胜，晋军必败。卜徒父根据秦晋双方力量对比的具体情况，利用《周易》卦象中上下卦对立运动、发展变化的特点，用取象法巧妙地阐释了战争发展的前途。

战争的结果正如卜徒父所言，晋军三败，退到了韩地，以后晋惠公又被俘。但是，这并不能作为占筮灵验的例证，因为《左传》在记述卜徒父占筮之前，其实已将秦胜晋败的客观原因作了详细的交代。指出晋惠公原来是秦国的人质，秦国护送他回国即位后，他违背了对秦穆公夫人的许诺，不仅不收留晋国流散的群公子，反而奸淫了太子妃贾君；他曾答应给秦国五座城池，给晋国执政大夫一些好处，也都不想兑现；晋国饥荒，秦国运粮相济，而秦国饥年，晋国却不肯出卖粮食。凡此种种，足见晋惠公的背信弃义和不得人心，所以秦军伐晋是正义之师，而晋军不但理屈意怠，内部还有不稳定因素。于是，仗一打起来，晋国大夫韩简就发现，"我怠秦奋"，"师少于我，斗士倍我"，秦胜晋败的战争结局是显而易见的。

应该看出，卜徒父对于历史前途的预断，受到《易》的影响，按照变通的思维途径思考现实，同时又是以客观事实作为基本依据的。他解《易》说卦，通过这种方式和方法体察事物发展的趋向。由此也可以看到，其一，在当时生产力较为落后、人们认识水平不高、迷信占卜筮卦的情况下，史官借助解《易》，评论史事，预断历史前途，增强了历史的感召力；其二，在中国史学的发展进程中，先秦官通过解《易》说史，吸收了《周易》辩证的合理内核，锻炼了辩证思维，培养了变通史观，这是十分有益的。

《周易》是古代社会存在的反映。在《周易》的卦、爻辞中，可以找到一些历史的故事和社会史材料，发现古代历史的影子，说明古代社会的现象。顾颉刚先生的《〈周易〉卦爻辞中的故事》一文，就曾以甲骨文和《周易》相互参证，对《周易》中"王亥丧牛羊""高宗伐鬼方""帝乙归妹""箕子明夷""康侯用锡马蕃庶"等历史故事进行阐释。先秦史官直觉地感知到这一点，他们有时便借助《周易》中有关古代社会生活的记载，来说明古代历史，这是先秦史官解《易》释史的一个方面。

据《左传·昭公二十九年》记载："秋，龙见于绛郊，魏献子问于史墨曰：'吾闻之，虫莫知于龙，以其不生得也。谓之知，信乎？'"魏献子说，龙很少见，是因为龙是聪明的虫类，人们才不能活捉它吗？史墨指出龙并非特殊聪明的虫类，他讲述了古代养龙的历史，说古代的豢龙氏和御龙氏都是养龙、驯龙的氏族。现在很难看见龙，是由于负责养龙的"水官"被废弃了，所以龙渐渐稀少，几乎绝迹。为了说明古代确有养龙的历史。他举《周易》的记载来做证明。他说：

> 《周易》有之：在《乾》☰☰之《姤》☰☴曰："潜龙勿用。"其《同人》☲☰曰："见龙在田。"其《大有》☰☲曰："飞龙在天。"其《夬》☱☰曰："亢龙有悔。"其《坤》☷☷曰："见群龙无首，吉。"《坤》之《剥》☶☷曰："龙战于野。"若不朝夕见，谁能物之？

以上所列《周易》爻辞，除"龙战于野"是引自《坤》卦上六爻爻辞，其余皆出自《乾》卦。"《乾》之《姤》"，是说从乾卦到姤卦，即乾卦变为姤卦，这是《周易》中通过"爻变"达到"变卦"的体例。按历代易学家对《周易》"变卦"体例的解释，凡初筮得的卦象，其中老阴可变为阳爻，老阳可变为阴爻，这就可以从初筮的本卦变出另一个卦象。"《乾》之《姤》"说明《乾》变为《姤》依靠初九的爻变，《左传》借此特指《乾》卦初九，这是《左传》引用《周易》的通例。以此类推，"其《同人》"指《乾》卦九二，"其《大有》"指《乾》卦九五，"其《夬》"指《乾》卦上九，"其《坤》"因六爻皆变，故指《乾》卦用九；而"《坤》之《剥》"则指《坤》卦上六。

史墨通过《周易》关于"潜龙""亢龙"，以及"见龙在田""龙战于野"等形象的记载，证明古人养龙驯龙的历史，指出如果没有对龙的长期观察，怎能对龙的各种状态作出详细的描述呢？应该认为，史墨在这里凿凿论证的龙，绝非那种人们虚拟传说为神物的龙，而是指鳄鱼之类实有的爬行动物。因为，《左传》中魏献子本来就是把龙看做虫的。从神话起源的角度看，古代传说中龙的形象，也应该来源于实际生活中的动物。近时有人认为神话的龙实乃被称作"蛟龙"的鳄鱼①，颇为可信。故史墨所论，非无稽之谈，而是说《易》证史的一种表现。

四

《左传》所记解《易》说史，还有一些内容是通过解说《周易》，展开对人物的评论。比如，宣公六年记载：

> 郑公子曼满与王子伯廖语，欲为卿。伯廖告人曰："无德而贪，其在《周易》《丰》☲☳之《离》☲☲，弗过之矣。"间一岁，郑人杀之。

公子曼满和王子伯廖都是郑国的大夫，曼满想升官作卿，而伯廖认为他的所作所为，正如《丰》卦上六爻爻辞所说的："丰其屋，蔀其家。""三年不觌，凶。""丰其屋"指曼满的无德和贪婪，"蔀其家"有贵族被查抄之象。伯廖说曼满寿命不过三年，果然如此，何其灵验也。

《左传》中有不少这种解《易》征验的内容，恐怕有的情况是偶然事件的巧合，《左传》作者依据原有史料作如实记载；有的则是史官的附会，利用当时人们对《周易》的崇拜，以示某种褒扬或警戒。《左传》又记襄公二十八年，郑国的游吉出使楚国，楚康王恃大国位尊，拒不接见，要郑伯亲赴聘问。游

---

① 王明达：《也谈我国神话中龙形象的产生》，载《思想战线》，1981(3)。

吉只好回国复命，他跟上卿子展说：

> 　　楚子将死矣。不修其政德，而贪昧于诸侯，以逞其愿，欲久得乎？《周易》有之，在《复》䷗之《颐》䷚曰："迷复，凶。"其楚子之谓乎？欲复其愿，而弃其本，复归无所，是谓迷复，能无凶乎？
> 　　楚不几十年，未能恤诸侯也，吾乃休吾民矣。

"《复》之《颐》"是说《复》卦的上爻由阴变阳，则成《颐》卦，在这里特指《复》卦的上六爻。这一爻的爻辞说："迷复，凶"，"以其国君"，"至于十年不克征"。游吉认为楚王不修国政和德行，想恢复楚国以往的地位和威望，却放弃了立国之本，这就是所谓的"迷复"。因此，楚王将死，楚国在 10 年内也无法与诸侯争霸了。游吉以楚王行径比附爻辞，事涉牵强；然而他的解《易》论人，增强了褒贬人物的效果。

五

　　这里要顺便指出的是，《左传》在记载史官解《易》说史的同时，也在某些内容上表达了对于占卜筮卦的正确认识，反映出作者以客观事实为依据的朴素唯物论思想。下面可以接着晋惠公的故事来做说明。《左传》僖公十五年记：

> 　　初，晋献公筮嫁伯姬于秦，遇《归妹》䷵之《睽》䷥，史苏占之曰："不吉。"
> 　　及惠公在秦，曰："先君若从史苏之占，吾不及此夫。"韩简侍，曰："龟，象也；筮，数也，物生而后有象，象而后有滋，滋而后有数。先君之败德，及可数乎？史苏是占，勿从何益？"

韩简的见解是很精辟的，他能看到卜龟也好，占筮也好，只是一种方法或形式，决定历史发展前途的是人事，是人的社会活动的客观存在。他的"物生而后有象"，表达了朴素唯物论思想。由于《左传》有这种重人事，"物生而后有象"的认识，所以它在记载用《周易》占筮的史实时，有些内容能反映出当事人"先人事而后说卦"①，在人事的基础上灵活理解卦辞卦象的意义。比如，襄公九年记鲁成公的母亲穆姜死于东宫。原来，穆姜和鲁大夫宣伯私通，想要除掉季文子和孟献子，然而事败，宣伯被放逐，穆姜被迁于东宫。进东宫后，她对史官占筮的结果有一番自知之明的议论：

> 始往而筮之，遇《艮》之八☷。史曰："是谓《艮》之《随》☷。《随》，其出也。君必速出。"姜曰："亡。是于《周易》曰：'《随》，元、亨、利、贞，无咎。'元，体之长也；亨，嘉之会也；利，义之和也；贞，事之干也。体仁足以长人，嘉德足以合礼，利物足以和义，贞固足以干事。然，故不可诬也，是以虽《随》无咎。今我妇人而与于乱。固在下位而有不仁，不可谓元。不靖国家，不可谓亨。作而害身，不可谓利。弃位而姣，不可谓贞。有四德者，《随》而无咎。我皆无之，岂《随》也哉？我则取恶，能无咎乎？必死于此，弗得出矣。"

所谓"遇《艮》之八"，是说初步占筮的结果得《艮》卦，《艮》卦六爻中，九三和上九以老阳变，初六、六四和六五以老阴变，只有六二爻得八为少阴不能变，故《艮》卦变为《随》卦，这就是史官说的"是谓《艮》之《随》"。《随》卦的卦象于穆姜有利，但她并不相信这些。她先指出《随》的卦辞是"元、亨、利、贞，无咎"，然后又对"元、亨、利、贞"作了新的解释，认为只有"体仁"才够得上"元"，有"嘉德"才够得上"亨"，能"利物"才够得上"利"，有"贞固"才够得上"贞"。而她一样也够不上，所以与《随》卦"出"的含义无缘，"必死于此"。这是对客观情况所作的符合实际的预断，而不是对占筮的一味迷信。

《左传》中"物生而后有象"的认识，以及若干"先人事而后说卦"的事例，有助于我们全面理解书中那些占筮解《易》的记载。

要言之，《左传》解《易》的内容，反映了先秦史官利用《周易》解释历史，评论人物，预断历史前途，认识历史发展大趋势的事实。在剥去《周易》唯心神秘的外衣之后，可以看到，《易经》的辩证思想和变通史观对先秦史学

---

① 顾炎武撰，黄汝成集释：《日知录集释》，卷一，《卜筮》，秦克诚点校，长沙，岳麓书社，1994。

产生了积极的影响。荀子说："善为《易》者，不占。"[1]中国古代许多进步的思想家、史学家，往往不被《周易》筮法的神秘色彩所迷，不为象数所囿，他们吸收了《周易》的思想精华，用以推动史学的发展。自先秦以降，西汉司马迁便在《史记》中继承了《周易》的变通史观，察古今之变，成一家之言。魏晋隋唐的易学有显著的发展，在此基础上，宋代理学家以《易》的模式建构了宇宙理论和社会历史观，杨万里的《诚斋易传》则以史证《易》，进一步阐发了《周易》变通的史观。明清之际，王夫之从易学思想出发，言兴衰治乱，看历史进化，述"变通以成"；清代的章学诚更是以《周易》的通变思想作为史学认识论的基础，强调史学的通识和史学的变革，提倡学术经世。《周易》的辩证思想和变通史观在中国史学发展进程中发挥了重要的作用，不断发掘易学思想对古代史学思想的影响，对于总结传统史学和发展新史学，必将具有十分深刻的学术意义和思想价值。

北京师范大学史学探索丛书

---

① 《荀子·大略》，《诸子集成》，第 2 册，上海，上海书店出版社，1986。

许衡历史思想探究

　　许衡(1209—1282)，是元代著名的理学家、政治家。以往对许衡的研究已积累了一批成果，有些通史、元史著作分析了许衡在元初政治上的地位和作用；思想史、哲学史方面的论文则着重讨论了许衡理学思想的内容和特点。陈正夫、何植靖为《中国思想家评传丛书》所作的《许衡评传》从哲学思想、政治思想、经济思想、教育思想等多方面论述了许衡的贡献，并从哲学思想的角度探究了许衡历史观的天命论和王道思想。① 总的来说，以往的研究对许衡的理学思想和政治贡献讨论得多，而对他丰富的历史思想论者甚少。然而，应该看到，许衡在传播理学、为元世祖忽必烈规划治国方略的过程中，从历史中汲取营养、总结经验，确实反映出深邃、广博的历史思想。因此，本文拟对他的这些思想内容试作阐析，以就教于方家。

一、对历史盛衰变化之理的思考

　　古往今来对于历史的认识，总是有一个基本的看法，比如，历史是如何运动的，历史为什么是这样或那样地运动，是什么在其中起了决定的作用？这是历史观的问题。许衡历史思想的一个重要内容，就是从理学的基本命题出发，对历史盛衰的原因展开理性思考。

　　理学的核心是理，以理或天理作为宇宙本体是宋元理学最基本的命题。许衡继承了宋代理学的思想原则，以理作为其哲学的最高范畴，他说："太极之前，此道独立。道生太极，函三为一，一气既分，天地定位。"②道是最先存在的本体，道生太极，太极包含天、地、人三才，故太

---

　　① 以上综述主要可参见：白寿彝总主编：《中国通史》，第 14 册，220～228 页，上海，上海人民出版社，1997；唐宇元：《论许衡的哲学思想在中国哲学史上的地位》，载《哲学研究》，1982(7)；徐西华：《许衡思想探索》，《中国哲学》(九)，北京，生活·读书·新知三联书店，1983；陈正夫、何植靖：《许衡评传》，南京，南京大学出版社，1995。

　　② 许衡：《鲁斋遗书》，卷九，《稽古千文》，明万历二十四年刻本。

极又可生天地万物。他所说的"道"，就是"理"。"只有一个理，到中间却散为万事，如达道达德九经三重之类，无所不备"①。理作为绝对的本体，它决定了事物产生的"所以然"和发展的"所当然"，"其所以然与所当然，此说个理"②。"所以然"是指事物发生的本原和根据，"所当然"是指事物发展的规律和法则。许衡正是从理出发，探求万事万物的"所以然"和"所当然"，并依据所处时代的客观条件，形成了自己独立的历史观。

首先，许衡看到历史过程中运动变化的必然性。他说："尝谓天下古今一治一乱，治无常治，乱无常乱，乱中有治焉，治中有乱焉。乱极而入于治，治极而入于乱。乱之终，治之始也；治之终，乱之始也。"③这种一治一乱，治极而乱，乱极而治的历史观包含了相互对立、相互转化的辩证法因素，而这样的辩证法因素又与他论阴阳消长，"消之中复有长焉，长之中复有消焉"④的思想密切相关。因此，许衡观察社会历史运动时，就能注意到治乱双方是对立统一、相互依存，"乱中有治，治中有乱"的关系。它们的相互转化，是一个渐进转换、由量变到质变的过程，"世谓之治，治非一日之为也，其来有素焉"；"世谓之乱，乱非一日之为也，其来有素焉"。许衡看待历史过程中运动变化的眼光是辩证的，但是他未能说明社会历史一治一乱的运动结果究竟是前进了还是后退了，因此像古代许多具有辩证思想的思想家一样，他没有跳出历史循环论的窠臼。

社会历史总是由治而乱、由乱而治不断交替的，然而是什么原因造成这种变化呢？其中的"所以然"和"所当然"是什么呢？许衡曾尝试对此进行解释，他说：

> 治乱相寻，天人交胜。天之胜，质掩文也；人之胜，文胜质也。天胜不已则复而至于平，平则文著而行矣……人胜不已则积而至于偏，偏则文没不用矣……析而言之，有天焉；有人焉。究而言之，莫非命也。命之所在，时也；时之所向，势也。势不可为，时不可犯，

---

① 许衡：《鲁斋遗书》，卷二，《语录下》。
② 许衡：《鲁斋遗书》，卷一，《语录上》。
③ 许衡：《鲁斋遗书》，卷九，《与窦先生》。
④ 许衡：《鲁斋遗书》，卷六，《阴阳消长》。

顺而处之，则进退出处、穷达得失莫非义也。古之所谓聪明睿智者，唯能识此也。所谓神武而不杀者，唯能体此也。①

在这里，许衡以一套"天人交胜"的道理来解释治乱相寻之"所当然"，他继承司马迁"一质一文，终始之变"的说法，把尚质、尚文作为不同的社会特征。他认为，天是尚质的，人是尚文的；天胜则质掩文，乱世渐"平"而转为治世；治世尚文，于是文胜质、人胜天，治世渐"偏"而转为乱世，这便是一治一乱的变化规律。应该说，许衡对于治乱相因的分析是具有辩证因素的；但是他将治世乱世"所以然"的探究归结为"莫非命也"，认为人们只要尚质无为、顺从于天，就可达于治世，从而把人的主观能动作用看成无用甚至有害，则是明显的缺陷。在这一段文字中，他用了天、人、文、质、命、时、势等许多概念，显得比较混乱。其实，所谓的天、命、时、势，他这里说的是表里相关的一回事，总的意思是要说明"天命"对于历史治乱的决定意义。这是宋元理学唯心社会史观不可避免的错误结论。

应该指出，许衡的天命史观又与以往空洞虚诞，依靠天命神意、五行灾祥进行说教的天命观不同，他的天命观重在强调封建纲常秩序的合理性，是以理学王道德治的政治目标来衡量治世或乱世的；王道德治要靠人来实现，因此许衡的天命史观其实也不完全排斥人事，这一点在下边的相关问题中还有详细的分析。这里可以看出，许衡虽将治乱成因归于"天命"，但他毕竟联系到社会变动中的"时"与"势"，他主张人之所为要顺应时势、合乎时宜的思想是合理的。尤为重要的是，他能论史而求理，注意探索历史运动的法则和历史变化的成因，尽管其结论终归错误，但这种哲学思考对于元代历史观的纵深发展是十分有益的。

二、讲王道德治，爱心公心

许衡历史观所折射出来的理学色彩还有很突出的一面，就是以是否实行王道德治作为治乱盛衰的历史标准。

① 许衡：《鲁斋遗书》，卷九，《与窦先生》。

王道和德治是儒学古老的命题，早在孔子时就提出"为政以德"①的政治构想，主张以道德标准作为政治统治的指导方针。从德治的要求出发，孔孟提倡推行"王道"，以德治国，以仁义治理天下。与王道相反，先秦法家提出了"霸道"的政治模式，即凭借威势，利用权术、刑法来达到统治的目的。元代学者基本继承了朱熹的王道德治学说，在宋代史学总结"德政"治国、"礼义"兴邦等历史经验的基础上，进一步以王道德治为标准考察历史的盛衰治乱，更为系统地阐述了王道德治对于治世兴邦的实质意义和重要作用。应该看到，元代思想家、政治家的王道德治理论并不是对程朱理学的简单继承，它的思考与发展是与元代特定的社会环境有紧密联系的。一方面，它是元初儒臣劝导元朝统治者改变蒙古时期多事武功、残酷杀掠政治方针的理论基础；另一方面，元代王道德治理论在理学领域和史学领域的总结发展，也适应了元朝中期统治者重视"文治"的需要。

许衡王道德治的历史盛衰观包含若干内容。

第一，是从历史考察的角度誉"王"毁"霸"，强调王道德治为治世之坦途，霸道是乱世的祸端。他曾纵论春秋五霸相争的历史，极言王道式微、霸道横行之弊端，然后总结说：

> 世之诋霸者，犹以尚功利为言，殊不知霸者之所为，横斜曲直莫非祸端。先儒谓王道之外无坦途，举皆荆棘；仁义之外无功利，举皆祸殃。②

只有王道德治才是达到盛世的唯一坦途，除此之外，"举皆荆棘""举皆祸殃"。由此看出，他誉"王"毁"霸"、以王道为治世标准的态度是非常明确的。他还认为，霸道这种政治模式的问题不仅仅是追求功利，而是存在于国家政治的方方面面，触处皆成祸端，因此单从功利角度去批评霸道是远远不够的。他一面深责霸道，另一面则将王道德治抬高到至理至善的地位，他说："唯仁者宜在高位，为政必以德，仁者心之德，谓此理得之于

① 《论语·为政》，长沙，岳麓书社，1991。

② 许衡：《鲁斋遗书》，卷八，《子玉请复曹卫》。

北京师范大学史学探索丛书

心也。"①"诚敬之德是以感人，不用偿赐人而人自然相劝为善，亦不用嗔怒人而人自然畏惧不敢为恶。"②按照他的说法，王道德治从感化入手，自可人心咸服，无往不胜了。许衡的这些思想成为元代史学从王道德治出发总结历史盛衰经验的基调。

第二，突出"仁政"这一王道德治的核心。元代史臣、儒士针对蒙古统治者在长期征战中对社会生产造成破坏、给人民带来灾难等问题，为帮助元朝统治者从征战杀掠的武功转移到施行德治、巩固封建统治秩序的轨道上来，在总结历史上王道德治的经验时，突出了以"仁政"为核心的思想。比如，许衡就借用《易大传》的内容，提出了"元"即"仁"的观点。《周易·乾卦·文言》在解释卦辞"元亨利贞"四字时曰："元者，善之长也。亨者，嘉之会也。利者，义之和也。贞者，事之干也。君子体仁足以长人，嘉会足以合礼，利物足以合义，贞固足以干事。君子行此四德者，故曰：乾，元亨利贞。"这段文字的主要意思是说，"元亨利贞"代表着"仁礼义正"四德，君子能行四德便可大吉。许衡巧妙地抓住了"元"与"仁"相配并称的关节点，用以阐述行"仁政"便得治世的思想。他说：

> 仁为四德之长，元者善之长。前人训元为广大，直是有理。心胸不广大，安能爱敬？安能教思无穷，容保民无疆？仁与元俱包四德，而俱列并称，所谓合之不浑，离之不散。元者四德之长，故兼亨、利、贞；仁者五常之长，故兼义、礼、智、信。③

应该看到，许衡煞费苦心地寻绎经典、反反复复强调"仁"与"元"的密切关系，绝非一般的解经说义，而是意在暗喻：元朝仁政，是早在圣贤经典中就有了定数的。当然，许衡没有停留于引经据典的说教，他又从历史总结的角度，多方阐明了为君治国推行"仁政"的重要。他说："孔子道：'一家仁，一国仁。'如尧帝、舜帝行仁，天下皆行仁；桀王、纣王不行仁德，政

---

① 许衡：《鲁斋遗书》，卷二，《语录下》。
② 许衡：《鲁斋遗书》，卷五，《中庸直解》。
③ 许衡：《鲁斋遗书》，卷一，《语录上》。

事暴虐，待教天下行仁，百姓每怎生行得仁？"①不仅五帝三代时如此，秦汉的历史亦然，"秦楚残暴，故天下叛之；汉政宽仁，故天下归之"②。许衡从历史盛衰的正反结果立论，提倡以"仁政"为治国之本，这对于元朝稳定统治秩序、推动多民族统一国家向前发展，是具有重要意义的。因此苏天爵说："昔我世祖皇帝既定天下，淳崇文化……而文正（许衡）之有功于圣世，盖有所不可及焉。"③

第三，如何才能更好地实行王道德治呢？许衡运用理学的心性学说，在社会历史领域里，阐明了一系列正君心、求民心的思想。他继承了朱熹在社会政治和历史领域的心性学说，认为三代帝王心术正，天理流行，故成王道盛世，后世帝王先要正君心，方能治天下。因此，他强调人君担天下重任，要正身心，不可贪图享乐，务必勤勉谨慎，许衡说：

> 盖天以至难任之，非予之可安之地而娱之也。尧舜以来，圣帝明王莫不兢兢业业，小心畏慎，日中不暇，未明求衣，诚知天之所畀，至难之任。④

君王不仅要勤勉，还要"小心畏慎"，畏慎的理由一方面是因为天下大事乃"至难之任"，须小心对付；另一方面当然是要小心自己的言行，因为"一句言语有差失足以败坏了事，人君一身行得好时，便可以安定其国"⑤。人君的身心言行关系到国家的兴亡，关系到天下风气的好坏。

那么，人君如何在复杂的环境下坚持"正心"，"正心"的基本内容又是什么呢？仍在兵马倥偬、四方未定的元朝初年，许衡就从历史观察的角度，为忽必烈提出了"正君心"的基本内容和治国方略。其曰：

> 古今立国规模虽各不同，然其大要在得天下心。得天下心无他，爱与公而已。爱则民心顺，公则民心服，既顺且服，于为治也何有。

---

① 许衡：《鲁斋遗书》，卷三，《大学要略》。
② 许衡：《鲁斋遗书》，卷七，《时务五事》。
③ 苏天爵：《滋溪文稿》，卷五，《伊洛渊源录序》，北京，中华书局，1997。
④ 许衡：《鲁斋遗书》，卷七，《时务五事》。
⑤ 许衡：《鲁斋遗书》，卷四，《大学直解》。

然开创之始，重臣挟功而难制，有以害吾公，小民杂属而未一，有以梗我爱，于此为计其亦难矣。自非英睿之君，贤良之佐，未易处也。势虽难制，众虽未一，必求其所以一。前虑却顾，因时顺理予之、夺之、进之、退之，内主甚坚，日夏月摩，周还曲折，必吾之爱、吾之公达于天下而后已。至是则纪纲法度施行有地，天下虽大可不劳而理也。①

许衡的治国方略简要明确，说到底就是以爱心和公心得天下心，他认为这个"爱"和"公"就是君心所应具有的基本内容。所谓"爱"，便是爱民，"为人上的爱养那百姓，每当如那慈母保爱小儿一般"。许衡还把"爱"和"仁"联系在一起，他说："仁者性之至而爱之理也，爱者情之发而仁之用也。"这么说，爱就是仁，就是仁爱之心。

"爱"归于仁，那么"公"是什么呢？许衡说：

> 公者，人之所以为仁之道也……仁者，人之心所固有，而私或蔽之以陷于不仁。故仁者必克己，克己而公，公则仁。

根据他的说法，"公"就是要克己之私欲以行仁，因此"公"也即仁。许衡将爱心和公心都归结于仁，这就正如他所说过的，"为人君止于仁，天地之心仁而已矣"②。爱心、公心归于仁，说明"正君心"的目的是要人君行仁政。这样，许衡在社会历史领域的"正君心"思想就和他所主张的以王道德治为盛衰标准的思想达成一致，从而形成合乎逻辑发展的完整体系：即人君有爱心和公心，便能施行仁政，仁政得以实施，自可臻于盛世。应该看到，许衡这些历史思想的阐发，不仅是对宋儒理学思想的继承和发展，而且是元初政治形势的迫切需要，因此他在论述"正君心"的基本内容后，特别分析了开国之初，"重臣挟功而难制""小民杂属而未一"等困难环境，强调人君在恶劣环境中修身"正心"需"内主甚坚"，要有"日夏月摩，周还曲折，必吾之爱、吾之公达于天下而后已"的毅力。由此看来，他对于开国之君和守成之君的"正心"环境和要求是有不同设定的。

---

① 许衡：《鲁斋遗书》，卷七，《时务五事》。
② 许衡：《鲁斋遗书》，卷一，《语录上》。

许衡提出以爱心、公心得天下心，而天下心即民心。因此，他在讨论"正君心"的时候，常常把能否"得民心"看做是否"正君心"的标准。他说：

> 必知古者《大学》之道，以修身为本，凡一言也，一动也，举可以为天下法；一赏也，一罚也，举可以合天下公，则亿兆之心将不求而自得，又岂有失望不平之累哉？奈何此道不明，为人君者不喜闻过，为人臣者不敢尽言，合二者之心，以求天下之心，则其难得亦固宜。①

他把民心得失作为君心正否的标准，君心正则民心不求自得；君心不正则民心欲求亦难。他还用历史事实来证明这种联系的必然性，比如秦失民心，是由于始皇残暴，"秦之苦天下久矣"；汉得民心，尤其文帝时更是人心翕然，为什么呢？他分析道：

> （文帝）专以养民为务。其忧也，不以己之忧为忧，而以天下之忧为忧；其乐也，不以己之乐为乐，而以天下之乐为乐。今年下诏劝农桑也，恐民生之不遂；明年下诏减租税也，虑民用之或乏。恳爱如此，宜其民心得而和气应也。②

许衡在这里想着重说明汉文帝能得民心，是由于君心正，他以天下之忧为忧，以天下之乐为乐，关爱民生民用，所以宜其得民心也。

总的来说，许衡历史思想中的心性说将"得民心"和"正君心"联系起来，使"得民心"这一儒家政治理论的理想目标有了更为具体的实施内容；另外，将民心得失作为"正君心"的检验标准，也是从心性学说的角度对统治者进一步提出了重民的要求，这是它具有积极意义之处。

第四，强调伦理纲常是决定历史盛衰的基础。儒家的纲常名分思想是王道德治理论的根基，宋元理学把这种纲常名分的等级秩序上升为天定的自然秩序，是"不易之理"。许衡说："天尊地卑，乾坤定矣，贵贱位矣。在上者必尊之，然后事可得而理。为君长，敬天地、祖宗、鬼神；为百执

---

① 许衡：《鲁斋遗书》，卷七，《时务五事》。

② 同上。

事，敬事君长；此不易之理也。舍此便逆，便不顺。"①他强调上尊下卑的关系是一种不可改变的理的规定，违反这种规定就会出现逆乱。为了更详尽地说明纲常名分对历史盛衰的决定作用，他还说：

> 自古及今，天下国家唯有三纲五常，君知君道，臣知臣道。则君臣各得其所矣。父知父道，子知子道，则父子各得其所矣。夫知夫道，妇知妇道，则夫妇各得其所矣。三者既正，则他事皆可为之。此或未正，则其变故有不可测知者，又奚暇他为也。②

许衡总括古今历史，论证只有三纲五常正才可为国为政，否则"其变故有不可测知者"，更何谈有治世安邦。许衡的观点颇具代表性，元中期的儒臣虞集对此也有类似的阐释，他归纳《春秋》经传所述史实说："《春秋》道名分，实尽性之书也。分上下不辨，则民志不定，乱之所由生也。必君君臣臣、父父子子、夫夫妇妇之分定，则王道行矣。"③他把维护三纲五常的名分等级看成是推行王道的基本保证，只有尊卑上下之位分辨清楚，各行其常，王道才能实行，天下才能得治，否则民志不定，便会生乱。元末编撰辽、金、宋三史时也特别注意突出纲常名分在历史盛衰中所起的重要作用，认为"贵贱位而后君臣之分定，君臣之分定而后天地和，天地和而后万化成"④。为了"扶纲常，遏乱略"⑤，三史分别用大量的篇幅设立《忠义传》《逆臣传》《叛臣传》和《奸臣传》，强调"天尊地卑""贵贱位矣""君臣之分定"，以纲常伦理、君臣大义等道德价值为标准，褒贬善恶，以为治乱兴衰之戒。

许衡在总结王道德治历史盛衰标准时，一方面通过强调"仁政"，肯定了历史上施行仁政的积极作用，揭露了封建制度不仁的弊端；另一方面结合历史事实，讲"正君心"而"得民心"之要，发挥了儒家的重民思想，对君

---

① 许衡：《鲁斋遗书》，卷二，《语录下》。
② 许衡：《鲁斋遗书》，卷一，《语录上》。
③ 虞集：《道园学古录》，卷三十一，《送饶则民序》，四部丛刊初编本，上海，上海书店出版社，1989。
④ 脱脱等：《辽史》，卷一百一十二，《逆臣传上》，北京，中华书局，1974。
⑤ 脱脱等：《宋史》，卷四百七十五，《叛臣传上》，北京，中华书局，1976。

王提出了严于律己的要求。这些不仅有助于从历史观上逐步认识社会盛衰治乱的原因，也为元朝政治向好的方面转化提供了有益的借鉴。然而，许衡在强调王道德治历史意义的同时，仍然未能走出理学社会观中"三代胜于汉唐"的思想误区；在强调德治仁政和人的历史作用的同时，却又常常偏离历史实际，陷入理学以道德评判标准衡量一切社会问题的错误逻辑，最终得出天理纲常支配历史盛衰的唯心结论，这也是他积极的历史思想中存在的某些局限。

三、通变以合理，总结"行汉法"的历史经验

通变思想是中国史学家和思想家对思想界的一个突出贡献，通是连接、联系和因依，变是运动和变化；通与变两者结合起来成为一个范畴，说明了事物不断变化的基本原则以及事物从一个方面向另一方面转化时对立双方互相联系、可以因势利导的条件。通变思想的重要意义在于说明了历史过程中运动变化的必然趋势以及人们在变化过程中因势而行、发挥主观能动作用的可能性。《周易》最早提出了中国古代的通变思想，它说："刚柔相推，变在其中矣。""易穷则变，变则通，通则久。"①它强调变的普遍性和通的必要性。《周易》的通变思想在司马迁的《史记》和后来的史学家、思想家中得到贯彻和发展。

许衡的历史思想中，具有鲜明的通变史观。他在理学认识的基础上，从求理与合理的要求出发，提出了通变以合理的思想。许衡在探求历史盛衰之理时，虽然表现出明显的天命史观色彩，但从总的思想认识来看，他并不认为人在历史运动过程中是完全被动和无所作为的，而是认为，在合理的前提下，人们只要以通变精神行事，是可以发挥历史作用的。许衡说：

> 五帝之禅，三代之继，皆数然也。其间有如尧舜有子之不肖，变也。尧舜能通之以揖逊，而不能使己之无丹朱、商均。汤武遇君之无道，变也。汤武能通之以征伐，而不能使夏商之无桀、纣。圣人遇变而通之，亦惟达于自然之数，一毫之己私无与也。②

① 《周易·系辞下》，《十三经注疏》本，北京，中华书局，1980。

② 许衡：《鲁斋遗书》，卷一，《语录上》。

他认为社会历史过程具有规律性和必然性，这便是"数"。所谓"数"其实就是决定事物发展"所以然"和"所当然"之"理"。"变"是变异，历史的变动发展过程是不以人的意志为转移的，就如尧舜不能避免不肖之子，汤武不能避免无道之君一样。但是在历史变动转化的大势下，人又不是完全束手无策的，他们可以顺应社会变动的趋势，"遇变而通之"，推动社会向着有利的方向转化。尧舜通过禅让，保证了五帝时期盛世的延续；汤武发动对桀纣的讨伐，分别建立了强大的商朝和周朝。许衡在列举历史上遇变而通的事实时，特别强调了通变的依据在"达于自然之数"，也就是说，通变不能杂以"一毫之己私"、不是在个人意愿驱使下的盲目行动，而是顺应发展大势的合"理"变革。许衡通变以合理的思想指出了社会历史变化的绝对意义，同时也说明了人们在"理"的规范下，顺应潮流、及时变革的重要作用。他的历史观不仅是观察历史的思想，又是思考时代变革的观点，特别是在元朝这样一个民族新融合、社会大变革的时代，这种思想显得尤其可贵。

从通变史观出发，许衡总结历史经验，结合当时的社会实际，向元朝统治者阐述了"行汉法"的必要性和具体内容。应当指出，许衡总结"行汉法"的历史经验，是以民族平等的思想为基础的。早在中统之前，许衡就追随忽必烈，后虽因王文统的排挤几进几退，但他对当时的政治形势和历史背景一直有深入的思考和分析，对于蒙汉之间的民族关系也有比较正确的看法。他以同父母兄弟间的争吵为喻，批评民族间的分裂与隔阂。他说：

> 元者善之长也，先儒训为大，徐思之意味深长。盖不大则藩篱窘束，一膜之外，使为胡越，其乖隔分争，无有已时何者。所以善大，则天下一家，一视同仁，无所往而不为善也。二小儿同父母兄弟也，或因小事物相恶骂，即咒其爷娘令死，不知彼父母亦我父母也。①

这里从"至元"或"元朝"的"元"入手训释引申，表达了不分胡越、民族团结，天下一家、一视同仁之义，浅显明了而蕴意深刻。许衡正是在"天下一家""一视同仁"等民族平等的思想基础上，决意辅助崇礼好儒的忽必烈积极推行汉法的。在忽必烈第四次召见他时，许衡经过深思熟虑，在长篇

---

① 许衡：《鲁斋遗书》，卷二，《语录下》。

奏疏中引古证今，从历史的角度论述了"行汉法"的必要性和重要意义。他说：

> 国朝宇土旷远，诸民相杂，俗既不同，论难遽定。考之前代，北方奄有中夏，必行汉法，可以长久。故魏、辽、金能用汉法，历年最多，其他不能实用汉法，皆乱亡相继，史册具载，昭昭可见也。国朝仍处远漠，无事论此，必若今日形势，非用汉法不可。陆行资车，水行资舟，反之则必不能行。幽燕以北，服食宜凉，蜀汉以南，服食宜热，反之则必有变异。以是论之，国家当行汉法无疑也。①

首先，许衡认为国朝土宇辽阔，民各有俗，孰优孰劣，实难论定，这是从平等的眼光来看待民族风俗的差异。但是如果从政治制度来讲，即"奄有中夏，必行汉法"，为什么呢？他以历史事实为证，指出北魏、辽、金等朝能用汉法，于是"历年最多"；相反，不用汉法者，"皆乱亡相继"，这种事例，不胜枚举，十六国时除前秦之外，不行汉法诸国无不短祚。因此，行不行汉法关系到国家兴亡，其重要意义岂非"昭昭可见也"。接着，许衡又从一般事理由浅入深地说明"行汉法"的必要性。他指出，国朝远在漠北时，自可不用汉法；但如今"奄有中夏"，就不能用原来统治蒙古部落的方法来统治中原汉族的广大地区了。其中道理就如陆路靠车子、水路靠舟船，北食凉性、南食热性一样，适者能行、适者生存；如果违反事理，不仅行不通，而且可能出现"变异"。许衡的分析是符合当时历史的客观实际的，由于蒙古族从漠北兴起的时间还不太长，虽然他们在较短的时间内基本完成了封建化，但还存在着奴隶制残余，相比中原和江南积累千余年的政治、经济和文化水平来说，蒙古族在各个方面还是比较落后的。如果一定要按照原来的生活方式和生产方式来管理汉族统治区，如"悉空其人以为牧地"，将中原已有的先进农耕生产技术退回到生放的游牧生产；或者"孥人妻女，取财货，兼土地"②，将原本有较多人身自由的封建农民驱掠为奴；或者仍以简单的千户、断事官制度代替宋金已有的百官制度，应付日理万机的军政事务和民事诉讼，这不仅行不通，而且必然引起汉地人民

---

① 许衡：《鲁斋遗书》，卷七，《时务五事》。
② 宋濂等：《元史》，卷一百四十六，《耶律楚材传》，北京，中华书局，1976。

强烈的不适应和反抗，出现所谓的"变异"和动荡，其结果不但会使中原地区的历史倒退，也会使蒙古族业已取得的封建化成果丧失殆尽。北魏、辽、金的历史证明，落后民族在征服先进民族以后，如果能在发挥本民族特长的基础上，大力吸收中原汉族的先进制度和文化，则不仅能使本民族的文明程度大大提高，而且可以促进多民族统一国家的不断进步和长治久安。所以，许衡在吸取历史经验的基础上，提出"行汉法"的主张是符合蒙元社会发展的实际状况，有益于蒙汉等多民族文化的不断融合与共同提高的。

当然，许衡也充分考虑到民族习惯势力对于变易旧章、施行汉法的阻挠，注意到不同民族文化之间的磨合需要一个过程，不能急于求成：

> 然万世国俗，累朝勋贵，一旦驱之下从臣仆之谋，改就亡国之俗，其势有甚难者。苟非聪悟特达，晓知中原历代圣王为治之地，则必咨嗟，怨愤喧哗，其不可也。窃尝思之，寒之与暑，固为不同，然寒之变暑也，始于微温，温而热，热而暑，积百有八十二日，而寒气始尽。暑之变寒，其势亦然。山木之根，力可破石，是亦积之一验也。苟能渐之摩之，待以岁月，心坚而确，事易而常，未有不可变者。①

许衡预计到让蒙古"累朝勋贵"接受变易"万世国俗"、施行"亡国之俗"的改革，"其势有甚难者"。事实上，"汉法"的推行是遇到极大阻力的，守旧的蒙古贵族总是念念不忘"旧章"，他们反对儒术，"屡毁汉法"。② 一些西北藩王曾气势汹汹地责问忽必烈："本朝旧俗与汉法异，今留汉地，建都邑城郭，仪文制度，遵用汉法，其故何如？"他们公开把尊崇儒术的主张贬为"诡滥"③。那么如何解决这些问题呢？许衡认为，首先，要看到事物的转变总是有一个过程的，他以"寒之变暑"为例，说明了事物的变化由量变到质变的渐进过程，带有朴素辩证法的眼光。其次，他要求蒙古统治者在"行汉法"的渐进过程中，要有"渐之摩之，待以岁月，心坚而确"的态度，坚持不懈，以达其成。按照他的考察，"以北方之俗，改用中国之法，非

---

① 许衡：《鲁斋遗书》，卷七，《时务五事》。
② 宋濂等：《元史》，卷一百五十八，《许衡传》。
③ 宋濂等：《元史》，卷一百二十五，《高智耀传》。

三十年不可成功”，然而，只要“笃信而坚守之”，则“致治之功，庶几可成也”①。移风易俗，乃至政治、经济的各种制度，甚至思想观念的转变，不可能一蹴而就，是需要长时间的逐步转化，需要足够的耐心和恒心。因此，许衡主张采取长期的、渐进的方式来施行“汉法”，是符合当时实际情况的，是对于不同民族间文化交融过程的客观总结。

所谓“汉法”，并不仅仅指中原的汉官礼仪制度，实质上是指与中原地区发达的封建经济基础相适应的上层建筑。为了在新的历史条件下完善这个上层建筑，当时的儒士从各个方面为蒙元统治者的“行汉法”提出了许多具体制度和措施，这些制度和措施，确有大部分集中了中原地区王朝统治的先进历史经验，有益于治世。许衡在向忽必烈奏请“行汉法”的《时务五事》中，就以史为鉴，总结了“立国规模”“中书大要”“为君难六事”“农桑学校”“慎独”五事十几项措施，包括了上层建筑的许多方面。例如，他要求蒙元统治者为君要先“修德”，“从古者《大学》之道，以修身为本，凡一事之来，一事之发，必求其所以然与其所当然”，以德治为指归。他指出历史上“秦楚残暴，故天下叛之；汉政宽仁，故天下归之”，因而统治者要注意“养民”，只有“养民”才能得民心，进而真正拥有天下。他特别提倡君相治道重“农桑”和“学校”，以为重农桑使民有“仓库之积”，重学校使民知“父子君臣之大伦”，这两条是“自古圣君贤相平天下之要道”，“能是二者，则万目皆举；不能此二者，则他皆不可期也”。他说这个道理出自《尚书》的《尧典》《舜典》，以史为证，“参诸往古，而往古贤圣之言无不同；验之历代，而历代治乱之迹无不合”。许衡所总结的如“修德”“养民”“农桑”“学校”等历史经验，充分体现了中原汉法治道的精粹，对于蒙元的国家建设显然有极为重要的实践意义。

要言之，许衡的通变史观及其从历史总结中提出的“行汉法”主张，反映了他历史思想的积极性。他的这些历史思想，以务实、通变的态度，通过总结历史经验，为化解民族矛盾、促进民族合作找到了比较合适的途径。这不仅有益于蒙汉等多民族文化的不断融合与共同提高，对于元朝多民族统一国家的建设也发挥了积极的促进作用。

北京师范大学史学探索丛书

---

① 许衡：《鲁斋遗书》，卷七，《时务五事》。

郝经史学思想探究

郝经(1222—1275)字伯常，泽州陵川（今山西陵川）人，元初著名学者。郝经精于理学，以"道德之理，性命之原，经术之本"①为先务，"上溯洙泗，下迨伊洛诸书，经史子集靡不洞究"②。他又是元初忽必烈幕下杰出的谋臣，他早入藩府，数上国策；中统初年出使南宋被拘，成为"江南苏武"竟达十五年，返回北方不到一年而病故。郝经在人们的眼里是理学家、政治家，因此对他的理学思想和政治生涯记载分析得多，然而对郝经丰富、进步的史学思想论者甚少。本文试图通过对郝经史学思想几个重要方面的阐述，以期于郝经有更为全面的认识，同时也为中国史学思想宝库增添一些内容。

一、经史关系论的新发展

郝经进步的史学思想首先表现在他重视史学在思想认识方面的作用。宋元理学视六经和程朱著述为金科玉律，而把史学看做无足轻重。"经本史末""先经后史"是朱熹的看法③；元代许衡继承了朱熹的观点，认为"阅史要折衷于六经语孟"④，以六经语孟为律令，史学成为理学的附庸。郝经提出了"古无经史之分"的思想，将经史相提并论，大大提高了史学的地位。

以往谈到元代"古无经史之分"观点时，多把这份思想成就归于刘因，其实提出这个观点并对此有更为深刻分析的，还应属元初北方思想家和政治家郝经。郝经比刘因早出生二十多年，郝经家世代业儒，故其学有家传渊源。赵复北上以后，他又与许衡、刘因受赵复理学之传，"皆得其书而

---

① 郝经：《郝文忠公陵川文集》，卷二十六，《铁佛寺记》，明正德二年刻本。
② 郝经：《郝文忠公陵川文集》，卷二十一，《志箴》。
③ 郝经：《郝文忠公陵川文集》，卷一百二十二，《朱子语录》。
④ 许衡：《鲁斋遗书》，卷一，《语录上》，明万历二十四年刻本。

崇信之"①。与刘因相似，郝经在治学上反对离形器而言道，反对离"六经"而言天理。在强调质实于"六经"的同时，他又进一步提出了"古无经史之分"和会通经史的思想，说明了治史的重要性。首先，他认为《书》《诗》《春秋》原来就是史书，经过圣人加工才成为具述王道的经典。他指出：

> "六经"具述王道，而《诗》《书》《春秋》皆本乎史。王者之迹备乎《诗》，而废兴之端明；王者之事备乎《书》，而善恶之理著；王者之政备乎《春秋》，而褒贬之义见。圣人皆因其国史之旧而加修之，为之删定笔削，创法立制，而王道尽矣。②

从这段话可以看出，他只是以《诗》《书》《春秋》为例，说明圣人本乎史，创立经典的道理。然而，他又在此基础上将经本乎史的范围进一步推广到"六经"，从而提出了"古无经史之分""六经皆史"的思想。他在《经史》这篇专论的开头便阐述道：

> 古无经史之分。孔子定"六经"，而经之名始立，未始有史之分也，"六经"自有史耳。故《易》，即史之理也；《书》，史之辞也；《诗》，史之政也；《春秋》，史之断也；《礼》《乐》，经纬于其间矣，何有于异哉？至马迁父子为《史记》，而经史始分矣。其后遂有经学、有史学，学者始二矣。③

郝经的分析表达了三层意思：第一，他把"古无经史之分"的命题推广到"六经"，而不局限于《书》《诗》《春秋》三经，这是他比刘因的思想更进一步的地方。第二，他认为"六经"都是当时的历史记载，这种看法近似于章学诚"六经'皆先王政典"④的观点。郝经认为《易》从历史变化中总结出天人之理；《书》是当时的记言之史；《诗》为王者"观风俗，知得失，自考

① 黄宗羲、全祖望：《宋元学案》，卷九十，《鲁斋学案》，北京，中华书局，1983。
② 郝经：《郝文忠公陵川文集》，卷二十八，《一王雅序》。
③ 郝经：《郝文忠公陵川文集》，卷十九，《经史》。
④ 章学诚：《文史通义》，内篇一，《易教上》，叶瑛校注，北京，中华书局，1985。

正"，因而是为政之史；《春秋》记事则以褒贬断是非；《礼》《乐》记礼乐制度则有经纬规范之用，这些提法都是比较符合实际的。第三，他还指出经史之分始于司马迁父子而不始于孔子，以此进一步证明"古无经史之分"，说明"六经"与史的联系。郝经在《经史》专论中较为系统地论述了古来经史的发展变化和相互关系，他在谈到经史分合之后，认为经史既分，不能复合，但治学不可偏经废史，从而进一步提出了治学"会通经史"的观点，这又是他比刘因更为高明之处。他以为：

> 经史而既分矣，圣人不作，不可复合也。第以昔之经，而律今之史可也；以今之史，而正于经可也。若乃治经而不治史，则知理而不知迹；治史而不治经，则知迹而不知理。苟能一之，无害于分也。①

这段话的要紧之处，在于明确提出治学必须会通经史，二者缺一不可观点，从而大大突出了史学的重要地位。这种思想比起那些以为"经史不可同日而语"的狭隘观念，则要开阔和进步得多。郝经"古无经史之分"思想的意义又在何处呢？具体言之，有以下数端：

首先，郝、刘二人皆出生于北方，虽受赵复的朱学之传，然讲究的进学次第，还保留有金代北方儒士所奉行的以"六经"为本，兼及四部；重两宋议论也不放弃汉唐传疏的治学途径。更为主要的是，二人在元、宋鼎革之际，深感"天下困弊已极"，而理学中存在的一些托言性命、好为空谈的不良学风，不仅对个人治学不利，更于治世无益。因此他们提出"古无经史之分"的观点，主张知理知迹，以避免"求名而遗实"，这种出发点无疑是积极有益的。其次，"古无经史之分"说从客观上削弱了"六经"神圣、独尊的地位，提高了对史学重要性的认识。郝经和刘因虽然不能把史学抬高到与经学相等的位置，但郝经有关"若乃治经而不治史，则知理而不知迹"的论述，则已蕴涵了经史并重的初步认识。而在各自的为学之道中，郝、刘二人虽为理学家，但他们都对史学进行了深入独到的研究，刘因在《静修先生文集·叙学》中对上自先秦《左传》《国语》，下至宋朝《东都事略》等史书高下优劣的评论，鞭辟入里，不啻于一篇独具见识的史评，他提倡读

---

① 郝经：《郝文忠公陵川文集》，卷十九，《经史》。

全史，对许多历史人物也有臧否分析。郝经的《经史》篇纵论元以前的史学三变，提出了学史要"知兴废之由"的要求，他撰写《续后汉书》一百三十卷，也是以史为器，希望达到"辨奸邪，表风节，甄义烈，核正讹"之目的的。郝、刘二人对于史学的提倡和实践，自然对元代史学的发展起到促进作用，而他们对于经史关系的系统论述，是古代史学思想对此问题认识的新台阶。

二、"通变以合理"的史识

史学的通变思想是中国史学家和思想家对于思想界的一个突出贡献，通是连接、联系和因依，变是运动和变化；通与变两者结合起来成为一个范畴，说明了事物不断变化的基本原则以及事物从一个方面向另一方面转化时对立双方互相联系，可以因势利导的条件。通变思想的重要意义在于说明了历史过程运动变化的必然趋势以及人们在变化过程中因势而行，发挥主观能动作用的可能性。《周易》最早提出了中国古代的通变思想，它说："刚柔相推，变在其中矣。""易穷则变，变则通，通则久。"①它强调变的普遍性和通的必要性。《周易》的通变思想在司马迁的《史记》中得到贯彻和发展，元代思想家在理学认识的基础上，从求理与合理的要求出发，提出了通变以合理的思想，这是对通变史观的发展。

在政治上，元代思想家和政治家纷纷总结历史上顺应潮流、及时变通的经验，进行政治上的改革，以适应元代社会大变动的需要，"通变"史观成为他们政治理论的依据。在这一方面，应属郝经发挥得最为淋漓尽致了。他在《上宋主陈请归国万言书》②这篇洋洋洒洒 12 000 字的政论文中，调动上起三代，下至南北宋的大量史事，用以说服宋主放弃南北争战，以实现"撤天下之藩篱，破天下之畦町，旷然一德"的政治局面。贯穿于《上宋主陈请归国万言书》全文的核心思想便是审势求理的"通变"史观，郝经说：

① 《周易·系辞下》，《十三经注疏》本，北京，中华书局，1980。
② 郝经：《郝文忠公陵川文集》，卷三十九，《上宋主陈请归国万言书》。

夫天下有定理而无定势。圣人驭天下之大柄，本夫理而审夫势，不执于一，不失于一，而惟理是适。是以举而措之，成天下之事业。以天下之至静，御天下之至动；以天下之至常，御天下之至变；以天下之至无为，而为天下之至有为。势莫能定，而理无不定。推理而行，握符持要，以应夫势，天下无不定也。贾谊有言：汤武之定取舍审，而秦王之定取舍不审。审者何？审夫势也；定者何？定夫理也；取舍者何？理势之间也。见夫势必求夫理，轻重可否，不相违庚，而后权得而处之。

　　在这里，郝经提出了"天下有定理而无定势"的命题。理与势的概念早在先秦就出现了，战国时商鞅说："圣人知必然之理，必为之时势，故为必治之政，战必勇之民，行必听之命。"[①]所谓必然之理是指历史发展的规律，所谓必然之势指的是历史发展的趋势，理与势都是客观必然，不过一者是内在规定，一者是外在表象。郝经所说的理，与商鞅稍有不同，它包含了宋元理学的新内容，这个理具有了事物的发展规律与人们的道德准则双重意义。郝经对于"天下有定理而无定势"命题的分析，首先，这说明了历史过程是不断运动变化的，因此天下无定势而有动势。其次，他指出"势莫能定，而理无不定"，天下大势虽然变动不羁，分分合合，但是它的运动方向是有内在规定的，这个规定就是理。最后，郝经认为能成就天下大业者，要"本夫理而审夫势"，在本理、审势的前提下，善于"取舍"。取舍即通变，"取舍者何？理势之间也"，这就是说要把握理所规定的势，善于通变，去顺应这个发展的趋势。他列举了汤武、秦王的史实进行比较，说明虽然他们都是以征伐得天下，但是汤武善通变而能治，秦王不善通变，照行暴政，因此运祚不长。

　　郝经用通变以合理的史观说服宋主顺应历史发展大势，下面我们提到，他还用通变的史识巧妙地解决了民族征服和文化冲突的矛盾，为蒙元统治者与汉族地主阶级和儒士的合作找到一条合适的道路。他不仅从理、势的角度发展了通变史观，而且他所表达的政治思想也是符合当时的时代要求的。

---

① 商鞅：《商君书·画策篇》，《诸子集成》本，上海，上海书店出版社，1986。

三、"行中国之道则中国之主"的民族史观

金元、宋元之际，士民饱受颠沛流离、战火荼毒、家破人亡之苦，所谓"两国暴骨几十年，遗黎残姓殆欲歼尽"，四海之内"莫不引领拭目"，渴望"天下于治安"①。因此，尽管对于民族高压政策的不满，包括有宋金遗民的故国情思和对异族统治的反感，期待尽早"息兵戈，致太平"仍是当时社会人心强烈的愿望。以郝经为代表的一批知识分子，从儒家用世济民的精神出发，慨然以"慧积年之凶衅，顿百万之锋锐，存亿兆之性命，合三光五岳之气，一四分五裂之心，推九州四海之仁，发万世一时之机"②为己任，放弃了"严华夷之防"，与蒙元激烈对抗的旧规，走上承认元朝统治，与元廷合作的道路。

元初儒生出仕为蒙元统治者服务，首先要从理论上论证蒙元统治的合理性，解决与蒙元统治者合作的可行性问题。郝经是元初汉儒系统解决这一理论问题的代表人物，由于他所生活的中国北方地区，从辽朝算起已有近三百年不是汉族封建王朝的统治区，从金朝算起也有一百余年时间不是汉族皇帝当家了，长期生活的社会背景提供给郝经等一批汉儒客观认识民族关系的现实基础，对于辽金历史的认识，特别是对金朝历史的总结，也使他们较容易突破"夷夏之辨"的观念，而提出像郝经所说的："今日能用士而能行中国之道，则中国之主。"③这样新的政治原则和民族史观。

"行中国之道，则中国之主"的原则关键在于冲破了狭隘民族观"严夷夏之大防"的藩篱，解决了中国之主不一定非得是汉族的问题。郝经指出，"天无必与，唯善是与；民无必从，唯德是从"。"天之所与，不在于地而在于人，不在于人而在于道"④。他认为，天意民心所向，唯德唯善；能够主宰中国之土的人是什么种族并不重要，关键要看他们是否行"中国之道"。他的"中国之道"自然是指儒家之道，在他看来，儒家的道德纲纪和

北京师范大学史学探索丛书

---

① 郝经：《郝文忠公陵川文集》，卷三十七，《宿州再与三省枢密院书》。

② 郝经：《郝文忠公陵川文集》，卷三十七，《与宋两淮制置使书》。

③ 郝经：《郝文忠公陵川文集》，卷三十七，《与宋两淮制置使书》。

④ 郝经：《郝文忠公陵川文集》，卷十九，《时务》。

文物典章乃是天下元气和命脉之所在，"夫纪纲礼义者，天下之元气也；文物典章者，天下之命脉也。非是则天下之器不能安，小废则小坏，大废则大坏；小为之修完则小康，大为之修完则太平。"①辽金之亡、南宋的衰败自然是没有修完纲常礼义，光大典章文物，那么，"中国既而亡矣，岂必中国之人善治哉？圣人有云，夷而进于中国，则中国之，苟有善者，与之可也，从之可也"②。此话说得再清楚不过了，只要能行德治善政，则不一定非是"中国之人"，就是所谓的"夷狄"，民亦可与之从之，这是郝经反复强调的。至于"圣人"所云，则表明了他的理论基础来自于《春秋公羊传》的"用夏变夷"思想，是早有古训而非凭空捏造的。

"用夏变夷"思想是《公羊传》民族观的组成部分。"用夏变夷"说最早出自《孟子·滕文公上》，但是在孟子那里，这一观念的含义只是强调了"夷夏之辨"，强调了华夏文化在感化偏远落后部族的优越性。《公羊传》的民族史观发展了先秦"夷夏之辨"的思想，带有积极的和消极的两重性因素，一方面，它继承了孟子重"华"轻"夷"的观念，提出了"内诸夏而外夷狄"的主张，于是后世强调华夏正统的儒者就突出《公羊传》这方面的思想，作为他们"严夷夏之大防"和"尊王攘夷"的理论武器。另外，《公羊传》的华夷观又有积极的一面，它提出以是否遵循儒家的礼义文明为标准，而不是以种族为标准来区分"华夷"，它认为华夏不守礼义可以变成"新夷狄"，而"夷狄"知礼义可以成君子，这就是郝经他们大力推扬的"夷而进于中国则中国之"的"用夏变夷"思想。《公羊传》的这一思想有多处表述，例如，《公羊传》宣公十二年曰："夏六月己卯，晋荀林父帅师及楚子战于邲，晋师败绩。大夫不敌君，此其称名氏以敌楚子何？不与晋而与楚子为礼也。"晋为中原大国，历来被认作华夏之国；楚为南方远国，诸夏以蛮夷视之。但是《公羊传》认为楚国在伐郑而舍郑、大败晋师而放其退走等事件中能讲礼义；而晋国以大夫率师与楚王战，违反了"大夫不敌君"之礼。因此楚王称"子"，而晋国受责。一贯宣扬公羊思想的董仲舒对《春秋》经的这段史事也有同样的解释，他说："《春秋》之常辞，不与夷狄而与中国为礼。至邲之战，偏然反之，何也？曰：《春秋》无通辞，从变而移。今晋变而为夷狄，

---

① 郝经：《郝文忠公陵川文集》，卷三十二，《立政议》。
② 同上。

楚变而为君子，故移其辞以从其事。"①《公羊传》定公四年又曰："冬，十有一月庚午，蔡侯以吴子及楚人战于伯莒。吴何以称子？夷狄也而忧中国。"吴国历来也被认作东夷，但它能"忧中国"，承蔡侯之请，击退楚国对诸夏的无理进犯，因而进爵为"子"。相反，如果"诸夏"在礼义文明上倒退，则被贬为"新夷狄"。《公羊传》昭公二十三年因为晋国围周天子之"郊"，有犯上之举，所以叹曰："中国亦新夷狄也。"郝经抓住了《春秋公羊传》以礼义文明判"夷夏"变化的思想精髓，继唐儒韩愈之后②，将其概括为"夷而进于中国则中国之"的古训，从而提出了"行中国之道，则中国之主"的原则，从根本上为承认蒙元政权的合法性找到了理论依据，在思想上和心理上为蒙汉统治阶级的政治合作开辟了道路。

北京师范大学史学探索丛书

　　郝经不仅注意发掘《公羊传》民族史观的积极因素作为自己的理论武器，而且注意从历史上总结"行中国之道，则中国之主"的成功范例。他从中国历史上第一次民族大融合的魏晋南北朝时谈起，以为十六国时前秦虽然是由氐族建立的政权，但是以苻坚为首的氐族统治集团，在汉族士人王猛的帮助下，"行中国之道"，"故苻秦三十年而天下称治"③，统一了北方，一度成为政治清明、国力强盛的国家。他又提到北朝的元魏，他说：

　　　　昔元魏始有代地，便参用汉法。至孝文迁都洛阳，一以汉法为政，典章制度灿然与前代比隆，至今天下称为贤君。④

　　他认为北魏孝文帝的功绩虽然不及西周的文王、武王和汉代的高祖、光武，但魏孝文作为一个鲜卑皇帝，能够"进退以礼""卒全龙德"，即是"用夏变夷之贤主"⑤。郝经对于他所熟悉的金朝历史更是给予了充分的肯定：

---

　　①　董仲舒：《春秋繁露·竹林篇》，北京，中华书局，1992。
　　②　韩愈：《原道》，曰："孔子之作《春秋》也，诸侯用夷礼则夷之，夷之进入中国者则中国之。"
　　③　郝经：《郝文忠公陵川文集》，卷十九，《时务》。
　　④　郝经：《郝文忠公陵川文集》，卷三十二，《立政议》。
　　⑤　郝经：《郝文忠公陵川文集》，卷三十二，《班师议》。

　　金源氏起东北小夷，部曲数百人，渡鸭绿，取黄龙，便建位号。
一用辽宋制度，取两国名士置之近要，使藻饰王化，号"十学士"。至
世宗，与宋定盟，内外无事，天下晏然，法制修明，风俗完厚。①

　　盖金有天下，席辽宋之盛，用夏变夷，拥八州而征南海，威既外
振，政亦内修，立国图强，徙都定鼎。至大定间，南北盟誓既定，好
聘往来，甲兵不试，四鄙不警，天下晏然，大礼盛典于是具举。泰和
中，律书始成，凡在官者，一以新从事，国无弊政，亦无冤民，灿灿
一代之典，与唐汉比隆。②

他回顾金朝发迹的历程，认为金朝能从一个部曲数百人的"东北小夷"
发展出与唐汉比隆的"灿灿一代之典"，主要原因在于"用夏变夷"和"一用
辽宋制度"。郝经为蒙元统治者总结历史上少数民族在中原地区成功统治
的先例，无疑是要求蒙元统治者仿效苻秦、元魏、金源"行中国之道"的做
法，成为中原大地上的贤明之主。而且，他从追寻历史和反观现实的比较
中，已经认定了他为蒙元统治者设计的道路是一条通向"天下一新"和"太
平盛世"的光明大道。这种理想的认定至少包括几方面的基本条件，其一，
国家"今有汉唐之地而加大，有汉唐之民而加多"③，"而民物繁夥，龙飞凤
舞殆四十年"④，已有了丰厚的国力基础。其二，"堂堂中夏，幅员万里"，
"尧舜、三代、二汉之世，亦吾民也，今而天下，亦吾民也。吾民不变，
则道亦不变。道既不变，则天亦不变。何遂而不可及而不可见也哉"⑤？他
的含义很明白，即吾等持道之儒生不变，则道亦不变，道不变则三代二汉
之世庶几可及而可见也。其三，也是极重要的一条，便是皇帝陛下忽必烈
乃"久符人望，而又以亲则尊，以德则厚，以功则大，以理则顺，爱善中
国，宽仁爱人，乐贤下士，甚得夷夏之心，有汉唐英主之风"。⑥ 因此，只
要皇帝"以国朝之成法，援唐宋之故典，参辽金之遗制，设官分职，立政

① 郝经：《郝文忠公陵川文集》，卷三十二，《立政议》。
② 郝经：《郝文忠公陵川文集》，卷三十，《删注刑统赋序》。
③ 郝经：《郝文忠公陵川文集》，卷三十二，《立政议》。
④ 郝经：《郝文忠公陵川文集》，卷三十，《删注刑统赋序》。
⑤ 郝经：《郝文忠公陵川文集》，卷十九，《时务》。
⑥ 郝经：《郝文忠公陵川文集》，卷三十八，《复与宋国丞相论本国兵乱书》。

安民"，就一定"能树立功成治定，揄扬于千载之下"①。

或有以为，郝经作《续后汉书》黜曹魏、尊蜀汉，是为南宋争正统，颇与他"行中国之道，则中国之主"的思想相矛盾。确实，郝经作为朱学信徒，他秉承朱熹《通鉴纲目》的观点，尊蜀汉为正统包含了为南宋正统绪的意义，但是尊宋不等于排元。事实上，郝经"揆之天时人事"，已经看出"宋祚殆不远矣"②。那么，"中国既而亡矣，岂必中国之人而善治哉"？在他的心目中，蒙元正是"配天立极，继统作帝"③之朝。因此，郝经的正统论与他"夷而进于中国则中国之"的思想并不矛盾，甚至可以说是合乎逻辑地为蒙元的继统所做的舆论准备。

郝经民族史观的总体认识，反映了当时北方多数汉族知识分子的思想状况。其实，金亡40余年，北方儒生看到蒙古倾覆汴蔡，穿彻巴蜀，绕出大理，南际江淮，瞰临中国的雄劲力量，又受到忽必烈等一些蒙古统治者好儒术、喜衣冠、崇礼让行为的影响，思想已经有了较大的转变，他们跃跃欲试，希望在新的政治舞台上一显身手。正如刘因所描述的："至元十一年，诏丞相伯颜领诸将兵伐宋，有志之士，咸喜乘此际会，思效计勇以自奋。"④从"通变以合理"的史识出发，郝经审时度势地提出了"行中国之道，则中国之主"的原则，为当时北方的汉族士民及后来的江南士民免遭杀戮之灾，实现政治抱负提供了理论依据；同时又在某种程度上满足了那些以华夏子孙自居而又不得不与异族统治合作的汉族地主阶级的心理平衡。从更广泛的意义上说，郝经的民族观巧妙处理了民族征服与民族冲突、文化隔阂的关系，为汉族与其他少数民族的和睦相处、为儒家礼义文明在新的历史条件下得以发扬光大找到了出路，从而有益于中原及南方汉族文化与各少数民族文化的不断融合，有益于多民族统一国家的进步。

北京师范大学史学探索丛书

①　郝经：《郝文忠公陵川文集》，卷三十二，《立政议》。

②　郝经：《郝文忠公陵川文集》，卷首，卢挚：《郝公神道碑》。

③　郝经：《郝文忠公陵川文集》，卷三十二，《立政议》。

④　刘因：《静修先生集》，卷四，《怀孟万户刘公先茔碑铭》，北京，中华书局，1985。

虞集的史学思想

虞集(1272—1348)是元代中期著名文史学家,他历仕成宗、武宗、仁宗、英宗、泰定、文宗六朝,熟悉元初及所历各朝人事典故,主持修撰《经世大典》,总结一代典章史实。他供职于国子学、国史院、秘书监,对教育、文事多有贡献,对元修辽金宋三史提出过许多重要建议。虞集的诗文享有盛誉,被时人称为"当代之巨擘"①。由于他文采出众,故一时朝廷宗庙典册诏告、公卿大夫碑文行状,多出其手。他的《道园学古录》和《道园类稿》中有大批传记、碑铭和序跋,史料价值极为丰富。此外,他还有《平猺集》一卷传世。历来评论虞集,多重其文学,而对他在史学上的成就评论较少。纵观元代史坛,虞集的史学占有重要地位,尤其是他的史学思想,突出反映了元代史学思潮的主要走向。本文拟对虞集的史学思想作一考察,以求有助于全面认识这位元中期的重要汉儒,并由此得以了解元代史学思潮的一些特色。

一、思想渊源和理学倾向

虞集的史学思想有其深厚的家学渊源。他出身于儒学世家,五世祖是南宋丞相虞允文。曾祖刚简,人称"沧江先生",与魏了翁、范仲黼、李心传等人讲学于蜀西门外,"得程朱微旨,著《易诗书论语说》,以发明其义"②。其父虞汲,原为南宋黄冈尉,宋亡,移家于江西临川崇仁(今江西崇仁县),与吴澄过往甚密,《宋元学案》将其列为草庐学派讲友。虞集母杨氏也通性理之学,是虞集学术思想的启蒙老师。她能"背诵《论》《孟》及《春秋》《左传》,欧、苏文",虞集五岁适逢宋元易代之乱,在避难途中无书可读,杨氏便口授以上诸书。于是,"九岁还长沙始得墨本,而公已悉

---

① 欧阳玄:《圭斋文集》,卷九,《虞雍公神道碑》,《四部丛刊初编》本,上海,上海书店出版社,1989。

② 宋濂等:《元史》,卷一百八十一,《虞集传》,北京,中华书局,1976。

通大义。又五年居崇仁故寓，已善属文"①。虞集的幼年从家庭儒学氛围中，汲取了思想营养，对程朱理学有了一定的认识。然而对他的思想形成影响最大的，还是来源于南方理学大师吴澄。吴、虞二家本来交往密切，又因虞集自小聪慧，因此在江西崇仁时，虞集便"以契家子从吴澄游"②，进而系统地接受程朱理学的学说。吴澄字幼清，江西崇仁人。在元代理学中，他与许衡齐名，时称"北有许衡，南有吴澄"③。从理学传承统绪来说，吴澄为朱熹四传，其理学以朱学为主，但也兼宗陆学。特别是在认知方法上，为了克服朱学支离烦琐的缺陷，吴澄袭蹈陆学自识本身的思想途径，这些特点对虞集影响很大。

北
京
师
范
大
学
史
学
探
索
丛
书

虞集作为朱学的五代传人，不仅全面继承朱熹的本体论和性理论学说，而且以绍承程朱理学道统为己任。"天也者，理也"④，"理不无具，俯仰远近皆有取焉"⑤是他反复强调的思维基础。他大力褒扬元初以来诸儒扶正辨邪、表彰理学之功。他赞扬许衡在北方对朱子学的传播，曰："国人知有圣贤之学，而朱子之书得以行于斯世者，文正之功甚大也"⑥。他特别欣赏刘因对老庄人生哲学的批判，及其对时人奉老庄之学而假孔孟程朱之名的揭露，认为刘因的理学有"考察于异端几微之辨"；"国朝之初，北方之学者，高明坚勇，孰有过于静修者哉！"⑦对于吴澄，虞集则将其置于元代理学中更为重要的地位。他为吴澄作《行状》，历数自孟子以后千五百年的理学统绪，认为吴澄乃近世理学之重镇，"历观近代进学之勇，其孰能过之"⑧。吴澄在国子监讲学，吸取陆学反求内心德性以致知的方法，先"尊德性"后"道问学"，受到攻击。虞集为之辩解，说许衡、吴澄之学"皆圣贤之道"，并无二致。他认为吴澄兼取陆学的方法，并不是背离朱学，而是对朱学的发展，"天下之理无穷，而学亦无穷也。今日如此，明日又

---

① 欧阳玄：《虞雍公神道碑》。

② 宋濂等：《元史》，卷一百八十一，《虞集传》。

③ 揭傒斯：《吴公神道碑》，《全元文》，第28册，505页，南京，凤凰出版社，2004。

④ 虞集：《道园学古录》，卷十一，《顺庵铭跋》，《四部丛刊初编》本，上海，上海书店出版社，1989。

⑤ 虞集：《道园学古录》，卷二十二，《五色屏风记》。

⑥ 虞集：《道园学古录》，卷六，《安敬仲文集序》。

⑦ 虞集：《道园学古录》，卷四十四，《临川先生吴公行状》。

⑧ 虞集：《道园学古录》，卷五，《送李扩序》。

如此，止而不进非学也"①。这些言论，不仅反映他对吴澄理学思想的继承和支持，同时也表达出他对元代理学中某些固守成规、不思进取现象的不满。

至于虞集对陆九渊心学的态度，可以说是十分推崇，并主张调和朱陆差异的。他在讨论南宋理学时特意指出："时则有若陆子静氏，超然有得于孟子'先立乎其大者'之旨，其于斯文互有发明，学者于焉，可以见其全体大用之盛。而二家门人区区异同相胜之浅见，盖无足论也。"②首先，从这段话里可以看出虞集对陆学的推崇，他强调陆氏心学并非陆九渊凭空独创，而是肇始于孟子，这种说法不仅在统绪上为陆学正名，而且大大提高了陆学的地位。其次，他认为朱学、陆学"互有发明"，只有合会朱陆，方能见理学之"全体大用"。因此，他将朱陆门人各自标榜、互相攻讦的做法视为浅薄；同样，他对那些动辄便以吴澄之学为陆学的非议嗤之以鼻，认为"陆子岂易言哉？彼又安知朱陆异同之所以然？直妄言以欺世拒人耳"。那么朱陆异同究竟如何，虞集并没有直接的回答，其实，他想强调的是朱陆的异曲同工及两者间的互补性。

以上我们考察了虞集的理学思想，以求有助于认识理学对其史学的影响。反映在虞集史学思想中的理学倾向主要有三个方面的特点。

第一，受程朱观史以求义理思想的影响，虞集认为治史的目的在于识"理"，要从历史的盛衰治乱之处，思考历史变通之理。他说："夫古今治乱之迹不考，则无以极事理之变通，又史学之不可不讲也。"③在这里，虞集继承了程朱考古以察理的观点，但是没有固守程朱先经后史的陈说，而是充分强调了史学在穷极事理中的重要作用，这是具有积极意义的。他批评当时一些学者趋乎道德性命之学，但不重学问的做法，指出："所谓博闻多识之事若将略焉"，"而名物度数之幸在者，又不察其本原，诚使有为于世，何以征圣人制作之意，而为因革损益之器哉！"④他提倡多读书，以博闻广识来考察名物制度的本源和演变，并因此知古今治乱因革之由。事

---

① 虞集：《道园学古录》，卷四十四，《临川先生吴公行状》。
② 虞集：《道园学古录》，卷五，《送李扩序》。
③ 虞集：《道园学古录》，卷三十一，《送饶则民序》。
④ 虞集：《道园学古录》，卷七，《鹤山书院记》。

实上，虞集自己从年轻时便注意"备闻前修格言，考核前代典故"①，从典章制度的沿革中求历史盛衰治乱之理。仁宗即位以后，虞集除太常博士，《元史·虞集传》记宰相拜住经常向他请教礼器祭义等名物典制，"集为言先王制作，以及古今因革治乱之由，拜住叹息，益信儒者有用"。

第二，以王道德治为标准，考察历史的兴废存亡。王道是儒家古老的命题，与王道相反，先秦法家提出了"霸道"的政治模式，主张利用权术、刑法来达到统治的目的。王道、霸道的对立又与历史上的义、利之争相联系。北宋二程首先从理的角度说明历史上王道、霸道的分别，朱熹继承二程观点并作了进一步的发挥。在王霸义利问题上，虞集基本上是继承程朱思想的，但他在运用王道、德治标准考察治乱兴衰，总结历史经验时，则有他独立思考的一面。虞集主张实行王道的"德治"，而德治的核心是"仁"。这一思想在他主持并撰定的《经世大典·宪典》各篇的序录中有比较集中的体现。他说："天地之道，至仁而已。国以仁固，家以仁和。故国不仁则君臣疑，家不仁则父子离。父子离，无所不至矣；君臣疑，亦无所不至矣。故《易》有著履践霜之戒，《孟子》有仁义之对，审哉！"②他把"仁"作为天地之道，治家治国之本，并指出不守仁义之道可能产生的恶果。守仁义之道就是实行王道，《宪典》各篇的叙录处处表现出这种精神，比如他认为国家刑法只是德治之余一种辅助手段，"夫圣人以礼防民，制刑以辅其不足"③。"教化不足，然后制以刑，而非得以也"④。《宪典》虽然也记诉讼刑狱等制度，但他们期望的是以王道德治达到"无讼""无刑""狱空"等局面。虞集继承程朱的王道思想，从历史总结的角度，把伪诈的产生归结于霸道的施行，他说："霸代王而淳朴散，利胜义而诈伪生，其由来亦久矣。"⑤由此可见，他否定霸道的态度是十分明确的。

在提出以王道德治为兴治标准后，虞集又进一步强调了确立纲常名分

北京师范大学史学探索丛书

---

① 欧阳玄：《圭斋文集》，卷九，《虞雍公神道碑》。

② 《经世大典·宪典·大恶序录》，《元文类》，卷四十二，《四部丛刊初编》本，上海，上海书店出版社，1989。以下凡引《经世大典序录》，均出自《元文类》，卷四十至四十二，不再详注出处。

③ 《经世大典·奸非篇》。

④ 《经世大典·户婚篇》。

⑤ 《经世大典·诈伪篇》。

的关键性。他归纳《春秋》经传所述史实说:"《春秋》道名分,实尽性之书也。分上下不辨,则民志不定,乱之所由生也。必君君臣臣、父父子子、夫夫妇妇之分定,则王道行矣。"①他把维护上下尊卑的名分等级看成是推行王道的基本保证,只有尊卑上下之位分辨清楚,各行其常,不违名分,王道才能施行,天下才能得治,否则便会生乱。

第三,强调学校和教育有益于治道的历史经验。虞集在《经世大典·礼典·学校序录》中说:"古有国家者,设庠序学校以教其民。申孝悌之义,导仁义之方,所以扶植三纲五常之道也。故自王宫国都至于闾巷,莫不有学。秦汉以降,率是而行之则治,违是而废之则否,明效大验,不可诬也。"他强调学校和教育在"扶植三纲五常之道"过程中的重要性,并把是否能够实行教化的问题提到国家社稷治乱兴衰的高度来认识,这是对程朱重视人伦教化思想的发展,对于促进元朝统治者兴办学校教育,加速儒家思想乃至中原文化在全国范围内的传播,具有积极的意义。虞集重人伦教化虽与他施行王道德治的要求密切相关,但他注重教育的历史作用,不仅仅局限于三纲五常的教化,也注意总结历史上通过一乡一校,传习日常生活各种技艺的教育形式,主张使"医药卜筮之流亦皆有肆习之所,则名一艺者咸精其能矣。"②

二、《经世大典序录》的经世治平意识

《经世大典》的编撰始于天历二年(1329)冬,时元文宗在帝位之争中取得彻底胜利,转而表示偃武修文,下旨命仿唐宋会要之体,总结本朝典故。至顺元年(1330)二月,命奎章阁专职编撰,以赵世延、虞集为总裁;秋七月,赵世延以疾退,此后由虞集专领其事。至顺二年(1331)五月一日,大典"草具成书"。后又经修订润色,装潢成帙,于至顺三年三月表进皇帝③。《经世大典》全书 880 卷,分帝号、帝训、帝制、帝系君事 4 篇,治典、赋典、礼典、政典、宪典、工典臣事 6 篇,共 10 篇。其体例虽仿唐

---

① 虞集:《道园学古录》,卷三十一,《送侥则民序》。
② 《经世大典·礼典·学校序录》。
③ 虞集:《经世大典总序》;欧阳玄:《圭斋文集》,卷十三,《进经世大典表》。

宋会要之体，但也有其特出之处，比如臣事各篇名目所仿"则《周礼》之六典"①；又如在每篇、每目之前，皆有序录，往往介绍内容梗概，勾勒演变原委，起到画龙点睛的作用。大典正文今已基本散佚，而完整保存下来的《经世大典序录》则为后世了解这部大典的内容梗概和元代典制的因革大势，为人们认识作者的思想留下了宝贵材料。

从有关材料的考察来看，将《经世大典序录》的作者定为虞集应无疑问。首先，与虞集同时又相知的苏天爵在元统二年(1334)编纂《元文类》，收入了《经世大典序录》的全部内容，并在目录中署明作者为虞集。其次，至正元年(1341)和至正六年(1346)，由虞集的门生，福建廉访副使斡玉伦徒和江西湖东道肃政廉访使沙剌班先后为虞集刊印了《道园学古录》《道园类稿》部文集，两书都收有《经世大典序录》，书前有欧阳玄的序，欧阳玄不仅是虞集至交，也参与了《经世大典》的编撰，他为虞氏文集作序，自然是对该书收入《经世大典序录》的认同；另外还要顺便指出，《元文类》和《道园学古录》《道园类稿》刊印时，虞集仍然在世，他应该知道这几部书收录的内容，想必也不会将别人的作品归到自己名下。虞集熟知元朝开国以来典故，所谓"欲考典礼之遗逸，尽乎一代之制作者，亦必以公为归"②。他总裁《经世大典》的修撰，不仅议立篇目，网罗文献，"悉取有司之掌故而修饰润色之，通国语于尔雅，去吏牍之繁辞"③，而且在各篇的序录中交待立目旨意，反映了他总括一代制度模式，提示原委，裁断得失，为现实社会提供参考的经世意识。虞集在大典序录的经世治平意识中，有两点是比较突出的。

第一，他充分肯定了元朝统一的多民族国家的历史发展及其深远的历史意义。自唐以后，我国历史上长期存在宋、辽、金、夏等分立政权，元朝的建立，在"北逾阴山，西极流沙，东尽辽左，南越海表"④的辽阔区域内形成了一个空前强大的、统一的多民族国家。虞集在大典的《帝号》《赋典》序录中，肯定了元朝"致四海之混一"的历史功绩，论述了"若夫北庭、

① 欧阳玄：《圭斋文集》，卷九，《虞雍公神道碑》。
② 赵汸：《东山存稿》，卷六，《邵庵先生虞公行状》，文渊阁《四库全书》，1 221册，上海，上海古籍出版社，1987。
③ 虞集：《经世大典总序》。
④ 宋濂等：《元史》，卷五十八，《地理志一》，北京，中华书局，1976。

回纥之部，白霍、高丽之族，吐蕃、河西之疆，天竺、大理之境"皆归于一，"八纮万国，文轨攸同，总总林林，重译归化"这种多民族组合、国家统一的宏大规模；以及在这片"舆地之广，前所未有"的国土上，"分天下为十一者，以山东、西，河北之地为腹里，隶都省；余则行中书省治之。下则以宣慰司辖路，路辖府州若县，星罗棋布，灿然有条"的行政建置。从而感叹"自古有国家者，未若我朝之盛大者矣"。至于大典序录中对于元朝立国几十年间在经济、政治、文化方面成就的论述和总结，更是反映了虞集对统一的多民族国家历史发展的深刻认识。例如，在经济生产方面，他概括了元朝鼓励农桑，使"老者得其所养，少者有以自力"，国家"贡赋益夥"①的繁荣气象；同时也概述了元朝注重水利建设，开通惠河、会通河，导浑河、疏滦水、浚冶河、障滹沱，西治陕西三白河、东为江浙立捍海横塘，而使民"免没溺之患"，得灌溉、漕运之利的成就②。在政治方面，虞集通过《治典》《宪典》等序录，总结元朝兴百官、轻刑狱，内修德治的方针策略，尤其颂扬文宗一朝，"任贤辅治，崇德报功"，"亲九族而协黎庶"，"颂声作于朝廷，泰和浃于荒裔，治平之迹，盖有不胜其纪者"的政治局面。而在《政典》等序录，则指出："成庙以来，敷文享成，边垂乂安，间有小警，德明德威，寻致乂宁。"说明边防上"德明德威"，不战自安的成就；外交上则强调了通过海外贸易，传播"国家声教"，达到"绥怀无远不及"的效果③。虞集还在《礼典》各序录中，分析了元朝大兴文治，在文化教育方面所取得的进步。他概述元代的教育，是"百年之间，幅员万里，黉舍相望，何其盛也"。他论述元朝的文化事业，在管理机构上，"其主典之官，则有翰林、国史、集贤等院，秘书、国子等监，而律历、阴阳、医卜之事，竺乾之教、老庄之说又各有其人焉"，由于公私藏书的丰富，蒙文、汉文并行，元代文教蒸蒸日上，"所谓唐虞之际，于斯为盛矣"。

虞集生当元代中期，在元初学者承认历史转变、民族组合的思想基础上，从社会现实的观察中，认识元朝统一大业的历史意义，颂扬"我国家幅员之广极，天地覆焘"的宏大气象，阐述统一的多民族国家"为生民之命

---

① 《经世大典·赋典·农桑序录》。
② 《经世大典·赋典·市舶序录》。
③ 《经世大典·工典·河渠序录》。

而开太平之基"的历史作用；并以务实的态度，客观看待元朝政权改善民族政策，推行汉法，大兴文治，发展经济的成就，从而在历史记载中给予系统阐述和概括。诚然，作为封建王朝的史臣，虞集在歌颂元朝统一大业的同时，又不免有溢美之词，但是，这种历史意识符合我国史学思想正确的发展方向，它不仅客观反映了元朝统一国家的历史进程，而且对于当时在史学观念和政治观念中，不断冲决夷夏之防，增强统一的多民族国家意识，具有积极的思想意义。

第二，从典制总结中提倡和彰扬养民厚生的思想。养民厚生的认识基础是儒家传统的重民思想，虞集接续孟子、程朱以来"重民""养民""恤民"的学说，结合元代历史的实际经验，对于养民厚生的具体措施作出新的提倡，从而丰富和发展了这种进步的思想。在《经世大典》中，虞集把养民厚生的方略作为元朝的基本国策反复强调。《赋典》总序说："民者，国之本。""我祖宗创业守成，艰难勤俭，岂易言哉！大率以修德为立国之基，以养民为生财之本，布诸方策，昭示后裔，以垂宪万世者，宁有既乎？"在这里，虞集"民为国本"的说法包括了两层意思：一方面，他认为民众是皇朝统治的基本对象，如果统治者不重视民心向背，就会失去民众的支持，所谓的王道德治也就没有社会基础了；另一方面，他切实地认识到民众是国家财政的来源，只有养民才能富国，否则，巧妇难为无米之炊，王道德治自然也是一句空话。

至于如何具体地实施养民厚生之道，虞集在大典的序录中有多方面的论述。首先，他提倡重农桑，使民有所养。在《赋典·农桑》序录中他说："农桑者，王政之本也，可不重哉？我世祖皇帝从左丞张文谦之请，立司农官颁农政，化天下以敦本就实之道。老者得其所养，少者有以自力。教之蓄积之方，申之学校之义。牧民之官，法其勤惰；风纪之官，严其体察。岁终以为殿最，其法可谓至矣。迨夫列圣相承，纶音诞布，必谆谆以劝农为言，皆所以为生民之命而开太平之基者。"衣食为养民之民需，因而也是王政之本，自忽必烈之后，元朝确实改变了蒙古时期破坏农业，"悉空其人以为牧地"的做法，充分重视农业，在此基础上发展了经济。虞集概括了从中央到地方加强和督促农业建设的各种措施，他把这些重农举措看做"敦本就实"和"开太平之基"的养民之道，予以大力推扬，并作为重要的历史经验巩固下来。

其次，认为养民厚生要善于理财。理财的指导思想仍然是以民为本，他说："治财之道厚民为本，民者财之府，财者民之命也。故治财者先义而后利，教民顺；先利而后义，教民争。故治财者先民而后国，国常富；先国而后民，国常贫。"①在这里，虞集对民与国、富与贫、义与利、顺与争的辩证关系有深刻的体认，这种厚民为本、养民取财的治财思想虽也植根于理学的王道德治理论，然而却非一般理学家的迂阔和不着边际的老调重弹，而是注入了虞集对元初以来几次大规模理财活动的历史思考。虞集从理财的角度赋予王道德治鲜活的思想内容，尤其是他对于"先民后国、先义后利"的锐识和理性分析，更是给人以耳目一新的感觉。在理财的具体措施上，虞集特别强调要做好田税的管理，一方面要"善治"，通过"履亩而税"之法，抑制豪强兼并土地、偷税漏税，避免贫民因"产去而税存"出现的不合理负担；另一方面不能"扰民"，他批评延祐初"期限猝迫，贪刻并用"的做法，指出只有以厚民为本，才能达到"人不扰而税有恒"的目的②。

再次，提出"节国用"的主张。元代的手工业非常发达，中央和地方手工业局院分布甚广，蒙古贵族注重手工业的发展，除了军事和生产上的需要外，又与他们大量利用工匠制造奢侈消费品有关。虞集从"养民厚生"、爱惜民力的角度提倡节用，他说："有国家者重民力节国用，是以百工之事尚俭朴而贵适时用，戒奢纵而虑伤人心，安危兴亡之机系焉，故不可不慎。"③他认为百工之作只要适用即可，只有尚俭朴、戒奢纵，才能避免费民力、伤人心；更为高明的是虞集并没有停留在增加财富、爱惜民力的层面理解节用的意义，而是把节国用、重民力和国家的安危兴亡联系起来，告诫统治者对此不可掉以轻心，必须采取慎之又慎的态度，由此表现出他在历史认识方面的纵深维度。

最后，提倡多施仁政，对当时统治制度的弊病给予一定的批评和揭露。虞集在《经世大典》中总结了元朝建国前后养民厚生的一些仁政，并予以大力彰扬和提倡。比如，他认为自太宗九年(1237)以来建立的惠民药局

---

① 《经世大典·宪典·食货序录》。

② 《经世大典·赋典·经理序录》。

③ 《经世大典·工典总序》。

"救疗贫民，俾无疾病之患"，体现了"列圣大德好生之心"①；他称颂至元六年(1269)开始设立的义仓、常平仓发挥了"饥不损民，丰不伤农"的作用，平时调节粟值，灾时赈灾济民，"诚救荒之良法也"②；他还总结元朝"薄税敛，宽督责""或有灾，诏书迭下，除其赋税，以优民力"等仁政，甚至渲染出一幅"垂白之老不识公吏，熙熙陶陶，咸乐太平之世"的盛世图卷③。但是另一方面，他也针对当时一些社会弊病进行了揭露，比如，他指出常平仓、义仓的设立到了天历、至顺年间"名虽存而实废焉"，要求当政者应有养民厚生之心，使常平仓、义仓能名至实归，得以恢复。孟子认为民无"恒产"则无"恒心"，民只有衣食足以后才能行仁义，因此仁政应先施利于民。虞集继承孟子的思想，把这个道理讲得更为透彻明白，他说："夫盗贼岂人情哉？或迫于饥寒，或驱于苛政，或怵于诱胁，出于不得已者十常八九。至于白昼攫金于市，略人为货者，皆有司不能其政所致。使人人各得其所，乌有盗贼哉？"④他指出使民犯罪的祸端是为政不仁，剥夺了子民最基本的生活保证，使之铤而走险。虽然虞集不敢非君，但他毕竟站在子民的立场上揭露和批评了"有司"为政的弊端，这是他养民厚生史学思想中可贵的理论。

三、历史借鉴与文献征实的观念

元承宋祚，南北宋三百多年，为什么最终不能维续？与宋朝同一时期相继出现的辽、金、西夏等政权为什么终归灭亡？元朝的建立和发展如何避免历史上的覆辙，这些问题不能不引起元代思想家、史学家的注意和思考，因此，在虞集的史学思想中表现出强烈的历史借鉴的要求。首先，虞集很注重历史经验对于人君的资鉴作用。他认为人君"凡将图治，慎在求闻"，"而古今治乱之迹可以鉴观"，在探讨历史经验时，不仅要观"先王之法"，吸取正面经验，而且要鉴"末世之事"，以求"有戒于前车"⑤。他特别

① 《经世大典·赋典·惠民药局序录》。
② 《经世大典·赋典·常平义仓序录》。
③ 《经世大典·赋典·蠲免序录》。
④ 《经世大典·宪典·盗贼序录》。
⑤ 虞集：《道园学古录》，卷十二，《经筵谢宣表》。

北京师范大学史学探索丛书

强调历史借鉴在君王政治统治中的重要意义，他说："古之人君能自得师者，莫先于稽古。""后世岂无聪明之君，而无睿哲之实者，弗考于古训故也。"他还指出人臣"爱君"之道，应博洽治乱兴衰之迹，广人君聪明之识；那种不知古学，以"阿顺旨意为敬"和"承奉疏节为忠"者，于君独何利哉！①因此，他在泰定帝时任经筵讲席，便常取经史中切于治道者进读；文帝时他入值奎章阁，"每承诏有所述作，必以帝王之道、治忽之故，从容讽切，冀有感悟；承顾问及古今政治得失，尤委曲尽言，或随事规谏"②，极尽人臣"爱君"的职责。

高度重视对宋、辽、金三史的修撰，是虞集历史借鉴思想的迫切要求和集中体现。他特别强调三史修撰的意义和紧迫性，指出三史修撰是关乎"前代之得失"传与不传，"圣朝之著述"立与不立的大事③。虞集对"辽金宋史累有圣旨修纂，旷日引年，莫有当笔"的状况甚为担忧，他分析三史迟迟未能修成的原因，认为主要有两个方面，一是文献阙佚，二是正统问题。在虞集看来，"三史文书阙略，辽金为甚"，辽事相距稍远，难以补救；而金事因"国家初入中原，政与金亡时事相关系"，仍有许多史料可供采集；宋朝国史保存较为齐备，但民间也有一些文献可以补充。他的《道园学古录》中记载了不少搜集三史文献的事例，他在卷四十二《肃政廉访司事赵公神道碑》中说："集昔承乏国史，观乎中州当国家兴王肇基之初，而究乎亡。金丧乱之迹，以补史之阙文。"这篇碑文与卷十一的《孟同知墓志铭跋》中反映了他在搜罗金史史料时对事状、碑铭的利用；而卷十《题孝节常记后》一文则记录了对宋末蜀地史料的分析。元修三史，长期为正统问题所困扰，从元世祖起，历仁宗、英宗、文宗直至元末，争论七八十年，延误了三史的编撰。以理学思想为指导的史家、学者大多主张以宋朝为正统、辽金为闰位，他们继承朱熹"正统"观中"夷夏之辨"的内容，视辽金为边夷，人为地贬低了辽金两朝多民族共同发展的历史地位，这是不符合客观实际的。当时与虞集往来密切的学者欧阳玄、揭傒斯即曾支持过这种观点，然而具有鲜明理学思想倾向的虞集却在这个问题上有清醒的认识。他

---

① 虞集：《道园学古录》，卷二十三，《皇图大训序》。

② 宋濂等：《元史》，卷一百八十一，《虞集传》。

③ 虞集：《道园学古录》，卷十二，《代中书平章事张珪辞职表》。

在《道园学古录》卷三十二《送墨庄刘叔熙远游序》中对三史体例表达了自己的看法："天历、至顺之间，屡诏史馆趣为之，而予别领书局，未奏，故未及承命。间与同列议三史之不得成，盖互以分合论正统，莫克有定。今当三家各为书，各尽其言而核实之，使其事不废可也。乃若议论，则以俟来者，诸公颇以为然。"所谓天历、至顺间"予别领书局"，当指领修《经世大典》事，文宗屡诏修史，终因正统之辨而莫克有定。虞集虽未能参与其事，却一直思考三史修撰的问题，他以史家务实的眼光，冲破理学理想中"夷夏之防"观念的局限，率先提出辽、金、宋"三家各为书，各尽其言"的编修体例。"乃若议论，则以俟来者"，三史各为书的体例虽看似权宜之计，但在客观上则承认了三朝并立的历史实际，表达了对宋、辽、金平等看待的原则。"三家各为书"的编修体例，实为后来脱脱三史"各与正统"之先声，虞集为元修三史的贡献是值得肯定的。

历史借鉴要有坚实的文献材料为基础，因而虞集的历史借鉴观又与文献征实思想密切相连。虞集一生以博洽著称，他的史学撰述，无论是主编《经世大典》，还是独立撰写的人物碑铭行状，都以综罗文献，信而有征为前提。他的文献征实思想有以下几方面的特点和成就值得总结。

第一，博采文献资料，及时为当朝人物撰写碑传行实，以为后世著史之征。虞集生当元代中期，面对故老凋零、旧文散落对于史实求证的严重威胁，特别强调网罗文献，抢救和保存各种史料，以资史证。他说："故老既无存焉者而遗文野史之略无足征，故常以为意，遇有见闻必谨识之。"①又说："太平日久，旧文散失，苟有可称者无巨细，执笔不敢忽也。"对于有用的史料，"事无巨细，闻见必录"，这是虞集博采文献的原则。按照这一原则，他利用在史馆任职的机会，收集许多世家功臣的事迹材料，撰写了大批人物碑铭行状。综观虞集传世的两部文集，可以看到，在《道园学古录》中收有碑传 90 人，《道园类稿》中所收碑传除去重复又有 55 人，共达 145 人。虞集所撰碑传以询访故老、参稽行状为基础，因而材料丰富，行实准确，具有较高的史料价值。首先，他撰写的公卿大夫碑志中，有不少在《元史》中无传，这些碑传材料可补《元史》传记之缺。比如《道园类稿》卷三十九记江西监宪沙剌班，卷四十一记大学士夏希贤，卷四十二

---

① 虞集：《道园学古录》，卷四十，《跋张方先生传后》。

记彭城郡侯完泽，卷四十三记天水郡侯秦起宗、怀孟路总管崔侃、湖南宪副赵天纲，卷四十六记都漕运副使张仲温等人，皆于《元史》无传。《道园学古录》所收碑铭，如卷十三所记中奉大夫赵淇、两浙运使智受益、管军中千户刘济，卷十五所记户部尚书马熙，卷十六所记高昌王月鲁哥、侍御史建都班，卷十七所记宣徽院使贾秃坚里不花，卷四十一所记江西平章政事伯撒里、集贤学士张广孙，卷四十二所记肃政廉访使杨式腊唐吾台、廉访司事赵思恭等，也为《元史》列传所缺。其次，有些碑铭虽所述人物在《元史》中有传，但由于虞集重史料博采的风格，也使他撰写的碑铭多有可补《元史》列传之处，这方面的价值已引起元史研究有关专家的注意。最后，虞集广求人物材料，不仅记勋旧世家、文武公卿及百官行事，而且特别注意发掘和表彰处士隐者的事迹。他说："史臣书事惟战功、文学、治迹则易书，隐君子之为德则难言也。一世犹难言之，况乎累世乎?"他非常赞赏《史记》的《伯夷传》和《后汉书》的《黄叔度传》，认为正由于那些有德君子埋名隐逸，事迹难寻，而史者予以表彰，方显出文献征实之功。基于这种思想，虞集在他的两部文集中收有许多隐君处士的碑传，这些人物绝大多数《元史》未收，因而大大扩充了元朝人物事迹记载的范围。

第二，重视对谱牒的利用。虞集对家谱的发展和史料价值有清晰的认识，他认为谱学起源于三代大宗小宗之法，以使"功臣世德之家所以传代，与其国家相为始终"；秦汉世变，宗法久废，世系泯没；"魏晋下逮隋唐，徒以百官名臣之族姓，家有谱牒，官有簿状，婚姻选举，互为考证"，谱学的发展达到高潮。虞集虽然对魏晋隋唐间婚姻选举徒以门阀大族谱系为据的做法略有微辞，但却肯定了谱乘材料记载世系"虽世代促迫，功烈不及于古，后之君子犹有所征"的价值①。他对谱牒发展线索及其文献功能的分析是明确而中肯的。宋元之交战乱频仍，宗族离散，世系淆乱，虞集在考证前朝人物世系的过程中，充分发挥了家谱的征实作用。从他的文集中可以看到虞集曾广泛涉猎宋代各种家乘世谱，爬梳材料，为考史资粮。以《道园学古录》的卷三二《临川晏氏家谱序》、卷四十《跋双井黄氏家谱后》《跋曾氏世谱后》《跋刘墨庄世谱后》等文为例，就反映出虞集对王安石、司马光、吕公著、韩琦、富弼、曾巩、晏殊、陈尧咨、乐史、刘敞等名门故

---

① 虞集：《道园学古录》，卷三十，《送刘熙叔墨庄远游序》。

家，以及双井黄氏、临川李氏、陆氏、罗氏、何氏等家谱世谱的搜寻和利用，征考他们在南渡及"内附"以后的世系繁衍及子孙在各地的分布。在私家谱乘材料的基础上，虞集的宋元氏族研究左右逢源，充分显示了这些材料在征实、补史方面的作用。

第三，重文献考辨与坚持实录的思想。"读万卷书，行万里路"，通过实地访问考察，补史料不足或稽史料之实，是自司马迁以来史家的优良传统。虞集主张史家之游观"慎毋苟然"，要通过"观夫山川之形胜，封疆之离合，考古人之遗迹，风气之变通，习俗之升降，文史之遗阙"而达到"肆其问学、资其见闻"，考辨文献的目的①。这种既充分利用文献，又不为文献所囿的态度，是对史学认真负责的态度。虞集将此贯彻于史书的编撰过程之中，在编修《经世大典》时，他除了采枢密院、御史台、六部总治中外百司之官牍及四方上报的公文，还注意通过各种查访以稽实文献。如记载各地和藩属的山川形势、语言风物，则经常访问往来使者，"轩使者之问，不敢怠忽"②；记国家贵戚世系、勋臣功绩，则"必移文其家，按其文字石刻与简册不谬，又询其子孙，至于故老，而后谨书之"③。在文献考辨的基础上，虞集坚持史学的实录精神，他所作碑文甚多，"然碑板之文，未尝苟作"。南昌有富民伍氏饶于资产，因富甲一方，娶诸王女为妻，并得充诸王下郡总管，死后其子托人请虞集作墓志铭，"集不许"④。相反，他对宋朝臣将抗金抗元，不惜以身殉节的事迹，则能不避时讳，予以表彰。如分析宋金和战得失时，他称赞岳飞"锐然以恢复自任，所向有功"，郾城之役和朱仙镇之战"恢复之业系焉"；贬秦桧卖国和议，杀岳飞父子，使"中原不复余望"⑤。尤其是记抗元宋臣事迹时，持论不讳地褒扬他们的忠烈死节，他为常州抗元儒将陈炤立传，记陈炤守城"当矢石四十余日"，城破仍坚持巷战，宁死不弃城而逃的忠烈气节⑥。在《道园学古录》卷三十三

---

① 虞集：《道园学古录》，卷五，《藁城董氏世谱序》。
② 虞集：《道园类稿》，卷三十二，《和林志序》，中华再造善本，北京，北京图书馆出版社，2006。
③ 虞集：《道园学古录》，卷四十，《跋曾氏世谱后》。
④ 宋濂等：《元史》，卷一百八十一，《虞集传》。
⑤ 虞集：《道园学古录》，卷四十，《跋宋高宗亲札赐岳飞》。
⑥ 虞集：《道园学古录》，卷四十四，《陈炤小传》

《题文丞相后》和《道园续稿》卷三《挽文文山丞相》两诗中，他盛赞文天祥"矢死终天更不疑"的忠心，并为文天祥或者说是南宋的悲惨结局而发一番"大不如前洒泪垂"的感慨；此外，他在《题孝节堂记后》等文也表彰了一些南宋忠孝死节之士。虽说到了虞集生活的元中期，元朝统治已相对稳固，不再视表扬前朝忠烈为违碍，而恰恰需要宣传这种忠君精神，但也曾引起元帝有关"人言汝前代相臣子孙"，为文"适美前事"①的疑问，因而虞集辨正史料，坚持实录的精神确是难能可贵的。

虞集的一生投入了大量时间和精力从事史学研究和撰述，虽然他的史学思想带有程朱理学的明显烙印，但是考古以求理的哲学思辨加深了他对历史价值的思考，使他充分认识到史学在总结历史经验、指导现实社会进步方面的积极意义。他总结典制为经世治平之用的历史意识，以及历史借鉴和文献征实思想，促进了元代史学的发展，对元修三史以及对欧阳玄、苏天爵等人的史学工作有深刻影响。其史学实践的成就为后世元史研究积累了大批材料，如明修《元史》便大量利用了《经世大典》的内容，钱大昕的《元史氏族志》则依靠了虞氏文集的碑铭志传。从这个意义上讲，虞集在元代史学中的地位值得肯定；而钱大昕仅据虞集人物碑传中的少数错误，便批评虞集"能古文而未究心史学"的说法②，则是难以令人苟同的。

---

① 赵汸：《东山存稿》，卷六，《邵庵先生虞公行状》。

② 钱大昕：《潜研堂文集》，卷三十一，《跋〈道园类稿〉》，《四部丛刊初编》本，上海，上海书店出版社，1989。

苏天爵的文献征实思想

南宋灭亡以后，元初社会出现了对宋末空疏学风的反省。在新朝甫始、百废待兴之际，一批希望有所作为的学者力纠宋末道学高言空谈的弊病，同时，提出了不少务实致用的主张。比如，许衡的"践履笃实"，郝经的"道贵乎用"，以及刘因对于返求六经、避免"求名而遗实"的提倡。元初社会的求实风气，对于元代史学界注重网罗文献、考证史实学风的形成有重要的影响。再者，元朝统一以前，南北分立近四百年，长期的战乱纷争，史料散失，宋、辽、金"三史文书阙略，辽金为甚"；甚至"本朝"史料也有"旧文散失"之忧①。因此网罗文献，以备征考之用的史学追求，在有元一代蔚然成风。在元代每一个历史阶段，都有注重文献网罗、考辨的代表人物和关于文献征实的思想。比如，在世祖、成宗二朝撰著《文献通考》的马端临就以"集著述之大成"为己任，在文献考订方面，主张"信而有征者从之，乖异传疑者不录"②。仁宗、英宗时的翰林国史院编修官袁桷，撰有《修辽金宋史搜访遗书条例事状》③，专门奏请搜求辽金宋史料，以为编修三史之用。活跃于文宗朝的虞集则注意到元初以来故老凋零、旧文散落对史实求征的威胁，他说："故老既无存焉者而遗文野史之略无足征，故常以为意，遇有见闻必谨识之。"④他利用在史馆任职的机会，"历观国家贵戚、勋臣世系"，"得从故家遗老闻祖宗时创业之艰难"⑤，收集许多世家功臣的事迹材料，撰写了大批人物碑铭行状。

综观有元一代，在文献征实方面成就突出，尤其是在保存、整理、编

---

① 虞集：《道园学古录》，卷四十二，《肃政廉访司事赵公神道碑》，《四部丛刊初编》本，上海，上海书店出版社，1989。

② 马端临：《文献通考·自序》，北京，中华书局，1986。

③ 袁桷：《清容居士集》，卷四十一，《四部丛刊初编》本，上海，上海书店出版社，1989。

④ 虞集：《道园学古录》，卷十一，《孟同知墓志铭跋》。

⑤ 虞集：《道园类稿》，卷三十四，《跋曾氏世谱》，中华再造善本，北京，北京图书馆，2006；《道园学古录》，卷四十六，《靖州路总管捏古台公墓志铭》。

辑元代资料上贡献最大的，是生活于元代后期的苏天爵。苏天爵（1294—1352），字伯修，真定（今河北正定）人，《元史》卷一百八十三有传。其祖名荣祖，清人王梓材《宋元学案补遗》将其列于静修学案中的默庵讲友之中，其学重伊洛之旨，尝言"学贵适用也"①，保留有北方儒学的经世之风。其父志道，曾任刑部主事、岭北行省郎中，"好读书"，藏书堂"滋溪书堂"藏书万余卷②。苏天爵自幼受家学熏陶，稍长"即从同郡安敬仲先生受刘公之学"③，《宋元学案》将其列于静修学案的默庵门人之中，他作为安熙弟子受刘因理学，则又可得刘因求实学风。他虽与许衡无师承关系，但却十分推崇许衡的"践履笃实"精神，称衡为"笃学力行君子"④。由此看来，无论是家学、受学渊源，还是尊崇的先贤，在务实经世方面都对苏天爵讲求文献征实的学风影响甚大，关系密切。他23岁时试国子生便高中第一，从此步入仕途，曾任监察御史、江浙行省参知政事等，官至从二品，仕途可谓畅达。他的宦海生涯中，更有在史馆任职多年的经历，并参修了英宗、泰定、明宗、文宗等朝《实录》。苏天爵一生编著宏富，除了著名的《元朝名臣事略》《元文类》外，又有《滋溪文稿》《治世龟鉴》《刘文靖公遗事》《诗稿》《松厅章疏》《春风亭笔记》《辽金纪年》《宋辽金三史目录》等，前5种编著流传至今。

苏天爵不但有综罗文献的大量工作实践，而且对于如何搜集考订文献，以供历史借鉴之用有自己系统、独到的见解。我们可以从他的具体实践，并结合其《修功臣列传》《三史质疑》等有关论述，考察他的文献征实思想。

一、广收博取　时不我待

有元史家、学者不仅注意收集前代史料，难能可贵的是对当代文献的收录也非常重视。如前所述，早在元代中期，虞集就已经明显感觉"太平

---

① 邓文原：《苏府君墓表》，《元文类》，卷五十五，《四部丛刊初编》本，上海，上海书店出版社，1989。

② 宋本：《滋溪书堂记》，《元文类》，卷三十三。

③ 赵汸：《滋溪文稿序》，《滋溪文稿》，卷首，北京，中华书局，1997。

④ 苏天爵：《滋溪文稿》，卷二十八，《题鲁斋先生遗像后》。

日久，旧文散落"的问题，呼吁对当朝史料的抢救。到了元代后期，文献散失的情况更为严重，中书省参议许有壬说："百余年来，元勋伟绩世未尽白，故老知者湮没无几，家乘志铭不能家至而遍知也。"①苏天爵早年在国子监就学时，便深受他的老师虞集的影响，开始了文献收录的工作，欧阳玄曾记载说："年弱冠，即有志著书。初为胄子时，科目未行，馆下士基言词章讲诵，既有余暇，月笔札又富，君独博取中朝巨公文集而日抄之，凡元臣世卿墓表家传，往往见诸编帙中。及夫闲居，纪录师友诵说，于国初以来文献有足征者，汇而粹之。"②这就是说，从 20 岁左右开始，苏天爵实际上已经着手进行了《元朝名臣事略》的资料准备工作。入仕以后，他更加看到了蒙元初创以来，"功臣列传独无片简只字之纪，诚为阙典"，简册散落的危险性，大声疾呼：

> 若复旷日引年，不复记载，将见勋旧盛烈泯没无闻，为史官者无所逃其责矣。

他以史官的强烈责任感，看到了广收文献，时不我待的迫切性，因此上疏要求及早征集资料，编修功臣列传。他认为史有二体，纪传、编年，"近代作为实录，大抵类乎编年"，如果能在编写各朝实录时，也将诸臣事迹编为列传，便可"备二者之体"，使"君臣善恶得失，以为监戒者也"。他赞扬司马迁撰写《史记》时，"网罗天下放失旧闻，遗文古事，靡不毕集"。认为《史记》能达到其文直、其事核，谓为"实录"的崇高境界，基础在于"贵乎网罗"，因而文献收集是首要之务。根据这一思想原则和自己的实践经验，他批评了史馆当时存在疏于搜罗的问题，并对广收博采文献资料提出了一系列具体措施。他说：

> 今史馆修书，不过行之有司，俾之采录。或功臣子孙衰替，而无人供报，或有司惮烦，而不尽施行。事之卒不能具者，此也。今史官当先取国初以来，至于某年中间功臣当立传者若干人，各具姓名，或

---

① 许有壬：《元朝名臣事略序》，《元朝名臣事略》，卷首，北京，中华书局，1985。
② 欧阳玄：《元朝名臣事略序》，《元朝名臣事略》，卷首。

即其子孙宗族，或即其亲旧故吏，或即其居官之所，指名取索。其人自当具报，不许有司因而烦扰。又诸公遗文，各处或已刊行，开具模印；未刊板者，令有司即其家抄录，校雠无讹，申报史馆。严立程限，违者罪及提调官吏，庶几事无所遗，汗青有日矣。①

以上他对广收文献提出了三个具体实施的步骤：一是选立传主姓名，二是广泛取索，三是刊行遗文。这些方法步骤，相对郑樵在《通志·校雠略》中提出的"求书八法"有异曲同工之妙，有所发展者，便是提出了再生文献的具体措施，即在广搜资料的基础上，对一些珍稀文献进行刊印，广为流传，以利后人所用。此外，他所提议的与广收文献相配合的规惩措施，也是很重要的。

苏天爵所提出的文献收集方法是他长期实践的总结，其实，在他于顺帝即位初上疏请修功臣传时，他的《元朝名臣事略》已经完成②。既称"事略"，则表明他因个人精力所限，不能广立传目，而希望朝廷能以国家力量网罗材料，编撰更为全面的功臣传记。但即使是名为"事略"，这部传记体专著仍在当时和后世影响极大，时人称其书"略而悉，丰而核"，"今士大夫用心如伯修者几人？世所望于太史氏出于《事略》之外者，其将有所属乎？"③给予了很高的评价。苏天爵撰辑的《元朝名臣事略》共15卷，记述了元初自木华黎至刘因共47人的事迹，全书均为各种材料的剪裁连接，这些材料采自传主的碑铭、墓志、行状、家传，以及当时的公文、私人文集、笔记等记载，全书引用文献达120余种，充分反映了该书广收博采的特点。这些材料的来源有的尚存，有的不存，因而许多篇章就靠本书得以保留。比如元初学者王磐、徐世隆、王鹗、元明善、阎复、李谦等人的文集今已亡佚，他们的不少文章就见于此书。又因为此书所采皆为第一手资料，真实可靠，故为《元史》列传所参考和利用，如《元史·木华黎传》就基本取自本书卷一《太师鲁国忠武王木华黎传》；《元史·姚枢传》则大部取自本书卷八的《左丞姚文献公枢传》。因而四库馆臣说："《元史》列传亦皆与是书相

---

① 苏天爵：《滋溪文稿》，卷二十六，《修功臣列传》。

② 欧阳玄：《元朝名臣事略序》，该序写于天历二年(1329)。

③ 许有壬：《元朝名臣事略序》。

出入，足知其不失为信史矣。"①

除了《元朝名臣事略》，苏天爵还以个人之力，于顺帝元统二年（1334）编辑了堪称元代文献渊薮的诗文总集《元文类》70卷。元人陈旅记《元文类》的纂集说，苏天爵以为"国朝文章之盛不采而汇之，将遂散佚沉泯，赫然休光，弗耀于将来，非当务之大缺之欤？乃搜撮国初至今名人所作若歌、诗、赋、颂、铭、赞、序、记、奏议、杂著、书说、议论、铭志、碑传，皆类而聚之"。他说此书"积二十年"之功，"百年文物之英，尽在是矣"②。苏天爵的这两部编著，充分体现了他广收博采，文献征实的思想，汇集了元代大批重要文献，时人赵汸说："山林晚近得窥国朝文献之盛者，赖此二书而已。"③时至今日，这两部书依然是元史研究者必读的基本文献。

二、文献积累　经世致用

文献的收集、整理和积累，要为经世之用，这是与苏天爵服膺"践履笃实"、求实用世的思想基础相一致的。比如，他编辑《元文类》的原则并非取美文佳构、华丽辞藻，而是"必其有系于政治，有补于世教，或取其雅致之足以范俗，或取其论述之足以辅翼史氏，凡非此者，虽好弗取也"④。从这个要求出发，可以看到《元文类》所收的歌诗、赋骚并不多，仅有卷一至卷八共8卷，当然在这8卷中，雅致者也仍"足以范俗"。在余下的62卷散文中，如卷九的"诏赦"，卷十的"册文"，卷十一、十二的"制"文，都是元朝开国以来事关政治大局的重要文献；卷二十七至卷三十的各类"记"文，如学记、田记等，是有关经济、教育制度的经世文献；而卷四十至卷四十二的《经世大典序录》，卷五十至卷五十六的"行状""墓表"，卷五十七至卷六十八的"神道碑"，卷六十九至卷七十的"家传"，则都是"辅翼史氏"的各类史料。应该说，苏天爵以经世要求编纂总集的思想，对明

---

① 《四库全书总目》，卷五十八，《元朝名臣事略》，提要，北京，中华书局，1965。

② 陈旅：《元文类序》，《元文类》，卷首。

③ 赵汸：《东山存稿》，卷十五，《书苏参政所藏虞先生手帖后》，文渊阁《四库全书》，第1 221册，上海，上海古籍出版社，1987。

④ 陈旅：《元文类序》，《元文类》，卷首。

清两代相继编辑《经世文编》的做法是不无影响的。

他撰辑的《元朝名臣事略》因所收多为开国元勋、辅佐重臣的传记资料，自然也是关乎政要而有经世之用，但尤为突出的是书中卷九收入了郭守敬这位水利专家的传记，叙述郭守敬在上都面陈水利六事，治理黄河，兴复灋河诸渠，开通漕运，以及历法、星象测定等事迹和制度，则更与民生日用密切相关。至于他撰著的文集《滋溪文稿》30卷，也是研究元史的重要文献。四库馆臣称其长于记事，"其序事之作，详明典核，尤有法度。"①其中有大量关于元代经济、政治方面的材料，如《郭明德碑》中关于边境屯田和军粮运输的议论，《李守中墓志铭》中有关河东、两浙盐政的记述，李羽、和洽两人墓碑中有关民间饲养官府驼马的记载；《赵秉温行状》中记叙建设大都和议立朝仪的经过，《赵伯成碑》中关于元初江南人民起义的记录等②，都是重要的经世名篇，具有很高的史料价值。

三、贵贱不分　功罪并论

苏天爵的文献征实思想还有一个重要观点，即认为在历史人物的史料收集方面，无论善恶贵贱都应广为网罗整理，尽可能给后人留下了解历史全貌的文献材料。

比如，他指出在整理功臣列传的史料时，就不能以官阶高低作为立传的标准。他说：

> 官阶虽有高低，人材则无贵贱。且作史者本欲纪载贤能，以为后世之法，初岂别其贵贱而辄以为等差。故赵周既贵，姓名止见于当时，黄宪虽微，善行永传于后世。近自金源以来，始以官至三品者行事得登于史，是使忠烈隐逸之士凡在下位者皆不得书，又何以劝善乎？其法之谬，以至如此。今二品以上，虽有官封，别无事迹，自可删去。三品以下，或守令之贤，政绩可纪；或隐逸之善，著述可传；

---

① 《四库全书总目》，卷一百六十七，《滋溪文稿》，提要。

② 陈高华、孟繁清：《〈滋溪文稿〉点校前言》，《滋溪文稿》，点校本卷首，北京，中华书局，1997。

或人子之事亲，若王祥之孝感；或义士之赴难，若南霁云之杀身；并宜登载于编，以为将来之劝。①

在这里，他从历史借鉴的要求出发，强调历史的借鉴功能在于"纪载贤能，以为后世之法"，而不是作履历表，专以人物地位高低记流水账，因此不能以人物官阶高低等差为别，而应以是否"贤能"作为立传取材的标准。他特别指出，如无事迹，就是品级再高也不必勉为凑数；品级再低，哪怕是不入流的隐逸平民，只要有善行义举，皆可登载于编，"以为将来之劝"。他还批评金朝原来的编史方法，认为金朝的功臣列传，三品以上"多无事迹，所书不过历官岁月而已，而四品以下当载者多，而史却不载"；元修金史，当补充史料，"访求书之"②。在《元朝名臣事略》中，他也有意贯彻这种思想，全书入传 47 人，绝大多数为高官勋臣，像木华黎更是位列极品，号称国王，而偏偏在全书最后列入一个"隐居教授，不求闻达"的处士刘因。有议者以为殊不合例，但苏天爵则在传中述刘因对朝廷多次授官辞而不顾之事，认为"非操守有素，能如是乎？""当风俗浇薄之中，忽得斯人，庶几息奔竞，厚风俗，而士类亦知惩劝矣"③。由此可以看出，刘因传的插入，正是苏天爵尊贤能，寓借鉴思想的具体体现。而在《滋溪文稿》中，更可看到，他所撰写的 108 篇行状、碑铭中，中下级官吏、儒生隐逸、妇女等占了半数以上的篇幅。

另外，他还强调在史传立目和人物传记的文献采集时，要做到善恶并收、功罪并论。其曰：

> 史之为书，善恶并载。善者所以为劝，恶者所以为戒也。故《春秋》成而乱臣贼子惧，后世史臣亦云"诛奸谀于既死，发潜德之幽光"。今修史条例只见采取嘉言善行，则奸臣贼子之事将不复登于书欤？彼奸臣者固不恤其书与否也，今从而泯灭之，是使奸计暴行得快于一时，无所垂戒于后世，彼又何惮而不为恶乎！且如阿合马、桑哥、帖

---

① 苏天爵：《滋溪文稿》，卷二十六，《修功臣列传》。

② 苏天爵：《滋溪文稿》，卷二十五，《三史质疑》。

③ 苏天爵：《元朝名臣事略》，卷十五。

失、倒剌沙之流，皆当明著其欺罔之罪，弑逆之谋，庶几奸邪之徒有所警畏。①

善恶并载、功罪并论的思想也是从历史鉴戒的要求考虑的，所谓"诛奸谀于既死，发潜德之幽光"，就是给后世乱臣贼子以警戒。他对于史馆的修史条例在征集材料时只取嘉言善行的做法十分不满，明确要求增补有关阿合马等奸臣的材料，以著其罪逆，使"恶者所以为戒也"。

四、校雠考辨　抉择去取

文献的校雠考辨，去伪存真是保证历史借鉴准确性的基本条件，因而苏天爵的文献征实思想中很重视材料的考校和抉择。他的《三史质疑》②其实就是一篇对辽、金、宋三史史料考辨的杰作，其中辽金史方面辨叶隆礼《契丹国志》、宇文懋昭《大金国志》两书皆不及见国史，其说多得于传闻。"盖辽末金初稗官小说中间失实甚多，至如建元改号，传次征伐，及将相名字，往往杜撰，绝不可信"。又如辨正宇文虚中出仕金朝，因慢忤金朝权贵见杀，宋朝国史却褒崇虚中因谋弑金主被害，不免误传；岳珂《桯史》记金使施宜生漏言金廷用兵计划，也纯属虚构。在考辨宋史方面，则指出宋朝国史记"陈桥兵变"乃掩盖太祖篡周之嫌；另外，太祖之死，斧光烛影，也确有疑处等，都反映出他在淹通掌故的基础上，不轻信史料，敢于考辨的精神。

他在编辑《元朝名臣事略》的过程中，也表现了严谨的考辨态度。欧阳玄记述这部书的编辑有"中更校雠，栉去而导存，抉隐而搜逸"的考校过程③。四库馆臣也赞许此书在选材时"有所去取，不尽录全篇"的方法④。例如该书卷十五的《国信使郝文忠公经传》，就分别采用了阎复所撰《墓志》、苟宗道所撰《行状》、卢挚所撰《神道碑》，以及吴澄文集和郝经自己

---

① 苏天爵：《滋溪文稿》，卷二十六，《修功臣列传》。

② 苏天爵：《滋溪文稿》，卷二十五。

③ 欧阳玄：《元朝名臣事略序》，《元朝名臣事略》，卷首。

④ 《四库全书总目》，卷五十二，《元朝名臣事略》，提要。

《班师议》里的记载，其实在这5种材料的前3种中，任选一篇都可以单独形成郝经的传略，但是苏天爵没有采取偷懒的办法，而是经过精心校勘考辨，从5种文献中抉择去取，选出若干片段组成传略。无疑，这种严谨费力的工作，保证了传略的全面、翔实和准确。此书的编辑还有一个"条有征据"①、以示信史，为他人考订提供方便的优良方法。"条有征据"便是在每条原文下注明资料的来源，这种方法不仅有利当世，而且造福后人。后世便是根据这些标注所提供的线索，利用本书引文进行辑佚和校勘的，如对于阎复《静轩集》、元明善《清河集》的辑佚，对于姚燧《牧庵集》的校勘等。

应该指出，苏天爵的校勘取材也有百密一疏之处②，但他对于历代文献资料，尤其是元代文献的收集整理，以及他丰富的文献征实思想，依然在元代是最为突出的。因此，《元史》称其"博而知要，长于记载"，于中原前辈凋谢殆尽之际，"独身任一代文献之寄"③，实为切中肯綮之论。

北京师范大学史学探索丛书

---

①　许有壬：《元朝名臣事略序》，《元朝名臣事略》，卷首。
②　姚景安：《苏天爵及其〈元朝名臣事略〉》，载《文献》，1989(3)。
③　宋濂等：《元史》，卷一百八十三，《苏天爵传》，北京，中华书局，1976。

元朝的开放意识与域外史研究

13 世纪蒙古兴起，成吉思汗和他的后继者建立了历史上规模空前的大帝国，开创了中西交通的新时代。元代中西交通的通道纵深交错，从陆路通往西亚以至欧非的路线畅通无阻，可以直抵俄罗斯与东欧，到达阿拉伯、土耳其和非洲。海路则可从泉州或广州入海，远航至东南亚、印度、波斯湾以至非洲等地。元代中西交通的盛况对世界文明的发展产生了深远的影响，19 世纪法国的东方学者莱麦撒高度评价了元代的对外开放，并把哥伦布发现新大陆看做是元代世界性交流的结果。他认为元代中西交通对于文明世界的进步具有重要意义，"其结果如何重大，观乎科伦布（哥伦布）为欲至马哥·孛罗（马可·波罗）所言之大汗国，不期而得美洲新世界者，即可知矣"①。元代中西交通的繁荣也大大增强了元代社会的世界观念，反映在史学领域的成就，是此期出现了一批辨正异域地理，记载它国风土人情和中外交通历史的史书。元代撰著的域外游记、志书不仅数量较多，而且历史视野更为开阔。这些史著对于中外交通史实和域外史地的丰富记载，展现了元代史学目光远大、胸襟开阔的世界性意识。反映元代社会进一步了解、认识外部世界，以及加强中外交通，实现太平世界的愿望。

一、元大一统帝国的开放意识

元大一统帝国的形成以及疆域的不断扩大，使元朝统治者更为注意从世界范围认识元朝所处的历史地位，其政治、经济和外交政策皆具有对外开放、"四海为家"的积极思想意识。

元朝统治集团从广袤无际的国土，看到元朝在世界范围内的大国地位。元朝的疆域名义上应包括元廷直接统治的直辖诸路、各行省和宣政院所辖吐蕃地区，以及西北各藩国即伊利汗国、钦察汗国、察合台汗国和窝

---

① 张星烺：《中西交通史料汇篇》，第 2 册，405 页，北平，北平辅仁大学，1930。

阔台汗国等广大地区。《元史》载，元朝幅员"北逾阴山，西极流沙，东尽辽左，南越海表"；"东南所至不下汉、唐，而西北则过之，有难以里数限者"。① 忽必烈在建大元国号的诏书中，曾回顾了元太祖成吉思汗开疆扩土的历史业绩，他说："我太祖圣武皇帝，握乾符而起朔土，以神武而膺帝图，四震天声，大恢土宇，舆图之广，历古所无。"②在对元朝与中国历史进行纵向比较的同时，忽必烈还从世界范围内进行了横向比较，他认为，"皇元疆理，无外之大"。所以，他要"聘鸿生硕士，立局置属"，"大集万方图志而一之"，修《大元一统志》，以表元朝疆域无边的大国气势。当时，负责修撰《大元一统志》的秘书监官员在给皇帝的奏疏中说："如今日头出来处，日头没处都是咱们的。"原来汉地、江南的图志已不足记载元朝辽远的版图了，"那远的他每怎生般理会？"因此要利用所得的"回回图子"，才能编成完整的图志③。这是元初君臣对元大一统国家的自豪感。至元代中期，元文宗诏令修撰的《经世大典》，则以典章制度史的形式，从历史总结的角度，进一步强调元朝幅员辽阔的世界地位。总裁官虞集说："天造草昧，西东梗阻，式涣其群，以一万有"④，指出了元朝开辟东西通道，涣其群而混于一的历史意义。他还在多处描绘了元朝"幅员之广，极天地覆焘"的宏大气象。同时，《经世大典》还专立《朝贡》一门，记载了其他国家慑于元朝德威，前来纳贡称臣的盛况，序录曰："我国家幅员之广，极天地覆焘，自唐虞三代声教威力所不能被者，莫不执玉贡琛以修臣职。于是设官治馆以待之，梯山航海，殊服异状，不可胜纪。"⑤"殊服异状，不可胜纪"，固然反映了与各国往来的繁盛，但是这种让他国使者"执玉贡琛以修臣职"的做法，则表露了元廷大国独尊的封建意识。

当然，客观地说，在世界近代文明产生以前，在世界政治舞台上明目张胆地推行大国独尊政策甚至称王称霸的事例屡见不鲜，从波斯帝国称雄到雅典霸权、阿拉伯帝国扩张，这种现象应该看做是近代文明产生以前，

---

① 宋濂等：《元史》，卷五十八，《地理志一》，北京，中华书局，1976。
② 宋濂等：《元史》，卷七，《世祖纪四》，北京，中华书局，1976。
③ 王士点等：《秘书监志》，卷四，《纂修》，杭州，浙江古籍出版社，1992。
④ 苏天爵编：《元文类》，卷四十一，《经世大典·政典总序》，《四部丛刊初编》本，上海，上海书店出版社，1989。
⑤ 苏天爵编：《元文类》，卷四十一，《经世大典·朝贡总序》。

人类世界意识由低级向高级发展所经过的必然阶段。元朝统治者大国独尊的封建意识主要表现在其以自我为中心、"君临万方"的思想。早在蒙古时期，贵由汗就于蒙古定宗元年(1246)交由欧洲教会使团的《答教皇诏书》中声称，蒙古大汗以长生天之命征服世界，命令教皇及各国国王归顺蒙古汗国①。忽必烈建立元朝以后，也以"受天明命，奄有区夏，遐方异域畏威怀德者，不可胜数"②而自得，并要求周边国家主动朝拜归服，"来则按堵如故，否则必致征讨"③。对此，《经世大典》也有专门记载："昔我国家之临万方也，未来朝者遣使谕而服之，不服则从而征伐之。"④按照这一"祖宗训制"，忽必烈三次出兵，对敢于谕而不服的日本国进行讨伐。除此之外，忽必烈对于臣服的国家还有苛刻的规定，他说："太祖皇帝圣制，凡有归附之国，君长亲朝，子弟入质，编民数出军役，输纳税赋，仍置达鲁花赤统治之。"⑤这六个条件他曾向高丽与安南等国反复提出过，其中，最为元廷看重的是"君长亲朝"这一条，安南与高丽都因国王未能亲赴大都(今北京)朝见元朝皇帝而受到征伐。当然，"输纳税赋"也是必不可少的，元廷不仅要求臣服各国按时朝贡财物，"谨事大之礼"，而且还索要当地的工匠、医生等各类人才。比如，忽必烈在元中统三年(1262)给安南国王的诏书中就明确指出："卿既委质为臣，其自中统四年为始，每三年一贡，可选儒士、医人及通阴阳卜筮、诸色人匠各三人，及苏合油、光香、金、银、朱砂、沉香、檀香、犀角、玳瑁、珍珠、象牙、绵、白磁盏等物同至。"⑥总之，元廷与邻国交往的不平等关系，反映出元朝统治者唯我独尊的思想，这是其开阔的世界意识中消极的另一面。

不过，总的看来，元朝既拥有广袤的领土，又能采取对外开放、积极交往的政治与经济方针，因而有元一代开放的世界意识得以在主动、频繁的中外交通中生机勃勃地发展。应该看到，出于发展策略的需要，元朝统

---

①　伯希和：《蒙古人与教廷》，92 页。转引自韩儒林：《元朝史》，下册，92 页，北京，人民出版社，1986。

②　宋濂等：《元史》，卷六，《世祖纪三》，北京，中华书局，1976。

③　宋濂等：《元史》，卷二百一十，《琉求传》，北京，中华书局，1976。

④　苏天爵编：《元文类》，卷四十一，《经世大典·遣使录序》。

⑤　[越]黎崱著，武尚清点校：《安南志略》，卷二，北京，中华书局，2000。

⑥　宋濂等：《元史》，卷二百九，《安南传》，北京，中华书局，1976。

治者在对外交往中，提出了一些代表当时世界共同发展潮流的进步主张。如忽必烈在政治交往方面提出了"四海为家"、"通问结好"这样积极主动的外交方针。他曾自称："朕即位以来，薄海内外亲如一家。"①事实上，忽必烈登基以后，确实开展了一系列积极的外交活动，除了对邻近的日本、高丽、安南、缅甸、真腊等国家派遣使节，据《马可·波罗游记》所载，还主动向遥远的欧洲罗马教廷派出使臣，由马可·波罗之父与叔尼哥罗兄弟随同，与教皇互通信件，建立了联系。他认为："圣人以四海为家，不相通好，岂一家之理哉?"因此，在与外国的通使或"诏谕"中，他常常表达了"通问结好，以相亲睦"的愿望，并把"亲仁善邻，国之美事"作为政治追求的一个目标。他认为，国与国之间，非到迫不得已之时不要动武，"以至用兵，夫谁所乐为也"②。虽然忽必烈这些"通好"的主张往往是为其政治目的服务的，"亲善"的目标与实际行动也有距离，但这些思想和观点无疑是正确的。值得注意的还有忽必烈"仰惟覆焘，一视同仁，不遐迩小大之间"的原则③。这种不分国家远近大小，外交平等的原则，保证了元廷与远在欧洲的富浪国，以及遍布南海百数十个所谓"琐琐者"的岛国之交往和通商④。

商品贸易是元代中外交通的重要内容，自从蒙古三次西征以后，中西交通畅行无阻，为此，元朝政府还在沿途设立驿站，方便来往贸易的中外商人。在丝绸之路上，日夜奔忙着中国、阿拉伯和欧洲商人。当时，钦察汗国的首都萨莱城成为沟通中西经济的重要都市。据14世纪摩洛哥旅行家伊本·拔图塔的记载，欧洲商人不用到中国去就能在当地买到中国商人卖到这里的丝织品和其他商品；此外，还有不少中国工匠在萨莱定居，并带去了铜镜的制造技术⑤。伊利汗国因与元朝相距较近，商贸更为频繁，元廷权贵购于西域珠宝的开销，有时"动以数十万锭"⑥。波斯商人常从西域

① ［越］黎崱著，武尚清点校：《安南志略》，卷二。
② 宋濂等：《元史》，卷二百八，《日本传》，北京，中华书局，1976。
③ 宋濂等：《元史》，卷二百八，《高丽传》，北京，中华书局，1976。
④ 陈大震：《大德南海志·诸藩国》，元刻残本。
⑤ ［苏］格列柯夫·雅库鲍夫斯基：《金帐汗国及其灭亡》，151、174页，转引自韩儒林：《元朝史》，下册，392页。
⑥ 宋濂等：《元史》，卷三十，《泰定帝纪二》，北京，中华书局，1976。

带来珠玉、药材与马驼等，中国商人则带去丝绸和瓷器。元代的海外贸易也非常发达，无论公私贸易，元朝政府都给予大力的支持。元朝攻灭南宋后，掌握了东南沿海向外的通道，忽必烈就向当地行省和市舶司官员下诏曰："诸蕃国列居东南岛屿者，皆有慕义之心，可因蕃舶诸人宣布朕意。诚能来朝，朕将宠礼之。其往来互市，各从所欲。"①诏令明确宣布了鼓励商贸的政策，即不以政治关系影响贸易，"诚能来朝"则以宠礼，不能来朝也听其"往来互市，各从所欲"。比如，终元之朝，与日本并未通使，但并不影响两国频繁的商品贸易。元政府还专门制定了《市舶则法》23 条②，来管理和推动海外贸易。《市舶则法》中设立了若干优惠海商和刺激海上贸易发展的措施，如给予"舶商"、"梢水"等人的家小"除免杂役"的优待；准许官僚和僧侣缴纳赋税，从事海外贸易等等。元政府本身也以"官本船"的方式，直接参与了海上贸易。这种方法规定，"官自具船、给本，选人入蕃贸易诸货"，"其所获之息，以十分为率。官取其七，所易人得其三"③。显然，"官本船"是一种官本商办的外贸活动。主动开放、官私并举的外贸活动，不仅增加了中外交通的机会，扩大了中外经济、文化交流的成果，而且给元廷带来极大的效益。仅从市舶的收入来看，元代中期的市舶税银每年就达数十万锭④，这还不包括元廷从"官本船"上的获利，因此，时人将海贸视作"军国之所资"⑤的重要财源。

然而，元代史家并没有仅仅从经济效益上考虑中外经贸的作用，对于海外贸易的意义，虞集有一段颇为深刻的认识。他说："或者以损中国无用之资，易远方难致之物为说，而不思夫国家声教绥怀，无远不及之效，孰谓何为知所当宝者哉！"⑥所谓"国家声教"，从狭义上讲，是指元朝的声威德教；从广义上讲，应是元朝与域外各个方面的文化交流。而元朝正是通过商品贸易和其他管道，与世界各地的文化取得了沟通。以科技知识为例，通过蒙古西征、招募工匠和技师以及商贸间的往来，东西方的地理知

① 宋濂等：《元史》，卷十，《世祖纪七》，北京，中华书局，1976。
② 《元典章》，卷二十二，《户部八》，北京，中国书店，1990。
③ 宋濂等：《元史》，卷九十四，《食货志二》，北京，中华书局，1976。
④ 宋濂等：《元史》，卷二十六，《仁宗纪三》，北京，中华书局，1976。
⑤ 宋濂等：《元史》，卷一百六十九，《贾昔剌传》，北京，中华书局，1976。
⑥ 苏天爵编：《元文类》，卷四十，《经世大典·赋典》。

识得到沟通，中国和阿拉伯的天文、数学知识也有所交流。1267年，波斯人扎马鲁丁带来七件阿拉伯天文仪器以观天象，还制定了由国家颁行的《万年历》，元政府设立回回天文台，与中国传统的天文台并立。希腊欧几里得的《几何原理》也通过阿拉伯译本传入中国，如据多桑《蒙古史》所记："成吉思汗系诸王以蒙哥皇帝较有学识，彼知解说欧几里得之若干图式。"[1]波斯商人还带来了回回药物，为此，元廷专设广惠局掌管回回医药；元大都与上都(今内蒙古正蓝旗东)还各设一所回回药物院，由阿拉伯医师主持。中国的天文、数学与医药知识也传到阿拉伯和欧洲，尤其重要的是，中国的印刷术、火药和指南针几项重大的发明通过阿拉伯又传入欧洲，对于欧洲的社会变革起到了重要作用。

元朝的对外开放，吸引了大批外国人士对于中国古老文化、先进技术和丰富物产的向往，许多到中国出使、传教、经商、旅行的外国人，著书立说回忆记载他们对中国历史文化的认识，如《马可·波罗游记》《鄂多立克东游录》《伊本·拔图塔游记》，以及马黎诺里重修的《波希米亚编年史》在"世界史"这一部分中插入了他奉教皇之命出使元朝的回忆录。这些著述为世界了解元代中国作出了突出的贡献。

元代社会在经济、政治、文化各个方面对外开放的世界观念，为元朝本身带来了生机和活力，也推动了世界文明的进步。从史学的角度讲，正是元代社会这种开放性的世界观念，为元代史学的世界性意识的发展，奠定了坚实而宽阔的思想基础。

二、对域外史事的记载和著述

1. 元人文集著述中出现了许多关于中外交通和域外史事的记载。

首先，记载了中外交通的便捷。比如，有不少记载反映出元大都在辽、金的基础上发展成为连接欧亚的中心枢纽，当时的交通是"东至于海，西逾于昆仑，南极交广，北极穷发，舟车所通，宝货毕来。"[2]从西域乃至欧洲，或者从南海诸岛都有抵达元大都的方便之路，并无阻隔之憾。元末

北京师范大学史学探索丛书

---

① ［亚美尼亚］多桑：《蒙古史》，下册，北京，中华书局，1962。
② 程钜夫：《雪楼程先生文集》，卷七，《姚长者传》，明洪武刻本。

学者危素记述元大都四方荟萃的盛况时说："四方之士，远者万里，近者数百里，航川舆陆，自东西南北而至者，莫有为之限隔。"①当时汇集于元大都城里的不仅有外国使节、学者、传教士，还有许多来自西域、欧洲或南海的商人。元代地理学家朱思本说："西海（指地中海——引者）虽远在数万里外，而驿使贾胡时或至焉。"②可见，当时欧洲商人来往于元大都或中国各地者不在少数。至于从中原腹里前往域外者，也可谓四通八达，虞集曾形容当时游历四方的"羽衣之士"，是"西游昆仑之圃，北望大荒之野，涉黄河之流，而寻瑶池之津"，为所欲为，"无阃域藩篱之间也"③。元代的海上交通也非常发达，这一方面是由于元廷与南海诸国的沟通；另一方面则是因造船技术和航海技术的先进。如当时航海已普遍使用水罗盘导航，周达观的《真腊风土记》就记载了航行柬埔寨时用罗经针确定航线的情况，"自温州开洋，行丁未针，历闽广海外诸州港口"；"又自真蒲行坤申针，过昆仑洋入港"④。罗盘针的使用在汪大渊的《岛夷志略》中也多次提到。元代海船的速度也较快，据汪大渊所述，其所乘海船"挂四帆，乘风破浪，海上若飞"，一日一夜所行约百里⑤。当时，从杭州东行日本，顺风七个昼夜即可到达；由"温州开洋"，二十五天可抵占城；而从云南到天方（麦加），则需一年的时间。因此，航海家汪大渊以为，"中国之往复商贩于殊庭异域之中者，如东西州焉"⑥。这是时人关于海上交通的感觉，至于陆路交通，更有人认为，因"无此疆彼界"之限，所以，"适千里者，如在户庭；之万里者，如出邻家。于是，西域之仕于中朝，学于南夏，乐江湖而忘乡国者众矣"⑦。这是多么宏大的气派，恐怕当时也只有对外部世界有了许多认识和了解的元朝人才能有这样的胸怀和气概。

其次，记载了元代中国在与外国人的内外交往中，对外部世界的历史

---

① 危素：《危太仆集》，卷一，《送仲夏序》，刘氏嘉业堂刊本。

② 朱思本：《贞一斋诗文稿》，卷一，《北海释》，宛委别藏本。

③ 虞集：《道园学古录》，卷八，《可庭记》，《四部丛刊初编》本，上海，上海书店出版社，1989。

④ 周达观著，夏鼐校注：《真腊风土记校注》，15页，北京，中华书局，2000。

⑤ 汪大渊著，苏继庼校释：《岛夷志略校释》，318页，北京，中华书局，1981。

⑥ 汪大渊著，苏继庼校释：《岛夷志略校释》，385页。

⑦ 王礼：《麟原文集前集》，卷六，《义冢记》，文渊阁《四库全书》本，上海，上海古籍出版社，1987。

和现实的了解。元朝通常把欧洲国家通称"发郎"或"富浪"、"拂朗"、"佛郎"等,对当时来到元上都的"发郎国"商人的情况,王恽有所记载。他说,元中统二年(1261)五月,有"发郎国遣人来献卉服诸物,其使自本土达上都已逾三年";"发郎国"人自言他们"妇人颇妍美,男人例碧眼黄发";所经"途有二海,一则逾月,一则期月可渡,其船艘大可载五十百人。其所献盏斝,盖海鸟大卵分而为之,酌以琼醑即温";"上嘉其远来,回赐金帛甚渥"①。这里所记显然是来自欧洲的商人,"途有二海"可能就是今地中海和黑海,由于忽必烈接见了这些献礼的商人,所以,王恽将此作为要事作了记载。至元末,又有"拂朗国献天马"一事为朝野士大夫所津津乐道。元至正二年(1342)七月,罗马教廷为了答谢元顺帝派遣欧洲的使团,由马黎诺里率领的欧洲使团携带国书和诸多礼品到达元上都,在使团献给元顺帝的礼物中有一匹骏马,"长一丈一尺三寸,高六尺四寸,身纯黑,后二蹄皆白"②。据史臣揭傒斯记载,为了说明"盛世得宝",国运昌隆,元顺帝专门"敕臣周朗貌以为图",又诏文臣赋诗纪事。这虽是元廷为掩盖后期政局衰落所采取的一种手段,但从揭傒斯的《天马赞》中还是反映了他对欧洲国家的一些认识。他说:"拂朗国邈限西溟",由西而来要"东逾月窟,梁雍是经","朝饮大河,暮秣太华","四践寒暑,爰至上京"。他还意识到拂朗国"重译来庭",两国通好,"共基太平,万国咸宁"③,意义十分重大。

再者,元人所述有关中外通商交往的情形,内容也很广泛。如记元大都琳琅满目的中外商品曰:"万方之珍怪货宝,璆琳琅玕、珊瑚珠玑、翡翠玳瑁象犀之品,江南吴越之縠漆刻镂,荆楚之金锡,齐鲁之柔纩纤缟,昆仑波斯之童奴,冀之名马,皆琨煌可喜,驰人心神。"④南方的泉州、广州、庆元(今浙江宁波)是与海外各国通商的重要港口,泉州港湾山环海抱,"番货远物、珍宝奇玩之所渊薮,殊方别域、富商巨贾之所窟宅,号

① 王恽:《秋涧先生大全集》,卷八十一,《中堂事记中》,《四部丛刊初编》本,上海,上海书店出版社,1989。
② 宋濂等:《元史》,卷四十,《顺帝纪三》,北京,中华书局,1976。
③ 揭傒斯:《揭文安公文粹》,卷二,《天马赞》,《丛书集成初编》本,上海,上海商务印书馆,1936。
④ 马祖常:《石田文集》,卷九,《李氏寿桂堂诗集序》,文渊阁《四库全书》本。

为天下最"①。泉州港被《马可·波罗游记》称为世界最大的商港,在此居住的外国商人数以万计,因而说是"殊方别域"的富商巨贾所窟宅。庆元则是元朝与日本、高丽通商的主要港口,翰林承旨张翥曾赋诗称赞庆元的繁华,"是邦控岛夷,走集聚商舸;珠香杂犀象,税人何其多!"广州的市舶也很发达,海舶出入,外商云集,元人孙蕡有《广州歌》曰:"峩峩大舶映云日,贾客千家万户室。"②元人陈大震在《大德南海志》中记有交易的"舶货"名称和当时来往的"诸蕃国"国名,据统计,共有大小一百四十三个国家,遍及东南亚、南亚、中东、非洲、欧洲等地,体现了元人域外地理概念的进步③。

2. 域外史专著,如游记、志略等,数量增多。

蒙元时期,有大批官员、使者、商人、旅行家西行或远航,饱览异域风情,了解外国历史,他们有不少人秉笔记录了亲历的所见所闻。这些珍贵的著述,为国人打开了一扇扇认识世界的窗户。其中,较为重要的是远行中亚、西亚的耶律楚材、丘处机、常德,航行南海的周达观和汪大渊,以及出使外国的徐明善、周致中等。

耶律楚材,字晋卿,法号湛然居士,是元初学者和佛教徒。因有学名,蒙古太祖十三年(1218)被成吉思汗征至漠北行宫,以备左右顾问。翌年,成吉思汗亲率大军西征,耶律楚材奉命随从,至蒙古太祖十九年(1224)始东归,此次西行历时六年,行程约三万公里。耶律楚材东归以后,常有"里人问异域事","遂著《西游录》"④。《西游录》分上下篇,上篇记西行沿途见闻,描述西域地理风貌,是关于13世纪楚河、锡尔河、阿姆河地区史地的重要文献;下篇从佛教徒的角度攻击道教和丘处机,与西北史地关系不大。丘处机,字通密,自号长春子,是元初道教全真派著名道士。蒙古太祖十四年(1219),成吉思汗为求长生之术,召丘处机西行。丘处机以七十六岁高龄率门徒十八人同行,历时两年七个月,于蒙古太祖十六年(1221)谒见成吉思汗于阿富汗境内的兴都库什山北坡行宫,蒙古太祖

---

① 吴澄:《吴文正公集》,卷十六,《送江曼卿赴泉州路录事序》,清乾隆刻本。

② 《广州府志·风俗》,清光绪刻本。

③ 陈连庆:《〈大德南海志〉所见西域南海考实》,载《文史》(27)。

④ 耶律楚材:《西游录》,向达校注,2页,北京,中华书局,2000。

十八年(1223)取另路返回。其随行弟子李志常将沿途见闻和丘处机的诗词言谈作了记录，东归后整理成《长春真人西游记》二卷。该书内容比《西游录》较为丰富，又因两人所行路线不尽相同，可有互相补正之益，因此皆为最早记述天山以北、葱岭以西历史地理之宝贵资料。常德，字仁卿，蒙古宪宗九年(1259)，奉蒙哥之命前往波斯觐见西征统帅旭烈兀。他从和林出发，经蒙古高原、准噶尔盆地，渡乌沦古河、伊犁河、锡尔河、阿姆河，到达里海南面旭烈兀的营地。翌年回朝，历时十四个月。元中统四年(1263)，由他口述，刘郁笔录，撰成《西行记》。常德西行比耶律楚材和丘处机更为遥远，抵达伊朗高原之西北部，在《西使记》里已提及地中海和欧洲，另外，其西行又比前两者晚近四十年，经过几次西征，中亚面貌又有较大变化，所以该书是人们了解 13 世纪中期中亚、西亚史地的重要著作。

周达观自元成宗元贞元年(1295)奉命随使赴真腊，翌年从温州出发，留居一年始返。回国后，他根据自己的亲身见闻写成《真腊风土记》一书，该书是现存最早全面记载吴哥文化极盛时代的专著，在国际上受到高度重视。汪大渊于元至顺元年(1330)跟随商船远航印度洋，历时五年，远至阿拉伯和非洲国家；元顺帝至元三年(1337)，他又第二次远航，周游南海诸国，经时三年。元至正九年(1349)写成《岛夷志略》一书，记录了数百个地名，以及各地的山川险要、气候物产、人物风俗，与中国的经济、文化交往等，是航海史、华侨史、中外关系史和世界史研究不可或缺的史料。

元初的徐明善和元末的周致中则都曾以使节的身份出使外国。徐明善的《安南行记》专门记述了元至元二十五年(1288)为副使，陪同礼部侍郎李思衍出使安南的经过。周致中为江陵人，《浙江采集遗书总录》戊集说他"奉使外番者六，熟知四夷风俗"。他以其对外域的见识，撰成《蟾虫录》一书，明人将此书改编为《异域志》。现存的《异域志》编为一百五十七条内容，记述二百一十个国家或民族的情况，对研究元代中亚史甚有裨益。

另外，元修三史继承了前代正史记外国史传的优良传统，并有所发展，如辽、金二史除述有外国传外，《辽史》还有《属国表》记与日本、高丽的交往，《金史》则又有《交聘表》记与高丽的关系。而《宋史》则有外国传六卷，记外国二十个，从卷数和所记国家数量来看，都比前史增多。

三、元代域外史研究的成就

1. 介绍域外地理知识，补充或订正了以往记载的一些缺误。

元代外国游记和志略在记载外国舆地方面，相比前代而言有几个特点。

一是数量较多，同一地域和路线有不同史书的记录，从而提供了详细、丰富的地理知识。例如，蒙古时期西行历险并留下著作的就有耶律楚材、丘处机、常德等人，他们的著作都反映了中亚、西亚 13 世纪的历史和地理，尤其是翻过阿尔泰山以后，从别失八里（今新疆吉木萨尔）到不剌城（今新疆博乐），越过天山至阿里马里（今新疆霍城），继续西行，抵虎司窝鲁朵（今吉尔吉斯斯坦布纳古城），然后到达撒马尔干（今乌兹别克斯坦撒马尔罕）这一段，耶律楚材、丘处机和常德走过的路线基本相同，记载的地名地形便可相互考校。在海上"丝绸之路"的记载上，汪大渊的南海远航至真腊这一段与周达观的行程基本相同，而且《岛夷志略》和《真腊风土记》中有关真腊与南海岛国的一些史实也有可以相互补充之处，这就保证了对域外史实记载的准确性。

二是元代域外史地著作所记载的地域范围比前代大大扩大，包括中亚、西亚、南亚、东南亚以及欧洲、非洲等广阔地域。比如，常德的西行直达里海西南沿岸，已经接触到拂林国（东罗马帝国），《西行记》不仅记述了拂林国，而且还第一次记载了海西富浪国（欧洲国家）的情况，其曰："至报达（今伊拉克巴格达）六千余里，国西即海。海西有富浪国，妇人衣冠如世所画菩萨状。男子胡服，皆善寝，不去衣，虽夫妇亦异处。"所述方向、里程皆无太大偏误。元代旅行者对于非洲的了解和介绍，更是大大超越了前代。虽然唐代杜环的《经行记》中已记述了非洲国家，但只提到埃及、苏丹、埃塞俄比亚三国。宋代的海船也到达了亚丁湾和东非的"层拔国"即今桑给巴尔①，但也只是接近亚丁湾的东非少数国家。然而，元代的汪大渊则游历了东非、北非沿岸，他在《岛夷志略》中所列举的非洲地名，广及东非沿海、亚丁湾南岸、红海西岸和地中海南岸。汪大渊甚至穿过红

---

① 赵汝适：《诸蕃志》，文渊阁《四库全书》本。

海，沿地中海南岸到达非洲西部的摩洛哥，记载了那里重要的丹吉尔港①，成为第一个到达大西洋边上的中国人。元代航海家和舆地著作中丰富的非洲知识为元代地图的编绘提供了第一手材料，现存朝鲜李荟的《混一疆理历代国都之图》是按照元人李泽民《声教广被图》和释清睿的《混一疆理图》编制的，在李荟的图上首次准确地将非洲的地图画成一个倒三角形，尖端指向南方。元人的两图今已佚，其前者绘于《岛夷志略》成书前后，后者绘于书成二三十年之后，因而他们完全有可能受到汪大渊的影响。按苏继庼的《岛夷志略校释》来做统计，仅此书所记录的亚非地名就达二百二十余个②。这些游历和记载，大大开阔了史家的历史视野，丰富了人们的地理概念和知识。

三是"读万卷书，行万里路"。以亲身经历或考察作为记载的依据，这是中国史学的优良传统。元代域外史地著述基本上出于身历目识，因此，四库馆臣在比较汪大渊《岛夷志略》和南宋赵汝适的《诸蕃志》时说："诸史外国列传秉笔之人，皆未尝身历其地，即赵汝适《诸蕃志》之类亦多得于市舶之口传。大渊此书则皆亲历而手记之，究非空谈无征者比。"③正因为元代游记、志略多为身历目识，所以，他们以颇为令人信服地考信历代舆地记载，或补正以往文献的缺误。比如，《西使记》曰：

> 西域之开，始自张骞，其土地山川固在也。然世代浸远，国号变易，事亦难考。今之所谓瀚海者，即古金山也；印毒即汉身毒也；曰驼鸟者，即安息所产大马爵也；密昔儿，即唐拂林地也，观其土产风俗可知已。又《新唐书》载：拂林去京师四万里，在西海上。所产珍异之物与今日地里正相同，盖无疑也。④

古金山即今阿尔泰山，称为瀚海，可备一说；印毒即身毒，非常正确；特别是多方指证"密昔儿，即唐拂林地"，更是准确无误，因为密昔儿即埃

---

① 汪大渊著，苏继庼校释：《岛夷志略校释》，305 页。
② 汪大渊著，苏继庼校释：《岛夷志略校释》，417～521 页。
③ 《四库全书总目》，卷七十一，《岛夷志略》，提要，北京，中华书局，1965。
④ 刘郁：《西使记》，《丛书集成初编》本，4 页，上海，上海商务印书馆，1936。

及，拂林即拜占廷帝国，5世纪到11世纪，埃及都在拜占廷帝国的控制之下，自然可称为"唐拂林地"了。除了《西使记》在此有这样集中的考信外，其他著述也都有许多直接或非直接的地理考信内容。例如：考"别失八里"（今新疆吉木萨尔）——《西游录》曰："名别石把，有唐碑。"《西使记》称"别失八里"。《长春真人西游记》称"鳖思马"，并有详细的记载："此大唐时北庭端府。景龙三年，杨公何为大都护，有德政。有龙兴西寺二石刻在，功德焕然可观。"①端府即都护府之合音，有唐碑为据故可证"别失八里"为唐北庭都护府所在；而李志常所言杨何为大都护，则可补《新唐书·方镇表》之缺。考"轮台"（今新疆米泉至昌吉间）——《西游录》曰："（别石把）城之西二百里有轮台县，唐碑在焉。"《新唐书·地理志》也说："自庭州西延城西至轮台县二百二十里。"因此，可纠《元和郡县志》以为轮台在州西四十二里之误。《长春真人西游记》曰："其西三百余里，有县曰轮台。"②所记里数稍多。考"虎司窝鲁朵"（今吉尔吉斯斯坦布纳古城）——《西游录》曰："（亦列）河之西有城曰虎司窝鲁朵，即西辽之都也。"李志常则将此城称为"大石林牙"，并说这里"平地颇多，以农桑为务"，"其国王辽后也"。《西使记》虽未记城名，但也谈到在亦列河附近，有地"土平民夥，沟洫映带，多故垒坏垣。问之，盖契丹故居也"。由此可合证虎司窝鲁朵为耶律大石西迁后建立的西辽国都。考"寻思干"（今乌兹别克斯坦撒马尔罕）——《西游录》曰："寻思干者，西人云肥也，以地土肥饶故名之。""寻思干甚富庶。"对此，《西使记》也有近似的记载："寻思干，城大而民繁。"③而李志常则称此城为"邪米思干"，说"方算端氏之未败也，城中常十万余户，国破而来，存四之一"④。不仅同样记述了寻思干城的宽大富庶，同时透露了西征的杀戮。

---

① 李志常：《长春真人西游记》，《丛书集成初编》本，10页，上海，上海商务印书馆，1936。

② 李志常：《长春真人西游记》，10页。

③ 刘郁：《西使记》，2页。

④ 李志常：《长春真人西游记》，14页。

2. 从社会制度、文化习俗、经济活动、风土物产等方面，反映域外社会历史发展的状况，开阔了国人的眼界。

元代游记和志书在集中记载外国史事方面，周达观的《真腊风土记》最具代表性。全书四十则，详载 13 世纪末叶柬埔寨的各类史事。其中，记述国家制度的，有城郭、宫室、官属、争讼、属郡、军马、国王出入等则。在有关国家制度的这部分内容中，对吴哥都城的历史记载是非常准确和极其宝贵的。周达观在全书的开始就勾画了吴哥都城的全貌：

> 州城周围可二十里，有五门，门各两重。惟东向开二门，余向皆一门。城之外皆巨濠，濠之上皆通衢大桥。桥之两旁共有石神五十四枚，如石将军之状，甚巨而狞。五门皆相似。桥之阑皆石为之，凿为蛇形，蛇皆九头。五十四神皆以手拔蛇，有不容其走逸之势。城门上有大石佛头五，面向四方……其城甚方整，四方各有石塔一座。①

书中还描述了王宫及其他重要景点，这些详细具体的记载使吴哥城的严整布局和雄伟气势跃然纸上，令人有亲临其境之感。更为可贵的是，这些记载不仅生动，而且真实准确，经得起后人的检验。20 世纪以来，中国许多学者和法国的伯希和、戴密微、赛岱司等均对《真腊风土记》作了注释考校，并对照现存的吴哥古迹，发现周达观的记述大体无误。正因为周达观对吴哥古迹记载的准确，才帮助人们打开了这座几被湮没的艺术宫殿的大门。自 15 世纪末吴哥古都被废弃后，就逐渐为巨树浓荫、荒草修藤所遮盖。19 世纪初，法国学者雷慕沙将《真腊风土记》译成法文，引起了法国人寻找吴哥古迹的兴趣。1850 年，法国传教士发现了废墟的一角。1863 年，法国博物学家亨利·穆奥以《真腊风土记》为指南，寻访吴哥并发表游记，引起轰动。人们将《真腊风土记》的功劳，与《大唐西域记》指导英国人和印度人发掘那烂陀古庙相媲美。由此可知关于吴哥古城的历史材料十分珍贵。

周著除了国家制度的历史记载外，在文化习俗方面，又有语言、文字、三教、正朔时序、人物、室女、澡浴等篇；经济活动方面，有贸易、

---

① 周达观著，夏鼐校注：《真腊风土记校注》，43 页。

蚕桑、器用、出产、车轿、舟楫等篇；风土物产方面，则有草木、飞鸟、走兽、蔬菜、鱼龙等篇。内容之丰富，几乎包括了整个社会历史风貌。因此，周达观颇为自信地说："其风土国事之详，虽不能尽知，然其大略亦可见矣。"①《真腊风土记》重要的史料价值前人早有识见，《四库全书总目》在该书的提要中就认为，隋、唐、宋各史虽对真腊有所记录，但"所载风土方物，往往疏略不备"；"《元史》不立真腊传，得此而本末详具，犹可以补其佚阙"②。当代学者夏鼐在谈到《真腊风土记》时明确指出："连柬埔寨本国文献中，也没有像这样一部详述他们中古时代文物风俗生活的书籍，所以研究柬埔寨历史的学者对它极其重视。"③

自然，元代的其他游记和域外史志也有许多精彩的内容，尤其对于民族民俗、经济劳作、风土物产等方面，多有详细记述。例如，汪大渊颇为注意世界各地不同民族的特征，他在摩洛哥的丹吉尔地区注意到达里萨部族；在艾伯特见到编发、发梢接上牛毛绳的贝贾族；他描述印度孟买的寇里人"面长，目反白，容黑如漆"；而一般的印度人则"小目长项"④。他还记载了14世纪中叶，吕宋群岛上孟族还存在殉葬的习俗，而暹罗湾一带则有海葬的习惯⑤。《长春真人西游记》则详细记载了13世纪中亚地区穆斯林的生活习俗和斋礼⑥。在记载经济活动和生产劳作方面，如《西游录》描绘西亚名城寻思干当时富庶的田园风光，其曰："环郭数十里皆园林也。家必有园，园必成趣，率飞渠走泉，方池圆沼，柏柳相接，桃李连延，亦一时之胜概也。"⑦汪大渊《岛夷志略》的"大乌爹"条介绍了印度奥里萨邦当时的货币；在"古里佛""朋加剌"两条介绍了这两个国家的官税；在"甘里埋"条考证了霍尔木兹商人运马船只的制造技术。在风土物产这方面，《西使记》颇为注意西亚、非洲、欧洲的物产，如寻思干的药材、埃及的黄金、欧洲的食火鸟、波斯湾的珍珠、印度的金刚石、阿富汗山中的白银等。

---

① 周达观著，夏鼐校注：《真腊风土记校注》，16页。
② 《四库全书总目》，卷七十一，《真腊风土记》提要。
③ 周达观著，夏鼐校注：《真腊风土记校注》，2页。
④ 汪大渊著，苏继庼校释：《岛夷志略校释》，356页。
⑤ 汪大渊著，苏继庼校释：《岛夷志略校释》，33、120页。
⑥ 李志常：《长春真人西游记》，19～20页。
⑦ 耶律楚材：《西游录》，向达校注，3页。

《岛夷志略》更是详细记录了海外物产品名，全书所记物品数量之多达三百五十余种。①

3. 反映了元代史学的世界性意识。

元代史家虽未形成较为完整的世界性意识，但他们能够认识到中外历史文化发展的互相关联和互相影响，并力图在著述中反映出中外交流的历史成就和意义。

比如，汪大渊在《岛夷志略》后序中就明确声称，编著《岛夷志略》的目的是"非徒以广士大夫之异闻，盖以表国朝威德如是之大且远也。"②"国朝威德"的说法虽系明显夸大之词，但却表明了他要记载中华文明传播、中外文化交流的意愿。这种意愿也表现在长春真人丘处机"道德欲兴千里外，风尘不惮九夷行"③的诗句中。长春真人应成吉思汗召见之前，曾分别回绝过金世宗、宋宁宗的邀请。他西行时已经七十六岁，风餐露宿前后三年，中途还生了一场大病，如此艰难困苦，确实是不惮风尘。由此不难看出，丘处机西行并不是单纯的应诏，而是有意在"圣人不得垂文化"的异域他乡兴扬道德的。从《长春真人西游记》的记载中还可以看到，丘处机在西行中不仅兴建道观，宣传道教文化，而且多次表达他反对杀生，要求尽早结束战争的愿望。就在丘处机头一次谒见成吉思汗后，他路过铁门山谷，亲眼目睹了西征战场上横尸遍野的惨状，不仅感慨万千，当场赋诗曰："十年万里干戈动，早晚回军复太平"，反映出他对太平世界历史前途的追求。他还在赠与窝阔台医官的诗句中说："我之帝所临河上，欲罢干戈致太平。"明确表示了劝君罢兵是他西行的一个重要目的。他利用劝告成吉思汗宜少捕猎的机会，宣讲了"天道好生"的道理；根据耶律楚材编录的《玄风庆会录》记载，他也确实劝说过成吉思汗，让"黔黎获苏息之安"。总之，和平环境是人类发展的基础，文化交流是人类共同进步的条件，《长春真人西游记》所表达的对于太平世界的追求和传播文化的愿望，自然十分可贵。

以元代的域外游记和志书而言，反映中外交流历史成就和意义的内容

---

① 汪大渊著，苏继庼校释：《岛夷志略校释》，427～434 页。

② 汪大渊著，苏继庼校释：《岛夷志略校释》，385 页。

③ 李志常：《长春真人西游记》，19 页。

是多方面的。

首先，记载了中国人移居国外并与当地人民友好相处的历史。例如，《岛夷志略》"土塔"条就记载在印度半岛东岸的纳加帕蒂南附近，"有土砖甃塔，高数丈。汉字书云：'咸淳三年八月毕工。'传闻中国之人其年贩彼，为书于石以刻之，至今不磨灭焉。"[①]据苏继庼等人考证，这座砖塔俗称中国塔，始建于1267年，1846年尚存三层，1867年拆毁，前后留存六百年之久，它是中印人民友谊的历史见证。周达观的《真腊风土记》也提到不少中国人在柬埔寨定居，他说，元代沿海水手有许多人因真腊"米粮易求，妇女易得，屋室易办，器用易足，买卖易为"[②]而移居该国。此外，如《西使记》所言报答国（今巴格达）的哈里发，"其妃后皆汉人"。据《长春真人西游记》卷上记载，有不少汉人、契丹人、西夏人在西亚寻思干城种植田园。元代大批留居国外的中国人和许多居住于中国的波斯人、埃及人、欧洲人的侨居事迹交相辉映，都为居留国的经济生产和文化发展作出了自己的贡献。元代域外游记和志书正是通过宋元时期中国侨民在域外安居乐业的事实，反映了"四海为家"的世界观念。

其次，通过记述中华文化在域外传播以及备受尊重的情形，反映中外文化交流的密切联系。比如，汪大渊的《岛夷志略》就在"交趾""占城"两条分别记载了中国文化在越南北部和中部的影响，他说安南国人喜穿唐衣，"俗尚礼义，有中国之风"，"凡民间俊秀子弟，八岁入小学，十五岁入大学，其诵诗读书、谈性理、为文章，皆与中国同"；而占城人其衣也"半似唐人"[③]。周达观的《真腊风土记》同样有不少篇幅记载中国文化在柬埔寨得到传播，深受敬重的情况，他在"三教"篇中记述中国的儒教和道教在柬埔寨传播，当地人称儒者为"班诘"，称道者为"八思惟"。真腊人不仅学习儒教和道教，在经济生产方面也向中国学习，比如，真腊水手就专门从中国带去了家鹅，在当地饲养传种[④]。这些材料虽然是片段的、零散的，但却可从一个侧面说明中华文明在域外的影响，说明各国文化发展的有机联系。

---

① 汪大渊著，苏继庼校释：《岛夷志略校释》，285 页。

② 周达观著，夏鼐校注：《真腊风土记校注》，180 页。

③ 汪大渊著，苏继庼校释：《岛夷志略校释》，50、55 页。

④ 周达观著，夏鼐校注：《真腊风土记校注》，154 页。

最后，展示中外贸易的繁荣，反映中外经济发展的互补性。应该说，在元代域外游记和志略中，《岛夷志略》记载中外贸易的材料最为丰富，汪大渊在书中不仅记录了三百五十多种域外产品，而且在书里的一百个条目中，绝大多数交代了当地所需的中国商品。他还用许多事实反映了中国与南海诸国经济交往，他记载柔佛东岸海中的潮满岛与中国泉州的商贸频繁，"昔泉之吴宅，发舶稍众百有余人，到彼贸易"，足见中国商航规模之大；他说马来半岛的哥打巴鲁除了需要中国的青瓷盘、花碗以外，还特别喜欢中国的月琴、琵琶、大鼓、乐板等乐器；而柔佛东海中的奥尔岛，则以当地特产专门编织一种冬暖夏凉的椰心簟，"以售唐人"；印度泰米尔纳德邦的马都拉盛产高质量的珍珠，当地商人平时广为收购，等待中国商船到来，"求售于唐人"①。《真腊风土记》也记载了许多中国商品在柬埔寨的流行，书中还专门设了"欲得唐货"篇，详细开列了真腊急需的中国产品有数十种之多。应该看到，中外交通的许多领域，正是以商品贸易为先行的，中外经济往来的繁荣为其他文化类型的交流打开了通道。《岛夷志略》等书对于中外商贸繁荣的记载，不仅说明了中国文化的世界性贡献，而且还反映了世界历史发展的整体性特征。

综上所述，元代域外游记和志书不仅从观察域外的角度使人们认识到中华文明在世界范围内的重要地位，而且还向人们说明了世界各国历史发展的联系性。这对于促进元代社会以更为开放的态势面向世界，取长补短，共同进步，具有积极的意义。元代域外史研究的成就，对明清史学也产生了重要影响，这是中国古代史学值得重视的研究课题。

---

① 汪大渊著，苏继庼校释：《岛夷志略校释》，209、227、273页。

陈垣史学的"记里碑"

——再读《通鉴胡注表微》

陈垣一生撰写了大量的史学论著，他自己最满意的两部史著，一是《元西域人华化考》；一是完成于 1945 年的《通鉴胡注表微》（以下简称《表微》）。这两部著作分别是代表他前、后期史学研究特点的两座高峰，而他又更强调后者为其"学识的记里碑"①。年来再读《表微》，又一次为书中精湛的史法和丰富的史论所深深震撼。以往对《表微》的研究，多重于说明书中反映的民族意识和抗日爱国思想；而尚未全面阐析《表微》对中国传统史学方法的科学总结，也较少注意到《表微》的抗日救国思想外，在民族观、宗教观、人生观和价值观方面的深刻史识。本文拟就此做进一步的发掘和分析，以深化对《表微》重要史学价值的认识。

一、史学风格的转变

20 世纪初叶，中国社会和中国史学处于大变革的关头，随着反对外来侵略，反对封建专制，挽救民族危亡运动的风起云涌，救亡图存的爱国主义史学也日益高涨。陈垣年轻时在广东就参加了反帝反封建的宣传活动，爱国主义早已在他的思想中孕育生根。他虽然到三十多岁才正式转入史学研究领域，但却在青少年时期就酷爱史学，博览群书，并曾深入地整理过赵翼的《廿二史札记》，将赵翼之书按言史法、言史事的内容分别归类作考证研究，这种做法对他后来撰写《表微》留下潜移默化的影响。

1913 年，陈垣以国会议员的身份北上京师，然而北洋军阀政治的腐败和黑暗，使他大失所望，不久，他就逐渐淡出政界，转入学术著述和教学领域。20 世纪初，中国史学流派形形色色，历史观和研究方法也是异彩纷呈，陈垣的史学是一种带有总结性特征的史学，一方面它以总结和弘扬中华民族文化为本，用以反对那种民族文化虚无的论调；另一方面它从民族

---

① 陈垣：《通鉴胡注表微·重印后记》，411 页，北京，科学出版社，1958。

史学的丰富遗产中总结出具有民族特点的史学方法，并吸收西方近代科学的精神加以改造，以适应时代发展的需要。

在总结和弘扬中华民族文化方面，他自 37 岁正式转入史学研究起，就选择了中外文化交流这一国际汉学研究的热点，以此反映中华文化所表现的巨大魅力。在以宗教史为阵地的中外交流史研究中，他的《元也里可温教考》《火祆教入中国考》《摩尼教入中国考》《开封一赐乐业教考》"古教四考"以及有关基督教、伊斯兰教在中国传播史的研究，不仅以丰富的史料、精密的考证解决了宗教史诸多问题，而且善于揭示中华文化与外来文化之间的互动关系，开辟了近现代宗教史研究的道路。他的《元西域人华化考》更是从中外文化交流的角度，阐述在元朝多民族统一国家兴盛的形势下，大批波斯、大食、印度、叙利亚等外国人来到中国，及中国西部的少数民族进入中原，从而接触中华文化，深受感染并被同化的事实，达到表彰中华历史文化的目的。

在总结传统的史学方法方面，他继承清代乾嘉考据学的传统，通过历史考证的躬身实践，将清代学术中各种零散的考据手段，用科学方法加以总结，从而形成多门专学。他撰成《敦煌劫余录》《中西回史日历》和《二十史朔闰表》《史讳举例》《元典章校补释例》等著作，在目录学、校勘学、年代学、避讳学等方面，归纳出各种义例和原则，这些法则为历史考据在新时代的发展提供了科学的方法论，至今仍在历史文献学和史学研究中发挥着典范的作用。如上所述，抗日战争爆发前，陈垣已在宗教史、历史文献学、元史研究等领域做出重大贡献，成为国内外闻名的史学大家。"七七"事变以后，时任北平辅仁大学校长的陈垣为了保存一批读书种子，维持辅仁大学办学的独立性，坚持留在北平，与师生共患难。八年抗战中，他一方面利用辅仁大学为教会大学的特殊性，与日伪抗争，学校不挂日本旗，不用日文教材；一方面以三尺讲台为阵地，讲顾炎武《日知录》的经世之学，讲全祖望《鲒埼亭集》的抗敌思想，以激发师生的爱国斗志。当时敌伪为了利用陈垣的学术声望和影响，曾多次威逼利诱，让他出任所谓"东亚文化协会""东洋史地学会"或"大东亚文化同盟会"等敌伪机构的负责人，陈垣一一严词拒绝，表现出坚贞不屈的凛然正气和抗日爱国的民族气节。北平沦陷后，目睹人民的苦难和日寇的横行，强烈的爱国热情促使他将史学研究和社会现实联系起来。他改变了以往专注于历史考证的治史特点，着力提倡开展"有意义之史学"①。具体而言，就是以考证结合史论，发挥历史对现实的鉴戒作用，表达抗日爱国的思想。陈垣后来回忆这个时期的史学研究时说："北京沦陷后，北方士气委靡，乃讲全谢山之学以振之。谢山排斥降人，激发故国思想。所有《辑覆》《佛考》《净记》《道考》《表微》等，皆此时作品，以为报国之道止此矣。"②其中提到的五部作品，即《旧五代史辑本发覆》《明季滇黔佛教考》《清初僧净记》《南宋河北新道教考》《通鉴胡注表微》。在这五部作品中，陈垣言僧、言道、做考据、表大义，高扬了民族精神和爱国志气，而表现得最为集中突出的，是被人誉为"最高境界"的《表微》③。

二、对胡三省的同情与理解

《表微》开始撰写于 1942 年 9 月，写成于 1945 年 7 月。书中所表者乃"通鉴胡注"之义，"通鉴胡注"指宋末元初人胡三省为《通鉴》所作的注释。胡三省(1230—1302)，字身之，浙江宁海人。他的生平事迹和重要贡献长期被湮没，《元史》无传，《宋元学案》也仅有百余字的小传。至于胡三省的史学，历来人们也知之甚少，只以为《通鉴》胡注善于音训、地理，不了解其中丰富的学识和内容。正如陈垣在《表微》中所说："《鉴注》成书至今六百六十年，前三百六十年沉埋于若无若有之中，后三百年掩蔽于擅长地理之名下，身之殆可谓真隐矣。"④直到陈垣做《表微》时，才根据清光绪《宁海县志》卷二十中胡三省的墓志及其他材料，将胡三省的生平事迹公诸于世，更通过《表微》揭示了胡氏《通鉴音注》重要的史学价值和丰富的思想。

按胡三省《新注资治通鉴序》所述，他校注《通鉴》的工作始于南宋理宗宝祐四年(1256)，约于度宗咸淳六年(1270)，到临安前，完成了《通鉴广注》九十七卷、《通论》十篇。恭帝德祐二年(1276)，元军攻陷了临安，在避难新昌的路途中，凝结多年心血的书稿在战乱中不幸丢失。南宋灭亡后，胡三省决不仕元，他返回故里，隐居乡中。在悲痛之余，再购异本，

① 陈智超编：《陈垣来往书信集》，302 页，上海，上海古籍出版社，1990。
② 同上书，216 页。
③ 刘乃和编：《励耘书屋问学记》，66 页，北京，生活·读书·新知三联书店，1982。
④ 陈垣：《通鉴胡注表微》，54 页，沈阳，辽宁教育出版社，1997。

重新校注《通鉴》。与前次校注不同的是，注文不再独立成书，而是散入相应的正文中，全部工作于元朝至元二十二年（1285）冬完成。由此算来，《通鉴音注》的撰写前后用了 30 年的时间。书稿虽完成，但胡三省却没有停歇，直到他去世前，仍在修订书稿，"诸子以年高不宜为言，则曰吾成此书，死而无憾"①。《通鉴音注》的内容极其丰富，涉及字音、文义、名物、典制、地理、史论等，他以"音注"为名（故注中有关辨字读音和训释的内容俯拾皆是），但胡注的价值又不仅仅在音注。陈垣说："其注《通鉴》，名音注，实校注也。"②胡三省校注的范围非常广泛，包括对《通鉴》正文及有关文献的校勘考证，对《通鉴》史文的注释和补充，还有丰富的历史评论。

在《通鉴音注》历史评论的字里行间，胡三省常常流露出思念故国和反抗压迫的感慨悲愤之情。陈垣在《表微》的"重印后记"中谈到："我写《胡注表微》的时候，正当敌人统治着北京；人民在极端黑暗中过活；汉奸更依阿苟容，助纣为虐。同人同学屡次遭受迫害，我自己更是时时受到威胁，精神异常痛苦，阅读《胡注》，体会了他当时的心情，慨叹彼此的遭遇，忍不住流泪，甚至痛哭。"③正是相同的处境，感慨彼此的遭遇，使他能够深入体会胡三省注文中深蕴的含义，因此决心来研究胡三省的学术和思想。陈垣写作《表微》的目的是要介绍胡三省注史的成就和民族意识，结合胡注的内容，总结中国古代的史学传统和自己的治史经验，并借古喻今，表达爱国情怀。此书共选用胡注精语近 750 条，引证书籍 250 余种。全书分 20篇，每篇选胡注精语 30 条左右进行注释，篇前有一小序，概括本篇所阐释的史法或史事之要旨，并指明胡三省《通鉴音注》在这方面的成就。前 10 篇侧重讲史法，既从校勘、目录、考辨、避讳等方面总结历史考证的方法和经验；又从议论、感慨等方面分析史论这一方法在史书中的作用。后 10 篇言史事，即结合历史事件、人物和胡注的内容，阐发陈垣自己的政治思想和社会思想，尤其是将历史与现实联系起来，抒发他的爱国情感和民族意识。无论是言史法还是言史事，都表达出陈垣对社会现实的关注，对国家前途和民族命运的思考。

北京师范大学史学探索丛书

---

① 王瑞成修，张浚等纂：《宁海县志》，卷二十，清光绪间刻本。

② 陈垣：《通鉴胡注表微》，29 页。

③ 陈垣：《通鉴胡注表微·重印后记》，411 页。

三、总结中国史学的方法

继承中国史学的优良传统，以近代科学精神总结具有中国民族特点的史学方法是《表微》的重要贡献。陈垣在《表微》的史法诸篇中，通过阐释胡氏注文，结合自身治史经验，从史书体例、历史考据、史学评论等方面总结了一系列具有中国特点的史学方法。

1. 对古代史学义例、书法的阐释与批评。

中国古代史学历来重视史书的体例，孔子修《春秋》发凡起例，公羊、谷梁、左氏三家相继探赜发微。刘知几曾强调："夫史之例，犹国之有法，国无法，则上下靡定；史无例，则是非莫准。"①将著史义例提到治国的高度去认识。陈垣治史也历来重视义例，他的著作无不具有体例严谨、归类条理的特点。《表微》中的本朝篇、书法篇即为讨论史学义例而设，研究史学义例的目的一是为了使人们更好地认识古代史书的体例，以便了解古代史家的义旨；二是要运用近代史学的科学方法，纠正古代史家在义例上存在的一些问题。

全书开篇的本朝篇，旨在揭示胡三省以宋朝为宗国、决不仕元的立场，以明《通鉴音注》之体例。陈垣说："胡身之今本《通鉴注》，撰于宋亡之后……然观其对宋朝之称呼，实未尝一日忘宋也。"②因为《音注》全书数百卷之中，凡遇宋朝多称"我朝"或"我宋"；至于前后数十卷中只单称"宋"或称"宋朝"之处，陈垣认为这明显与全书体例不符，应是元末刻版时为避免违碍所改，而书中大量尊宋的称呼，才是胡注的本文。此外，胡注文中也可见"大元"之说，这又似乎不符胡注亲宋疏元之例。陈垣以为，按《元史》卷七所载"建国诏令"，"大元"本为元朝国号，当时要求二字连用，"称宋曰我，称元曰大，我者亲切之词，大者功令之词"③，故"大元"无胡氏亲元之意。

《表微》认为《通鉴》书法不似《春秋》严于褒贬，而能"据事直书，使人

---

① 刘知几：《史通》，卷四，《序例第十》，沈阳，辽宁教育出版社，1997。
② 陈垣：《通鉴胡注表微》，1页。
③ 同上书，7页。

随其时地之异，而评其得失，以为鉴戒"①，自有其长处。当然，《通鉴》在书法上也存在问题。比如，《通鉴》卷七十六"魏高贵乡公正元元年"下，胡注曰："是年嘉平六年也，冬十月，高贵乡公方改元正元。"冬十月，曹魏高贵乡公才即位并改元正元，可是为什么正月便书"魏高贵乡公正元元年"呢？原来是《通鉴》为了纪年方便，凡在年中改年号者，必将后一年号冠于该年正月之上，这是其纪年不精确之处。《表微》指出这一缺陷："古时改元，并从下诏之日为始，未尝追改以前之月日也。"陈垣又以其丰富的年代学知识，说明纠正这一缺陷的方法："余撰《二十史朔闰表》，凡在年中改元者，不书其元年，而书其二年，睹二年即知有元年，而前元之末年，不致被抹杀也。"②此外，《表微》还批评了在史书中因受"天命论""天人感应"说影响而记祥瑞或灾异的现象，告诫读史者勿受其惑，"此乃古代政治家之妙用，读史者深知其意可焉"③。

2. 论述文献考辨的方法，阐幽抉微，纠谬补缺，示人以范例。

陈垣素以考据精确世无匹敌而闻名。《表微》的校勘篇、避讳篇、考证篇、辨误篇反映了他对中国传统史学考据方法的类例归纳和总结分析，在此基础上，他结合自己多年的考史经验，加以补充、升华，从而将历史考证提升到一个新的高度。书中可供后学取法之处集中于几个方面：

其一，论校勘之功用、校勘方法及应遵守的原则。"校勘为读史先务，日读误书而不知，未为善学也。"④这是陈垣论校勘功用的至理名言，他在《元典章校补释例》中所说的对校、本校、他校、理校等"校勘四法"也成为现代校勘学必然遵循之不二法门；《表微》中，陈垣即以此四法示人以范例。首先，他指出四法之中对校法是校勘的基础，"校勘当先用对校法，然对校贵有佳本"，因而选择较好的版本作为对校本又是校勘的重要条件。校书"未得祖本之前，只可用他校"；胡三省校注《通鉴》，因原稿和《通鉴》诸本在兵荒马乱中散失，故胡氏所校以理校为多，他校次之。虽因胡氏功底深厚，其理校"往往奇中，与对校无异"，然此乃不得已而为之；陈垣认

---

① 陈垣：《通鉴胡注表微》，15 页。
② 同上书，19 页。
③ 同上书，16 页。
④ 同上书，29 页。

为，在校勘中仍是"他校费力而未必中，不如对校之省力而得其真。"①

校书不仅"贵有佳本"，而且要多蓄异本。清人赵绍祖《通鉴注商》一书曾以为：《通鉴》卷八十七"晋怀帝永嘉五年"有"风景不殊，举目有江河之异"一句，"江河"实不可解，应做"江山"；并以《晋书·王导传》为证，批评胡注未能校改，反做附会。陈垣指出，此校乃赵绍祖自误，《晋书·王导传》宋本作"江河"，故温公、身之本不误；赵氏读误本《晋书》，乃"株守一书，不讲求异本之过也"，"校书当蓄异本，岂可轻诬古人！"②

校勘既要注意以祖本、佳本为校，就应讲究版本源流，才能真正地选出祖本、佳本。因此《表微》在论校勘要求时，也颇重视对版本源流的分析。如论身之校注《通鉴》所用版本时，就详细考察了《通鉴》的祖本及由一传至四传各本的刊刻源流，从而纠正了《铁琴铜剑楼书目》《仪顾堂题跋》、光绪间胡元常《刻通鉴全书序》等对《通鉴》版本叙述的错误③。

此外，诸如强调校勘不得"任意将原文臆改"，批评清代校勘大家顾广圻妄改《通鉴》之例；强调校书要有"校勘常识"；强调校书不得妄补，"与其妄补，毋宁仍史阙文之为愈矣"④等，皆为校勘学的要义和校勘工作必须谨守的原则。

其二，论避讳学为考史之用，考宋元避讳之史实。避讳是中国历史上特有的制度，因此《表微》说："不讲避讳学，不足以读中国史也。"⑤陈垣在作《表微》之前，已著有《史讳举例》详述中国避讳的历史，并介绍运用避讳学考史的种种方法。《表微》避讳篇说："避讳与奉正朔相等，服则避，不服则不避，五代时其例特著。"⑥陈垣举唐将王镕、王处直降后梁而避梁庙讳、南唐主李降后周而避后周高祖名讳等事例，说明可利用避讳考政治关系，这是在避讳学方法上对于《史讳举例》的补充。

在避讳篇，陈垣还考察了宋元的一些避讳制度，如指出胡三省虽熟谙避讳掌故，但在《音注》卷一开篇就把宋真宗和宋仁宗的名讳相混，"此以

① 陈垣：《通鉴胡注表微》，38 页。
② 同上书，34 页。
③ 同上书，31、32 页。
④ 同上书，343、37、12 页。
⑤ 同上书，62 页。
⑥ 同上书，72 页。

避讳为解释在第一卷而即误者"。又指出，胡三省及南宋不少学者以为"准"字的出现乃因避北宋丞相寇的名讳，其实不然。"盖準、准自古通用，以为避讳改者固非……"①《表微》还考察了元朝避讳的情况，指出"因元诸帝名皆音译，无定字，故国讳不避，而家讳亦渐废弛。"与国讳不避、家讳废弛相反的现象是"官讳仍然重视"②，这是元朝避讳史的一个特点。

其三，阐明历史考证的意义和地位，以具体例证论述历史考证要注意的要求和方法。《表微》在考证篇开宗明义地指出："考证为史学方法之一，欲实事求是，非考证不可。彼毕生从事考证，以为尽史学之能事者固非，藐视考证以为不足道者，亦未必是也。"③这里表达了陈垣对考据学完整、准确和科学的看法。陈垣的史学是从总结继承中国古代史学，尤其是清代乾嘉史学入手的，他的治史论著也多以考证为主。他在给方豪的信中说到，"从前专注考证，服膺嘉定钱氏"。抗战以后，为了适应时代的需要，陈垣提倡"有意义之史学"，治史不以考据为限。《表微》考证篇中既有对史学考证重要作用和地位的肯定，又不以考证"为尽史学之能事者"，反映了陈垣史学风格的发展和变化。

《表微》考证篇和辨误篇，通过具体史实的分析考辨，阐明了许多有关考据学的精义。如"考证贵能疑"、考证"当于细微处加意"、需"明书之不可尽信"④，说明治史要有敢于怀疑的精神，明察秋毫，方能去伪存真。又如"读史必须观其语之所自出"，考证需"逐一根寻其出处"，"沿流溯源，究其首尾"⑤，则强调考证要追寻史源，审明史料的源流关系、正误偏差，了解其可信之程度。又曰"考史者遇事当从多方面考察，不可只凭一面之词矣"；"考证不徒据书本"；"考地理贵实践，亲历其地"；"考史注重数字"⑥等；从总体上讲，要求考证要参稽考核，多方验证，要兼顾书证、物证、理证，不能偏执一端。从具体而言，则要求善于从数字上发现问题，善于实地考察。这些都是考据学的金科玉律。

① 陈垣：《通鉴胡注表微》，70 页。
② 同上书，66 页。
③ 同上书，76 页。
④ 同上书，70、79、86 页。
⑤ 同上书，80、84、97 页。
⑥ 同上书，87、91、86、79 页。

3. 阐述史学评论的地位和要义，同时揭示胡注蕴涵的史学思想。

《表微》的解释篇、评论篇、感慨篇、劝诫篇是将史学评论作为一种治史的方法来加以分析的。首先，陈垣认为，史论是史学的重要内容，不仅史书有论，史注也应有论。他举经注诸家、史注中著名的裴注，皆在注解中参以议论之例，说明"注中有论，由来尚矣"。史论的作用一方面在于"言为心声"，便于表达史家对于历史的看法，故"觇古人者宜莫善于此"①，后人能从史论中较为直接地了解史家的历史认识；另一方面能更好地表现史学"鉴古知今""彰往知来"的功用。史论既是史学的重要内容，自然也是治史的重要方法，因此《表微》强调治史应并兼考据和议论，"务立大义""不专为破碎之考据也"②。

《表微》批评了轻视史论的倾向，说"自清代文字狱迭兴，学者避之，始群趋于考据，以空言为大戒"。然而并非所有的史论都是空言，陈垣以北宋胡寅的《读史管见》和清代王夫之的《读通鉴论》为例，指出这样的史论著作"皆是代表一时言论，岂能概以空言视之"。他认为治史"以意言之，不专恃考据，所以能成一家之言"③，这是对史学评论在史学中重要作用的充分肯定。以上分析不仅表明他既重考史又重论史的科学方法论，也反映他此期对于进一步发挥史学功能，为现实服务这一目标的重视。

陈垣认为胡注中的史学评论就很多，而且"每针对当时，以寓规讽，尤得以鉴名书之义"④，发扬了史学鉴戒的作用。《表微》用大量篇幅恰如其分地阐发了胡三省寓于注文的"规讽"之意，准确揭示了胡氏的思想。这样的内容在"史事"十篇中最多，在"史法"十篇则于解释、评论、感慨、劝诫诸篇为多。《表微》指出胡注中所寓深意，如有感于元初汉儒的悲惨遭遇，"凡淮蜀士被俘者，皆没为奴"；有感于元兵攻城，"积死于城下者，皆宋人"⑤，阐明了胡三省反对元兵滥杀和反对民族压迫的思想。《表微》述胡注叹比年襄阳之失守，"呜呼痛哉"！叹宋朝帝后受臣妾之辱，"呜呼痛哉"！斥宋末降敌之将臣"背父母之国，不念坟墓宗族，是反天性也"，表彰了胡

---

① 陈垣：《通鉴胡注表微》，106 页。
② 同上书，48 页。
③ 同上书，106、53 页。
④ 同上书，94 页。
⑤ 同上书，61、116 页。

三省的爱国情感和坚贞气节。《表微》表胡注责贾似道不引败为过；责宋儒"多大言而少成事"，终不能恢复中原；叹刘宋侈靡，而"我宋之将亡，其习俗亦如此"①，反映了胡三省对宋亡历史原因的思考。

陈垣总结中国传统的史学方法，用近代科学精神加以提炼，通过自己的史学实践不断充实提高，《表微》集中反映了他的这些突出贡献。牟润孙在高度评论《表微》的史学成就时说："援庵先生由考据及西方汉学入手，也学了西洋方法，而终于回到通史以致用的中国传统史学路途上来。他早期研究宗教史、中西交通史，最后回到研究《资治通鉴》，讲传统政治史，讲传统史学方法，诚如向觉明所批评，援庵先生成了'正果'。"②

四、阐发深刻的史学思想

《表微》在陈垣的史著中议论最多，蕴涵了陈垣关注社会、关注政治、关注现实等丰富而深刻的史学思想。这是《表微》另一个重要的史学贡献。

1.《表微》表达了对社会政治、民族与宗教的认识，以及有关人生观、价值观等重要思想。这些有益于时务的史论，反映出陈垣强烈的社会责任感，以及他倡导经世致用、开展"有意义之史学"的追求。在政治思想方面，陈垣主张为政之道要善用人才，"人各有能有不能"；"用违其材，则有三害：害其人，害其民，害其事"。中国是个农业大国，抓好农业历来是国之大政，因此《表微》说："谷贱伤农，古有明训。"③说明只有扶持农业，才能有国家的根本。除了用人、重农，《表微》还特别讨论了如何衡量一个政权的政治优劣的问题。《表微》认为："人民心理之向背，大抵以政治之善恶为依归。"民心向背既是衡量政治优劣的标准，也是决定一个政权生存与否的重要因素。《表微》曰："顺人心而为之，故非常之谋，有时亦可不败。"非常之谋即指一些超乎常规的做法。相反，不合民意则"民有离心，虽用重典，无济于事"④，这充分说明了"水可载舟，亦可覆舟"的道

北京师范大学史学探索丛书

---

① 陈垣：《通鉴胡注表微》，126、123、128 页。

② 刘乃和编：《励耘书屋问学记》，76 页，北京，生活·读书·新知三联书店，1982。

③ 陈垣：《通鉴胡注表微》，156、164 页。

④ 同上书，225、261、169 页。

理。由于抗日军兴，为了服务现实，《表微》还针对国家政治中的边事问题进行深入分析，指出："边事犹今言国际之事，息息与本国相通，不可不知己知彼者也。"强调"安边之术，首在不贪不暴"；巩固边防在于"坚凝边民之心"①，这说到底也是一个民心向背的问题。

《表微》对民族问题、宗教问题也有不少分析。陈垣在书中多次阐明中国是一个多民族的统一国家，魏晋时期进入中原的许多少数民族，在"隋唐混一后，涵容孕育"，"经若干年，语言文字、姓氏衣服，乃至血统"皆与中原混而无别，"同为中国人矣"。宋元时期第二次民族融合又一次扩大了汉民族的规模，"契丹在金元，均称汉人"；"女真在元，亦已称汉人，在今则皆谓之华人"。中国的历史是一个多民族不断融合的历史，因此"今之言氏族者利言其合，然后见中华之广。固不必穿凿附会，各求其所自出也"②。这是陈垣讲求民族团结、民族平等的科学民族观。对于中国历史上的宗教问题，《表微》认为宗教之盛，盖因社会荒乱，人们"精神无所寄托，相率而遁于玄虚，势使然也"。宗教与政治、民族问题有密切的关系，"吾国民族不一，信仰各殊，教争虽微，牵涉民族，则足以动摇国本，谋国者其不可不顾虑及此"。如何对待历史的和现实的宗教，《表微》的观点有二，一是"信仰贵自由"；二是"尊此者固不必以抑彼为能也"，讲求信仰的自由和宗教的平等。中国历史上的宗教虽与政治有密切关系，但是宗教不能代替政治，《表微》说："梁武帝之于宗教，弊在因宗教而废政治，或于政治混而无别，遂以祸国。"③书中批评了梁武帝、唐懿宗、宋徽宗等人因宗教而荒政之弊。

以史为鉴，史学不仅可以资鉴于政，史学还有益于陶冶情操和人生修养。《表微》有许多因史而发的关于人生观和价值观的议论，用于激励自己和启迪他人。比如《表微》指出"君子贵淡泊宁静"；人生戒贪，货利如水火，"人非水火不生活，水火而过剩，亦足为灾也"④。个人修养的提高，与形成良好的社会风尚和民族素质的提高密切相关，故《表微》曰，"人相

① 陈垣：《通鉴胡注表微》，220、232、222 页。
② 同上书，228、244、254、92 页。
③ 同上书，272、267、267、278、272 页。
④ 同上书，216、291 页。

习于善，则世风日上；相习于恶，则世风日下"；"人无自尊进取之心，则社会永无进化矣"①。总之，《表微》对于社会政治、民族宗教种种问题的阐析，是从史学中总结出社会、人生之至理，这不仅表现了陈垣的史学睿智，更说明他的史学已不局限于书斋中的考史，而是走出了书斋，以天下为己任，期望着民族的崛起和自强。

2.《表微》最能体现时代精神之处，是陈垣通过陈古证今、以古喻今所表达出来的抗日救国思想。这些思想内容主要有以下几方面。

一是强调热爱祖国，激扬民族意识。全书开篇即借对"本朝"称呼的讨论，抒发民族的爱国思想。陈垣说："本朝谓父母国。人莫不有父母国，观其对本朝之称呼，即知其对父母国之厚薄。"他在感慨篇里说："人非甚无良，何至不爱其国。"指出爱国思想是每一个正直的中国人固有的自觉意识，有了这种历久弥坚的爱国传统，中国人便宁死不当亡国奴，"谁愿为敌国之民哉！"②与爱国精神紧密相连的是民族意识，在中国，"民族意识，人皆有之"。"当国家承平及统一时，此种意识不显也，当国土被侵凌，被分割时，则此种意识特著"。他在这里特别强调，民族意识历来是中华民族团结克敌的精神支柱。近代以来，中国虽然国力日蹙、危机重重，然而"中国民族老而不枯"③，自有其强大的生命力。在国难当头之际，炎黄子孙自能坚凝一致，战胜顽敌。他在夷夏篇、边事篇中论古喻今，坚定地声明，"中国之分裂必不能久也"，"中国人所以有信心恢复中原也"④。

二是揭露日寇暴行，痛斥汉奸卖国。《表微》常借评论古代入侵中原的侵略者"生性残忍"、"又有民族之歧视"⑤，喻指日寇的罪行，以激发国人同仇敌忾。比如，边事篇中分析侵略者掠物、掠人、掠地、掠国的四个步骤，意在揭露日本帝国主义企图侵吞中国的狼子野心；解释篇中特申胡三省重言解释"屠城"之义，是为了让国人铭记日军南京屠城的罪恶⑥。陈垣在书中还无情鞭挞历史上勾结外族、迫害同胞的民族败类，常以"人之恨

①　陈垣：《通鉴胡注表微》，169、301 页。

②　同上书，1、137、263 页。

③　同上书，243、236、244 页。

④　同上书，226、241 页。

⑤　同上书，253、266 页。

⑥　同上书，229、45 页。

之，不比同类"；"千夫所指，无疾而死"等语句痛斥汉奸。他还借古讽今，警告当时的汉奸说："借外力以戕宗国，终必亡于外人。"①

三是表彰抗敌忠臣，鼓舞抗日士气。《表微》在论史之中，特别注意表彰那些宁死不降、为国捐躯的忠臣和人民勇于反抗外敌的事例，用以昭示中华民族坚贞不屈、不畏强敌的光荣传统。其中如记述宋末湖南安抚史李芾据守潭州，与元兵激战三月，城破而全家殉国，"其义烈感人至深可想也"。又记宋末常州守将陈炤、胡应炎等人与常州共存亡，殉节后州人为他们立祠，"忠义之名，人所共爱也。"②陈垣还借十六国时汉族人民反抗外族入侵史事，引申发挥，指出"中国人虽爱和平，然不可凌暴之至于忍无可忍也"③，表明中国人民热爱和平，但又不畏强暴，敢于同日本侵略者奋战到底的决心。

四是呼唤中国的自强、民族的复兴。陈垣认为要免遭外敌侵凌，"大抵重在自强自治，不与人以可乘之机"。他在《表微》中论古证今，多次谈到国家自强的意义。在呼唤自强的同时，也批评了国民党当局的腐败，指出："政治不修明，不能禁人之不窥伺。""中国政治而腐败，又安能禁其不生蔑视之心耶！"④应该说，《表微》中蕴涵的抗日救国思想是很丰富的，并不仅限于以上几个方面，然仅从以上所述亦可看到陈垣强烈的历史责任感和拳拳爱国心。

史学家白寿彝说："我愿意特别推荐《通鉴胡注表微》这部书，这是援庵先生所有著作中最有代表性的作品，其中有不少值得我们好好挖掘的东西，这是更可珍视的遗产。"⑤这是经过深入研究、深思熟虑之后做出的负责的推荐。《表微》无愧于这样高度的评价，它集中体现了陈垣博大精深的学识和缜密睿智的思想，体现了陈垣史学发展的新高度；《表微》关注社会、关注现实的时代感，反映了近代史学发展的方向，因此它是中国近代史学史上占有重要地位的史学名著。

① 陈垣：《通鉴胡注表微》，135 页。

② 同上书，181、186 页。

③ 同上书，239 页。

④ 同上书，220、145、211 页。

⑤ 刘乃和编：《励耘书屋问学记》，7 页。

陈垣的避讳学研究
——论《史讳举例》的历史文献学价值

避讳是中国古代特有的历史现象。辛亥革命以前，为不触犯帝王或圣贤长辈，在典籍文献中凡碰到他们的名讳时，常用各种方法回避，以示尊崇。历史上纷繁的避讳现象，造成了历史文献的混乱。

陈垣在史学研究中，一直将古代的避讳现象作为考史的重要途径；不仅如此，他还专门撰写了《史讳举例》《通鉴胡注表微·避讳篇》等著作，对中国古代的避讳进行总结研究。尤其是他的《史讳举例》，通过介绍中国封建王朝避讳的历史，揭示历代避讳的方法和种类，归纳利用避讳进行史考的各种途径，成为现代避讳学研究的第一部专著。从而使避讳学成为历史文献学的一门专学，发挥了疏通文献、考证史实的重要作用。

一、《史讳举例》的学术渊源

陈垣说："避讳为中国特有之风俗，其俗起于周，成于秦，盛于唐宋，其历史垂二千年。"[1]避讳始于西周，虽无明确的事例，但在文献上也可找到一些例证。如《孟子·尽心下》曰："讳名不讳姓，姓所同也，名所独也。"则是对避讳历史的反映。《礼记·曲礼上》对周礼中避讳的规定有更详细的记载，如曰："卒哭乃讳，礼不讳嫌名，二名不偏讳。""君所无私讳，大夫之所有公讳"等。

到了秦代，避帝王的名讳成为较为明确的制度，比如秦始皇嬴政，因"政"与"正"通，正月改为端月，《史记·秦楚之际月表》在端月之下，"索隐"曰："秦讳正，谓之端。"秦以后，随着避讳现象的增多，议论避讳的著述也多了。东汉应劭《风俗通义》提出要避旧君五十六人之讳，三国东吴张昭则认为"六世而亲属竭矣"[2]，避讳只能以六世为限。唐宋避讳日盛，因

---

① 陈垣：《史讳举例》，1页，北京，科学出版社，1958。
② 陈寿：《三国志》，卷五十二，《张昭传》，北京，中华书局，1982。

此研究避讳的著述也增多了。宋代洪迈的《容斋随笔》、王楙的《野客丛书》、王观国的《学林》、吴曾的《能改斋漫录》，以及宋末元初周密的《齐东野语》等著述中，都有记录避讳的内容。

到了清代，学者们对避讳的研究逐步深入，在史学家顾炎武、王鸣盛、钱大昕、赵翼、王昶等人的著作中，皆曾论及避讳。其中又以钱大昕的研究更为深入，在他的《十驾斋养新录》中，就有卷三的"石经避讳改字"，卷七的"宋人避轩辕字""孔子讳""避老子名字"，卷十一的"避讳改郡县名"，卷十六的"题讳填讳""讳辨"等近十条专门的记载和考证。尤其是他的《廿二史考异》，更善于利用避讳解释史书疑难，但他的这些研究散在各书，尚未有系统深入的总结。清代也有一些避讳专书，如周广业的《经史避名汇考》，但只是材料汇编，又不曾刊行流传。另如陆费墀的《帝王庙谥年讳谱》一卷、黄本的《避讳录》五卷、周榘的《廿二史讳略》一卷，内容大致相同，且都"谬误颇多"；"其所记录，又只敷陈历代帝王名讳，未能应用之于校勘学及考古学(此处考古学即指各种历史考证——引者注)上发人深思"[1]，故皆不足取，更不足言避讳之学。陈垣综合概括了前人的研究成果和不足，指出有必要对古代史讳重做一番深入的研究，这就是他写作《史讳举例》的缘由。

《史讳举例》的编撰目的是："意欲为避讳史作一总结束，而使考史者多一门路多一钥匙也。"[2]陈垣认为，由于历史上大量的避讳现象，因此造成古书中有许多因避讳而将文字改易的地方，使古书淆乱不清。"为避讳史作一总结束"就是要使人们掌握避讳学常识，用以解释古书的凝滞。同时，又因为每朝避讳的字不一样，方法也不一致，正可利用它们作为时代的标志，用以识别古书的版本、真伪，审定史料的时代，这便是"使考史者多一门路多一钥匙"的功用。《史讳举例》11卷，全书因以举例的方法将避讳学各部分内容归纳为82例，故曰"举例"。书稿写成于1928年，这是为了纪念研究避讳的先行者钱大昕诞辰200周年，因为陈垣认为前人讲避讳而有成就者，应首推钱大昕。此书最早发表于《燕京学报》1929年第4期，1958年科学出版社出版单行本时重新校对了全书引文，改正了一些错

① 陈垣：《史讳举例》，1页。

② 同上。

字，并加引号和引文卷数，1962年中华书局重版。

二、"为避讳史作一总结束"

作为中国现代著名的史学家，在中国史学近代化的进程中，陈垣"对中国历史文献学的研究建立了一定的基础"①。他的建基性工作表现在继承乾嘉考据学的传统，通过历史考证的躬身实践，将清代学术中各种零散的考据手段，用科学的方法加以系统总结，从而形成多门专学。这些专学所归纳的义例和原则，至今仍在中国历史文献学中发挥着典范作用。《史讳举例》就是他对于中国历史文献学的重要贡献之一。

与以往研究避讳不同的是，陈垣的避讳研究不仅限于对历代帝王名讳的一般性敷陈记述，而注意对历代避讳的通例、特例进行规律性总结。系统地阐述、分析中国古代避讳的历史和造成的影响，使人们在读书和利用古代史料时，不为避讳所误，这是本书在总结避讳史方面的重要贡献。

要研究避讳学，必须了解中国古代避讳的基本情况，这项工作前人也曾作过，但皆未能有全面考察和深入总结，陈垣对此首次进行了系统、综合的分析。他在《史讳举例》中归纳出古代避讳的四种方法，即改字、空字、缺笔和改音，他认为前三种方法最常使用，后一种并未真正实行。比如，他辨正了唐朝人认为"正音征"乃避秦始皇讳、"昭有韶音"乃避晋讳的错误，指出"征"音、"韶"音由来有自，非避讳而成；他又考察了宋代、清代曾有因避讳改音而未能流行的事例，概括曰："避讳改音之说，亦始于唐。然所谓因避讳而改之音，在唐以前者多非由讳改，在唐以后者，又多未实行，不过徒有其说而已。"②

他又将历代避讳归纳为改姓、改名、改官名、改地名、改干支、改常语、改物名，避家讳、避外戚讳、避孔子讳、恶意避讳11种类型。其中如唐人因避唐高祖之父名而改干支，将丙改为景，唐修八史，丙皆作景，曰

① 白寿彝：《要继承这份遗产》，《励耘书屋问学记》，1页，北京，生活·读书·新知三联书店，1982。

② 陈垣：《史讳举例》，8页。

北京师范大学史学探索丛书

景申、景寅、景辰等，今本虽多改回，但仍应注意是否有未尽改者①。避讳本为尊者长者讳，然也有因厌恶而讳者，"恶意避讳"则是避讳的特殊类型，故亦需注意。如唐朝安史之乱后，肃宗恶安禄山，凡地名中有"安"字者多改易，如安定改保定、宝安改东莞、安海改宁海等，陈垣共列35例，搜罗详尽。此书最后一卷，总结了各朝避讳的历史沿革和特点，并爬梳各类典籍，将每朝帝号、名讳和避讳事例一一详列，为人们了解历朝的避讳提供了依据。柴德赓说："第八卷中列出了我国历代的避讳表，每一朝避什么、如何避。这是每一个中国史学工作者必须具备的知识。"②说明了《史讳举例》示人以治学工具的重要作用。

在总结古代避讳史方面，《史讳举例》并不局限于对历代避讳方法、种类和名讳的考察，而是进一步将研究推向深入。这表现在以下两个方面：

1. 在总结古代避讳一系列通例的基础上，于卷五"避讳学应注意的事项"中说明古代避讳的一些特例，揭示了古代避讳的复杂性。

第一，考避嫌名之讳起于三国。所谓避嫌名，是指与名讳读音相近的字，也需回避。陈垣认为三国之前不避嫌名，如汉和帝名肇，不改京兆郡；而《三国志·吴志二》则记："赤乌五年，立子和为太子，改禾兴为嘉兴。"避嫌名虽始于三国，但并不是很严格，直到宋代，避嫌名之讳才有专门的规定，甚至一个皇帝所避嫌名达50字之多，烦琐至极③。

第二，考避偏讳的问题。《礼记·曲礼》曰："二名不偏讳。"指名有二字者，不必一一避讳，只避其中一字即可。南朝时，已有二名偏讳的风气。唐太宗时，因"两字偏避，废阙已多"，曾明令"有世民两字不连续者，并不需讳"。然而，二名偏讳之风并不能禁，至宋金避讳日盛后，则二名无不偏讳了④。

第三，考旧讳不避之例。历史上避讳之例极多，如果代代相承，积累不废，则必成避不胜避、无字可书的局面。为了解决这一问题，古代避讳采取了一些舍故讳新的方法。"已祧不避"是其中一例，祧者，远祖之庙

① 陈垣：《史讳举例》，18 页。
② 刘乃和：《励耘书屋问学记》，32 页，北京，生活·读书·新知三联书店，1982。
③ 陈垣：《史讳举例》，73 页。
④ 同上书，75 页。

也。陈垣指出，周礼，天子祭七庙，三昭三穆与太祖庙共七。除太祖为不祧之祖外，大抵七世以内则讳之，七世以上则亲尽，迁其主于祧，已祧者则不讳。以唐讳为证，韩愈《潮州刺史谢表》中曰"朝廷治平""为治日久""政治少息""治未太平""巍巍之治功"等皆犯唐高宗李治之讳，但其时高宗已祧，则所谓已祧不讳也。又如"已废不讳例"，即指避太子、外戚名讳，太子不能即位或夭亡，外戚去世，所讳则可废而不避。皇帝的名讳，往往也是废旧讳新，如宋太宗原名光义，后改名炅，便曾下诏命旧名二字不需回避。这种皇帝旧讳新讳间的更替，常常引起后人判断上的失误。顾炎武《日知录》卷二十三读"开成石经"，就曾误以为唐人不避当世皇帝之讳，有所谓"卒哭乃讳"之说。钱大昕辨证曰："文宗本名涵，即位后改名昂，故石经不避涵字。"顾炎武不知旧讳已废，乃有生不讳之误说①。

第四，指出史书中有因避讳不尽或后人回改，回改也有未尽等情况，造成史书中避讳的内容复杂多变，读史治史应根据具体情况认真考察，不可以偏概全，陷于错误而不知②。

2. 通过卷三"避讳改史实"、卷四"因避讳而生之讹异"和卷六"不讲避讳学之贻误"三部分，揭示了因避讳而对人们阅读古籍和考史所造成的障碍，指出前人在读书、著述和校勘、考证中，因不知避讳学而产生的种种错误。历代避讳造成古籍疑碍的原因是多样的，或因直接的改字而致误；或因避讳空字，后世抄刻将空处连排而致误；或因避讳换字而在旁作注，后世将注字插入正文而致误等，不一而足。陈垣总结了因避讳而造成古籍的种种疑碍和讹异。

第一，因避讳造成对人物记载的错误。如因避讳改字而致名字有误，《宋书》曰："陶潜字渊明，或云渊明，字元亮。"唐人为避李渊的"渊"，遂改渊明为深明，后人回改时因传写颠倒，《南史》记成："陶潜字渊明，或云字深明，名元亮。"③于是凭空多出一字深明、一名元亮。又如因避讳改字而致一人多名，唐朝李匡撰《资暇集》三卷，宋刻本为避宋太祖讳改题其

---

① 陈垣：《史讳举例》，76、78、82 页。

② 同上书，84～91 页。

③ 《史讳举例》所举二十四史因避讳致误事例，为旧本情况；今中华书局标点本，多已据陈垣的研究成果改回。

北京师范大学史学探索丛书

字曰"李济翁"撰，或缺一字曰"李"撰；南宋王楙《野客丛书》作"李正文"，《陆游集》作"李匡文"；到《文献通考·经籍考》则成"李匡义"，总之因避讳而演变讹异，李匡一名衍成五名。

第二，因避讳造成对年号、官名、书名等许多事物记载的讹异，其中以书名的改易为甚。例如《隋书》的《经籍志》《礼仪志》都曾因避唐讳，将《白虎通》记为《白武通》，后来校书者才改回。同样，《旧唐书·经籍志》也曾将皇甫谧的《帝王世记》录为《帝王代记》①。又如晋朝孙盛、邓粲都曾写过《晋春秋》，因避晋简文帝郑太后讳阿春，春字改为阳字，校书者在阳字旁注"春"字，后世将注字连入正文，于是在《文选》李善注中、《旧唐书·经籍志》中都曾出现《晋阳春秋》这样难以理解的书名②。

第三，因避讳造成对地名记载的讹异。如《续汉郡国志》记敦煌有"拼泉"，实为"渊泉"，因避唐讳，"渊"字缺笔，后人转抄遂讹为"拼"。另外，同人名致误一样，因避讳也出现一地误为二地或二地误为一地的现象③。

第四，陈垣还总结了因不懂避讳学，造成校书或考证中的错误。比如，因不懂避讳而造成校改图书的错误。《后汉书·蔡邕传》曰"补侍御史，又转侍书御史"，范晔原文是"又转治书御史"，章怀太子李贤注《后汉书》时因避唐讳改"治"为"持"，后来校书者不懂避讳，竟易"持"为"侍"，铸成一错④。又如因不识避讳，在考证时以不谬为谬。宋代吴缜的《新唐书纠谬》力纠欧阳修之错，但其中有数条实因避讳而吴缜以为谬者。其卷十一"常山及薛谭字误"条，认为"常山公主下嫁薛谭"应作"恒山公主嫁薛谈"，不知史文原有避讳，恒避唐穆宗讳改为常，谈避唐武宗讳改为谭⑤。又有典籍原无避讳，校书者以为避讳回改而致误。如《后汉书·宦者传》论曰："三世以嬖色取祸。"三世当为三代，李贤注《后汉书》，凡世字皆改为代，宋以后校书者又回改。然而，此处的三代，乃范氏《后汉书》的原文，校书者以为避讳而回改为世，其实改错了⑥。

---

① 陈垣：《史讳举例》，46 页。
② 同上书，57 页。
③ 同上书，51～66 页。
④ 同上书，98 页。
⑤ 同上书，95 页。
⑥ 同上书，105 页。

以上对于避讳史的总结，对于避讳如何使典籍致误的分析，不仅为人们在读书治学过程中，绕过避讳的"暗礁"，提供了切实有用的指南，也有力地说明了通晓避讳学的重要性。

三、揭示避讳学的考史价值

陈垣说："研究避讳而能应用之于校勘学及考古学者，谓之避讳学。避讳学亦史学中一辅助学科也。"①《史讳举例》的另一个重要贡献是发掘了避讳知识在史学研究中的作用，通过对利用避讳进行校勘考证等手段的总结，第一次构建了避讳学的科学体系。

"不讲避讳学，不足以读中国之史也。"②这是陈垣的一贯主张，他作《史讳举例》不仅是为了总结中国的避讳史，而且还要为史学提供一种治史之利器。研究避讳而善于揭示其运用法则，是陈垣在这一领域的研究能超越前人，并使避讳学成为史学辅助学科的原因所在。如何将避讳学运用于史学，《史讳举例》在卷七"避讳学之利用"中总结了11条，大致包括以下几个方面。

一是利用避讳考证人物。如《周书·后妃传》记文帝元皇后乃魏孝武帝之妹，初封平原公主，适开府张欢；后因夫妻不和，公主告于魏孝武帝，张欢被杀。张欢之名，《北齐书》《北史》皆不载；据张欢被害史实查证，才知即《北齐书》所记张琼之子张忻、《北史》所记张琼之子张欣。《北齐书》虽唐李百药所撰，然李百药乃据其父李德林在北齐时所作齐史扩充，李德林因避北齐皇帝高欢之名，改张欢为张忻。唐李延寿作《北史》，又因北朝各史删补而成，故张忻又演变为张欣。实际上，张忻、张欣二名皆因避讳所误，应以《周书·后妃传》所记张欢之名为实③。

二是利用避讳考年代。书中采用钱大昕《潜研堂文集》卷二十五的一条材料，指出钱氏就曾通过《宝刻类编》中避南宋理宗嫌名的内容，确定此书作者为南宋末期人。钱氏的考证分两步进行，先从《宝刻类编》所述上起周

① 陈垣：《史讳举例》，1页。
② 陈垣：《通鉴胡注表微》，80页，北京，科学出版社，1958。
③ 陈垣：《史讳举例》，114页。

秦，下讫五代的内容，认定此书当为宋人所撰；再据宋末理宗名讳昀，时人为避理宗嫌名，则凡与"昀"字同音之字皆避，故此书将当时的筠州改作瑞州。据此，可确定《宝刻类编》作者年代当在宋末理宗时期①。

三是利用避讳辨典籍真伪。如署名隋朝王通所著的《中说》，学者鉴别其伪皆不曾利用避讳，陈垣则独辟蹊径，指出隋文帝父名忠，兼避中字嫌名，而《中说》犯隋讳如忠、中、勇、广者甚多，故此书非隋人所撰，乃后人伪作无疑②。

四是利用避讳校勘古籍。此类范例在书中列举最多，如校后人增改例：按汉代避讳制度，史书不犯帝王名讳，《史记·高祖本纪》多次提到惠帝而不书名；但《景帝本纪》却说："四年，立皇子为胶东王。""七年，立胶东王为太子，名彻。"明显犯武帝之讳，可知这两条内容为后人所加③。

校小注误入正文例：《后汉书·郭太传》因范晔避其父名，篇中皆称郭太为郭林宗，只是到了传末，忽有一段文字多处直称"太"名，让人觉得前后讳例不一。经钱大昕校对闽中旧本，方知这段文字乃刻书者将唐朝李贤注文插入正文之误④。

校他书补入例：《魏书·肃宗纪》及其他传记记广阳王名字皆为"渊"，但《魏书·太武五王传》却作广阳王深。究其原委，则因此传亡佚，后人取《北史》补缺，而《北史》避唐讳，补者不知追改，故有歧义⑤。

校衍文脱文例：《晋书·后妃传》说晋成帝杜皇后讳陵阳，所以改宣城陵阳县为广阳县，但值得怀疑的是，晋代避讳甚严，为什么又有"阳"字不避呢？据《宋书·州郡志》所记："广阳令，汉旧县曰陵阳，晋成帝杜皇后讳陵，咸康四年更名。"则可知杜皇后本讳陵，《晋书》所记衍一"阳"字⑥。

再如校书有补版例：鉴定版本者通常以是否有避宋讳作为判断宋刻本的依据之一，而陈垣书中则引钱大昕《十驾斋养新录》卷十三的一条材料，来说明如何考证刻本的补版。钱大昕在考证《东家杂记》的版本时说，书中

---

① 陈垣：《史讳举例》，112 页。

② 同上书，124 页。

③ 同上书，107 页。

④ 同上书，108 页。

⑤ 同上书，109 页。

⑥ 同上书，119 页。

有管勾之"勾"，缺笔以避宋高宗嫌名，然也有不缺笔之处，乃元初补版留下的痕迹。此书版本则应为宋刻元修之本①。

以上所举种种，皆为利用避讳校勘古籍，疏通窒碍之法。当然利用避讳学考史的方法不只以上几个方面，书中也仅就较有代表性的方法进行归纳举例，而陈垣在其他著述中利用避讳学进行考史的事例却是不胜枚举。比如，在《陈垣史源学杂文》中，他就广泛利用避讳学的方法考辨史源、辨正谬误。在他为清代画家吴历所作的《吴渔山年谱》下卷中，还记载了他运用避讳学的方法，判明一本作者署名为吴渔山的画册为伪作。在《通鉴胡注表微·避讳篇》中，他把避讳与否看做是政治上叛服的依据，以此来考察某人或某集团的政治态度，研究分裂时期各政权之间不断变化的政治关系。他说："避讳与奉正朔相等，服则避，不服则不避。"②《通鉴》卷二九四记，后周显德五年，南唐主避周讳，更名景，下令去帝号。陈垣指出："郭威之高祖讳璟，南唐李璟既降周，故更名景。信乎避讳与否，足为叛服凭证，此中国特有之一例也。"③利用避讳考政治态度，这当是陈垣避讳学研究中的又一创见。

陈垣撰写《史讳举例》是严肃认真的，书中引用了大量史料，仅书后"征引书目略"所开列的图书就117种。在书稿完成后，陈垣还将初稿寄送胡适、杨树达、沈兼士、伦明、马衡等学者审阅，定稿时吸收了他们的观点或材料④。遗憾的是当时为了纪念钱大昕诞辰，此书发表时仍有一些材料未能核对并标明出处，刘乃和曾回忆说："他写《史讳举例》时，因是赶着为纪念钱大昕诞辰二百周年纪念日而作，仓促成书，有些材料就是转引于钱氏，未及细查原书，不免有些错处。该书木刻雕版时，虽然有所发现，但已不及改刻。因此一九五八年科学出版社重印时，他让我将全书引文一一检对。他说：'以钱氏之精，尚且错简、脱落、谬误甚多，用其他人的引文，就更应亲自动手，勤查勤找了，这是省事不得的。'"⑤1958年此书重版时，陈垣在"重印后记"中对此作了专门说明。原书发表时，对于

---

① 陈垣：《史讳举例》，111页。

② 陈垣：《通鉴胡注表微》，93页。

③ 陈垣：《史讳举例》，97页。

④ 同上书，3、18、65、96、100页。

⑤ 刘乃和：《励耘承学录》，80页，北京，北京师范大学出版社，1992。

引用友人的观点和材料，他也在书中一一交代，这种不掠人之美的做法体现了陈垣实事求是的一贯学风。

《史讳举例》撰成后，受到学术界的高度重视。史学家傅斯年致函陈垣说："《史讳举例》一书，再读一过，愈佩其文简理富，谨严精绝。"①胡适则曾专门为此书撰写书评《读陈垣〈史讳举例〉论汉讳诸条后记》，指出："陈先生此书，一面是结避讳制度的总账，一面又是把避讳学做成史学的新工具。它的重要贡献，是我十分了解的，十分钦佩的。"②20 世纪以来，中国史学利用避讳学进行史学考证、古籍整理等方面的成就，可以说明《史讳举例》一书在其中所产生的重要影响，亦可证明以上两位学者对《史讳举例》的评价所言不虚。

① 陈智超：《陈垣来往书信集》，556 页，上海，上海古籍出版社，1990。

② 胡适：《胡适书评序跋集》，375 页，长沙，岳麓书社，1987。

陈垣先生的民族文化史观

以中华民族文化为本是陈垣民族文化史观的主导思想。他的学生、文史学家启功在介绍陈垣先生的史学思想时说："中华民族历史文化是民族的生命和灵魂，更是各个兄弟民族团结融合的重要纽带，也是陈老师学术思想中一个重要组成部分，甚至可以说是个中心。"启先生认为，陈垣史学思想的本质就是"对中华民族历史文化的一片丹诚"①。这是对陈垣民族文化史观的准确概括，正是本着对中华民族文化的一片丹诚，在数十年的治史过程中，陈垣以中华民族文化为本，深刻揭示中华文化在中外文化交通中的重要作用，阐释中华文明巨大的生命力和影响力，大力弘扬中华民族优秀的传统文化，从而推动了中国史学的发展。

一、以中华民族文化为本，开展中外文化交通史的研究

20 世纪初叶，中国社会和中国史学处于大变革的关头，随着反对外来侵略，反对封建专制，挽救民族危亡运动的风起云涌，救亡图存的爱国主义史学思潮也日益高涨。陈垣青年时期在广东就参加了反帝反封建的宣传活动，爱国主义早已在他的思想中孕育生根。他虽然到三十多岁才正式转入史学研究领域，但却在青少年时期就博览群书，酷爱史学，并曾深入地研究过赵翼的《廿二史札记》②。他早年在广东办报和从事医学工作时，已经撰写了《释汉》《释唐》《更论宋高宗忌岳飞之原因》《闻大成》《吴学》《孔子之卫生学》《洗冤录略史》《中国解剖学史料》等一批有关史学的文章，宣传中华悠久的历史文化，表达了他的爱国思想。例如在《中国解剖学史料》中，陈垣既对中国古代医学的辉煌成就给予肯定，又对当时国家"日蹙百里"、民族危亡的现状深表忧虑，接着他说："吾今既述其祖若宗开国之雄

---

① 启功：《夫子循循然善诱人》，《励耘书屋问学记》，97 页，北京，生活·读书·新知三联书店，1982。

② 陈智超：《陈垣史源学杂文·前言》，4 页，北京，人民出版社，1980。

烈，黄帝子孙，有能来言恢复乎？吾将执大刀利斧从其后。"①表达了他复兴中华民族的宏伟志向。

1913 年，陈垣以国会议员的身份，满怀救国热情北上京师。然而，北洋军阀政治的腐败、无能和黑暗使他大失所望，不久他就逐渐淡出政界，转入学术著述和教学领域。19 世纪、20 世纪之交，随着东西文化交流日益频繁，"塞表殊族""西北史地"研究的兴盛及大量新史料的发现，中外文化交流的研究逐渐为人们关注。然而，当时西方一些汉学研究者虽精通中文又广收史料，但他们由于缺乏对中国传统文化的体验，仅以西方近代的思想和方法来研究中国，往往有失文化的本色。当时一些积极接受新学的中国学者，也由于过分追求欧洲汉学的新法，而出现了邯郸学步或数典忘祖的弊端。陈垣 37 岁专注于史学研究，一开始就在以宗教传播史为阵地的中外文化交通史研究中，做出骄人的成绩。他的"古教四考"（《元也里可温教考》《火祆教入中国考》《摩尼教入中国考》《开封一赐乐业教考》）和有关基督教、伊斯兰教入华史略的论著，不仅以史料丰富、考证精密、方法科学著称，而且具有文化研究的整体观念，善于揭示本土文化和外来文化之间的互动关系，反映出他坚持以中华民族文化为本，开展中外交通研究的思想特征。这一民族文化史观的思想特征，具体表现在以下几个方面。

第一，深刻揭示中国历史上政治形势的变动与外来宗教传播的关系。陈垣说："宗教无国界。宗教与政治，本分两途。然有时因传教之利便，及传教士国籍之关系，不得不与政治为缘。"②在阐述外来宗教在中国的传播时，陈垣特别注意从中国历史上的政治变动，看宗教兴衰之潜在原因，这一点在他的《摩尼教入中国考》中阐述得尤为详尽。摩尼教原由波斯人摩尼创立于公元 2 世纪下半叶，唐朝武后延载元年（694）分别传入中国和当时的回鹘汗国，摩尼入唐后流传并不广，但在回鹘却风靡一时。唐代宗宝应元年（762），回鹘因协助唐朝剿灭"安史之乱"叛军，势力进入中原，于是"唐人与回鹘交涉频繁，摩尼教在中国势力遂随之膨胀"③。公元 840 年，

①　陈垣：《中国解剖学史料》，《陈垣早年文集》，262 页，台北，台湾中国文哲研究所，1992。

②　陈垣：《摩尼教入中国考》，《陈垣学术论文集》，第一集，347 页，1980。

③　同上书，338 页，北京，中华书局，1980。

回鹘汗国败于黠戛斯，回鹘势力退出唐朝，于是，在唐武宗禁一切外来宗教之前即会昌三年(843)，摩尼教便先遭禁断，所有的摩尼教寺被罢废，财产被没收，摩尼教徒"配流诸道，死者大半"，"此为摩尼入中国百五十二年第一次大难"①。陈垣从唐朝与回鹘政治关系的变化，准确地说明了摩尼教在唐朝随回鹘势力的兴衰而兴衰的原因。

不仅摩尼教如此，他分析火祆教盛行于唐朝的原因时也说："唐代之尊崇火祆，颇有类于清人之尊崇黄教，建祠设官，岁时奉祀，实欲招来西域，非出自本心。"②指出唐朝之所以允许火祆教在内地传布，为其建祠，并专设"萨宝""祆正"等官员管理，其政治目的是为了笼络西部少数民族势力。同样揭示了本土社会政治与外来宗教之间的密切关系。

第二，注意分析本土社会制度对外来宗教的作用。外来宗教传入中国，必然受到中国社会各项制度的影响，这些制度有的与政治联系，有的则与中国社会当时的经济水平或社会习俗相关。陈垣在研究外来宗教的传播时，密切注意了社会制度左右宗教发展的因素，从而展示了宗教融入社会的曲折历程。他在《元也里可温教考》中，就大量引用了《元典章》《元史》的材料，说明了元朝在徭役制度和兵役制度上对也里可温教徒的优惠，如蠲免也里可温教徒河工、当差的徭役，豁免也里可温教徒服兵役。至于田租商税等经济制度，虽曾一度免征，但终因教徒日众，"豁免租税，于国家收入影响至大，有不得不依旧征收者"③。元朝制度也有对也里可温教徒管束之处，如元马政极为严格，《大元马政记》就规定，各教教徒除"有尊宿师德，有朝廷文面，方许乘骑"，其余皆不得私人拥有马匹。虽有所约束，但元朝制度仍甚有利于也里可温教的发展，所以它在元朝得以兴盛。

在外来宗教的传播过程中，中国的科举制度对于回教则有较为明显的影响。陈垣指出明清回教有礼尊孔子的现象，明代王岱舆著《清真大全》模仿儒家典籍，清雍正间刘智著《天方性理》，杂以宋儒色彩，"凡此皆中国回教特异处。其原因由于读书应举，不便显违孔教也。"④

---

① 陈垣：《摩尼教入中国考》，《陈垣学术论文集》，第一集，349 页。

② 同上书，316 页。

③ 同上书，22 页。

④ 陈垣：《回回教入中国史略》，《陈垣史学论著选》，230 页，上海，上海人民出版社，1981。

第三，深入考察中国思想文化对外来宗教传播的影响。中华文化因其千百年的传承不断，而博大精深、积累雄厚，外来宗教在华传播时，如不注意迁就本土文化的庞大体系，则往往难善其事，陈垣的中外文化交通研究深入考察了这方面的历史真实。比如，他叙述元也里可温教徒入华随俗，善文辞、习书法，其中以法书名者有哈刺、康里不花等人①。犹太教在中国流传的重要文献开封一赐乐业教碑，则"述一赐乐业教规仪，多用儒门术语"②。而唐宋间的摩尼教则与中国的本土宗教道教曾有互相的依托和包容③。在研究中华文化对外来宗教的影响时，陈垣通过宗教兴衰的比较，揭示了一条规律，即外来宗教如能对本土文化有一定的认同，并能为这种认同对自身作相应的调适，那么它就能得到迅速的传播和发展，否则就不易流传，或将归于消寂。在考察明清基督教入华史时，他作了两个比较，一是基督教与佛教的比较。佛教入中国后，中国化程度不断提高，"至唐，则'禅房花木深''僧敲月下门''姑苏城外寒山寺'等句俯拾即是"；那么，"如寺、如僧、如禅，皆可入诗，何以福音堂、牧师、神甫等不可入诗"，其根本原因即在于"基督教文化未能与中国社会融成一片"④。但是，基督教本身也有差别，因此他又将公元1700年前后天主教在华情况作一比较。1700年前的利马窦及其教徒接受汉学，故天主教得以盛行。他总结利马窦在华传教成功的六个条件，即"奋志汉学""结交名士""介绍西学""译著汉书""尊重儒教""排斥佛教"⑤。其中重要的因素即是能够了解和接受汉学，尊孔尊儒，融入中国文化和中国社会。此后清康熙年间，天主教罗马教会"判定尊孔尊祖为异端，不许通融"，于是"传教事业遂几乎中断"⑥。比较天主教在华先盛后衰的事实，陈垣指出："利马窦之所以成功，系于六个条件，这六个条件可以定其成功，也可以定以后来华之外人成功与否。"⑦一语见的地总结了中华文化对外来宗教的重要影响。

---

① 陈垣：《元也里可温教考》，《陈垣学术论文集》，第一集，16页。

② 同上书，274页。

③ 同上书，357页。

④ 同上书，90、91页。

⑤ 同上书，104页。

⑥ 同上书，90页。

⑦ 同上书，104页。

应该指出，陈垣在中外文化交通史的研究中，坚持以中华文化为本，并不是狭隘排他的民族主义，也不是孤立片面的东方文化决定论。他在说明中华历史文化主导作用的同时，仍运用大量史料论述了外来宗教在中国传播发展的事实，以及外来宗教对于本土文化的互动。比如，他指出了摩尼教在华传播时对宋代理学的影响，"宋儒理欲二元之说，实与摩尼教旨有关"①；又以元曲中有祆神的内容，指证元时火祆教在中国文学中留下的印迹②；他的《基督教入华史》《元也里可温教考》则多次阐明基督教以医传道，在华诊治疑难杂症的作用③。

二、表彰中华历史文化，弘扬民族道德传统

五四运动以后，中国的新文化运动和思想启蒙运动声势浩大、影响深远，但在波澜壮阔的思想文化运动中，一些启蒙思想家却走上形式主义的道路。他们把东西文化截然对立起来，有的人错误地认为一切西方文化都是进步的，一切中国文化都是落后的，他们声称"极端的崇外，未尝不可"④。发展到后来，甚至得出"非彻底和全盘西化，不足以自存"⑤的结论。

这种对民族文化的虚无主义态度当然不能说服当时的学术界和文化界。陈垣不是东方文化决定论者或国粹学派，他也没有参加当时激烈的东西文化论争，但他善于以实际行动表达自己的思想。他在史学著作中以实事求是的态度和确凿的史实，表彰中华民族文化巨大的生命力和影响力，用以批驳那些民族文化虚无的论调。1923 年他发表的《元西域人华化考》，就是这样一部著名的著作。许多年以后，他在回忆这部著作的写作背景时说："此书著书于中国最被人看不起之时，又值有人主张全盘西化之日，故其言如此。"⑥《元西域人华化考》从研究中外文化交通的角度，阐述在元

---

① 陈垣：《摩尼教入中国考》，《陈垣学术论文集》，第一集，366 页。

② 同上书，327 页。

③ 同上书，85、12 页。

④ 傅斯年：《通信》，《新潮》，第 1 卷（3），1919-03-01。

⑤ 陈序经：《东西文化观》，178 页，珠江，广州岭南大学，1937。

⑥ 陈智超编：《陈垣来往书信集》，818 页，上海，上海古籍出版社，1990。

朝多民族统一国家兴盛的形势下，大批过去被隔绝的大食、波斯、印度、叙利亚等外国人和中国西部少数民族，来到中国，进入中原，接触中华文化，深受感染而被同化的事实。通过这些事实的揭示，达到表彰中华历史文化的目的。《元西域人华化考》从几个方面阐述了中华文化巨大的感召力。

一是儒学的感召力。陈垣说："儒学为中国特有产物，言华化者应首言儒学。"[1]他从"西域人之儒学""基督教世家之儒学""回回教世家之儒学""佛教世家之儒学""摩尼教世家之儒学"五个方面，考察了马祖常、瞻思等外国人和西部少数民族人物共 30 名，论述他们入华以后接受儒学甚至世代为儒的事迹，说明中国儒学巨大的影响力。他在论述维吾尔人阿鲁浑萨理以佛教世家传人而习儒的事迹时指出："元时佛教世家，无过阿鲁浑萨理……以此世袭信仰，其思想宜不易动摇也，而抑知事实上不然，特患其不通中国之文，不读中国之书耳。苟习其文，读其书，鲜有不爱慕华风者。"[2]言简意赅，表现了他对中华民族悠久历史文化无比的自信心和自豪感。

二是宗教的感召力。中国的宗教对于外来人物也有巨大的感染力，这不仅包括中国本土生长的道教，也包括已经中国化的佛教。陈垣对于中国化佛教的影响，有严格而科学的界定，他认为，凡由汉译经论或晋唐以来中国佛教著述而入佛教者，皆应谓之华化[3]。《元西域人华化考》的《佛老篇》论外国和西部少数民族崇信佛老者共 8 人，其中有由基督教世家而入道的马节、赵世延；有由回回教世家而入佛的丁鹤年。他记丁鹤年开始习佛不过因"避祸不得已之苦衷，暂行遁迹空门而已"，"然始而避地，继而参禅，终而高蹈，濡染既深，岂无所获"[4]，最终修行有得。这也足以证明中国宗教潜移默化的力量。

三是文学艺术的感召力。中国文学源远流长，富有内容美和形式美的统一，它是外来人士学习中华文化最先接触的领域，故常常以强大的魅力

---

① 陈垣：《元西域人华化考》，8页，上海，上海古籍出版社，2000。
② 同上书，28页。
③ 同上书，36页。
④ 同上书，50页。

吸引他们浸淫其中。《元西域人华化考·文学篇》记载的文学人物最多，共51人，他们不仅倾倒于中国文学，而且为诗、为曲、为文，在中国文学史上留下许多动人的篇章，"此西域人所以在元朝文学界中占有重要地位也。"①中国艺术对外来人士的影响，包括书法、中国画和建筑。陈垣指出："书法在中国为艺术之一，以其为象形文字，而又有篆、隶、楷、草各体之不同，数千年来，遂蔚为艺术史上一大观。"元代外国人和进入中原的少数民族中有不少人精通书法，这样的造诣实属难能可贵，因为"在拼音文字种族中，求能执笔为中国书，以极不易得，况云工乎！故非浸润于中国文字经若干时，实无由言中国书法也。"②在论及外国人受中国建筑学影响的事例中，他特标举也黑迭儿建造元大都宫殿的贡献，说："今人游北京者，见城郭宫阙之美，犹辄惊其巨丽，而熟知筚路蓝缕以启之者，乃出于大食国人也。"也黑迭儿为阿拉伯建筑师，却能以中国营造法建大都宫阙，其原因固然有元朝统治者汉化的要求，也由于也黑迭儿对中国建筑术的钦服和感悟，"故采中国制度，而行以威加海内之规模。"③

四是礼俗的感召力。陈垣认为，元代外人来华，"一二传即沾被华风"而习华俗，因而可以说"元时西域人模仿中国习俗，应有尽有。"④如用汉语为姓名，沿用中国的丧葬习俗、祠祭习俗，甚至连居处别业的布置、室名斋号的命取，也皆因爱慕华风而例行华俗。有鉴于百方异俗，"一旦入住华地，亦改从华俗"的大量例证，他不无感慨地说："其旧俗譬之江河，中国文明则海也，海无所不容，故无所不化。"⑤他以海纳百川之喻，深情赞颂了中华文明对外来百俗巨大的同化力量。

"中国文明则海也"，凸显了陈垣以中华历史文化为本，开展文化史研究的思想。这种思想发展到抗日战争时期，因国难当头的忧患意识和爱国抗敌热情所激奋，表现得更为强烈。如果说在抗战以前，陈垣在以中华文化为本思想指导下的史学研究，多以表彰中华民族的悠久历史和灿烂文化为主的话，那么，抗战时期在这种思想指导下的史学研究则重在阐发中华

270

---

① 陈垣：《元西域人华化考》，83 页。
② 同上书，84 页。
③ 同上书，100 页。
④ 同上书，113 页。
⑤ 同上书，121 页。

民族的爱国情操和不屈意志等道德精神，并希望借此以鼓舞人们坚持抗战、保家卫国的斗志。

卢沟桥事变以后，陈垣在北京写下一系列意在弘扬民族精神传统，激昂爱国热情的著作，他曾回忆此期著述的思想说："北京沦陷后，北方士气委靡，乃讲全谢山之学以振之。谢山排斥降人，激发故国思想。所有《辑覆》《佛考》《净记》《道考》《表微》等，皆此时作品，以为报国之道止此矣。"①其中所提五部作品，即《旧五代史辑本发覆》《明季滇黔佛教考》《清初僧净记》《南宋初河北新道教考》《通鉴胡注表微》。在这五部作品中，陈垣言道、言僧、作考据、表大义，都是为了高扬民族精神和爱国志气，而其思想内容表现得最为集中、突出的，是被人誉为"最高境界"②的《通鉴胡注表微》。此书通过对胡三省注释《通鉴》的研究，一方面论述作者多年积累的治史经验和史学主张；另一方面则陈古证今，阐发作者对中华民族人伦道德精神的深刻体验。

首先，陈垣在书中表达了中华民族强烈的爱国情感。全书开篇即借对"本朝"称呼的讨论，抒发民族的爱国思想。他说："本朝谓父母国。人莫不有父母国，观其对本朝之称呼，即知其对父母国之厚薄。胡身之今本《通鉴注》撰于宋亡以后……然观其对宋朝之称呼，实未尝一日忘宋也。"③他在书中充分肯定了胡三省的爱国思想，又结合史实，多次阐述中国历史上人民的爱国精神。如在论述胡三省注北魏占据中原史事时，就说："是时中原虽为魏所据，而其民皆曾奉正朔，固不忘中国也。"又说："谁愿为敌国之民哉！"④胡三省注晋宋之亡受臣妾之辱事，仰天悲叹"呜呼痛哉"！陈垣则据此表微曰："传言，仲尼之徒，皆忠于鲁国。人非甚无良，何至不爱国？"⑤指出爱国精神乃中华民族数千年历久弥坚的优良传统，"仲尼之徒，皆忠于鲁国"深刻阐明了爱国思想是每一个正直的中国人固有的自觉意识。

与爱国精神紧密联系的是强烈的民族意识。在中国，"民族意识，人

① 陈智超编：《陈垣来往书信集》，216页。
② 牟润孙：《从〈通鉴胡注表微〉论援庵先师的史学》，《励耘书屋问学记》，60页，北京，生活·读书·新知三联书店，1982。
③ 陈垣：《通鉴胡注表微》，1页，沈阳，辽宁教育出版社，1997。
④ 同上书，245、263页。
⑤ 同上书，137页。

皆有之。""当国家承平及统一时，此种意识不显也，当国土被侵凌，被分割时，则此种意识特著。"他在这里特别强调，民族意识历来是中华民族团结克敌的精神支柱。近代以来，中国虽然国力日蹙、危机重重，然而"中国民族老而不枯"，自有其强大的生命力，在国难当头之际，炎黄子孙自能坚凝一致，战胜顽敌。因此他在书中多处以古喻今，坚定地指出，"中国之分裂必不能久也""中国人所以有信心恢复中原也"①。

在论述中华民族的爱国精神与民族意识的同时，他还特别表彰了一批宁死不降、为国捐躯的忠臣以及人民勇于反抗外敌的事例，用以昭示中华民族坚贞不屈、不畏强敌的光荣传统。其中如记宋末湖南安抚史李芾据守潭州，与元兵激战三月，城破而合家殉国，令人读史为之大恸，"其义烈感人至深可想也"。又记宋末常州守将陈炤、胡应炎等人与常州共存亡，殉节后州人为其立祠，"忠义之名，人所共爱也"。他还借十六国时后赵汉人民变史事，引申发挥，指出"中国人虽爱和平，然不可凌暴之至于忍无可忍也"②，表明中国人民热爱和平，但又不畏强暴，敢于同侵略者奋战到底的坚强决心。

陈垣在八年抗战期间以《通鉴胡注表微》等一系列著作，表达爱国热情，伸张民族正气，不仅坚定了自己抗敌的信念，也鼓舞了同道学者们的信心。这一时期，他以中华文化为本的史学思想因爱国热情的激励，在与社会现实紧密结合的过程中不断发展，从而提高到一个新的阶段。

三、赶超国外汉学，发展民族文化

陈垣以中华民族文化为本的民族文化史观还有一个重要的思想内容，这就是时时不忘推进和发展民族的新文化，在学术上赶超世界一流水平，让中国学术在国际学坛上占有一席之地，让中华文明发扬光大，自立于世界文明之林。

这一思想可以说在他决定弃政治学，献身于中国学术之时就已经确立了。1917 年，陈垣发表第一篇重要的史学论文《元也里可温教考》，在国内外学术界引起了轰动。值得注意的是，他三十多岁才正式转入史学研究和

---

① 陈垣：《通鉴胡注表微》，243、236、244、226、241 页。

② 同上书，181、186、239 页。

著述，为什么一开始就选择了中外文化交通史的课题为突破口呢？通常的解释是，他当时和天主教学者马相伯、英敛之熟悉并常有学术交往。这固然是陈垣着手进行元也里可温教研究的直接原因，但是其中更有他瞄准中外文化交通这一国际汉学研究的热门话题，欲发奋研究，以优异成果与国外汉学争胜的深层考虑。

20世纪初叶，随着国门洞开，秦汉竹木简、敦煌经卷等珍贵文献相继发现，国外汉学界一方面为中国悠久的历史文化所吸引，另一方面因列强掠夺而据有大量中国学的第一手资料，而大大激发了他们研究的兴趣。于是他们在中外文化交通史，甚至在中国史的研究上突飞猛进，在许多方面超越中国学者，涌现了一批学有所成的专家。当时国际的中国学研究以巴黎为重镇，日本的京都紧随其后。在巴黎学派中，著名的汉学家有以《史记》及西域出土简牍研究闻名的沙畹，有擅长敦煌学和元史的伯希和及专长于中国上古史的马伯乐；在京都学派中，则有研究甲骨文和中国古代史的内藤虎次郎，有研究敦煌学和中国哲学史的狩野直喜，以及元史专家那珂通世、西域史和中外文化史专家桑原骘藏。如此等等，国外汉学界的丰硕成果令许多中国学者引为奇耻大辱，这样的感受应该说陈垣是最为强烈、明显的，他曾不止一次地公开说过："每当我接到日本寄来的研究中国历史的论文时，我就感到像一颗炸弹扔到我的书桌上，激励我一定要在历史研究上赶过他们。"①这样的话虽然是后来他的学生们所听到的，但仍不难反映出当年陈垣在选择研究课题时的深层思考。他看到了中国学术在研究本国历史文化时竟不如外人的差距，并为此倍感焦虑。这样的焦虑在他的著述里时有流露。1929年陈垣发表《中国史料的整理》一文，谈整理研究中国史料的紧迫性，批驳有些人主张索性把中国史料通通烧掉的荒谬言论，指出："我们若是自己不来整理，恐怕不久以后，烧又烧不成，而外人却越俎代庖来替我们整理了，那才是我们的大耻辱呢！"②1930年他发表《基督教入华史》，在论述唐朝景教时说："以前景教碑中有好些人名，无

① 刘乃和：《学习陈援庵老师刻苦治学的精神》，《励耘承学录》，88页，北京，北京师范大学出版社，1992。类似的说法，亦见柴德赓《我的老师陈垣先生》，载《文献》，1980(2)。

② 陈垣：《陈垣学术论文集》，第二集，330页，北京，中华书局，1982。

从考其传略，现在新发现日多一日，但大多为外人从中国书内所发现，希望国人努力才好。"①字里行间，无不流露出他对中国学术状况的担忧。孟子曰："知耻近乎勇。"正是这样的忧患意识激励陈垣要迎头赶上，夺回中国在国际汉学研究的中心地位。为此，他选择了当时国外汉学家所擅长的中外交通史领域，以外来宗教在华传播史研究为突破口，准备以自己扎实的研究与国外汉学界争胜，为中国学术争光。

如果以上分析大致不错的话，那么，陈垣在《元也里可温教考》发表后，接连不断问世的作品，则可作为上述判断的进一步例证。1917 年以后，陈垣在他的外来宗教入华传播史即中外交通史领域大力推进，发表了大批研究成果，在国内外学术界引起极大影响。其中既有研究古代外来宗教的"古教四考"，又有研究世界三大宗教入华源流的《基督教入华史略》《回回教入中国史略》，及与佛教相关的《记大同武州山石窟寺》《书内学院新校慈恩传后》《大唐西域记撰人辨机》；有研究中外交通史的工具书《中西回史日历》，更有阐述中华文化巨大影响力的《元西域人华化考》等。这些几乎纯以汉文史料撰写的著作，无不以其材料丰富、考证精密、方法科学令国内外学者折服，因而奠定了陈垣在国际汉学界的地位。当时国际汉学界的领袖人物、巴黎学派的代表伯希和因摩尼教研究和元史研究与陈垣有过多次学术来往。1933 年伯希和来华时曾在不同场合表示了对陈垣的敬佩。如在一次酒会上，有人问伯希和："当今中国的历史学界，你以为谁是最高的权威？"伯希和不假思索地回答："我以为应推陈垣先生。"②在离开北平时，伯希和又对人说："中国近代之世界学者，为王国维及陈先生两人。"③日本京都学派的桑原骘藏虽与陈垣未曾谋面，但学术上却神交已久，他读过陈垣的"古教四考"等书，又为《元西域人华化考》撰写书评，指出该书"方法周到"，征引考核"殆无遗憾"。他综合陈垣的学术成就，认为陈垣是中国"尤为有价值之学者也"，中国"虽有如柯劭忞氏之老大家，及许多之史学者，然能如陈垣氏之足惹吾人注意者，殆未之见也。"④伯希和、桑

① 陈垣：《陈垣学术论文集》，第一集，97 页。

② 桑兵：《陈垣与国际汉学界——以与伯希和的交往为中心》，见龚书铎主编：《励耘学术承习录》，北京，北京师范大学出版社，2000。

③ 陈智超编：《陈垣来往书信集》，96 页，上海，上海古籍出版社，1982。

④ 桑原骘藏：《读陈垣氏之〈元西域人华化考〉》，《元西域人华化考》，附录，上海，上海古籍出版社，2000。

原鹫藏的评价反映了国际汉学界代表性的看法。事实证明中国学者完全可以依靠自身的努力发展中国的学术和文化，在国际汉学研究中占据领先的地位。陈垣的史学成就及其在国际汉学界的声誉，深受国内学者的赞扬，同时也鼓舞了中国学者将汉学中心夺回中国的信心。1928 年，傅斯年创建中央研究院历史语言研究所时，礼聘陈垣为特约研究员，他给陈垣写了一封深表仰慕、语气恳切的信，信中说："斯年留旅欧洲之时，睹异国之典型，惭中土之摇落，并汉地之历史言语材料亦为西方旅行者窃之夺之，而汉学正统有在巴黎之势。是若可忍，孰不可忍。幸中国遗训不绝，典型犹在。静安先生驰誉海东于前，先生鹰扬河朔于后。二十年来承先启后，负荷世业，裨异国学者莫敢我轻，后生之世得其承受，为幸何极。"①傅斯年本主张"极端的崇外"，但他也为汉学正统之在巴黎忍无可忍，同时他更为陈垣与国外汉学争胜，"裨异国学者莫敢我轻"而深受鼓舞，言辞中所表达的感受，应能反映当时不少中国学者的心情。

陈垣虽以自己的努力，为中国学术争得荣誉，但他念念不忘的是将汉学研究中心真正夺回北京，念念不忘的是中国学术文化的整体发展。他不仅与同辈学者相互激励②，更将希望寄托于后来的学人。1921 年，他在北京大学讲演时，就鼓励学生说："现在中外学者谈汉学，不是说巴黎如何，就是说东京如何，没有提中国的，我们应当把汉学中心夺到中国，夺回北京。"1928 年，在辅仁大学的翁独健也听到陈垣在课堂上教育学生说："今天汉学的中心在巴黎，日本人想把它抢到东京，我们要把它夺回北京。"③由此可以看出，陈垣在学术上与国外汉学争胜，争的不是个人的胜败荣辱，争的是中国学术的进步，目的是为了推动中华民族文化的全面发展。

在提倡学术竞争，发展民族文化的同时，陈垣清醒地意识到学术文化的发展对于提高国家、民族地位的重要作用。因此，他特别注意强调中国的学者和文人通过发展民族文化以提高民族自信心和国家地位的使命感。

---

① 陈智超：《〈元西域人华化考〉导读》，《元西域人华化考》，9 页，上海，上海古籍出版社，2000。

② 他曾与胡适说："汉学正统此时在西京呢？还是在巴黎？"二人相对叹气，盼望十年后也许可以在北京了。（见《胡适日记》，1931 年 9 月 14 日，合肥，安徽教育出版社，2001。）

③ 刘乃和：《学习陈援庵老师的刻苦治学精神》，《励耘承学录》，88 页。

1929 年他主持辅仁大学校务时，在学校章程中就要求学生要"对于中国固有文化的特长，发扬广大，以增长民族之自信力"①。"七七"事变前夕，当日本帝国主义侵华政策步步紧逼，日本兵在朝阳门外打靶的枪声已清晰地传到北京大学的教室时，他在课堂上语重心长地说："一个国家是从多方面发展起来的，一个国家的地位，是从各方面的成就积累的。我们必须从各方面就个人所干的，努力和人家比，我们的军人要比人家的军人好，我们的商人要比别人的商人好，我们的学生要比别人的学生好。我们干史学的，就当处心积虑，在史学上压倒人家。"②这是他对于发展民族文化现实意义的充分认识。基于这种认识，在八年抗战中，他方能以弘扬民族优良传统、宣传爱国精神和民族意识为己任，发挥了史学为现实服务的作用。

新中国成立后，陈垣虽已年届七旬，但他发展中华民族文化的思想仍不断升华。在新中国总结继承中华民族优秀传统文化，建设社会主义新文化的进程中，他不辞年高，将自己的渊博学识和大量精力投入到新中国学术文化事业之中，为社会主义新文化的发展作出了新的贡献③。

陈垣的一生，真正是为弘扬和发展中华民族文化奋斗的一生。作为一种史学的思维方式，陈垣以中华民族文化为本的民族文化史观，强调了文化的个性和以此为基点的文化进化的包容性。因此，它既避免了走向"国粹论"的保守和狭隘，又反击了"全盘西化"的民族虚无主义，这就是陈垣这一史学思想的重要价值和意义。历史在前进，当我们跨入 21 世纪时，中国早已崛起屹立于世界，中国史学家已经突破民族的视野，不仅可以从中国的角度看世界，也可以从世界的角度来看中国了。然而，事实证明，人类社会的共性总是寓于具体民族的特性之中的，当我们站在全球的角度思考人类历史的发展和未来时，仍然不能忽视民族文化的个性与人类文明的共性之关系。从这个意义上讲，在 21 世纪中国史学的发展进程中，陈垣以中华民族文化为本的史学思想仍是我们需要学习和继承的宝贵遗产。

---

① 北京师范大学档案馆藏《私立北平辅仁大学档案》卷第 21 号。

② 朱海涛：《北大与北大人——陈垣先生》，载《东方杂志》(40－7)。

③ 周少川：《陈垣晚年史学及学术思想的升华》，《史学史研究》，2000(4)。

陈垣晚年史学及学术思想的升华

陈垣先生是我国著名的史学家、教育家。20 世纪初叶，在中国史学近代化的进程中，陈先生坚持反帝反封建的立场，以其爱国主义的巨大热忱，吸收西方近代科学成果，对我国传统的史学方法进行总结和改造，以宗教史、历史文献学、元史研究为阵地，为中国史学的发展作出开创性的贡献。陈垣先生勤奋治学的一生，是精益求精、开拓进取的一生。尤其在晚年，他不顾年高，认真学习辩证唯物论和历史唯物论，把大量精力投入到新中国文化事业的规划和建设中；他耕耘不息，70 多岁以后依然撰写了 40 多篇史学论文，主持了整理《册府元龟》和新旧《五代史》的大型项目。陈垣先生晚年的史学放射出新的光彩，本文拟就他晚年的史学成就作一粗浅的探讨，以就教于前辈和师友。

一、学术思想的升华

陈垣先生晚年，思想经历了一次重要的转变。北京解放后，他看到了"纪律严明的军队，勤劳朴实的干部，一切为人民利益着想的政党"，他发现"我们所向往的中国独立富强的道路，就是中国共产党所领导的革命道路。"①新中国成立后，翻天覆地的社会变革，给当时许多报国无门的知识分子带来了光明和希望。陈垣先生目睹国家和民族的新兴，为时代所感奋和召唤，学术思想得到进一步的升华，不断明确了学术为人民、为社会服务的方向。这一思想对他后期的学术影响颇大，对此，陈先生曾有多次的表述。比如，在 1950 年首届全国高等教育会议上，他就对自己以前"为学术而学术"的治学方法进行了反省，认为从前的研究"谈不到大众化，更谈不到为人民服务"；"糊里糊涂做了一辈子学问，也不知为谁服务"②。后来，他在给朋友的信中，更谦逊地说："解放前我著书，只凭自己一时的

---

① 陈垣：《党给我新的生命》，载《人民日报》，1959-03-12。
② 《光明日报》，1950-06-05。

兴起，不问人民需要不需要，故所著多不切实用之书"①。1955 年，在中国科学院学部成立大会上，陈先生代表哲学社会科学部发言，进一步阐述了学术研究为社会服务、为人民贡献的方向。在检讨旧时代的科研工作时，他说"解放前大多数科学研究工作都是'单干户'，各人搞各人的……彼此之间很少有联系，更难得有合作。结果常常是'所学非所用''所用非所学''为学术而学术'，脱离实际，对国家和人民不可能有多少贡献"。而现在"我们可以按照人民的迫切需要、国家当前的任务来从事科学研究工作了"②。

陈垣先生晚年大力提倡学术服务社会、服务人民。这种学术思想的升华，决非一时应景之说，而是有其深刻的思想渊源的。学术经世、鉴古知今是中国史学的古老传统，陈先生正是继承和发扬了中国史学的优良传统。当然，他对史学时代使命的认识又与传统的史学"经世致用"有根本的不同，历史上史家讲"经世致用"，多数是为封建王朝提供治乱兴衰的经验教训，而陈先生的出发点则是服务于人民、服务于全社会。早在 20 世纪三四十年代，他就着意提倡"有意义之史学"③，著书立说，斥敌斥伪，用史学直接服务于抗战事业。他在晚年受时代的鼓舞，学术思想升华为服务于人民、服务于社会主义建设事业的新境界，正是他原有思想基础合乎逻辑的发展结果，而这种时代使命感和社会责任感由于有了唯物史观的指导，又将"有意义之史学"进一步提升到科学认识的新高度。

陈垣先生晚年学术思想的升华，还表现在他不顾年高，而努力学习马列主义、毛泽东思想，逐步树立了唯物主义的历史观。北京解放后，先生开始接触和学习马列、毛泽东的理论著作。在《给胡适之的一封公开信》中，他说他读了毛泽东的《中国革命与中国共产党》《新民主主义论》《论联合政府》以及《毛泽东选集》的一些其他文章。"我也初步研究了辩证唯物论和历史唯物论，使我对历史有了新的见解，确定了今后治学的方法"④。此后，他又"学习了《社会发展史》、恩格斯《家庭、私有制和国家的起源》、

① 陈智超编：《陈垣来往书信集》，112 页，上海，上海古籍出版社，1990。
② 《人民日报》，1955-06-01。
③ 陈乐素、陈智超编：《陈垣史学论著选》，624 页，上海，上海人民出版社，1981。
④ 《人民日报》：1949-05-11。

北京师范大学史学探索丛书

列宁《国家与革命》，还有其他经典著作。"①陈先生在谈到自己史学思想由钱大昕考据之学，到顾炎武经世致用之学、全祖望故国情思之学到服膺毛泽东思想的 4 次转变时说："解放后，得学毛泽东思想，始翻然悟前者之非，一切须从头学起。年力就衰，时感不及，为可恨耳。"②虽"时感不及"，但他奋起直追，以七十多岁的高龄，通过自学，参加政协举办的学马列讲座，参加土改运动，访贫问苦，逐步形成了新的世界观和唯物史观。

从陈垣先生后期的论著中，我们可以看到他开始运用唯物史观来考察和分析历史。他在 1958 年所写的《学习历史》一文，较为系统地运用历史唯物论的观点，阐释什么是历史？什么是历史科学？学习历史有什么用等基本问题。他说："什么是历史？历史就是人类社会发展的过程"；"人类历史，首先就是劳动生产者的历史"。"历史科学，就是研究人类社会发展规律的科学"。"历史进程，英雄人物自然可以起一定的作用，但真正的推动力量是人民群众。学点历史，可以看出人民群众在历史上所起的作用，就不会迷信个人，迷信权威，可以培养我们群众观点"。"学习历史还可以培养我们的唯物观点、革命观点，并且可以培养我们的爱国主义思想"。"我们学点历史，不是为学习而学习，不是为了向后看，而是为了更好地向前看"。"是为了在历史上学习斗争经验，吸取教训，更有效地进行革命和建设。"③在陈先生的其他著述中，也体现出不同以前的进步的历史观。比如，他批评封建官僚动辄将侍者称为"奴子"④；相反，则表彰封建知识分子参加农民起义的事迹⑤。他在《明季滇黔佛教考》的重印后记中重新审视旧作，谦虚地称此书"限于当时思想认识，过于重视知识分子，看不见人民大众，致立论时有偏颇，此则有赖于高明之指正者也。"⑥这些都体现他重视人民大众历史作用的思想。他还注意以新的史观来对待民族关系问题，在指导他人写作时对于把元朝统治者泛称为"蒙古"，或将元人称为"蒙古佬"的做

① 刘乃和：《学而不厌，诲人不倦》，《励耘书屋问学记》，北京，生活·读书·新知三联书店，1982。

② 《陈垣校长诞辰百年纪念文集》，9 页，北京，北京师范大学出版社，1980。

③ 陈垣：《学点历史》，载《北京日报》，1958-07-12。

④ 陈垣：《陈垣学术论文集》，第二集，422 页，北京，中华书局，1982。

⑤ 同上书，473 页。

⑥ 陈垣：《明季滇黔佛教考》，320 页，北京，中华书局，1962。

法予以纠正①。

应该特别指出的是，陈垣先生晚年学习马克思主义唯物史观，也依然贯彻了他实事求是的学风，在史学研究和论著中不搞形式主义和教条主义的套用。比如，他在《中国历史要籍介绍及选读一书审查意见》中，就批评了一些形式主义的做法，指出该书在要籍后所加"需要我们批判的来理解""需要我们批判的来领会"的按语意义不大。他认为："其实所介绍的历史要籍除几种工具书外，何一不应批判的理解"，如果要批判，就应有真实具体的内容，光贴"批判"的标签，"似可不必"②。他在《论科学的考据与旧考据的不同一文审查意见》中，更是批评了那种从教条主义出发、不切实际地否定史学传统和遗产的做法。他说："旧考据有不科学的，但也有科学的，不能一笔抹杀。故此文题目只能说科学的考据与不科学的考据不同，不能说'科学的考据与旧考据的不同'。"他在指出文中提法的不妥之后，又说："诚如此文所标志，容易令人误会，以为旧考据都是要不得的。引言中又提到'顾炎武的《日知录》完全为封建统治者服务；赵翼的《廿二史札记》骂农民革命为盗为贼'。这都是时代的关系，无可苛求。如果说这些都是要不得的，那我们就无历史可看，更无前人文化遗产可继承。"③这种辩证地、切合实际地对待史学传统和遗产的论述，反映出陈先生对唯物史观精髓的把握；在50年代后期，他对于学术界一些过"左"的行为做出如此冷静、客观的分析，实在是难能可贵的。

陈垣先生晚年与时俱进、追求真理的精神是令人敬佩的。他说："学习马克思主义并不是'降低身份'，实际上一个人能向真理投降，是最光荣的事情。""因此，我不愿作旧史学界的旗帜，我愿作马克思主义历史科学队伍中的老兵，我不愿作旧史学界的大师，我甘心作新史学界的小学生。"④对于一代史学大师追求真理的可贵精神，有的人不能理解，甚至颇有微词⑤。殊不知，先生这种精进不已，以今日之我战胜旧日之我的学术

---

① 陈智超编：《陈垣来往书信集》，781页，上海，上海古籍出版社，1990。

② 陈垣：《陈垣学术论文集》，第二集，460页。

③ 同上书，471~472页。

④ 陈垣：《历史科学工作者必须着重进行思想改造》，载《光明日报》，1957-11-20。

⑤ 陈焯：《陈垣先生陷共前后之真实情况》，载台北《传记文学》，49卷3期，1986年9月。

精神，正是人类文明得以不断发展的精神动力，也是一切有成就的大师所共有的品格。无视这一点，而对先生晚年思想发展作不合情理之非议者，诚如陈珍幹先生所云，真是"是非不分"了①。

二、为社会和大众服务的史学

陈垣先生晚年将自己的大量精力投入新中国学术文化事业的规划和建设之中，发挥了重要的顾问、指导作用。把自己渊博的学识献给国家和人民，这是他主张学术服务社会、服务大众思想的具体实践，是他晚年学术成就的重要方面。因此，讨论陈先生后期史学，不能不重视他在这方面的许多贡献。

其一，要提出的，是陈先生晚年积极参与了新中国历史科学和古籍整理工作的总体规划和具体指导。新中国成立以后，百废待兴，在总结继承中华民族几千年的优秀文化，建设社会主义新文化的过程中，陈垣先生以其对传统文化的深入了解和史学大师的地位，发挥了特殊的作用。北京刚解放时，郭沫若、范文澜等人就发起成立新史学会，陈先生虽然没有参加发起活动，但随后不久就在范老的介绍下，参加了新史学会的活动，并提出了由科学院成立历史研究所的建议。1951 年 2 月，中国史学会筹委会开始编印《中国近代史资料丛刊》，陈先生便承担了《洋务运动》和《辛亥革命》两部分的工作②。1956 年他参与科学院哲学社会科学学部历史科学 12 年远景发展规划的制订，提出了要加强资料整理，加强索引等工具书编制的建议。1958 年，国务院成立古籍整理出版规划小组，先生作为小组成员之一，和其他十几位专家一起讨论确定了古籍整理出版 10 年规划和 6 个方面的重点③。此后，他多次参加全国性古籍整理工作的研究和讨论，并对一些具体项目进行指导或提出意见。1956 年，范文澜、吴晗主持点校《资治通鉴》，就征求过他的意见④。同年，又对科学出版社校点出版的《新旧唐

① 陈珍幹：《陈垣先生晚年的政治思想及其遗著》，《陈垣教授诞生百一十周年纪念文集》，广州，暨南大学出版社，1994。

② 《人民日报》，1951-02-11。

③ 《光明日报》，1958-02-22。

④ 陈智超编：《陈垣来往书信集》，799 页，上海，上海古籍出版社，1990。

书合注》进行指导。他还主持了大型类书《册府元龟》的整理出版，用《册府》残宋本校补明刊本重要缺文 142 条，重编全书目录和分类索引，并亲自撰写了《影印明本册府元龟序》，指出《册府》考史补史的价值，纠正了傅增湘、陆心源校勘《册府》的失误，《册府》的整理出版引起了国内史学界的高度重视①。晚年，陈先生还参加了二十四史的点校工作，不仅自己承担了新旧《五代史》的点校，还审阅了其他史书的部分校勘记和出版说明等。遗憾的是因为"文化大革命"，两部《五代史》的点校工作未能由他来最后完成②。

其二，陈先生晚年还积极关心我国的外交事业，对于历史上中外关系或文化交流的一些史实问题，或释疑解难，或阐幽订讹，为新中国的外交事业赢得了荣誉。20 世纪 50 年代，郭沫若先生出席一次国际性会议，遇到有关屈原的问题未能解决，特意从国外打电报向陈先生核对史实，"他就像是中国古代历史文献的活字典，胸中装有千书万册，很快就解决了（问题）"③。1958 年 6 月 30 日，《人民日报》刊登了南京发现明代印尼浡泥国王陵墓的消息，印尼国务部长了解此事后，即与我国有关部门接触，希望能看到碑文。但发掘的结果却是碑体已残，碑文漫没，当时国务院古籍规划小组组长齐燕铭请陈先生查出此碑碑文。在陈先生指导下，他的助手刘乃和先生及时在《明文衡》卷 81 查出了这段碑文④。1961 年，中国佛教协会为了奉迎佛牙出访缅甸等国，约请先生撰文考证佛牙自南北朝传入中国后在中土尊奉延续的历史。刘乃和先生回忆说："当时正是三伏天气，气候闷热，他不顾酷暑，亲自指导我们阅读查找《历代三宝记》《宋高僧传》等大量文献"⑤，最后撰成了《佛牙的故事》一文⑥，历述南齐法献将佛牙传入中土后，一千五百年间有关佛牙的史料故事。

其三，为了繁荣新中国的学术文化事业，他还经常尽义务为国家新闻出版部门审阅稿件，为国家博物馆鉴定文物。仅从陈智超先生编辑的《陈

---

① 《人民日报》，1961-06-23。
② 刘乃和：《励耘承学录》，140、141 页，北京，北京师范大学出版社，1992。
③ 同上书，92 页。
④ 同上书，146～147 页，399 页。
⑤ 同上书，76 页。
⑥ 《人民日报》，1961-07-20。

垣来往书信集》和《陈垣学术论文集》第二集中，我们便可以看到大量的记录。其中如 1952 年 6 月为人民教育出版社审定《中国历史概要》书稿的回函①；1956 年 5 月为高等教育出版社审阅《中国历史要籍介绍及选读》书稿的意见书；1956 年 12 月为《历史研究》杂志审查《柬埔寨史迹丛考》和 1957 年 1 月为该刊审查《论科学的考据与旧考据的不同》的意见书；1959 年 3 月为中国历史博物馆审定历史人物名单所复信函及所撰短文；1962 年 3 月为湖南省博物馆鉴定陈鹏年自书诗卷所写的跋语②。以及为中华书局、《人民日报》《光明日报》审稿、提意见和建议等。除此之外，未及公诸于世的工作内容当然还有很多很多。这些都反映出陈垣先生不顾年高，时时中断自己的工作，而以全社会的学术文化事业为重的无私和奉献精神。

其四，自 20 世纪 50 年代开始到"文化大革命"之前，陈先生还花费大量时间，用于往返信函，指导后学。在每年纷至沓来的上百封来信中，除了与学界朋友切磋论学，对历史研究所二所研究人员和北京师范大学师生进行指导的本职工作外，其余的大量信函都是来自素不相识的工、农、兵、学各界问学求教者。来信求教范围极广，大到求问治学方法路径，小到请教一个生冷僻字。陈先生来者不拒，在助手的帮助下，对绝大多数来信一一回复，他以大海一样的胸怀，如和煦春风，诲人不倦，泽被四方。60 年代，《北京日报》曾有特写《老教师的喜悦》，介绍了陈先生与中学生、青年教师、部队战士的通信联系③。在《陈垣来往书信集》中，我们可以看到陈先生对素未谋面的包赉、杨廷福、梁家勉、谢仲墨等学者，给予学术上的指导。其中与包、杨二人的往返论学信札更多。杨廷福后来回忆说，他在素昧平生的情况下，给陈老去信，求借《释氏疑年录》，"一周光景，邮局寄来《释氏疑年录》四册，陈先生亲笔写了热情洋溢、勉励备至的回信"。"以后，我在学习时，遇到疑难，就向老人家请益求教。他有问必答，为我函授教导了十二年"。"十二年来，陈先生对我的通信指导，约计共四十封左右长短不一的信函。这种雪中送炭的温煦，成了我在逆境中不

---

① 陈智超编：《陈垣来往书信集》，793 页。

② 以上分别见《陈垣学术论文集》，第二集，460～462 页、469～470 页、471～472 页、473～474 页、417 页。

③ 《北京日报》，1961-06-26。

甘自暴自弃的精神支持，更可宝贵的是毫无保留地教导了治学的方法，启迪科研的门径"。① 香港存萃学社在《历史学家陈援庵先生》一文中说，晚年"先生任校长及中国科学院历史研究所所长，师表群伦，士林宗仰，后辈质疑问难，先生欣然解答，娓娓忘倦。"②此说甚为中肯。先生在桑榆晚年，牺牲自己的宝贵时间，为社会为人民无私的学术奉献略如上举四端。他真正实践了自己学术为公、不为个人的思想，其精神境界，堪值后学称颂敬仰。有人会以为，先生的这些付出，不如撰作专著有更大的价值。其实不然。应该说，以陈垣先生的学术含蓄，晚年是可以再造撼世大作的，但他以国家和人民的需要为重，以他特殊的地位，发挥了他人所不能发挥的作用。大象无形，大音稀声，在中国学术史上，大师的影响其实是不单单以著作来体现的。往远处说，孔夫子"述而不作"为万世师；往近处说，蔡元培先生一生著述虽不多，却因其推动中国近代学术文化发展的突出贡献而被誉为"学界泰斗"。在此，笔者无意作简单的比较，只是想说明衡量一个学术大师的贡献和影响应是多方面的，不是单一的。明乎此，则陈先生以学术服务于社会、服务于大众的价值就不言而喻了，这对于认识先生晚年在史学著述之外的学术成就至关重要。

三、晚年历史考证的成就

陈垣先生晚年史学著述既有史学理论方面的文章，如《厚今薄古是今日史学界必需走的道路》《学点历史》《史学工作的今昔》等；又有谈学风、治学方法和研究方法的文章，如《谈谈文风和资料工作》《谈谈我的一些读书经验》《在中国佛学院教学问题讨论会上的发言》《在道教研究工作座谈会上的发言》等；而最多的仍是他的历史考证论文。先生逝世不久，香港存萃学社就编印了《陈垣先生近廿年史学论集》，其中收考据文18篇。可能因当时收集材料不易，该集所收陈先生后期史学论文不及一半，仅考据文可补者至少还有《柬埔寨始通中国问题》《陆棠介绍》《跋陈鹏年自书诗卷》《鉴真和上失明事质疑》《萨都剌的疑年》《跋陈鹏年书秋泛洞庭诗册》《两封

① 杨廷福：《缅怀新会陈先生对我的教导》，载《读书》，1981(7)。
② 周康燮主编：《陈垣先生近廿年史学论集》，152页，香港，香港崇文书店，1971。

无名字无年月的信》①以及《瘟仙及活人心法》②8 篇。先生晚年的考据文益臻佳境，到了炉火纯青的地步。诚如他的老友尹炎武先生所说："尝与柳劬堂（按：即柳诒徵）、鲍技九（鼎）谈当代擅场史学，而以深入浅出之文达之，励耘书屋外无二手也。"③

先生晚年历史考证的成就，非本文所能尽述，在此谨先概括为几个方面，略表管窥之见。

第一，先生晚年所作考据文，多数为短篇，但涉及范围甚广，大致可厘为考辨历史人物、事件，考辨年代时间，辨析史料等几类。如《跋董述夫自书诗》④考明洪武、万历两董良史，指出洪武者乃名董纪，字良史；万历者乃名良史，字述夫。辨《明诗综》《四库提要》《明诗纪事》混二者为一人，相继蹈袭之误。《谈北京双塔寺海云碑》则述海云及撰碑者王万庆事迹，又用《元史·刘秉忠传》，指出秉忠释僧服为宰相，实出海云所引之因缘。考事件则有《佛牙故事》《法献佛牙隐现记》《鉴真和上失明事质疑》等文。《佛牙故事》爬梳剔抉内典、外典各类材料，展示佛牙在中土流传千余年的踪迹；《法献佛牙隐现记》是对前文的补充，考揭南齐僧统法献自芮芮得佛牙，传入中土，经齐、梁、陈、隋唐，至孟蜀、后唐、后晋、北汉、辽、清等十余代隐现过程，补述了佛牙自汴入北京，由辽丞相耶律仁之母郑氏埋于西山招仙塔下，清末八国联军炮轰招仙塔，僧人复得佛牙一节；《鉴真和上失明事质疑》一文，指出鉴真失明事《宋高僧传》不载，仅《东征传》提及一句，且前后叙述可疑，如鉴真的弟子竟能当面谈及盲龟等，"如果和上这时是盲，岂能当面说盲龟开目等话"。年代学是陈先生专精之学，他晚年跋清人手札信笺，多涉及时间年代问题。此外，又如《跋胡金竹草书千字文》，则先考据胡金竹生卒年而辨"草书千字文"之真伪。《萨都剌的疑年》和《戴子高年岁及遗文》则为专考人物疑年之作。考辨史料文献的工作亦是他晚年注意较多的问题，其中大如校勘、评述《册府元龟》，小如考揭敦煌西凉户籍残卷。此外，还有对《元代大德南海志》、永乐大典本《南

---

① 《陈垣学术论文集》，第二集。
② 陈垣：《瘟仙及活人心法》，载《江西中医药》，1958(5)。
③ 陈智超编：《陈垣来往书信集》，117 页。
④ 以下凡引论文，皆见《陈垣学术论文集》，第二集。

台备要》《旧五代史》辑本、《王羲之小楷曹娥碑》的辨析等。

需特别说明的是，以上例举陈先生晚年考证文所涉范围数项，实为叙述方便之说，其实他的考证往往举一反三，在不长的篇幅内创获多端。例如《谈北京双塔寺海云碑》文，除考证海云禅师事迹外，又指出碑文"关涉元朝开国时史料，足补史所未备"的重要价值；说明此碑乃元代《佛祖通载》，明代《续灯存稿》《五灯会元续略》，清代《继灯录》《南宋元明僧宝传》《续灯正统》《五灯全书》等佛籍记海云事迹之史源。由此引申，复又辨正《续灯正统》《五灯全书》《南宋元明僧宝传》的"海云传"不明年代学，误植干支之谬。最后，以海云碑为例，申论僧人塔碑、塔颂、道行碑各不相同的体用。总之，先生晚年考证笔势所向披靡，左右逢源，文中精彩纷呈之处，常常令人目不暇接。

第二，陈垣先生晚年的考证短文，愈显布局周匝缜密，行文老健的气象。后学对于先生晚年史学论文中精妙的考证方法未能尽窥堂奥，仅就其中有关考辨年代的若干方法，略识一二。

其一，陈先生考证时间年代，注意相关事实的比证。在《跋陈东塾与郑小谷书墨迹》中，东塾书札仅署五月十五日，虽未署何年，但先生抓住信中所言"去年大病"、"注疏已刊成"①、"谭玉生已逝"等事件为同治十年(1871)事，初步认定该信写于同治十一年；又指出信中称曾涤生(曾国藩)谥号"文正"，曾氏卒于同治十一年二月，而郑小谷卒于同年十月，最后确定该信应作于这两个时间坐标中的同治十一年五月十五日。

其二，在考证历史人物年代时，与之相关的人物是很重要的参照对象，因此陈先生也重视相关人物的比证。《跋胡金竹草书千字文》的目的是要考胡书千字文真伪，因帖上署有"乾隆丁未人日"之期，所以考胡金竹生卒年成为此帖辨伪的关键。胡金竹生卒年的第一线索为李文藻《南涧集·金竹先生传》，称胡金竹卒年七十四；第二线索为胡金竹送罗戒轩诗，自注云："君生癸未，余生甲午。"仅知"余生甲午"犹不足，干支一周前后相差60年，究竟是哪一个"甲午"？因有罗戒轩这一同时期的人物作比照，故先生确定胡金竹生年为顺治十一年甲午，卒年七十四即雍正五年丁未。于是，所谓"乾隆丁未"书之说不攻自破，乃伪帖也。

---

① 指重刊《十三经注疏》。

其三，在纷繁的史料中，人物的生卒、地点的变迁、官职的升黜，往往是历史记载的关节点，每一个关节点都隐含不同的时间坐标。陈先生的年代学考证，便常能准确捕捉历史记载的关节点，由此及彼推导出正确的年代。例如，《跋洪北江与王复手札》一文，所跋洪亮吉与王复信札有月无年。在考证年代的过程中，先生以信中"新方伯"一词为关节点，展开辨析。指出"新方伯"即景安，乃和珅族人，乾隆五十三年二月由河南按察使迁河南布政使，所谓"新方伯"，正是接任未久之意。移前一年，景安未为方伯；移后一年，不得称为新方伯。"因此断定此札作于乾隆五十三年，当无疑义"。

其四，在歧说较多又无其他确证的情况下，陈先生则运用排除法，通过反证剔除各说中疑问较多的材料；最后当明显优于它说的史料成为最符常理的证据时，问题也就豁然得解了。《跋凌次仲藏孙渊如残札》一文，从札中"弟服阕后已半载"一语为关节点，着手研究孙氏丁忧在何年。孙氏丁忧有三说，其中孙氏自述"嘉庆丁巳岁予丁母艰"之说本最为有用，但却与孙氏自言丁巳九月办理河工等数条记载自相矛盾，经反证，陈先生指出："是'丁巳丁艰'为误记，在渊如著作中，此等错误常有也。"故此条可以排除。接着，他又排除了阮元"嘉庆四年己未"说的可信性。最后，从礼制的实际情况和记载的详细程度等方面，确定孙氏表弟张绍南所作《孙渊如年谱》的"嘉庆三年戊午六月"说为较可信。结论是："戊午六月丁忧，庚申九月除丧，再加半载，则此札应为嘉庆六年辛酉四五月作，与札中'溽暑苦陆行'语亦合。"

以上所概括的陈先生晚年史法若干，实属一管之见，不仅难表万一，更深恐有误释之处。然而，有不容置疑者，先生晚年各种考证史法的运用，依然保持和发扬了实事求是的科学态度和一丝不苟的治学精神，这是他的历史考证能够使人心悦诚服的前提和关键。

第三，应该特别申论的是，陈先生重视考证，但并不把考证作为史学的终极目标。正如他在《通鉴胡注表微·考证篇》所说："考证为史学方法之一，欲实事求是，非考证不可。彼毕生从事考证，以为尽史学之能事者固非；薄视考证，以为不足道者亦未必是也。"他不为考证而考证，考证的目的在于求得历史真相，求得通识。

从小处着手，从大处着眼；所考问题虽小，关联之事却大，这是先生晚年考证尤为突出的特点。比如，他跋王羲之书卷真迹，揭示题记中巙巙、边鲁、偰玉立、忽都鲁弥富、纥石烈希元、雅琥等题名，皆精于汉字书法的少数民族书家，其中巙巙尤为著名，与赵孟頫并称北巙南赵。由此见元代各族文化之融合①。他考敦煌西凉户籍残卷所载姓氏，证其皆中州旧姓，指出自汉以后，敦煌为中西交流之枢纽，西域与京洛必经之孔道，故敦煌文化极盛，在此多见中州旧族姓氏，则可证中西交流之频繁②。他跋孙星衍信札，考揭孙星衍不信西方天文学说及孙氏对戴震、江藩、江永、凌廷堪等人"笃信"的批评，从而说明乾嘉学者对西方科学的不同态度③。以上是从小问题的考证，看不同文化的交流，看社会历史风尚的变动。

陈先生在考证中，又善于由小见大，从一般问题归纳出学术通则和结论。他考《续灯正统》《五灯全书》对海云卒年记载的错误时就指出，"吾人因此得一教训，先辈作文，纪年喜用甲子，甲子六十年一周，若不细加调查，就往往移前或移后六十年"，"故读史贵有年表"④。他考戴望卒年，遇有歧说，引戴望有关年岁的自述以定孰是，并归纳出有关通则，即"年岁之事，据友人之言不若据家人之言，据家人之言不若据本人之言"。他辨析明本《册府元龟》胜宋本诸处，指出明人校此书所用功力，作出不得以"明人空疏"而将明代校勘一笔抹杀的结论⑤。

要言之，陈垣先生晚年的历史考证拾得天趣，更为简洁清峻，其精妙之处非一时能尽论，当俟他日再作另文研究。近些年来，学术界有些人对陈垣先生晚年的史学成就认识不足，有的人甚至连翻检一下陈垣先生的著述目录或相关的报纸杂志也没有，就断言陈垣"1949 年后除了整理修订旧著外，基本上没有在史学方面再撰新著。"⑥这不但无视陈先生新中国成立后在全国性史学建设方面所作的突出贡献，也无视他新中国成立后撰写的

---

① 陈垣：《跋王羲之小楷曹娥碑真迹》，见《陈垣学术论文集》，第二集，428 页。
② 同上书，431 页。
③ 同上书，418 页。
④ 同上书，383 页。
⑤ 同上书，206 页。
⑥ 陆键东：《陈寅恪先生最后 20 年》，503 页，北京，生活·读书·新知三联书店，1995。

40 多篇史学论文。这种以非学术方法所作的学术评论，是极其草率和不负责任的①。

陈先生晚年身体虽康健，但也时有病扰，1953 年底至翌年初，因脑血管硬化、双手麻木住院，后来又因胆囊炎、胃部手术住院多次，但他总以乐观的态度战胜疾病，不间断地进行学术研究。陈先生晚年的史学成就令人钦服，先生晚年在思想上与时俱进、学术上精益求精的精神更是令人敬仰，这方面值得总结、弘扬的内容还很多，本文谨作抛砖引玉之试，不当之处，敬祈批评指正。

---

① 应当指出，有关论者随后又说："暮年陈垣，亦有雄心大计，那就是整理出版《册府元龟》，终因年高多病，壮志难酬。"此话亦误，由陈先生指导整理，并亲撰序言的《册府元龟》于 1961 年出版。

陈垣：20 世纪的历史考据大师

当中国史学即将告别 20 世纪的时候，人们回首 20 世纪初中国史学的近代化进程，总忘不了王国维、梁启超、陈垣、陈寅恪、傅斯年、顾颉刚等几位史学大师为推动中国史学近代化所创树的赫赫功绩。他们承前启后、会通中西，汲取近代科学的营养，开辟了史学的新时代，为马克思主义史学在中国的建立准备了条件，为中国史学的现代化奠定了基础。其中的陈垣先生则以论证缜密、建树体例、融会贯通的新史学考据独树一帜，在宗教史、历史文献学、元史诸领域进行了精深的研究，作出了典范性的贡献。

一、一位爱国学者的不倦追求

陈垣(1880—1971)，字援庵，广东新会人。曾用名援国、用字圆庵，书斋号"励耘书屋"，故人称"励耘主人"或"励耘翁"①。陈垣自幼好学，6 岁入私塾，12 岁时得见《书目答问》，遂以此为师，摸索求书阅读。后又得见《四库全书简明目录》，眼界更开一层，于是泛览群籍，知识面渐宽。17 岁后参加科举考试，并曾考取了秀才，但终因对八股科举腐朽程式的厌烦，放弃了科考，而将兴趣转向钻研历史和对现实政治的关注。晚年，他在回忆这段经历时以为当时虽然"白白糟蹋了两年时间，不过也得到一些读书的办法"；"逐步养成了刻苦读书的习惯"。② 23 岁，他读了赵翼的《廿二史札记》，并把此书拆开，分为"史法"和"史事"两部分进行研究。1905年，孙中山创立同盟会，民主革命风起云涌，陈垣和其他几位青年在广州创办了《时事画报》，开展反帝反封建的爱国活动。1907 年，他考入美国教会办的博济医学校。一年后，因反对教会对中国师生的歧视而愤然离校，与友人创办了光华医学院，并在这所学院继续他的学习。几年间近代医学

① 刘乃和：《陈垣的励耘书屋》，《历史文献研究论丛》，桂林，广西师范大学出版社，1998。

② 陈垣：《与毕业班同学谈谈我的一些读书经验》，载《中国青年》，1961(16)。

的学习给予他严谨、缜密和条理训练，这对于他后来的治史有很大的帮助。1911 年从医学院毕业后留校任教，同年创办进步报纸《震旦日报》。1913 年他以"革命报人"的身份被推为众议院议员进京参加第一届国会，从此定居北京。

陈垣是抱着救国理想，弃医从政的，然而在议员任上，他看到了在北洋军阀把持下政治的腐败。虽然进京前十年，他做过三届议员，还当过教育部次长，但对于时政却渐失信心。因此在从政之余，他把大量时间都用在阅读《四库全书》和积累宗教史料上。1917 年，他撰写的第一篇重要的史学论文《元也里可温考》公开出版，因其取材之广泛及对隐晦数百年的一段基督教史的揭示，受到国内外学界的高度重视。此文后又广稽材料，修订四次，定本最终题为《元也里可温教考》。这次写作的成功，成为陈垣最终弃政治史的重要契机，从此他逐步脱离政界，专心于教学著述和文化事业。

1950 年，陈垣在给友人席启驷的信中，谈到他数十年治史过程中的三次变化："九·一八"事变以前重钱大昕之学；"九·一八"后改为顾炎武经世之学，注意事功；北京沦陷后，乃讲全祖望之学，激发故国思想，以为报国之道；新中国成立后，得学毛泽东思想，希望一切从头学起①。按照"三变"的说法，陈垣的史学研究可以分为三个主要的阶段。第一阶段是1917 年到 1931 年"九·一八"事变这十几年间，他在继承钱大昕等乾嘉考据学的基础上，努力建设具有取材广博、综合分析和形成专学等特点的，具有近代史学意义的历史考证学。此期通过他的"古教四考"和《元西域人华化考》等名著，已经奠定了他在史学界的重要地位，日本著名汉学家桑原骘藏在当时则赞誉陈垣为中国史家中"尤为有价值之学者"②。第二阶段自 1931 年东北沦陷，再至卢沟桥事变以后 8 年抗战期间，面对日本的侵略，陈垣坚贞不屈，他在大学讲台上讲顾炎武《日知录》、全祖望《鲒埼亭集》，激励学生的爱国热情。此期他写出了三部宗教史专著和《中国佛教史籍概论》，一方面是他的历史考证在宗教史领域的新创获，另一方面则表

---

① 陈智超编：《陈垣来往书信集》，216 页，上海，上海古籍出版社，1990。类似之说还可见同书 302、796 页。

② 桑原骘藏：《读陈垣氏之〈元西域人华化考〉》，《史林》（日文），第 9 卷第 4 号，1924-10。

达了他"斥汉奸、斥日寇、责当政"的爱国思想。尤其是此期写成的《通鉴胡注表微》，更充分反映了他的爱国情操。这是一部史考和史论紧密结合的杰作，它标志着陈垣的"史学成就推进到一个新的高度"[①]。第三阶段是新中国成立以后二十余年，他的学术思想又有较大的转变。1949 年 5 月 11 日《人民日报》刊登了他《给胡适之一封公开信》，阐述了他学习辩证唯物论和历史唯物论的愿望和体会。他不顾年高，坚持在学术上耕耘不息，在这阶段依然撰写了三十余篇史考论文。新中国成立后，陈垣由衷地热爱社会主义新中国，并于 1959 年以 79 岁高龄加入中国共产党。1965 年发表的《萨都刺的疑年》是他最后一篇论文。"文化大革命"期间他心情压抑，于 1971 年 6 月去世，终年 91 岁。他一生所撰写的 16 部专著和近 200 篇论文，成为史学界乃至整个学术界的宝贵财富。

陈垣不仅是史学家，而且是教育家。新中国成立前，他曾任北京大学、北平师范大学、辅仁大学教授，并长期担任辅仁大学校长，还当过京师图书馆馆长、故宫图书馆馆长。新中国成立后，他任科学院历史所第二所所长，是第一、二、三届人大常委，自 1952 年起，一直担任北京师范大学校长。他桃李满天下，有不少学生是著名的史学家。

二、开辟了宗教史研究的道路

陈寅恪在《陈垣明季滇黔佛教考序》中说："严格言之，中国乙部之中，几无完善之宗教史，然其有之，实自近岁新会陈援庵先生之著述始。"[②]这是对于陈垣开拓近代宗教史研究领域之功的一个准确评价。陈垣的宗教史研究关注各教的兴衰和传播，而不研究各教的教义。他研究的范围非常广泛，无论是历史上外来的古教，还是世界三大宗教、产生于中国的道教，都有专深的著述。从他的第一篇重要论文《元也里可温教考》起，他就连续写了《开封一赐乐业教考》《火祆教入中国考》《摩尼教入中国考》等几篇分别

① 白寿彝：《要继承这份遗产》，《励耘书屋问学记》，5 页，北京，生活·读书·新知三联书店，1982。

② 陈寅恪：《陈垣明季滇黔佛教考序》，《金明馆丛稿二编》，240 页，上海，上海古籍出版社，1982。

考证犹太教、火祆教和摩尼教的宗教史论文，合称为"古教四考"。他编有《道教金石略》，抗日期间又完成了《明季滇黔佛教考》《清初僧诤记》《南宋初河北新道教考》"宗教三书"和《中国佛教史籍概论》，对佛教和道教进行了深入的研究。他还撰有《基督教入华史略》《回回教入中国史略》等研究基督教和伊斯兰教传播史的论文，以及大批研究宗教人物事迹的篇什，仅基督教史方面的研究，就有论文三十多篇，宗教史研究是陈垣史学的重要方面。

在宗教史研究领域，陈垣以其缜密的历史考证所向披靡，攻克了道道难关，解决了许多历史疑案。与乾嘉诸老的考据学相比，陈垣的历史考证极大地扩充了可资利用的史料范围。综观他所作的"古教四考"和"宗教三书"，所用史料除了本世纪初新发现的敦煌经卷、内府档案外，更有许多为他人未见或习见而未能运用之资源，如方志、碑铭、案牍、佛藏，甚至砖瓦图绘、匾额楹联。他取《至顺镇江志》《元白话圣旨碑》《元典章》的材料，论证了"隐七八百年，其历史至今无人能道"①的元代也里可温教。他"考开封犹太教而采及匾联"，辨正了以往将一赐乐业教和回教"混视为一"的谬误②。他利用字书，从训释"祆"字入手，考明火祆教来源，阐明了火祆教、大秦景教、摩尼教的"相异之点"，解决了钱大昕、杭世骏等人经常混淆的问题。他"取敦煌所出摩尼教经，以考证宗教史，其书精博，世皆读而知之矣"③。他的《明季滇黔佛教考》则大量利用佛典、佛教史籍和僧人语录，陈寅恪为此书作序，以为其中"征引之资料，所未见者殆十之七八，其搜罗之勤，闻见之博若是，至识断之精，体制之善，亦同先生前此考释宗教诸文"④。

在宗教史研究中，陈垣善于通过考证贯通史实，说明历史事实的客观因果关系，阐述不同历史现象的内在联系，从而对历史的一些问题作出综合解释。这也是他的历史考证能够超越前人之处。陈垣的宗教史研究首先阐明了宗教盛衰与社会政治的密切关系，比如他论述火祆教在唐代受崇

---

① 陈垣：《元也里可温教考·总论》，《陈垣学术论文集》，第一集，1页，北京，中华书局，1980。

② 陈垣：《开封一赐乐业教考》，《陈垣学术论文集》，第一集，255页。

③ 陈寅恪：《陈垣敦煌劫余录序》，《金明馆丛稿二编》，236页，上海，上海古籍出版社，1982。

④ 陈寅恪：《陈垣明季滇黔佛教考序》，《金明馆丛稿二编》，240页。

奉，与唐朝交通西域的政策有关；摩尼教在中国的盛衰则深受回鹘政治势力变化的影响；也里可温教在元代中后期不受重视，是由于统治者逐步接受儒学政治思想的缘故；他的《明季滇黔佛教考》从士人逃禅反映当时政治的变迁，因此陈寅恪在序文中说此书"虽曰宗教史，未尝不可以政治史读也"。其次，他把宗教史作为文化史的组成部分来进行研究，他特别重视宗教人物对外来文化的介绍和对中华文化的学习，注意揭示中外文化交通与宗教传播的内在联系，因此"他对于外来宗教史的研究，同时也是他对中外文化交通史研究的主要内容"①。最后，他的宗教史研究能够从历史的是非褒贬中惩恶扬善，从而发挥史学的鉴戒作用。他在抗日时期所作的"宗教三书"和《中国佛教史籍概论》都有这个目的，他写《清初僧诤记》，意在抨击当时沦陷区汉奸的卖国行为；写《明季滇黔佛教考》，"所欲表彰者乃明末遗民之爱国精神，民族气节，不徒佛教史迹而已"②。其他各书，也是"其中论断，多有为而发"③。陈垣的宗教史研究以其精密的考证，解决了宗教史中的诸多疑难，并从宗教史研究的角度，对历史进行阐释，他的研究成果，为近现代宗教史的研究开辟了道路。

三、历史文献学的建基性贡献

陈垣对历史文献学的贡献在于"对中国历史文献学的研究建立了一定的基础"，进行了一系列的"建基工作"④。他的建基性工作表现在继承乾嘉考据学的传统，通过历史考证的躬身实践，将清代学术中各种零散的考据手段，用科学的方法加以系统总结，从而形成多门专学。这些专学所归纳的义例和原则，至今仍在中国历史文献学中发挥着典范作用。

陈垣治学从目录学入手，不仅许多古代书目烂熟于胸，而且还对一些重要书目作过专深研究，纠正了不少书目的错误。他曾集中研究《四库全书》和《四库全书总目》，撰写了《四库书目考异》《文津阁四库全书册数页数

---

① 白寿彝：《要继承这份遗产》，《励耘书屋问学记》，2 页。
② 陈垣：《明季滇黔佛教考·重印后记》，北京，中华书局，1962。
③ 陈垣：《中国佛教史籍概论·后记》，北京，中华书局，1962。
④ 白寿彝：《要继承这份遗产》，《励耘书屋问学记》，2 页。

表》等数种论著。为了辨章学术，尤其是在一些新领域里开辟门径，他还编撰了一批重要的目录著作。其中如《敦煌劫余录》，收录敦煌写本八千余轴，稽核同异，分门别类。陈寅恪为之作序，认为敦煌学乃"此时代学术之新潮流"，而本书"诚治敦煌学者，不可缺之工具也"。序中充分肯定了《敦煌劫余录》"内可以不负此历劫仅存之国宝，外有以镶进世界之学术于将来"的功绩①。陈垣的《中国佛教史籍概论》则论述了佛教史籍对一般历史研究的史料价值，从而为历史研究开拓了一片新园地。不仅如此，书中提到的著录项目："每书条举其名目、略名、异名、卷数异同、板本源流、撰人略历及本书内容体制，并与史学相关诸点"，也为目录的撰写确立了模式。以上二书，可以说是陈垣在目录学领域总结性成就的代表。

年代学是解决历史要素中时间概念的基本功，中国古代的历法、纪年问题很复杂，近代以来研究中外交通，又需克服中、西、回等不同历法的换算问题。陈垣继承了清人对中国历史年代考订的成果，运用近代天文历算的科学知识，在历表的编制、历史年代的考订、运用年代学考证史事等方面，为年代学的发展奠定了基础。他所编纂的《中西回史日历》和《二十史朔闰表》是两部可供检索上下两千年，中、西、回历可以互换的精确历表；二表前者较详，后者较简，但后者有不少文字说明，是关乎年代学的重要内容。这两部工具书是年代学的开创性著作，长期以来为学界所重视和利用，并成为近世以来各种历表、年表之滥觞。他的著作《释氏疑年录》，以及《书内学院新校慈恩传后》《大唐西域记撰人辩机》等文章，皆以年代学的方法解纷纠谬，获得新证，为如何运用年代学考证历史事件的时间和人物生卒年，提供了系统的范例。

陈垣说："不讲避讳学不足以读中国史。"②为了解决治史中的避讳问题，他全面爬梳了历代避讳的情况，系统整理了古代学者尤其是清代学者利用避讳现象校勘古籍、考证史事的经验，结合自己的研究成果，撰成《史讳举例》一书，"欲为避讳史作一总结束，而使考史者多一门路多一钥匙"③。在这部书中，陈垣概述了古代避讳的历史沿革，揭示了避讳的方

---

① 陈寅恪：《陈垣敦煌劫余录序》，《金明馆丛稿二编》，236 页。
② 陈垣：《通鉴胡注表微》之《避讳篇》《考证篇》，北京，中华书局，1962。
③ 陈垣：《史讳举例·自序》，北京，中华书局，1962。

法、种类和特例，对因避讳造成的古书讹误和史实混乱作系统的分类、归纳，而最为精彩的是介绍了利用避讳学进行校勘考证的种种方法。正如他所希望的那样，《史讳举例》这部总结性著作一方面建立了避讳学的体系，另一方面为历史考证归纳了一个可资研习、利用的新工具。

在校勘学方面，陈垣一生以校勘为治学考史之要务，所校典籍甚多，辨误是正无数，然最为突出的工作是校勘《元典章》，撰成《沈刻元典章校补》《元典章校补释例》二书。前者校出校记 12000 条，为人们提供了一个可以放心使用的《元典章》善本。后者又称《校勘学释例》，它是陈垣对于传统校勘学进行理论总结的重大贡献。该书归纳了古籍文字致误各种形式的通例和特例，探讨了古籍文字致误的各种原因，为人们在校勘中准确寻找古籍讹误指明了方向。该书的精义更在于将以往靠各自摸索、先验运用的校勘方法系统总结为对校法、本校法、他校法、理校法等"校勘四法"。胡适评价说："陈援庵先生校《元典章》工作，可以说是中国校勘学的第一次走上科学的路。""我们承认他这件工作是土法校书的最大成功，也就是新的中国校勘学的最大成功。"[1]《校勘学释例》对于古籍致误形式、原因，以及对于"校勘四法"的理论总结，确实使中国传统的校勘学上升为一门科学的新的校勘学。

熔目录、版本、校勘、年代等专学为一炉的"史源学"，更是陈垣在文献学领域的一个创造。《陈垣史源学杂文》（人民出版社 1980 年版）是陈垣讲授史源学课程的范文汇编，从书中可以看出，史源学是对前人考证结论的再考证：追寻其史料根源，厘定各史料间的源流前后关系，审明史料的正误和优劣，考察对于史料的运用是否正确。它是陈垣所独创的、进行历史考证基本功综合训练的一门学问。

综上所述，陈垣在历史文献学领域的成就突出表现在将前人的考证经验，系统总结为各门具有法则和范例的，可供传授，便于研习、操作和成长的专学，从而为历史文献学的不断完善奠基，为历史考据在新时代的发展进步提供了科学的方法论。

---

① 胡适：《校勘学释例序》，《胡适文存》，第四集第一卷，上海，亚东图书馆，1933。

四、元史研究的巨大成就

在中国史学近代化的过程中，陈垣是元史研究领域的一代宗师。他打破从清代到 20 世纪初重修《元史》的旧格局，从宗教史、文化史、学术思想的角度，以专题研究的方法，开一代风气，把元史研究推进到一个新的高度。他在元史研究中的巨大成就包括：宗教史方面的《元也里可温教考》《元基督教徒之华学》，以及《南宋初河北新道教考》中关于宋元时期道教史的研究。文献整理研究方面，如上述《沈刻元典章校补》外，又有《书大德南海志残本后》，而要特别提出的是《元秘史译音用字考》一书。该书比勘了多种《元秘史》版本，并参照《华夷译语》，总结出一套明初音译《元秘史》的用字规律，对于准确理解《元秘史》的内容，深入研究 13 世纪的蒙古语，全面了解《元秘史》各种版本的源流皆有重要意义。在元史人物研究方面，他也写过一批有分量的论文。他在元史领域最重要的成就，当属研究中外文化交流的《元西域人华化考》和研究胡三省学术思想的《通鉴胡注表微》二书。这是他一生最满意的两部著作，是分别代表他前后期史学研究特点的两座高峰。

《元西域人华化考》写成于 1923 年，它的史学价值在中外学术界引起轰动。第一是史料繁富，考证精良。全书征引书籍 210 种，列举人物 168人，各种事例不计其数。它以缜密严谨的考证阐明了元代中外文化交通与民族融合的事实。日本著名汉学家桑原骘藏在书评中推崇该书"资料丰富，考据精博"，"具有科学治史的方法"，"裨益吾人甚多"[1]。陈寅恪则认为此书考证之功，"我国学者自钱晓徵以来未之有也"[2]。第二，书中贯通事实，对有关历史问题作出系统论述，这是陈垣的历史考证胜于前人之妙。比如他分析例证，指出元代文化之盛超越汉唐；他通过西域各族接受汉文化的事实，表彰中华文化的巨大魅力；他以文化认同作为识别民族的重要标

---

[1] 桑原骘藏：《读陈垣氏之〈元西域人华化考〉》，《史林》（日文），第 9 卷第 4 号，1924 年 10 月。

[2] 陈寅恪：《陈垣〈元西域人华化考〉序》，《金明馆丛稿二编》，239 页。以下引陈氏评论皆见此序。

志，说明了元代民族融合的成就。因此陈寅恪特别赞赏本书"分析与综合二者极具功力"，认为陈垣的史学已摆脱清人为考据而考据的旧习，"合于今日史学之真谛"，"为中外学人所推服"。第三，本书以实事求是的历史考证，开文化史研究之风气，所以陈寅恪称此书刊布"关系吾国学术风气之转移者大"，其意义"岂仅局限于元代西域人华化之一事而已哉"！

　　在抗日时期，由于爱国抗敌热情的激励，陈垣的史学思想有很大转变，明确表示不以考证"为尽史学之能事者"①。他治史不以考证为自限，史学风格也为之一新，具体而言就是考证结合史论，发挥历史对现实的鉴戒作用，表达他的爱国思想。这种风格在"宗教三书"已见发挥，而《通鉴胡注表微》则是集大成者。《通鉴胡注表微》详尽地介绍、阐发了胡三省的学术和思想，陈垣结合《胡注》的议论和表述的史事，总结治史经验，阐发自己的政治思想和社会思想。书中引用《胡注》精语 750 多条，引证典籍 250 余种。全书分 20 篇，前 10 篇讲史法，是从校勘、目录、辑佚、辨误、避讳、解释等多方面总结历史考证的经验，这里讲史法与单就某一方法作总结又不同，是从综合研究的角度看各种方法的互相关系和配合运用。后 10 篇讲史事，表达了陈垣对历史事件和人物的看法，对史学社会功能的理解，对民族问题和宗教问题的认识。无论言史事还是言史法，都表露出他对社会现实的关注，对国家历史前途和民族命运的思考。《通鉴胡注表微》全面反映了陈垣的史学思想、治史成就和学风特征，是他"所有著作中最有代表性的作品"②。

　　陈垣是 20 世纪最负盛名的史学大师之一。他去世时，北京大学教授、他的学生邵循正撰挽联曰："稽古到高年，终随革命崇今用。校雠捐故技，不为乾嘉作殿军。"可以说是对陈垣史学与生平十分贴切的写照。陈垣的历史考证在继承乾嘉考据学的基础上，不断扩充史料范围，以科学思想将前人零散的考据经验总结为各门自成体系、方法缜密的专学，并善于在考证中贯通史实，考论结合，对历史作出系统的综合解释。因此，他的历史考证能够超越乾嘉诸老，在崭新的高度上开一代风气，供后学取法。可以断言，在 21 世纪的新史学中，陈垣的史学成就仍然是一份值得继承的宝贵遗产。

---

　　①　陈垣：《通鉴胡注表微》之《避讳篇》《考证篇》，北京，中华书局，1962。

　　②　白寿彝：《要继承这份遗产》，《励耘书屋问学记》，7 页，北京，生活·读书·新知三联书店，1982。

学习和发扬陈垣先生的优良学风

北京师范大学原校长陈垣先生是我国著名的史学家和教育家，在 20 世纪中国史学的发展进程中，陈先生不仅在宗教史、元史、历史文献学等领域为中国史学作出了开创性的贡献，而且以他刻苦的治学精神和优良的学风，影响了代代学人。

一、励志耕耘，刻苦治学

陈垣先生的优良学风，是在长期刻苦治学的过程中逐步形成的，因此，刻苦钻研、坚韧不拔、持之以恒是他特别提倡的学风。他经常告诫青年学子要注意读书治学的长期性和艰苦性，学术上没有捷径可走，不要企图"毕其功于一役"。20 世纪 50 年代末，在大跃进"冒进"思潮的影响下，学校里也出现了浮躁的学风。为了端正风气，陈垣先生连续在报刊上发表文章，和青年学生谈读书和治学，他说："有人问我读书有什么秘诀，我想读书并没有什么秘诀，如果说有秘诀的话，那就可以说是要有决心、有恒心，刻苦钻研，循序渐进……任何学问，都是靠较长期的积累得来的。"他回忆起自己年少读书时，也是靠刻苦自励来克服诸多困难的。他说，那时家乡方圆数百里内，找不到一部二十四史，后来有个本家买了一部，他就经常在夜里打着灯笼，去借阅这部二十四史①。他 30 多岁时开始研究《四库全书》，每天从北京城西南的住处到城东北的京师图书馆看书，由于交通不便，路上要耗费三四个小时。在前后近十年的时间里，他不辞奔波之苦，认真了解、研究了这部几万册的大丛书。50 多岁时，他为了阅读《嘉兴藏》，深入到潮湿尘封、蚊虫肆虐的密室，为预防蚊虫叮咬传上疟疾，每次都要服用奎宁才去阅藏。80 多岁时，他应佛教协会之邀赶写《佛牙的故事》，不顾三伏酷暑，亲自查阅内、外典文献，实在太热时，便用

---

① 陈垣：《和青年同学谈读书》，载《中国青年》，1959(12)。

两条湿毛巾轮番披在肩上以增凉意①。他正是以这种刻苦顽强、持之以恒的精神，数十年如一日地撰写了20部专著和近200篇论文，留下了恢宏的史学成果。陈先生有诗曰："寒宗也是农家子，书屋而今号励耘。"他以"励耘"号书斋，正是表达了自己要像稼穑一样治学，深耕细作，业精于勤。"励耘"是他刻苦治学学风的真实写照。

二、言必有据，实事求是

实事求是是中国史家治学的优良传统，清代学者钱大昕就认为："通儒之学，必自实事求是始。"陈垣先生继承了这种史学传统，结合近代科学的实证精神，在他的史学研究中，自始至终贯彻着实事求是的学风。他提出"欲实事求是，非考证不可"②；"欲实事求是，非有精密之中西长历为工具不可"③；而最突出的一点是，他提倡著书立说，言必有据。在进行学术研究时，陈垣先生非常重视对资料的搜集，材料不到手，不动笔写文章。他常用"竭泽而渔"来形容专题研究时，力求全面地占有材料。搜集材料只是工作的第一步，要真正做到实事求是，还必须认真考辨材料，在"求是"上下工夫。他所发明的"史源学"，就是专门指导学生对史料进行鉴别和考辨。他所有的著作，也都是在广泛收集材料，去粗取精、去伪存真的基础上完成的。比如，他写《旧五代史辑本发覆》，收集材料极多，积累的稿本有三尺多厚，但经删繁去复，最后仅用194条，文章写成也只有2万多字；他写著名的《元西域人华化考》一书，稿本有三四大捆，经再三锤炼，完成时也仅7万多字。④ 恩格斯说："即使只是在一个单独的历史实例上发展唯物主义的观点，也是一项要求多年冷静专研的科学工作，因为很明显，在这里只说空话是无济于事的，只有靠大量的、批判地审查过的、充分地掌握了的历史资料，才能解决这样的任务。"⑤陈垣先生就是这样严谨的、实

① 刘乃和：《励耘承学录》，74～76页，北京，北京师范大学出版社，1992。
② 陈垣：《通鉴胡注表微·考证篇》，沈阳，辽宁教育出版社，1997。
③ 陈垣：《中西回史日历·自序》，民国间铅印本。
④ 刘乃和：《励耘承学录》，82页。
⑤ 《马克思恩格斯选集》，118页，北京，人民出版社，1995。

事求是的学者。他曾把学术创作分为三步，收集材料、考辨材料和论述成文。他指出前两步工作须占十分之八的时间，只有确实可据的材料和实事求是的研究，才能经得起时间的考验，"草草成文，无佳文可言也"①。

三、不说闲话，力求创新

文风是学风的具体表现，陈垣先生特别重视树立优良的文风。他的著作和论文，无论是题目的确定，还是谋篇布局、遣词用句，处处皆独运匠心。启功先生曾说："陈老师对文风的要求，一向是极端严格的。字句的精简，逻辑的严密，从来一丝不苟。"②在历史的文字表述方面，唐代史学家刘知几主张"文而不丽，质而非野"。陈垣先生则更强调历史表述的质朴、通达和简洁，他说："写作应当像顾炎武的《日知录》，一字一句能够表达就不要再写出第二个字第二句话。"③他主张写文章要去浮词、去空谈，反对言之无物、废话连篇的不良文风。1961年，他在中国科学院历史研究所二所的学术会议上谈到文风的问题，他说："现在有些学术性论文，空论太多，闲话不少，有时看到报上的一些文章，登了满满一整版，而细细分析一下，如果把重复的、空洞的话去掉，就可以省掉一半。""言之无物的文章最好是少写，看起来太费眼力，更重要的是太费时间。"最后他提出："我以为，发表的文章，最低要求应当：一、理要讲清楚，使人心里服；二、话要讲明白，使人看得懂；三、闲话不说，或者少说。"④这是一次匡正文风、针砭时弊的重要讲话，陈先生所提出的关于学术文章的几条基本要求，至今仍可作为我们规范学术论文文风的标准。

在反对言之无物、空谈闲话，主张言简意赅的同时，陈先生还身体力行地提倡创新、自得的学风。他曾明确地指出："凡论文必须有新发现，

---

① 陈乐素、陈智超编校：《陈垣史学论著选》，628页，上海，上海人民出版社，1981。

② 刘乃和编：《励耘书屋问学记》，103页，北京，生活·读书·新知三联出版社，1982。

③ 刘乃和编：《励耘书屋问学记》，23页。

④ 陈垣：《谈谈文风和资料》，载《光明日报》，1961-03-16。

或新解释，方于人有用。"①"新发现""新解释"是陈垣学术之魅力所在。他对也里可温教、摩尼教、火祆教、一赐乐业教的考证，对基督教、伊斯兰教入华史略的阐述，对宋金间河北新道教、明季遗民逃禅等事迹的揭示，对佛教史籍的叙录和辨析，对校勘四法和避讳学的总结；他的《中西回史日历》和《二十史朔闰表》在年代学上的贡献，《元西域人华化考》对文化史、中西交通史研究的开拓，《通鉴胡注表微》对胡三省身世、史法和思想的论述等，都在各个研究领域里开一代风气，供后人取法。陈垣先生在宗教史、元史、历史文献学等学科领域的建树和创获，是他倡导创新学风的有力见证。

四、谦虚谨慎，精益求精

陈垣先生虽早就以其学识和功力蜚声学界，但他却始终保持谦虚谨慎、精益求精的学风。他对于已完成的论文或著作，不是急于拿去发表，而总是多方征求意见，反复进行修改，以求臻于至善。他曾收集不少清代学者的手稿，如王念孙的《广雅疏正》、钱大昕的《廿二史考异》残稿，认真揣摩他们修改的过程，从中吸取治学的经验。他说，"文成必须有不客气之诤友指摘之"；"直谅多闻之友不易得，当以诚意求之"。二三十年代，他完成的文章常找伦明、胡适、陈寅恪等人提意见。抗战烽起，诸友散处四方，但如他在家书中所说的，一篇《汤若望与木陈忞》写成后，还是请过10个人反复参阅，指摘其中不足之处②。他常对人说，文章写成要找三种人看：比自己高明的、与自己平辈的和自己的学生，以便吸取各方面的意见。他常鼓励学生给自己的著作提意见，到了晚年，还常写信夸奖能对自己的论点进行商榷的晚辈，认为这样做尤合"旧学商量邃加密"之意③。他对别人所提的意见，总是从善如流，认真改正，并经常在著作中明文答谢朋友或后辈为自己提供材料或意见的帮助。这些方面，都体现出他虚怀若谷、不掠人之美的高尚品德。

---

① 陈乐素、陈智超编校：《陈垣史学论著选》，628 页。

② 陈乐素、陈智超编校：《陈垣史学论著选》，627～628 页。

③ 陈智超：《陈垣来往书信集》，809 页，上海，上海古籍出版社，1990。

陈垣先生对于发表论著，总是非常慎重。他主张文章写成"要多置时日"，一方面可以不断补充新的材料，一方面则可留待时间的考验，若干年后再回头审视，看文章的论点是否依然成立。他生前就有不少著作虽已完成，但仍想修订至善或因慎重起见而终未发表的。例如，20世纪30年代他写的《汉以来新氏族略》一书，因不拟刊行，后来连书稿也缺佚了；50年代他完成的《日知录校注》，也未及面世。此外，他还留存一些未发表的文稿，这些都是有待将来整理出版，以供学界传承的。

学术研究是一项极其艰苦的工作，是需要有奋斗精神、严谨态度和创新勇气相伴的崇高事业。因此，学风不但反映学者的道德风尚，而且也是一个学者能否在学术事业中有所创获的关键。在这方面，陈垣先生为后代学人做出了榜样。他一生耕耘所留下的丰硕的学术成果，以及刻苦、求实、严谨、创新的优良学风，是我们受用不尽的宝贵遗产。让我们继承陈垣先生的史学成就，学习和发扬他所倡导的优良学风，努力营造有利于学术发展的良好环境和风气，以推动中国历史学在新世纪的不断繁荣和进步。

自得、创新与建树

——读白寿彝先生的《中国史学史论集》

中国史学史是一项浩大的工程，早在 20 世纪 40 年代，白寿彝先生就在云南大学讲授中国史学史，并立志使中国史学史的研究摆脱旧模式的影响，使其成为一门独立发展的学科。五十多年来，白先生为中国史学史这项工程的设计和建设，投入了大量的辛勤劳动，作出了特殊的贡献。新近由中华书局出版的《中国史学史论集》[①]，收集了白先生自 1946 年至 1993 年陆续写作的 36 篇代表性论文。这部论集是白先生关于史学史研究论文的首次单独结集，它将与 1986 年出版的《中国史学史》第一册交相辉映，共同反映出白先生在几十年学术求索中对中国史学史研究的自得之学、创新成果和理论建树。读完这部《论集》，收获很大。这里，我想从几个方面谈谈本书的有关论述对于推动中国史学史研究发展的意义。

一、《论集》阐明了中国史学史研究的重要任务，为学科建设奠定了基础

中国史学史作为一门学科是在史学近代化过程中建立起来的。20 世纪以来，这门学科的发展经历了三个阶段。白先生指出，最初的史学史工作"受到《隋书·经籍志》和《四库全书总目提要》的影响相当大，史书要籍介绍的味道相当浓"[②]，这一阶段的史学史论述还不能算是科学，只能算知识。20 世纪 50 年代和 60 年代前期，史学史研究进入了规律探索阶段，逐步形成一门科学，白先生在此期发表的《中国史学史研究任务的商榷》等论文，是这一阶段学科进步的代表性著述。80 年代以来，白先生领风气之先，把史学史的学科建设推进到第三阶段，《论集》的《中国史学史上的两个重大问题》和《在第一次全国史学史座谈会上的谈话》两文的论述，突出

①　由中华书局于 1999 年 4 月出版，以下简称《论集》。

②　白寿彝：《中国史学史论集》，397 页，北京，中华书局，1999。

体现了他的这一贡献。在《中国史学史上的两个重大问题》一文中，白先生提出了史学史的学科建设所急需把握的两个理论问题："第一是对于历史本身的认识的发展过程；第二是史学的社会作用的发展过程。"在另一篇文章中，先生又把以上的两个重大问题进一步归纳为史学史研究的两个主要任务①。概括地说，中国史学史研究的主要任务，就是要解决史学家如何认识社会历史的发展、如何认识史学的社会作用这两大问题。白先生在有关文章中，精辟地阐述了解决这两大问题的具体内容和意义。认为"这两个问题如果解决得好，史学史这门学科就可能面目一新"，就能跳出"旧日的史部目录学"的窠臼，逐步建设起新型的、科学意义上的学科体系。我们看到，与此相关，正是在中国史学史主要研究任务理论阐释的基础上，《中国史学史》第一册有了对史学史研究对象和范围、方法和目标等一系列理论的系统构想，从而把史学史的学科建设提升到一个新的高度。

二、深刻阐述历史科学的社会意义和社会作用，是《论集》史学思想的重要核心之一

在阐明史学史研究的两大主要任务时，白先生针对 20 世纪 80 年代以来史学界流行的"史学危机"或"史学无用"的说法，尤为突出地强调了史学史学科研究总结史学的社会功用的重要性，多次论述了史学的社会意义和作用。这一思想不仅在上述两文之中，在《论集》的其他篇章也有多处论证。首先，白先生认为，马克思主义的经典作家就十分重视历史理论的实践意义，马克思、恩格斯高度概括了历史发展进程，指出了无产阶级革命的道路和共产主义的历史前途；毛泽东也是通过对中国历史和社会的原则分析，指引中国革命从胜利走向胜利。其次，他认为中国古代的史学家、思想家虽然不可能在唯物主义的高度理解历史知识在社会发展中所起的作用，"但从历史中吸取经验教训，这是我们一个古老的传统"②。"疏通知远"是《礼记·经解》提出的一个命题，本书的《说"疏通知远"》一文，便通过重点论述先秦思想家、史学家对历史知识运用的过程，令人信服地说

---

① 白寿彝：《中国史学史论集》，402 页。
② 同上书，398 页。

明："历史知识的善于运用，使人能疏通知远，特别在政治思想上很有影响。这在中国史学史上，是很显著的。"此外，白先生还从科学价值和教育意义的角度，论述了史学的用处。在《读点历史有好处》一文中，他从吕蒙读史的事例，进一步阐述了"学历史有什么用"这个问题。他说："这个'用'，如果指的是物质生产的直接需求，恐怕说不上有什么用。如果指的是对国家前途的观察，对国策的制定，对社会风气的改善，那就可能有或大或小的用处。历史不是过去的简单的事情，而是和现实息息相关的。"这些论述，回答了学术与社会、历史与现实的关系问题，发挥了社会存在和社会意识辩证关系的原理，是新时期史学理论发展的重要突破。

三、《论集》研究了中国史学发展的过程及其规律，在批判继承史学遗产的问题上进行了理论的总结和概括

史学史，是指史学发展的客观过程。中国史学源远流长，著述宏富，如何科学地论述中国史学发展的过程及其规律，批判地总结中国史学的成就呢？《论集》中所收录的《谈史学遗产》，以及就《谈史学遗产》答客问的五篇系列文章，从全面总结中国史学遗产的角度，构架了中国史学史研究的内容体系，从而为史学史学科有效地摆脱以往要籍解题式的内容格局，提供了方法论的指导。在20世纪60年代发表的《谈史学遗产》这篇重要论文中，白先生就提出要对中国史学遗产中的史学的基本观点、史料学遗产、历史编纂学遗产、历史文学遗产、有关历史问题已有的成果、史学家传记和史著本身、历史启蒙书七个"花圃"进行研究，取其精华，弃其糟粕，赋予新的生命力，"创造出宏大的深湛的新的史学规模"。进入80年代，作者又写了《关于〈谈史学遗产〉》《谈历史文献学》《谈史学的编撰》《谈历史文学》《再谈历史文献学》五篇就《谈史学遗产》答客问的系列文章。对60年代关于史学遗产的问题，从更深的层次展开讨论，把史学遗产七个"花圃"的内容，进一步归纳为历史观点、历史文献学、历史编纂学、历史文学四个方面，从而形成了史学史研究更为严密的体系。作者对史学史研究四个部分内容的阐述，是从中国史学发展的实际作出的概括和升华，历史观点是灵魂，历史文献是血肉，编纂形式是负载内容的躯体，历史文学是传播思想和学术的语言媒介。白先生对于批判地继承中国史学遗产的理论总结，不

仅是对史学史研究科学的方法论的贡献，而且是在历史领域中，对马克思主义批判地继承人类文化遗产这一原则的创造性运用。

四、《论集》集结了白先生对中国史学史各个方面的开拓性研究成果，是新时期史学史研究精深水平的代表作

《论集》的前18篇文章多属专论性质的论文，虽各自独立成72篇，但彼此间又存在着沿时代论述的有机联系。这批论文大体上包括了先生完成于20世纪60年代的《史学史教本初稿》的内容，写出了由先秦至唐代前期中国史学发展的基本脉络；然后又专论了宋元时期史学家的代表人物郑樵、马端临的史学思想和史学成就。其中有对史学传统的论述，有对古代史学思想的分析，有对史家和史著的评论，有对历史文学的探讨。书中收入一批80年代以后发表的论文，更反映出白先生对史学史上一些具体问题的着力开掘，表达了许多他人未及的真知灼见。其中如《说"成一家之言"》，对司马迁"家"的概念作出富有新意的解释；《说六通》则对《史通》《通典》《通鉴》《通志》《文献通考》《文史通义》等书的内容、主旨进行分析，说明了它们所通者各不相同的异趣。书中的《谈谈近代中国的史学》和《六十年来中国史学的发展》两文，则反映出作者自80年代以来研究领域的不断拓宽，这两篇文章论述了鸦片战争以来的中国史学，理出了近现代史学发展的主线，为今后对中国近现代史学史研究的全面展开，奠定了坚实的基础。江泽民同志在祝贺白寿彝先生的《中国通史》出版的贺信中说："我相信这套《中国通史》，一定会有益于推动全党全社会进一步形成学习历史的浓厚风气。"[1]我们以为，白先生《中国史学史论集》的出版，对于中国史学史和中国历史的学习与研究，也必将产生深刻和久远的学术影响。

---

① 《史学史研究》，1999(3)。

当代史学理论的财富

　　白寿彝先生是当代享有盛名的历史学家，在六十多年的学术生涯中，白先生在中国通史、史学史、民族史等领域里辛勤耕耘，取得了丰硕的成果。《白寿彝史学论集》是著者"六十多年来所写历史、历史学、历史教育等文章的选集"①，所收论文的时间跨度为 1929 年至 1993 年，著者关于民族史和宗教史方面的论文已另外结集出版。在这部选集中，白先生运用马克思主义的观点，对中国通史、中国史学等诸多方面的问题进行了深入思考和精辟阐述，体现了马克思主义史学理论在当代社会进程中的不断发展和蓬勃生机，反映了著者注重理论，强调通识和勇于创新的治学特点。

　　继承中国史学的优良传统，高扬时代精神，不断推进有中国特色的马克思主义史学的发展，是本书的主旨。综览全书，其突出的贡献有如下几个方面。

一、构建史学史的学科体系

　　史学史是一门新兴的学科，如何运用马克思主义的立场、观点和方法研究史学史是新中国成立以来史学界讨论的重要课题。本书有较大的篇幅凝聚了作者在这一学科建设上的睿思和卓识。

　　第一，阐述了史学史研究的内容和任务。作者在 20 世纪 60 年代初发表的《谈史学遗产》和《中国史学史研究任务商榷》等重要文章中，便从批判地继承我国史学遗产的角度，展开了史学史学科研究内容和范围的论述。提出要对史学遗产中的史学基本观点、史料学遗产、历史编撰学遗产、历史文学遗产、有关历史问题已有的成果、史学家传记和史著本身、历史启蒙书七个花圃进行研究，从我国已有的史学成果中吸收思想资料，取其精华，弃其糟粕，赋予新的生命力，"创造出宏大深湛的新的史学规模"。在论述史学史研究内容的基础上，作者总结了史学史研究两个经常性的任务，指出："中国史学史的研究，首先是阐明我国史学发展的规律"，"在

---

① 白寿彝：《白寿彝史学论集·题记》，北京，北京师范大学出版社，1994。

阐明中国史学发展规律的同时，中国史学史的研究还要批判地总结我国史学成果"。进入 80 年代，作者又写了《谈史学遗产答客问》等五篇系列文章，对 60 年代关于史学遗产的问题，从更深的层次展开讨论，并将史学遗产七个花圃的内容进一步归纳为历史观点、历史文献学、历史编纂学、历史文学四个方面，从而形成了史学史研究更为严密的体系。作者对于史学史研究四部分内容和两大任务的论述，是对中国史学发展实际的准确概括和总结，是在历史学领域中，对马克思主义批判地继承人类文化遗产这一原理的创造性运用。

第二，作者在阐述史学史学科的理论问题时，明确提出要研究史学与时代的关系，发挥学科的社会功能。历史学究竟有什么用处？这是每一个史学工作者都要思考的问题，也是史学史学科应该回答的问题。本书的《中国史学史上两个重大问题》《说"疏通致远"》《〈中国史学家评传〉序》《写好少年儿童历史读物》以及有关历史教育的文章，都深入地探讨了史学的社会功用。例如《中国史学史上两个重大问题》一文，作者提出要把"对于历史本身的认识的发展过程"和"史学的社会作用的发展过程"当作史学史研究的两个重要问题加以重视。第一个问题突出了史学史学科的哲学思考和思想性特征。第二个问题则分析了古往今来人们对历史知识的运用，强调了历史学科的社会功能。作者认为，马克思主义经典作家十分重视历史理论的意义，马克思、恩格斯高度概括了历史发展进程，指出了无产阶级革命的道路和共产主义的历史前途；毛泽东同志通过对中国历史和社会的原则分析，指引中国革命从胜利走向胜利，"古代的史学家、思想家，不可能这样高度地理解历史知识在社会发展所起的作用，但从历史中吸取经验教训，这是我们一个古老的传统。"[1]"疏通知远"是《礼记·经解》提出的一个命题，作者在《说"疏通知远"》中对此作了详尽的阐释。文中通过重点论述先秦思想家、历史学家对历史知识运用的发展过程，令人折服地说明：历史知识不但可以增长人的智慧，提高人的修养，更重要的是可以作为制定政治决策的参照和依据。历史工作虽然没有什么直接的经济效益，但是它可以"让人们更自觉地认识历史，看清社会前进的方向。这种认识

---

[1]　白寿彝：《白寿彝史学论集》，604 页。

集中起来是巨大的物质力量，其社会效益是不可估计的"①。这些论述，回答了学术与社会，历史与现实的关系问题，发挥了社会存在和社会意识辩证关系的原理，阐明了史学作为社会意识形态的一种，它对社会存在具有能动的反作用，这对于史学理论也是一项重要的贡献。

第三，本书对于史学史学科的一些具体问题还作了许多剀切中理的分析和开拓性探索，从而丰富了史学史研究的成果。完成于20世纪60年代的《史学史教本初稿》写出了由先秦至唐初中国史学发展的脉络。书中收于"史学史论"和"札记"的一批论文，则有对史学传统的论述，有对古代史学思想的分析，有对史家和史著的评论，有对历史文学的探讨。80年代以后，作者对史学史上的一些具体问题着力开掘，提出了一些他人未及的看法。如《说"成一家之言"》，对司马迁"家"的概念作出富有新意的解释；《说六通》则以对《史通》《通典》《资治通鉴》《通志》《文献通考》《文史通义》等书的分析，说明了它们所通者各不相同的特点。书中的《谈谈近代中国的史学》和《六十年来中国史学的发展》，则反映出作者自80年代以来研究领域的不断拓宽。这两篇文章论述了鸦片战争以来的史学，理出了近现代史学发展的主线，为今后对中国近现代史学史研究的全面展开，奠定了坚实的基础。

二、对中国通史理论的深入探索

自20世纪70年代至今，白先生已编纂了大、中、小三套中国通史，其中小型本《中国通史纲要》已在国内外多次印行，多卷本大型《中国通史》正陆续出版。本书有关通史理论的探讨虽不是作者此项研究的全部，但已足以反映他在这一领域的独创精神和显著成就。

第一，中国历史上的疆域问题。以往讲历史，总是把中国历史的舞台局限在某一王朝的疆域里，这是讲不通的。作者认为：中国的历史舞台"应该是我们现在五十六个民族曾经活动的那个舞台"。"我们讲历史的，要讲中国疆域，就是要以我们中华人民共和国的疆域为基础，不应该把过去皇朝的统治地区来作为我们中国的疆域"②。在疆域问题上，作者提出以

---

① 白寿彝：《白寿彝史学论集》，295页。

② 白寿彝：《白寿彝史学论集》，5～6页。

今天中华人民共和国境内各民族共同进行历史活动的地理范围作为研究空间，这不仅客观反映了中国历史的实际情况，而且有利于国内各民族间的团结，有利于中国和邻国的和睦相处，这是中国通史研究的科学性和服务祖国的现实性有机结合的精彩范例。

第二，封建社会历史分期问题。中国封建社会的分期标准和断限，众说纷纭。究竟以什么标准来划分封建社会的历史阶段，使之既符合历史唯物论原理，又切合中国历史实际呢？作者在本书的《关于中国封建社会的几个问题》和《中国历史的年代》里阐述了自己的独到见解。概括地说，作者是以综合考察历史的各方面因素作为分期标准的。这些综合因素包括社会生产力和经济水平、生产关系等级制特点的演变、阶级斗争的发展、民族关系和少数民族地区的封建化、中外关系局面的变化五个方面。由此出发，作者认为自秦代开始的封建社会可分为四个时期：秦汉时期是中国封建社会的成长期，三国两晋南北朝隋唐时期为发展期，五代宋元是进一步发展期，明至清代鸦片战争前是衰老期。这种分期方法在断限上把三国两晋南北朝和隋唐看作一个发展阶段，又把五代和宋元放在一起，是与多数分期方法不同的。在断限的具体分析中，作者阐述了许多独到见解，尤其在考察生产关系的相对变化时，提出了"封建等级所有制"和"地主阶级等级结构"的系统看法。指出由于地主阶级是封建社会矛盾的主要方面，所以在考察历史分期时，可将不同阶段地主阶级的特点作为分期的一个依据，并阐述了分别在四个时期中占主导地位的世家地主、门阀地主、势官地主、官绅地主的特征。

第三，在通史理论中将民族问题置于应有的重要位置。比如，在讨论疆域问题时，作者就是从多民族历史的角度来考虑的。在阐述中国封建社会的发展进程时，作者把国内各兄弟民族的封建化程度作为中国封建社会进程的一个重要因素来考察，充分估价少数民族地区封建化过程对历史发展全局的影响，这不仅符合历史实际，而且开阔了视野，丰富了通史的内容。

三、历史教育思想的阐发

白先生的历史教育思想是与他史学功用的理论紧密联系、相得益彰的。作为一个老教育家，白先生在历史教育方面有系统的思想和深刻见解，除已出版的《历史教育和史学遗产》一书外，本书也收入大量关于历史教育的论述。首先，作者是把历史教育的重要性放到丰富和发展马克思主义历史理论，提高全民素质，建设社会主义精神文明的高度来认识的①。历史教育的目的和任务是什么？这是本书多处论述的另一个问题。作者认为，第一条是要讲做人的道理，这在我国有两千多年的传统，《易·大畜》说："君子多识前言往行以畜其德。"就是要从历史知识里学到做人的道理。第二条是要讲历代治乱兴衰得失之故，以古为镜，发挥历史的启迪作用，通过了解过去来认识现在。第三条是历史前途的教育，讲历史前途，是要从学习历史中观察未来，认识我们祖国和社会的光明前程②。本书有关历史教育思想的另一方面，是作者对历史教育和历史学习方法的总结。比如，论学思结合，提倡好学深思，"进行研究工作，必须详细占有材料"，又要"对每一材料的细节都给予分析"③。论精博关系，主张以"专精为主，循序渐进"，"学一点，巩固一点"，"由少到多，由精到博"④。谈史论结合，批评那种只讲材料不讲认识，有史无论的历史教学；也反对那种只讲大道理，有论无史的教学方法，提倡寓论于史，史论统一⑤。强调终身学习，认为历史教育还要提倡不断学习、自我学习，不仅从书本上学，还要结合社会实践和工作实践学，"历史学习是一生一世的事情"⑥。

　　本书除了有关中国通史、史学史和历史教育的理论探索外，还收入了白先生在 20 世纪 30 年代研究朱熹的几组论文。书后所附刘雪英同志撰写的《白寿彝教授传》，对读者全面理解白先生的学术和思想有很大的帮助。要言之，《白寿彝史学论集》一书虽然汇集的仅是著者的部分学术论著，但已充分显示出白先生重视理论思考，研究历史，关注现实，展望未来的学术个性及其锲而不舍、开拓创新的执著追求。本书作为当代史学理论的重要财富，将会越来越引起学界的重视。

---

① 　白寿彝：《白寿彝史学论集》，288～289 页。

② 　同上书，209～212 页。

③ 　同上书，180 页。

④ 　同上书，186～187 页。

⑤ 　同上书，166 页。

⑥ 　同上书，226 页。

弘扬励耘精神　开创史学新风

——浅谈刘乃和先生的史学成就

中国历史文献研究会会长、北京师范大学古籍所教授刘乃和先生是当今著名的史学家和文献学家。在五十余年的治学生涯中，刘先生继承励耘主人陈垣先生的学术和治学精神，在陈垣学术研究、中国古代史研究、历史文献学研究以及史学的普及与提高方面，做出了令人叹服的成就，在有关学科的理论建设上提出许多重要见解，为世人瞩目。在先生80寿辰到来之际，我们以浅薄之识，对先生的学术贡献做一些初步的探讨，藉表深深的敬意。同时，也是我们对先生学术的一次再学习。

一、励耘承学：对陈垣学术的研究和弘扬

陈垣先生字援庵，书斋号励耘，是中国近代史学大师。刘乃和先生自1939年考入北京辅仁大学起，就被陈老博大精深的学术造诣所吸引。1943年先生跟随陈老攻读研究生课程，1947年毕业留任辅仁大学历史系助教并兼陈老助手，1955年任陈老专职秘书，一直到陈垣老校长去世。数十年间，先生追随陈老问学请业，深得陈老学术之精奥，是陈老的"得意学生和助手"，对陈老思想与学行"最为了解"①。师生为忘年知己，感情笃深，也可称并世无双。因此，总结和研究陈垣的学术和思想，使之弘扬光大，便成为先生跟随陈老以后数十年间孜孜矻矻的研究目标，而以陈垣老在近世的学术地位和重大影响而言，则不难想象先生此项工作的重要作用与深远意义了。

先生的陈垣研究着力于几个主要方面。其一是注意对陈老著述和行历资料的收集整理。其实，早在先生正式担任陈垣老秘书时，她便以研究陈老学术为己任，随时记录陈老的言行，协助校勘重版陈老的论著。遗憾的是在"文化大革命"动乱时期，记录陈老论学言谈的笔记中有三大册丢失。

---

① 白寿彝：《〈励耘承学录〉序》，《励耘承学录》，2页，北京，北京师范大学出版社，1992。

幸好仍有一批材料得以留存，而且经先生收集或亲手拍摄，反映陈老自1912年至1971年达60年学术、教学、社会活动的数千张照片则比较完整地保存下来了，这是现代社会学术文化界真实写照的宝贵资料。其中的200多张已经由先生编为《陈垣校长诞生110周年纪念册》出版，这些照片或因年代日久，记忆不清，或因从其他档案文件翻拍，没有时间地点的详细记录，先生发扬陈老的考据精神，利用各种材料参稽互证，从而使每张照片皆有较为准确的时间、地点、人物和事件记载。于是，陈老一生各阶段的主要活动和大师风貌跃然纸上，20世纪初以来的文化巨匠，也大多可以在与陈老交往的图片中找到踪迹。因而这样的图册不啻为陈垣研究的重要史料，简直就是一部活生生的文化史册。近期，先生又陆续整理出有关图片1000余张，准备结集出版，以如此众多的图片和文字集中反映一位学术大师半个多世纪的活动，并以视觉材料直接展示近世以来社会文化的一些侧面，这本身就是先生对当代史学的一个新发展。

自20世纪40年代起，先生就开始协助陈老校勘出版有关著述。1944年陈老的《清初僧诤记》付梓，先生便参与了该书一至三校的校对工作。1958年科学出版社重印陈老《史讳举例》，先生遵陈老之嘱将全书引文一一核对，添加引号，注明引文卷数，并改正引文的一些错误。1946年《辅仁学志》刊印陈老《通鉴胡注表微》后半部及1958年科学出版社重印全书，先生都负责了校对的任务，特别是1958年重印时，先生更是协助陈老完成了全书的修订工作，对书中的一些观点和材料，做了必要的改动。1955年至1959年，陈老重印他的著述丛书《励耘书屋丛刻》，由于该书原为雕版印刷，制作工艺复杂，先生多方奔跑，在数年中重印整书共50部，保证了陈老这部大型学术丛书在学术界的流通。陈老去世以后，先生根据历年著录，及时地整理出版了《陈垣同志已刊论著目录系年》[①]，为学界系统研究陈垣学术提供了基本线索。此外，先生还以新式标点，将陈老的一些著作再次校订出版，如《中国现代学术经典》丛书中的《陈垣学术论著选集》[②]，以及《20世纪史学名著选》丛书中的《明季滇黔佛教考》[③]。后者收入了陈老的"古教四考"、"宗教三书"和《中国佛教史籍概论》等8部宗教史著作，先

---

① 刘乃和：《陈垣同志已刊沦著目录系年》，香港，香港大东图书公司，1980。

② 陈垣：《陈垣学术论著选集》，南昌，江西教育出版社，1996。

③ 陈垣：《明季滇黔佛教考（外七种）》，石家庄，河北教育出版社，1998。

生还为这些宗教史论著各写了精当的提要。

其二，先生另一贡献是对陈垣研究这一重大课题的规划和推动。陈老一生执教，泽被海内，桃李满天下。一代宗师谢世时，他的许多门生弟子已卓然成为各个学术领域的专家学者，但是当时的政治形势，不允许人们公开地研究和宣传陈老的学术，正如启功先生所说："老师逝世时，是1971年，那时还祸害横行，纵有千言万语，谁又敢见诸文字？"①粉碎"四人帮"后，学术界逐步恢复了生气，先生抓紧有利时机，四处拜访陈老往日的学生、同事和朋友，收集各种资料。她把陈垣研究看作整个学术界的大事，在她的联系下，1980年纪念陈老诞辰100周年之际，许多陈老的弟子，那些年近古稀、蜚声海内外的学者纷纷撰文回忆陈老、阐发陈老学术的精蕴，结集出版了《陈垣校长诞辰百年纪念文集》《纪念陈垣诞辰百周年史学论文集》②以及《励耘书屋问学记》③等文集。1990年纪念陈老诞辰110周年，先生又编辑了《纪念陈垣校长诞生110周年学术论文集》④。以上几部文集共汇集了近百篇研究陈老学术著作、治学方法、教学思想等方面的论文，宏邃深远，各具特色，为陈垣研究奠定了基础。

此外，先生还在学校的支持下，组建了陈垣研究室，制订陈垣研究的长期规划和阶段性任务，向有关部门申报陈垣研究的项目，使这一课题研究沿着明确的目标，有条不紊，一步一个脚印地向前发展。

其三，先生的陈垣研究有深入独到的见解。自陈老逝世以后，先生开始发表论文，从各个方面深入研究、系统阐发陈老的学术和思想，仅以先生的两部文集《励耘承学录》⑤和《历史文献研究论丛》⑥而计，其中收入有关陈垣研究的论文则达25篇之多。先生的陈垣研究覆盖相关问题的各个领域，首先是向世人展示了陈老勤奋治学、献身教育，由一位旧民主志士发

---

① 启功：《夫子循循然善诱人》，《励耘书屋问学记》，110页，北京，生活·读书·新知三联书店，1982。

② 《纪念陈垣诞辰百周年史学论文集》，北京师范大学出版社，1980。

③ 刘乃和编：《励耘书屋问学记》，北京，生活·读书·新知三联书店，1982。

④ 刘乃和主编：《纪念陈垣校长诞生110周年学术论文集》，北京，北京师范大学出版社，1990。

⑤ 刘乃和：《励耘承学录》，北京，北京师范大学出版社，1992。以下简称《承学录》。

⑥ 刘乃和：《历史文献研究论丛》，桂林，广西师范大学出版社，1998。以下简称《论丛》。

展成为新中国著名学者和教育家的多姿多彩的人生经历，她为《中国当代社会科学家》第四辑所撰写的《陈垣老师勤奋的一生》①和为《中国现代教育家传》第一卷所撰写的《从事教育工作七十年的老教育家》②，是迄今为止较为详尽的陈老传记。

其四，先生总结陈老在史学上的贡献为宗教史：范围遍及古今中外多种宗教，古教如火祆教、摩尼教、一赐乐业教，另外则如中国的道教，世界性的佛教、基督教、伊斯兰教；内容是着重研究宗教的演变和传播史，而不涉及教义教理；在研究方法上则开创利用经藏资料而考史，通过宗教史研究而及民族史、政治史研究的途径和方法。历史文献学研究：包括目录学、校勘学、年代学、史讳学、史料整理等几个方面③。元史研究：包括《中西回史日历》的制作，《元典章》的校勘等基础性的工作；元代宗教史与民族史的研究；元代中外关系史的研究；《元朝秘史》的研究；《通鉴胡注表微》中的史论等等④。先生还通过分析陈老具体的史著和史论，探讨了陈老史学思想发展变化的四个阶段⑤。

其五，先生认为陈老的治学有坚韧不拔的刻苦精神，敢下大工夫去做学问，他的第一篇论文《元也里可温教考》是在通读210卷的《元史》及其他大批材料的基础上做成的；他以五十多岁高龄，每天服用奎宁预防疟疾，在阴暗潮湿、蚊虫众多的藏经室里用一年多时间攻读《嘉兴藏》《大正藏》和《碛砂藏》，搜寻材料以备佛教史的研究；他不惧往返3个多小时的路程，在前后接续10年的时间里，披阅和研究了整部文津阁《四库全书》。先生认为陈老治学有勤奋不辍的持久耐力，每天必看书写作，几十年从不间断，直至晚年仍有新作问世。先生认为陈老治学有实事求是、谦虚审慎的态度，立论从材料出发，收集材料"竭泽而渔"，甄别材料去伪存真；每有新作不急于发表，常与师友乃至学生商榷而后定；为文不尚空谈，言简而意赅⑥。

其六，先生多次撰文阐述陈老70年教育工作对于中国现代教育的突出

① 《承学录》，3页。

② 同上书，24页。

③ 同上书，11～16页。

④ 《论丛》，316～330页。

⑤ 《承学录》，17～20页。

⑥ 同上书，72～84页。

贡献，指出陈老在教育实践中极为重视学生道德品行的培养，并以身作则，树立风范；陈老的文史教学强调学生对基础知识的掌握和基本技能的训练，他在大学历史系开创的"史学名著选读"和"史源学实习"课，是分别为扩大学生知识面打好基础和锻炼学生的学术研究能力而开设的；陈老的课堂教学注重讲授和板书效果，课堂教学生动活泼，启发学生积极思考和参与讨论；陈老要求教师要教学和科研并重，以科研促教学，不断提高教学质量。

其七，陈老作为 20 世纪的学术大师，与中国现代文化史的一些重大事件息息相关，因此，先生的陈垣研究不仅本身具有重要的学术史意义，而且对于中国现代文化史的一些具体史实甚有裨益。比如，先生在有关文章中记载了陈老两次出任北京图书馆馆长，担任"清室善后委员会""故宫博物院理事会"成员，对于北京图书馆的发展和故宫博物院的建立的许多贡献；以及陈老与中华书局往来，参与策划和点校"二十四史"的过程。尤其是先生关于陈老清理和保护故宫物产、参与建立故宫博物院这段历史的记述，不仅反映了陈老在故宫摛藻堂发现《四库全书荟要》的经过，而且带述了清帝出宫、清室遗老企图复辟、军阀觊觎故宫珍物等事实①，对于人们了解故宫博物院早期历史有宝贵的价值。

目前，先生手中还有《陈垣评传》《陈垣年谱》两大项目已经基本结稿，正在继续补充和修订之中，相信这两大项目的问世，将会更为集中地体现先生这一领域的研究成就。祖述先师学术，使之发扬光大，是中国学人的优良传统，也是中华学术文化得以薪火相传、不断发展的重要原因。先生陈垣研究的成就，不仅是对当代史学的贡献，而且是对中华学术传统高尚精神的弘扬，其精蕴必将对后代学人产生深远的影响。

二、古史研究：继承发展实证学风

先生对中国古代史的研究，继承和发展了陈老实事求是的精神和重视考证的学风。先生在古代史领域的成就，一是专题研究，如古代历史纪年、古代历史地理、古代职官制度、古代避讳研究；二是对于古代人物史事的具体考证；三是对古代妇女史的开拓和研究。

---

① 《承学录》，105～112 页。

历史纪年、历史地理、职官制度、避讳制度不仅是中国古代史的专学，而且是研究古代史的重要工具，因此历来为史家所重。清代著名学者钱大昕说："史家所当讨论者有三端，曰舆地，曰官制，曰氏族。"①又说："读史而不音舆地，譬犹瞽史之无相也。"②"修史者不通官制，故涉笔便误。"③足见他在古代史研究中对历史地理和职官制度的重视，钱大昕的年代学、避讳学也很精通，他对古代史书中的各种纪年，皆能"指掌立辨，悉为抉摘而考定之"④，他运用避讳学进行史学考证的成就也为世人所称道。陈垣老治史早年服膺钱大昕史学，因而对年代、舆地、官制、避讳几门专学非常注重，他在年代学、避讳学上都有专著，在官制、舆地方面也多有考证。

刘乃和先生继承陈老学术，在她为陈老当助手的时候，就对以上几门专学进行钻研，陈老的《二十史朔闰表》和《中西回史日历》重版时，先生协助陈老校改了二书推算上的一些错误，《史讳举例》重版，先生也参与了该书的补订工作。此后，先生对这几门专学开始了独立撰述。1983 年至 1984 年，她在《文献》杂志上分三期连续发表了《中国历史上的纪年》⑤，这篇长达数万字的论文分三部分，第一部分阐述了历史上干支纪年、月、日、时，以及动物纪年、岁首异建、岁阳岁名的起源和演变。第二部分介绍了年号纪年的产生和沿革，历代的改元及其社会政治背景。第三部分探讨了中历与西历的比较和对照以及附带的一些问题。先生的论述，首次较为全面、系统地考察了中国历史纪年的一般方法和特殊情况，为人们学习和研究中国历史，考证史实提供了基本的依据；先生还阐明了历史纪年的演变与社会政治、文化的密切关系，订正了前人在历史纪年上的一些错误，从而更加说明历史纪年的学问在史学研究中的重要作用。

陈老说："不讲避讳学，不足以读中国之史也。"⑥他还在《史讳举例》的自序中把避讳学比作考史的"门路"和"钥匙"。先生秉承陈老遗绪，发扬光

---

① 钱大昕：《潜研堂文集》，卷二十四，《二十四史同姓名录序》，上海，上海书店，1989 年。

② 钱大昕：《潜研堂文集》，卷二十四，《东晋南北朝舆地表序》。

③ 钱大昕：《廿二史考异》，卷八十八，《地理志一》，北京，中华书局，1985。

④ 《清史列传》，卷六十八，《钱大昕传》，北京，中华书局，1987。

⑤ 《承学录》，172～234 页。

⑥ 陈垣：《通鉴胡注表微·避讳篇》，62 页，沈阳，辽宁教育出版社，1997。

大，在历史避讳问题上发表了一批专论，如《史讳一例——谈"丘"与"邱"》①等文，以及为《中国历史知识手册》所写的《避讳》一节②，深入浅出地阐述了古代避讳的方法、种类、通例和特例，历代避讳的演变，读史考史中对避讳问题的注意和利用，推动了这一专学的发展。先生还重视历史地理和职官制度的研究，她的历史地理研究比较注重于探究历代地理沿革和行政区划的演变，尤其对于魏晋南北朝的"遥领""虚封"和"侨置郡县"等特殊地理制度有简明清晰的分析③。先生对于古代职官制度也非常熟悉，曾于课堂上多次讲授，并撰有专文对古代中央与地方官制的演变作扼要的介绍。邓广铭先生将年代学、避讳学、历史地理和职官制度称为治古代史的"四把钥匙"，在20世纪70年代末，曾请刘先生到北京大学历史系兼课，为学生讲授这几门专学。

在古代史中具体问题的研究方面，先生早年对三国史事颇感兴趣，曾在陈老的指导下，以《〈三国演义〉史征》为题，选取《三国演义》中的某些人物、事件，求诸正史，探其史源，从而得出"《演义》所记，无论年月、人物、地理、歌谣，多有所本，即偶涉夸张，亦非尽出无因，仅有描写夸大之笔，绝少无中生有、节外生枝"这样的结论④。先生的这部考证之作迄今仍未出版，但她所发表的《〈三国演义史征〉缘起》一文则对《三国演义》这部小说的产生流传，后人的续作、改编和研究，都作了详尽的考察和分析，并说明了结合小说征史的意义。先生所发表的《三国两孔明》一文，则考证了三国时期的书法家胡孔明的生卒、行谊、言论、书法，分析了关于胡孔明的文献记载，纠正了前人的一些错误。先生对三国两孔明的考证，澄清了有关历史问题，为学界所利用，得到著名学者张政烺先生的好评⑤。值得一提的是先生另有一篇关于明末两位顾亭林的考证文章《顾亭林画与顾亭林之得名》，文中爬梳史料，钩沉索隐，论证明末不仅有著名史家顾炎武亭林先生，还有画家顾正谊亭林先生，从而辨正了历史上对此问题出现的一些混淆；该文不仅考证了人名的顾亭林，还论证了作为地名的顾亭林（在今上海松江），阐明顾亭林此地自唐代得名，及唐以后各代的地理沿

① 《承学录》，235 页。
② 《论丛》，83～103 页。
③ 同上书，70～73 页。
④ 《承学录》，386 页。
⑤ 同上书，414 页。

文献传承与史学研究

弘扬励耘精神 开创史学新风

革，原原本本，条分缕析，显示了先生深厚的舆地学功底①。五代史研究是先生古代史研究的另一个领域，而这方面的成绩则主要体现在先生协助陈老点校整理新旧《五代史》的工作上，尤其是《旧五代史》，先生作了大量的校勘和考证，积累了大批材料，这些成果有的已经收入点校本《五代史》中，有的还可进一步整理发表。

古代妇女史研究是先生继承陈老学术在新领域的发展。我们中华民族有数千年的文明史和辉煌灿烂的古代文化，数千年历史的发展，自然有为数一半的妇女的功劳，然而这一事实却一直未能引起人们的高度重视。恩格斯说："最初的阶级压迫是同男性对女性的奴役同时发生的。"在中国古代，随着阶级社会的出现，妇女的地位日渐卑下，封建礼教的"三从四德"，封建社会政权、族权、神权、夫权的重重压迫，窒息了广大妇女的聪明才智，但是依然有许多才华出众的女子冲破神道设教，为社会发展作出了突出的贡献。但这些优秀的事迹，却未能被封建史家充分记录下来，至于那些默默劳动的妇女大众，就更难在史书中寻得只言片语了。由于史书中有关妇女的记载少，材料分散，因此直至 20 世纪 80 年代，对古代妇女史的研究和撰著几乎是一片空白。先生作为一个女性史学家，敏锐地觉察到这一问题，她在 70 年代就有意识地作一些妇女史的专人研究，到了 80 年代，更是振臂疾呼，提请学界的注意，她自己也为此投入了较多的精力。

在新时期以来不断繁荣的古代妇女史研究过程中，先生有首开风气之功。1984 年，先生为了打破古代妇女史研究的沉寂局面，在《光明日报》发表《要重视古代妇女史的研究》这一专文，指出通史、专著，未注意对妇女历史的探索，这是很不应当，也是很不公平的。呼吁："今之治史者应有意识地更多地重视古代妇女史的研究，以补过去的遗漏和不足，这是史学研究中很值得注意的一个课题。"②她不仅从社会进步和妇女解放的角度谈研究古代妇女史的意义，而且着重从史学学科建设的角度阐述这一研究领域的重要性，认为：历史学科如果对妇女问题弃而不论，实际上就不能算是科学地阐述了社会历史的演进和变迁，严格说，也不能算是完整的历史。在此基础上，先生提出了新时期妇女史研究的目标，她说："我们还

---

① 《承学录》，387 页。

② 《论丛》，363 页。

应当在这个课题上，从各个不同角度，多侧面、多方位地大力进行研究、探讨，逐渐积累，以期在不久的将来，撰写一部完整而系统的中国妇女通史，以补充中国历史内容的不足。"①先生的第二个突出贡献是着重论述了妇女史研究的一些基本问题。比如，她多次强调要正视妇女在历史发展过程中的贡献和成就，指出在封建社会惨重压迫、层层枷锁之下，妇女的成就，即或只有一点点，也是得来不易的，都要付出比男子加倍的力量和代价，"因此我们今天对之都应给以重视，研究历史的同志们都应当充分认识这一点"②。先生强调在古代妇女史中，要特别注重封建礼教对妇女迫害的研究，这种三从四德、三纲五常的封建思想教育，是禁锢妇女、限制妇女创造力最沉重的锁链，甚至今天还或多或少地束缚着妇女的思想。先生对妇女史研究的史料范围进行了分析，指出刘向《列女传》《后汉书·列女传》与其他正史《列女传》的不同，说明虽然正史、方志中妇女资料甚微，但是在一些稗史、笔记中，在留存的一些妇女著作中保留的材料还是不少的，研究者要善于从分散的资料中搜集有用的素材，以深入开展妇女史的研究。第三个贡献，自 20 世纪 80 年代后期，先生虽然因别的工作负担，在妇女史领域"投入力量较少"，但还是身体力行地开展了古代妇女史的一些具体研究，她有选择地考证了一批古代女性的生平和事迹，分析了她们的思想、成就和历史地位，范围涉及史家、才女、道士、诗人、科学家、起义军领袖等历史人物③；她整理了清代女学者王贞仪的《德风堂集》；组织人力编纂过妇女辞典和妇女史研究资料。总之，先生以实事求是的考证精神和当代史家的敏锐思想，通过妇女史领域的辛勤耕耘，在她的中国古代史研究中添上了浓墨重彩的一页。

三、创新体例：历史文献学科的建设

历史文献学是一门古老而又尚未定型的学科，说它古老，是由于早在孔子以后，就有了对历史文献的整理和研究，白寿彝先生指出："我们可

---

① 《论丛》，412 页。
② 同上书，362 页。
③ 同上书，361～427 页。

以说，就在这个时候，历史文献学就开始出现了。"①然而直到 20 世纪初，历史文献的研究仍未能条理化、系统化，上升为科学。1929 年，陈老在燕京大学以《中国史料亟需整理》为题，作了长篇报告，总结乾嘉诸老的经验，吸收西方科学的方法，对中国历史文献的整理和研究提出了一套科学合理的方案。此后，陈老又以他在目录、版本、校勘、辨伪、考证等专学的突出成就，为现代历史文献学学科的建立奠定了基础。七八十年代，我国学术界掀起了对历史文献学深入探讨和不断完善的热潮，刘乃和先生正是当时最早参与创新体例，建设历史文献学的学者之一。近 20 年来，先生在理论和实践上为推进历史文献学学科的发展作出了贡献，具体而言，有以下两方面的显著成就。

第一，构建历史文献学科体系的基本框架。

1982 年，白寿彝先生主编《史学概论》，邀请刘先生撰写了其中的《历史文献》一章②，这一章的内容可以说是实质意义上的"历史文献学概论"，先生从理论的角度分别阐述了历史文献学学科的研究对象、范围、内容和目的，以及理论指导和实际工作的关系，从而构建了学科体系的基本框架。这一章分三个部分，第一部分为"中国历史文献的繁富"，论述了史书编写的日盛、历史档案的积存和历史文献之包罗繁富。在这一节中先生指出了历史文献学研究的对象和广阔的范围，说明本学科研究的对象并不局限于史学文献，但凡古代出现、流传的历史记载，都属于历史文献，这种提法有别于将本学科的研究对象仅限于史部文献的思路，是更为科学，也更符合学科建设的客观需要。第二部分为"中国历史文献学上的成就"，论述了目录、版本、校勘、辑佚、辨伪、注释、考证等专学的发展和成就，实际上是对学科发展史、学科方法论等主要内容的阐述。第三部分是"历史文献在史学工作中的地位"，论述了历史文献在学术研究中的重要性以及历史文献工作中的理论指导。先生在这一部分内容中以史学为例，阐述了历史文献学研究的目的和意义，而且深刻分析了理论指导在文献研究中的重要作用，纠正了那种只注重文献研究的技术性，忽视文献学科理论建设的偏见。先生指出，马克思列宁主义是历史文献学科的理论基础，在理论基础的指导下，本学科有许多理论问题值得探讨，比如，研究历史文献

① 白寿彝：《历史教育和史学遗产》，97 页，郑州，河南人民出版社，1983。

② 《论丛》，3～34 页。

要"辨章学术，考镜源流"，这就需要理论和观点的指导；校勘、辨伪、考证要去伪存真，实事求是，必须有客观的判断标准，有正确的方法论的指导；历史文献研究还要从事注解的工作，不同的观点也会影响到对于史实和事物的注释；此外，"我们整理古代历史文献，是为了向故纸堆讨生活，搞烦琐考据呢？还是批判地总结祖国的历史文化遗产，为阐明祖国历史发展规律和砥砺人们爱国奋发之志呢？"这自然是学科理论首先要解决的方向性问题。先生对于历史文献学科体系及基本内容的论述，推进了历史文献学科的建设，尤其是关于学科理论建设的阐述，不仅在当时令人耳目一新，至今也有重要的指导意义。

1993年，刘先生接受《史学史研究》杂志的采访，又一次对历史文献学科的建设提出了宝贵的意见①。她以许多生动的事例再一次强调历史文献研究工作的重要价值和意义；她在谈历史文献学研究的主要内容时，突出了目录、校勘、版本三门专学的重要作用；对于历史文献学科和文献研究工作存在的问题，先生提出了切中肯綮的指导性意见。首先，先生指出，文献工作虽然已有悠久的历史，但将它提到应有的高度，建设成为一门独立的学科，还是一个新课题。如何完善学科建设呢？先生认为，一来学科体系的建立很重要，二来必须有正确的理论指导。其次，先生呼吁要对文献研究整理工作给予应有的重视，一方面从事这项工作的人要有认真严肃的态度；另一方面学术界要充分认识这项工作的重要价值，"我们既要承认文献工作资料性较强，也应该承认它是一种有价值的和高水平的研究工作。"最后，先生批评了古籍整理研究工作出现的一些贪多求快、滥竽充数、不讲质量的倾向，示儆同仁，切不可因一时马虎而辜负前人，贻误后世。

第二，对古代典籍的深入研究。

先生对推进学科发展另一方面的贡献，是以其整理研究古代典籍的具体实践来丰富和充实学科内容的。先生一向博学，四部典籍无不观览，不仅于古籍中选取材料治学论史，而且投入专注的精力，整理和研究了一批重要典籍。20世纪60年代初，先生就曾协助陈老参与点校二十四史的工作，并应中华书局之约，在《人民日报》上发表《前四史及其新校点本》一文，对前四史的作者、内容、价值、版本流传，新点校本的工作程序和作用等进行介绍，并纠正了《三国志》点校说明的一点失误。此后，先生和柴

---

① 《论丛》，35～49页。

德赓先生协助陈老点校整理新旧《五代史》，编制了《旧五代史不列传人名索引》《新五代史不列传人名索引》《五代史地名索引》《册府元龟五代部分人名索引》《通鉴五代部分人名索引》《五代十国详细年表》《历代五代史论著书名录》等工具书，并对新旧《五代史》作了初步的校点整理。虽然这项任务后来交由其他先生完成，而先生为此所作的前期成果则为《五代史》点校本的最后完成发挥了作用。

先生向来对丛书、类书的价值十分重视，曾有《类书与丛书》一文作专门阐述，又对大型类书《册府元龟》、大型丛书《四库全书》《四库全书荟要》作过专门研究。先生对以上几部大型古籍的兴趣，缘自陈老的影响。陈老早年曾下工夫研读文津阁《四库全书》，发表系列论文研究这部大型丛书各方面的情况，刘先生则写有《〈四库全书〉中最大部的书》一文，以经过调查的准确数字说明丛书中部头最大的书是乾隆时所编的韵书《佩文韵府》，虽仅 444 卷，却占丛书 28 027 页；而有 1 000 卷的《册府元龟》则只有 27 269页，屈居第二。先生对《四库全书荟要》的研究用力颇多，这部精选的古籍丛书自陈老在故宫尘封的摛藻堂找出来之后，一直未有人深入研究，作为海内孤本，20 世纪 40 年代末被运往台湾以后，内地学者无人寓目，不知详情。先生依据早年所知，并从《办理四库档案》和《乾隆御制诗》中发掘材料，撰写了长篇论文《〈四库全书荟要〉的编修》①，对这部丛书的编选意图、编辑过程、收书内容、校缮经过、储藏情况及该书价值进行详细分析，使学术界对此有充分的了解。《册府元龟》是宋朝编辑的大型史料汇编，所采材料以十七史为主，间取经部、子部典籍，有重要的校史、补史价值，1941 年陈老取该书卷 567 及《通典》卷 143 内容，补《魏书·乐志》缺页达316 字，在学术界引起轰动。先生率中国历史文献研究会同仁，从各个角度对《册府元龟》进行分析评论，汇编成论集《册府元龟新探》，先生则以《〈册府元龟新探〉序》为文②，搜集大量材料，全面考证了这部类书的内容、编纂过程，及其史料价值、版本流传，同时也指出了该书的脱简和缺误。这一研究不仅揭示了《册府元龟》的各种情况，而且为学术界研究和利用这部类书指示了方向和路径。

先生还曾研究宋代大型总集《文苑英华》，主编《司马迁和史记》《资治

---

① 《承学录》，242 页。
② 同上书，268 页。

通鉴丛论》等文集，并亲自撰文对"史学双璧"《史记》和《通鉴》作深入探讨。概言之，她以大批典籍研究的成果，充实了历史文献学科的内容，提高了历史文献学科的学术品位，也为这门学科的具体实践提供了宝贵的经验。

四、学术经世：发挥史学研究的社会功用

学术经世，注重史学的社会功能，是中国史学古老的优良传统。陈老一生治史，提倡经世之学，时时关注国家命运和民族兴亡，他曾在给友人的信中自述道："九一八"以前，颇重钱氏之学；"九一八"以后，改为顾氏《日知录》，注意事功，以为经世之学在是矣；北京沦陷后，北方士气委靡，乃讲全谢山之学以振之。陈老在抗日时期的史学，关注民族危亡，斥敌斥伪，被学界誉为"抗战史学"。白寿彝先生论史，也经常强调史学的社会影响，强调史学工作者的时代感和责任感，他说："我感到有两个问题是要我们思考、研究和回答的。一个问题是：马克思主义史学和社会主义建设。一个问题是：马克思主义史学和群众教育。"①他希望通过历史教育、历史知识的普及来发挥史学的社会功用。

刘乃和先生继承我国史学的优良传统，像陈老和白先生一样重视发挥史学的社会作用，并为此投入了大量的时间和精力。首先，她把对群众和社会进行历史教育、普及历史知识看做是史学工作者应尽的义务。先生每年都要应约为报刊、杂志写大量的文章，最多者一年可发表近50篇，这些约稿除了一些有关学术的专题研究外，许多是属于普及历史知识、进行传统文化教育、近现代史教育的文章。对此，先生来者不拒，往往是放下手头还在进行的科研课题，而去赶付稿约。我们曾经感到很不理解，一来觉得"杀鸡焉用牛刀"；二来觉得这样的文章写多了既占用先生的科研时间，又影响先生的休息。我们劝过先生，但是她反而告诫我们，史学不能禁锢在宝塔尖里，史学要走向社会，通过通俗文章向群众进行历史教育是一种好办法。先生常说，我们是教师，我们更应该主动承担起普及历史知识的任务。

先生不仅不拒绝约稿，有时碰到有感而发，还主动写稿向社会宣传一些历史文化知识。比如，她写《电视剧〈红楼梦〉与二十四史》一文，指出电

---

① 白寿彝：《开展马克思主义史学理论研究》，载《世界历史》，1983(3)。

视剧中两处历史知识方面的错误。一处是贾政的书房中不该摆着二十四史的书柜，因为二十四史直到乾隆四十九年（1784）才由乾隆"钦定"而成；而剧中使用的"什样景"书柜，则要到光绪年间才流行。另一处失误是林黛玉练字偏偏写个"弘"字，"弘"是乾隆皇帝的名讳，这样的情节在完成于乾隆年间的《红楼梦》是不该出现的。另外，文中还顺便指出，电影《火烧圆明园》有焚烧大型类书《永乐大典》的镜头，但这与历史事实不符，当时烧的是文渊阁《四库全书》，而不是《永乐大典》。先生写这样的短文并不是要批评编剧或导演，而是借题发挥，向群众普及一些历史文化知识。又如，先生还写了《〈三国演义〉故事的流传》，谈由《三国志》到《三国演义》的演变过程以及三国故事的各种文艺形式，三国故事在社会上的影响。先生还撰有《浡泥国王墓碑碑文的发现》一文，考证明代印尼浡泥国王在华的碑文，回答印尼友人的询问。总之，先生写了许许多多，她曾感慨地对我们说："工人农民都能实实在在地为国家建设出力，我们知识分子除了搞好科研，还要多写点东西丰富社会文化，报答社会、报答人民。"言语不多，却表达了一个新中国的学者，脚踏实地为人民服务的良知。

这里还要特别指出的一点是，近十年来，先生担任中国历史文献研究会会长，带领学会全体会员辗转祖国各地，先后在上海嘉定、广东汕头、陕西西安、内蒙古呼和浩特、四川南充、河南驻马店、贵州贵阳、江西乐平、江苏苏州等地开展以地方历史文化为主题的学术活动。每次学术年会之前，先生都要精心组织，确定各种选题，广泛发动会员发掘地方历史文献，研究乡邦文化，宣传当地优秀历史人物，进行爱国主义和优良的传统教育，普及历史知识。先生组织的每次活动，都在当地引起了深入、持久的影响，有力地促进了当地社会主义精神文明的建设。学会在每次学术活动中不仅发现了许多新材料、新领域，取得丰富成果，而且发挥了学术研究的社会功能，服务于社会主义新文化的建设。先生以一个史学工作者高度的社会责任感，为新时期学术科研活动如何为社会服务积累了经验，寻找到一条比较成功的道路。

以上仅仅探讨了刘乃和先生史学研究的一些成就，先生学术平实敦大，上文所述必有不及之处，当俟日后续以补习。至于先生对教育事业的贡献以及对中国历史文献研究会的贡献，则将以另文再作总结。谨以此文敬志先生八秩荣庆，并祝先生身体健康，学术之树常青。